吴式颖　李明德

丛书总主编

外国教育通史

第十七卷

20世纪
后期的教育
（中）

洪　明　傅　林　陈露茜

本卷主编

GENERAL HISTORY OF
FOREIGN EDUCATION

北京师范大学出版集团
BEIJING NORMAL UNIVERSITY PUBLISHING GROUP
北京师范大学出版社

图书在版编目（CIP）数据

外国教育通史. 第十七卷, 20 世纪后期的教育. 中/吴式颖，李明德总主编；洪明，傅林，陈露茜主编. —北京：北京师范大学出版社，2024.1
　ISBN 978-7-303-28272-2

　Ⅰ.①外…　Ⅱ.①吴…②李…③洪…④傅…⑤陈…　Ⅲ.①教育史–国外　Ⅳ.①G519

中国版本图书馆 CIP 数据核字（2022）第 209816 号

图 书 意 见 反 馈　**gaozhifk@bnupg.com**　**010-58805079**
营 销 中 心 电 话　010-58802135　010-58802786
北师大出版社教师教育分社微信公众号　京师教师教育

WAIGUO JIAOYU TONGSHI

出版发行：北京师范大学出版社　www.bnupg.com
　　　　　北京市西城区新街口外大街 12-3 号
　　　　　邮政编码：100088
印　　刷：北京盛通印刷股份有限公司
经　　销：全国新华书店
开　　本：787 mm×1092 mm　1/16
印　　张：31.25
字　　数：432 千字
版　　次：2024 年 1 月第 1 版
印　　次：2024 年 1 月第 1 次印刷
定　　价：238.00 元

策划编辑：陈红艳　鲍红玉　　责任编辑：孟　浩　康　悦
美术编辑：陈　涛　焦　丽　　装帧设计：王齐云　焦　丽
责任校对：张亚丽　　　　　　责任印制：马　洁　赵　龙

编委会

总主编

吴式颖　李明德

副总主编

王保星　郭法奇　朱旭东　单中惠　史静寰　张斌贤

编　委

（按姓氏笔画顺序排列）

王　立　　王　晨　　王者鹤　　王保星　　史静寰　　乐先莲

朱旭东　　刘淑华　　许建美　　孙　进　　孙　益　　李子江

李立国　　李先军　　李明德　　李福春　　杨　捷　　杨孔炽

杨汉麟　　吴式颖　　吴明海　　何振海　　张　宛　　张　弢

张斌贤　　陈如平　　陈露茜　　易红郡　　岳　龙　　周　采

郑　崧　　单中惠　　赵卫平　　姜星海　　姜晓燕　　洪　明

姚运标　　贺国庆　　徐小洲　　高迎爽　　郭　芳　　郭　健

郭志明　　郭法奇　　傅　林　　褚宏启

目 录 | Contents

第一章　20 世纪后半期日本的教育实践 …………1

　　第一节　"二战"后的教育民主化改革 …………1

　　第二节　教育经济功能发挥与日本教育改革 …………11

　　第三节　日本教育的扩充与整顿 …………23

第二章　20 世纪后半期日本的教育思想 …………37

　　第一节　"二战"后初期日本的教育民主化思潮 …………37

　　第二节　经济高速发展时期的日本教育思想 …………46

　　第三节　20 世纪末面向未来的教育改革指导思想 …………57

　　第四节　对主流教育思潮的反思与批判 …………68

第三章　20 世纪后半期印度的教育 …………77

　　第一节　"二战"后义务教育的普及 …………77

　　第二节　印度国家英才教育战略的实施 …………87

　　第三节　高等教育的特征和改革 …………97

　　第四节　印度处境不利儿童与教育公平 …………108

　　第五节　拉达克里希南的民族民主教育思想 …………115

第四章 20 世纪后半期亚洲其他国家的教育 …………124

第一节 泰国的教育 …………125

第二节 韩国的教育 …………134

第三节 新加坡的教育 …………152

第四节 马来西亚的教育 …………161

第五节 以色列的教育 …………174

第五章 20 世纪后半期澳大利亚的教育 …………184

第一节 "二战"后澳大利亚教育改革与发展的社会背景 …………184

第二节 澳大利亚教育政策的历史变迁 …………192

第三节 公民培养与澳大利亚教育改革 …………201

第四节 国家职业资格制度体系与职业教育发展 …………216

第五节 移民与多元文化教育 …………227

第六章 20 世纪后半期非洲国家的教育 …………237

第一节 20 世纪后半期非洲教育发展的概况与特点 …………237

第二节 南非的教育 …………251

第三节 埃及的教育 …………265

第四节 塔哈·侯赛因的教育思想 …………280

第七章 20 世纪后半期拉丁美洲国家的教育 …………295

第一节 拉丁美洲国家的民族民主化与现代化教育发展进程 …………295

第二节 墨西哥的教育改革 …………310

第三节 巴西的教育改革 …………323

第四节 秘鲁的教育改革 …………337

第五节 保罗·弗莱雷的教育思想 …………353

第八章 20 世纪后半期教育民主化的发展 …………367

第一节 "二战"后教育民主化的背景 …………367

第二节 教育民主化的发展及其主要模式 …………372

第三节 关于教育民主化的讨论 …………390

第九章 20世纪后半期教育科学化的演进 …………402

第一节 20世纪后半期教育科学化的时代背景 …………403

第二节 20世纪后半期教育科学和科学教育的发展 …………410

第三节 20世纪后半期教育技术的运用 …………424

第四节 20世纪后半期的教育研究方法 …………430

第十章 20世纪后半期教育国际化的崛起 …………438

第一节 教育国际化崛起的背景 …………441

第二节 国际教育组织的建立和政策推进 …………447

第三节 教育国际交流的内容与形式 …………459

第四节 教育国际化的现实问题与改革深化 …………468

参考文献 …………476

第一章

20 世纪后半期日本的教育实践

　　日本作为第二次世界大战(简称"二战")的战败国,其 20 世纪后半期的教育改革与发展是以战后重建为起点的。在这半个世纪里,日本与"二战"前相比,其政治和经济格局都发生了根本性的变化。这一时期,日本的教育实践改革也大致经历了三个阶段:从战后民主化改革和重建,到注重发挥教育的经济功能,再到为使教育与政治和经济更加协调发展而进行整顿和调整。

第一节　"二战"后的教育民主化改革

一、美国教育使节团及其报告书

　　(一)美国占领军当局的对日占领政策

　　1945 年 8 月第二次世界大战结束,以美国为首的联合国军对日本开始了长达近 7 年的统治①。为了摒弃战前的军国主义,实现日本社会的变革,美国占领军当局在教育领域实施了大刀阔斧的改革措施。首先对日本战前教育进

---

①　日本自 1945 年 8 月 28 日起被美军占领,至 1952 年 4 月 28 日《旧金山对日媾和条约》生效,恢复独立国地位,历时 6 年 8 个月。

行彻底清算，然后在此基础上通过制定宪法以及《教育基本法》等重要法律，最终确立了以"6-3-3"为特征的新教育制度①。

"二战"末期，日本的学校教育已经沦为全面服务战争的工具。1945年4月以后，日本国民学校高等科以上的学校全部停课，中等学校以上的文科全部改为理工科，男生转学进入军队学校，日本全国进入总动员体制。战败以及随之而来的被美军占领，使日本整个社会从近乎狂热到得以冷静，进而开始面对美国占领军当局的到来。

在盟军最高司令官总司令部及"民间情报教育局"(Civil Information and Education Section)的指示和监督下，日本的战时体制得以解除，学校恢复上课。1945年10月10日颁布的《关于日本教育制度的政策》的备忘录，禁止普及军国主义和极端国家主义的思想，废除军事教育学校和军事训练。其后到12月底，美国占领军总司令部向日本政府发出了四大改革指令，即《日本教育制度之管理政策》《教育及教育相关官员之调查、排除、认可之件》《废除政府对国家神道及神社神道的担保、支援、保护、监督及传播之件》《废除修身、日本历史及地理之件》等。②

1.《日本教育制度之管理政策》(1945年10月22日)

该文件要求日本新内阁充分理解美国占领军当局的占领目的及政策，对教育内容、教育工作者、教育过程三方面提出要求，并要求文部省提交实施报告。具体内容如下：

(1)禁止对军国主义、极端国家主义思想的宣扬，废除军事教育学科和教练，对与议会政治、国际和平、个人权威、集会言论、信教自由等基本人权思想一致的教育内容及实践进行奖励。

---

① 1946年以后颁布的法律法规奠定了20世纪后半期日本教育的基础，成为自明治维新之后日本经历的又一次意义重大的教育改革。

② 日本文部省：《学制百年史·资料篇》，1981。

（2）针对教育工作者，罢免职业军人、军国主义者、极端国家主义者及对美军占领政策持反对意见者，因反军国主义思想和活动遭到撤职人员优先得以恢复原职。

（3）对教育资料进行审查，删除军国主义和极端国家主义相关内容，尽快准备以培养有教养、重和平公民为目的的教学科目、教科书和教材，加强教育制度重建尤其是优先发展初等教育和重视教员培养。

2.《教育及教育相关官员之调查、排除、认可之件》（1945 年 10 月 30 日）

其主要内容是：

（1）在教育工作者中，凡持有军国主义、极端国家主义观点的人，或反对美国占领军的目的、政策的人，要全部立即免职。

（2）审查现有教师和教育官员，以及将来想从事这类工作的人。为了撤销或承认某人的任职资格，文部省要设管理机构，审定上述人员的资格。

3.《废除政府对国家神道及神社神道的担保、支援、保护、监督及传播之件》（1945 年 12 月 15 日）

其主要内容是：

（1）政府、府县、市町村的公务员不得以公职身份保护或传播神道。

（2）不得向神道及神社提供公款或与其建立公共或特殊的关系。

（3）即刻停止神道教义、惯例、祭祀、仪式的军国主义及极端国家主义意识形态的宣传、传播。

4.《废除修身、日本历史及地理之件》（1945 年 12 月 31 日）

其主要内容是：

（1）立即中止修身、日本历史及地理课程，立即废除指示上述课程教学法的法令、规定等。

（2）回收与(1)有关的教科书和教师参考书。

（3）文部省要做出已中止课程的代行计划，提交总司令部。

遵照相关指令,日本政府发布《新日本建设的教育方针》①,并随后进行教师资格审查②,回收和销毁修身等科教科书,禁止神社参拜,撤除奉安殿等。因其中有些教科书当时无法编写和印刷,只能把原先使用的教科书中宣传军国主义等的内容用墨涂掉,暂时拿给学生使用,即所谓"墨涂教科书"。

(二)美国教育使节团的指导意见

为了确定日本教育改革的基本方针,美国占领军当局决定派遣教育专家。1946年3月初,受美国国务院派遣,以乔治·斯托达德(George Stoddard)③博士为团长的美国教育顾问团④一行27人抵达日本。同时,日本成立了以东京大学南原繁校长为首的教育家委员会,专门负责协助顾问团工作,配合美方的教育调查工作。该委员会由29人组成,成员多为开明派学者,在之后的教育改革过程中起到了重要的指导作用。

顾问团在日方教育家委员会的协助下,经过对日本各地教育现场的考察,于1946年3月31日向美国占领军总司令部提交了报告书。4月7日公布的报告书由六章构成,涵盖了下列主要内容⑤。

(1)日本教育目的及内容方面,指出建立"面向生活的教育制度,尊重个人的价值和尊严","遵从每个人的能力和适应性,给予教育的机会",通过讲授内容和方法,"帮助他们自由地研究并训练他们的批判分析能力",使不同发展阶段的学生在能力允许的范围内进行广泛的知识讨论。同时改革中央集权的行政制度,实行地方分权,废除对学校进行强制性统治的视学制度,建

① 1945年9月15日,日本文部省发布《新日本建设的教育方针》,反映了战败后日本政府自身关于教育问题的政策意图。其内容涵盖教科书、教职员、学校及宗教等方面围绕战时教育处理的11个项目,成为美国主导下日本战后教育改革的重要铺垫。

② 资格审查从1946年5月开始,到1947年10月末止,65万人中共有5340人被剥夺教职。

③ 时任纽约州教育长官、伊利诺伊大学候任校长。

④ 成员包括华盛顿州立大学校长、加利福尼亚大学教育学院院长、芝加哥大学哲学教授、斯坦福大学心理学院院长、哥伦比亚大学教师学院教授、费城市教育局局长等教育及行政专业人士。

⑤ 日本文部省:《学制百年史·资料篇》,1981。

议在都道府县设立由普通民众投票选举产生、由代议公民组成的教育委员会制度。

（2）国语改革方面，建议废除日语使用汉字、平假名和片假名的表述方式，改用单一的拉丁字母方式。

（3）初等及中等学校的教育行政方面，废除男女分校，全面实现男女共学。将义务教育延长至小学 6 年、初中 3 年，共 9 年，并实行与义务教育衔接的初中后 3 年制高级中学的"6-3-3"制度。

（4）教授法及教师教育方面，将师范学校升格为大学，实施教师专业准备教育和高等普通教育。谋求在单科大学和综合大学中培养教师和教育职员，制订临时再教育计划，对教师进行再教育，同时通过教师的集会、讲习会和协议会及观摩教学、举办函授讲座等对教师进行在职教育，改善教师的培训。

（5）成人教育方面，制订广泛的成人教育计划，对现行的成人教育计划给予相应的援助和指导，提高独立的成人教育机构的威信，增强其活力。学校开设夜间部，加强学生家长和学校的联系，向讨论、集会形式的成人教育开放校舍等。

（6）高等教育方面，改革职业色彩过强、专业化过早过窄及普通教育薄弱的状况，通过教育课程自由化，将普通教育科目引入高等职业技术教育。在高等教育机构间设立协会组织，密切合作，以提高高等教育质量。建立教授会、学生会，实行大学自治，保障学者的研究自由。大学向女生和一般成人开放。

上述内容，分别针对日本战前教育的皇民化、教育行政高度中央集权、二元化学制、高等教育的精英主义、青年及成人教育的缺失、师范教育单一化等军国主义教育的主要弊端，透过教育大众化的视角对其进行改造。如果说明治维新以后的日本教育吸收了包括德法两国教育在内的制度的话，美国教育使节团所提出的民主化教育改革则完全以美国现行的教育体制为基础。

1946年5月，日本文部省制定《新教育指针》，充分吸收了美国民主化教育改革方案，提出了要实现民主化教育。1946年8月，日本成立了总理大臣的咨询机构——教育刷新委员会①，负责制定教育改革的根本方针政策和措施。该委员会成员多为之前的教育家委员会成员。经过数月工作，他们提出了"关于教育理念及教育基本法""关于学制""关于私立学校"的建议。文部省据此制定了《教育基本法》草案框架，对日本确立民主教育制度提供了最有力的法律保证。根据美国教育使节团的报告书所提出的观点和要求，日本政府还制定了《教育基本法》和《学校教育法》，于1947年3月31日颁布实施。

二、教育民主化改革的法制过程

(一)日本《教育基本法》的颁布及其意义

根据美国教育使节团报告书的要求，日本内阁于1946年8月成立了教育刷新委员会，同年12月提出了有关《教育基本法》及学制等的改革建议，1951年提出成立中央教育审议会，一共向内阁提出建议35次，对建立及完善日本战后的教育秩序做出了重要贡献。

1947年3月31日，日本国会颁布了《教育基本法》和《学校教育法》，迈出战后教育法制建设的重要一步。之前日本通过的《日本国宪法》，基于对战前军国主义的反省，明确了主权在民、议会政治、尊重人权、司法独立、地方自治等基本原则，并提出了将解除军队以及放弃战争作为解决国际争端手段的"永久和平宣言"(第9条)，同时确认了全体国民的受教育权以及义务教育的原则(第26条)。

《教育基本法》前文中提及"根据《日本国宪法》的精神"，立誓通过教育的力量建设国家并实现世界和平与人类幸福。具体而言，《教育基本法》规定了教育必须以陶冶人格为目标，培养出和平国家和社会的建设者(第1条)；明

---

① 1949年6月改称教育刷新审议会。

确了全体国民均应享有按其能力接受教育的平等权利(第 3 条)，同时负有使自己抚养的子女接受九年义务教育的责任(第 4 条)。该法还确认了男女同校接受教育的原则(第 5 条)，并明确了教育的公共性和中立性原则，即规定只有国家和地方公共团体以及法律规定的法人可开办学校(第 6 条)，且"不得为特定的宗教进行宗教教育和其他宗教活动"(第 9 条)。

《教育基本法》规定了教育的基本目标和基本原则，明确了教育在贯彻《日本国宪法》中的重要作用，为其后日本社会的和平发展奠定了坚实的基础①。该法除了明确"尊重学问自由"的教育方针之外，还对教育的实施主体——各级政府提出了更高、更具体的要求。比如，日本政府面对因经济理由而上学困难的学生有必要提供奖学措施，为全体国民提供接受义务教育的机会以及免收学费，奖励社会教育以及提供社会教育场所设施，教育行政直接面向国民全体承担责任，等等。

(二)日本《学校教育法》的主要内容

《学校教育法》分为总则、小学、初中、高中、大学、特殊教育、幼儿园、其他细则、罚则九章，以及附则。

总则对日本学校教育的相关原则进行了规定，首先在第 1 条中明确了从幼儿园到大学等国民教育体系的学校种类，统称"一条校"②。《教育基本法》也确认了办学主体的基本条件，即限定为国家和地方公共团体(地方政府)以及法律规定的法人(学校法人)，排除了私人或不具备公共性质机构的办学资格。同时对不同层级学校的管理机关做出规定，即大学、高中、中小学及幼

---

① 《教育基本法》也因此拥有日本第二宪法的别名。需要留意的是，2006 年 12 月 15 日，日本国会审议通过了新的《教育基本法》(2006 年法律第 120 号)。顺应日本战败之后的社会发展状况，该法对 1947 年《教育基本法》进行了大幅修订，增加了终身学习、私立学校、幼儿教育、社区合作以及制订教育振兴计划等内容。但由于其削弱了与和平宪法的直接关联，增补了"爱国爱乡"等内容，因此遭到包括"九条之会"在内的很多和平团体的批判。

② 反之，该条款将外国政府举办的国际学校以及朝鲜、韩国民族学校等排除在国民教育体系之外。这些学校统称为"各类学校"，不能享受各级政府给予的财政补贴，不能参加上级考试等。

儿园分别由文部大臣、都道府县教育委员会、都道府县知事负责管理。

各类学校的办学经费，实行"开办者负担"以及"收取学费"的基本原则(第5条、第6条)。但国立及公办义务教育阶段学校"不得收取"学费，即实行公办义务教育的免费原则。关于教师的配置、资格、数量和任免程序，学生管理及保健措施，以及监督管理等内容，《学校教育法》也做了相应规定。

从第二章开始，该法分别针对各级各类学校明确了它们各自的"目的""教育目标""修业年限""学科和课程"，以及师资构成、学校管理、设置某类学校的政府责任等相关事项。

例如，第二章"小学"的目的是"实施适应儿童身心发展的初等普通教育"(第17条)。"教育目标"有8项：(1)基于学校内外社会生活的经验，教育学生正确理解人与人之间的相互关系，并培养学生具有同心协力和自主、自律的精神；(2)引导学生正确理解乡土和日本的现状及传统，并进而培养国际协调合作的精神；(3)培养学生对日常生活所必需的衣、食、住和生产等方面有基本的理解并掌握基本的技能；(4)使学生形成热爱读书、正确理解和使用生活所必需的日本语的能力；(5)使学生形成正确理解和处理日常生活所必需的数量关系的能力；(6)使学生形成科学地观察和处理日常生活中自然现象的能力；(7)使学生形成健康、安全地幸福生活所必需的习惯，并力求使其身心得到协调发展；(8)使学生对于能使生活明朗快活、丰富充实的音乐、美术等文艺有基本的认识并形成相关技能(第18条)。

附则中，关于日本战时颁布的法律和敕令，如《国民学校令》《中等学校令》《关于国立综合大学等名誉教授的敕令》等，被予以废止(第94条)。

三、新学校制度的开始

随着《教育基本法》和《学校教育法》的颁布，日本新制度下的小学和初中在1947年4月迎来了新学年。之后，高中和大学也分别在1948年和1949年的 4 月正式迈入新的历史进程。

正如前文所述，推行九年制义务教育是当时美国占领军当局强烈要求的政策之一，因此得以快速实施。而初中的开设，在当时战后的社会背景下遇到了相当大的阻力：不仅从制度上未能为多数人所充分理解，作为开办主体的日本地方政府面对战后的废墟，也束手无策①。新制度下的义务教育在乱局中开始，在社区居民的支持下渐入正轨。

关于课程编制，美国教育使节团报告书曾提出如下要求：（1）要依据现代教育理论；（2）不要只进行知识体系的传授，而应从儿童、学生的兴趣出发；（3）要民主，教学内容要避免划一性、一统性；（4）要给教师自由选择教育内容的权利；（5）课程编制要在文部省和教师的共同努力下进行；（6）教师用书的出版发行只起引导、启发的作用；（7）要联系教育心理的基础和地区社会生活进行研究。"民间情报教育局"向文部省发出了按上述要求编制课程的指示。为此，1947 年春季，《学校教育法施行规则》颁布，文部省编制的《学习指导要领一般篇（试行草案）》和《学习指导要领学科篇（试行草案）》也得以出版。日本新制高中多由旧时的中等学校改编而成，开办之初遵循了学区制、男女同校、综合制三项原则。1948 年以后，公办高中在此原则下顺利整合开学，而私立学校则因为不受此约束，出现了男女分校或与初中并设等情形。高中的课程，除了三年的常规课程之外，另设有具有职业教育倾向的专科课程以及夜间和通信课程。而相对日本战前的教育制度，高中教育由于未能完成培养社会所需人才的任务，因此在 20 世纪 50 年代以后遭到产业界的批判，为其后日本《产业教育振兴法》以及短期大学、高等专门学校制度的开启埋下了伏笔。

作为日本地方教育行政制度改革的重要一环，《教育委员会法》于 1948 年7 月颁布实施。在"民间情报教育局"的强力推动下，同年 10 月第一届教育委

---

① 因为未能及时开办学校，日本甚至发生了 170 个地方行政单位首长引咎辞职的事件。

员会选举在日本省级行政单位、特大城市以及有意设教育委员会的地方举行，新的教育委员会随后正式履职。到 1952 年 11 月，日本所有地方都通过公选制成立了教育委员会，迈出了战后日本教育行政地方分权的重要一步。

在高等教育方面，通过美国占领军当局主导实施的教育改革，日本打破了过去公办大学仅为少数精英独享的状况，依据"一县一大学"原则，在日本所有的省级行政单位开办了公办大学。相对于战前高等教育机构的多元特征，《学校教育法》将日本大学的目的归纳为"作为学术中心，其在广泛教授学生知识的同时，也深入教授和研究专门的科学、艺术，发展学生的智力、品德和应用能力"。于是，之前由旧制大学、旧制高等学校、专门学校、高等师范学校及女子高等师范学校教师培养类学校构成的高等教育机构，纷纷褪去以往封闭的职业色彩，在上述原则下通过整合统一成为国立或私立的四年制新型大学①。1949 年《私立学校法》的颁布，进一步扩大了日本私立高等院校的办学自主权，使私立大学成为日本在 20 世纪 70 年代以后实现高等教育大众化的主导力量。

"二战"前日本的教育行政体制高度集权，日本中央的教育政策通过上令下行的方式贯彻到地方政府和各级学校，在义务教育的迅速普及以及高等教育公办优先原则的贯彻方面取得了明显的成效。"二战"后，在围绕《日本国宪法》和《教育基本法》基本框架进行民主化改造的背景下，日本的教育行政经历了一场大规模的地方分权改革。各地方的教育事业，多由相对独立于行政的教育委员会负责实施，教育的地方分权成为"二战"后日本教育行政的重要特

---

① 在此过程中，大学设置标准及准入规则逐渐在文部省的主导下成为一种制度。1946 年 11 月，日本成立大学设立标准协议会，翌年 5 月改称大学标准协会；1956 年制定文部省令《大学设置标准》。这不仅为大学开办制定了标准，还在提高大学教育质量方面起到了重要作用。此外，作为审核大学开办资质的专业机构，大学设置委员会于 1948 年 1 月成立，翌年 6 月改称大学设置审议会，从 1947 年开始采用大学标准协会制定的标准为审核大学开办资质的标准。文部大臣对大学设置审议会提出的设置认可建议，除非有相当充分的反对理由，原则上都会被接受。换言之，大学的开办申请与审核主要由大学本身决定，这种做法逐渐成为日本的惯例，一直沿用至今。

征。而日本中央政府文部省的工作重心，逐步转变为对全国教育进行宏观调控，通过对各类教育补助等经费的划拨实现对地方教育行政的影响，同时进行教育调查研究并协调实现教育经验覆盖全国的教育经验共享。

第二节　教育经济功能发挥与日本教育改革

1952 年 4 月，《旧金山对日媾和条约》生效，结束了联合国军对日本的占领状态。朝鲜半岛局势的变化，使得美国改变了对日政策，转而扶持日本成为西方对抗社会主义阵营的桥头堡。日本的产业经济在朝鲜半岛"战时特需"的刺激下迅速得以复苏，开启了经济高速发展的序幕。

经济的发展带来了对人才需求的增长，日本政府得以进一步加大对教育的财政投入。同时，家庭收入的增长，使得日本国民对教育的热情达到了新的高度。20 世纪 50 年代以后，除了进一步保障占领时期既定的政策实施之外，如何应对经济高速发展带来的教育规模的扩大，成为日本政府的重要政策目标。

一、日本中央教育审议会的教育改革建议

整体而言，这一时期日本的政策重点在于"6-3-3"制的落实与充实、高等学校的扩大和多样化、高等教育的发展和整顿、私立学校的振兴和推进以及教育行政财政改革。在此过程中，日本中央教育审议会发挥了重要的政策提议职能。

1952 年 6 月 6 日，日本中央教育审议会在文部省内成立，目的为"应文部大臣要求，就教育、学术或文化等重要的基本政策制定进行调查审议，并就此向文部大臣提出建议"。自翌年 1 月正式组成后，该审议会经历 9 届委员会，总共提出了 23 项具体建议，为以后的日本学校教育改革提出展望思路

后，于1971年7月退出历史舞台。具体内容如表1-1所示。

表1-1　日本中央教育审议会教育建议主题一览表(1953—1971年)

序号	提交日期	建议主题
1	1953年7月25日	关于义务教育
2	1953年8月8日	关于改善社会科教育
3	1954年1月18日	关于维持教师政治中立原则
4	1954年2月8日	关于医学及牙科教育
5	1954年8月23日	关于义务教育学校教师工资
6	1954年11月15日	关于大学招生选拔及关联事项
7	1954年12月6日	关于振兴偏僻地区教育以及特殊教育
8	1954年12月20日	关于假名教育方法
9	1955年9月12日	关于振兴私立学校教育
10	1955年12月5日	关于教科书制度的完善方法
11	1956年7月9日	关于促进教育、学术、文化的国际交流
12	1956年11月5日	关于公办中小学校的整合方法
13	1956年12月10日	关于完善短期大学制度
14	1957年11月11日	关于振兴科学技术教育的方法
15	1958年4月28日	关于振兴勤劳青少年教育的方法
16	1958年7月28日	关于完善教师培养制度的方法
17	1959年3月2日	关于育英奖学以及救援事业的振兴方法
18	1959年12月7日	关于特殊教育的充实、振兴
19	1963年1月28日	关于大学教育的完善
20	1966年10月31日	关于后期中等教育的扩充、完善
21	1966年10月31日	特别提案：理想的人才培养目标
22	1970年4月30日	关于当今大学教育面临的问题以及应对方案
23	1971年6月1日	关于将来学校教育综合、扩充、完善的基本思路

注：笔者根据《中教审与教育改革》(日本横滨国立大学现代教育研究所编，三一书房，1976年增补版，1971年初版)制作。

经过对上述政策建议的逐步落实，到 20 世纪 70 年代初期，日本完成了从幼儿园到大学的国民教育体系的重新整合。得益于经济的高速发展，这段时期日本的教育得到了爆发式的发展。

比如说，高等教育机构大体形成了以下五种类型。第一种为大学，又细分为综合型、专科型及职业技术型；第二种为短期大学，还可区分为教养型和职业型；第三种为高等专门学校，即以工科为主的高等职业技术型；第四种为研究生院或硕士课程型；第五种为研究院即博士课程型。

20 世纪 50 年代未能得到重视的专业技术教育，通过创建新类型的学制得以复兴。日本考试"地狱"、学历社会的特征逐渐显现，终身学习的教育理念也开始登上历史舞台。

相对于战败之后的教育改革，此次整合回应了日本国民不断增长的教育需求，充分反映了产业经济界对人才培养的呼声，也在相当程度上体现了日本对教育的积极介入。

二、经济发展视角下的新教育制度改革

（一）高等专门学校制度的建立与发展

"二战"后日本实行的教育改革，建立了小学、初中、高中、大学的"6-3-3-4"式的单线型教育制度。20 世纪 50 年代后期，为了应对经济复苏带来的技术人才需求，日本产业界向当时负责教育政策咨询工作的日本中央教育审议会提出了增设高等教育机构的要求。① 根据该项提议，新设的教育机构"以战前旧制工业专科学校为模板"，以中级技术人员为主要人才培养目标。②

日本的高等专门学校于 1962 年正式开办，法律依据为《学校教育法》（1947 年 3 月 31 日制定，1961 年 6 月 17 日修订）第十章"高等专门学校"，办

---

① 吕可红：《日本高等专门学校的回顾与展望》，载《外国教育研究》，2003(12)。
② 日本经营者团体联盟：《关于振兴科学技术教育的意见》，1957。

学条件则依据文部省颁布的《高等专门学校设置基准》(1961 年 8 月 30 日文部省令第 23 号)确定。高等专门学校的制度概况如表 1-2 所示。

表 1-2 高等专门学校的制度概况

制度变迁	1962 年应日本产业界强烈呼吁,日本创办高等专门学校 1991 年制度改革(授予毕业生"准学士"称号,设立专科制度) 2004 年日本独立行政法人国立高等专门学校机构成立
培养目标	教授产业发展需要的专业知识和技术,培养企业中层骨干技术人员
学制	本科五年(商船学科五年半)、专科两年
报考资格	初中毕业
教师组织	校长、教授、准教授、讲师、助教、助手
教育课程	①分一般课程(数学、物理、化学、英语、语文等)和专业课程(实验、实习),实行五年一贯制教育 ②采用学年制,每班标准人数为 40 人

高等专门学校的学制通常为 5 年,通过对初中毕业生实施一贯制(不需要参加高考)的职业发展教育,为制造业等企业培养中坚技术人员。① 其学科当初仅限于工业领域,以做到从制度上区别于门类多样的短期大学。而从课程设置来看,教学内容分一般教育和专业教育(工学、技术类),以专业知识和技术为主(原则上学生不需从事科学研究工作),这是日本的高等专门学校与四年制大学最大的不同之处。其中,专业科目随着年级增长而逐渐增多,到了高年级甚至达到与大学工学院系相当的水平。从课时量来看,高等专门学校五年的总课时量,远远超过普通高中与短期大学的总和,甚至稍多于大学工科学院专业课的总课时。② 除此之外,实验、实习、毕业研究等实践教育,也是其课程设置的重要特征之一。专业、实用的课程体系,是日本高等专门学校教育质量的重要保障。

---

① 陆素菊:《日本高等专门学校的制度沿革与基本特征》,载《全球教育展望》,2009(6)。
② 日本国立教育研究所:《日本近代教育百年史》第 10 卷,434 页,东京,文昌堂,1973。

到 1965 年，日本共开设高等专门学校 54 所(其中国立 43 所)，而当时日本共有大学 317 所(其中国立 73 所)，因此，高等专门学校制度的建立为日本战后高等教育制度的多样化发展奠定了重要的基础。随着短期大学(1964 年)以及专科学校(1975 年)制度的相继确立，日本的高等教育入学率从 1966 年的 16.1%迅速增长至 1976 年的 38.6%(各年度文部省《学校基本调查报告书》)。与四年制大学相比，高等专门学校由于在教育内容上更加注重职业技能训练和实践，所以其毕业生从一开始便受到日本产业界的普遍欢迎。高等专门学校制度也凭借其明确的人才培养特色，一直在日本战后的高等教育体系中占有一席之地。

据 1970 年 5 月 1 日的统计，日本全国共有高等专门学校 60 所，其中，国立 49 所，地方公立 4 所，私立 7 所。在校学生总数为 44314 人，教师总数为3245 人(不包括行政人员 3874 人)，本科招生 10318 人，毕业生 6245 人(其中就业 6039 人，升学 136 人，其他 70 人)，女生比例约为 1.5%。

日本的高等教育形式多样，主要有四年制普通大学、两年制短期大学、专科院校以及高等专门学校的四、五年级。在各种教育机构中，高等专门学校的规模十分有限。从 1995 年日本各类高等教育机构的规模来看，大学为565 所，共 2546649 人；短期大学为 596 所，共 498516 人；专科院校为 3476所，共 813347 人。与此相比，高等专门学校四、五年级在学人数为 21245 人，仅占日本所有接受高等教育人数的 0.5%。

但是，与普通大学相比，在办学规模上平均每所高等专门学校的在学人数为 738 人，不及前者平均 2622 人的三分之一。从师生比的角度来看，高等专门学校每位教师的指导人数约为 13 人，相比普通大学的 16 人少了近 20%。两者相比，较小的规模使日本高等专门学校得以发挥办学自主、学制灵活的优势；而较低的师生比，则使其教育的个性化和指导的精细化成为可能。"小而精"，可谓日本高等专门学校最重要的办学特色。在日本社会人口减少以及高等教育普及化的背景下，高等专门学校凭借其鲜明的办学特色，依然在日本高等教育体系中充当着不可替代的重要角色①。

　　除了前文提到的五年一贯、实施注重实践的专业教育之外，日本高等专门学校还具有学制灵活、立足地方以及就业率高等办学特色。

　　1. 灵活的学制

　　如图 1-1 所示，日本高等专门学校的入学条件为初中毕业生，但普通高中生毕业后也可插班编入高等专门学校四年级。同样，高等专门学校三年级学生可参加普通大学(四年制)或短期大学(两年制)的入学考试，也可在毕业后经过考试升入大学本科(一般为长冈技术科学大学、丰桥技术科学大学或日本

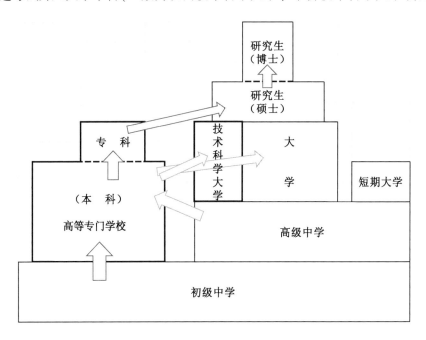

图 1-1　高等专门学校与其他各类学校的相关图

　　① 　高等专门学校虽然规模较小，但由于其学科集中在工科领域，因此在工科应届毕业生中仍然占有重要地位。例如，在日本 2008 年 3 月毕业的工科类技术人员共计 73708 人中，加上毕业后升为本科生、研究生的学生，高等专门学校毕业生合计 9034 人，占了技术人员总数的 12.26%(2009 年日本文部科学省《学校基本调查报告书》)。笔者参考日本国立高等专门学校网站制作。

国立大学工科学院)三年级。1991 年以后，高等专门学校毕业生可获得"准学士"称号，同年升入各校开设的专科继续学习。专科毕业后可获得与四年制大学相同的"学士"称号，拥有继续攻读研究生的资格。可见，日本学生初中毕业进入高等专门学校后，在读期间能够选择考上本科院校接受普通高等教育；若顺利完成 5 年课程则可获得"准学士"学位，可选择升入本校专科或通过"专升本"继续完成大学本科学业；专科毕业后还可报考研究生继续深造。

实际上，从高等专门学校(本科)毕业后，不少学生选择升学或插班继续学习。日本文部科学省各年度的《学校基本调查报告书》结果显示，1991 年以后，升入高等专门学校专科以及四年制国立大学(三年级插班)的毕业生呈现稳步增长趋势。其中升入专科的学生毕业后，大多数选择了就业。但随着在读人数的不断增加，考入研究生院继续深造的毕业生数也有一定增加。上述事实说明，高等专门学校的灵活学制为毕业生提供了继续深造，最终获得硕士甚至博士学位的机会。

同时，从另一个侧面来看，日本高等专门学校能够发挥其"小而精"的特点，及时根据产业界及社会需求不断进行制度改革。[①] 例如，20 世纪 70 年代以后，高等专门学校在原先以工科为主的基础上，又增加了商船(1967 年)、电子信息(1975 年)等学科院校，1991 年以后将学科领域进一步开放，还在原先五年学制的基础上增设了两年制的专科。在全球职业教育趋向高等化的背景下，日本高等职业教育凭借其自由连接中等教育与普通高等教育的灵活学制，形成了立体交叉型职业技术教育体系。

2. 鲜明的地方特色

日本全国 58 所高等专门学校中，有 51 所隶属于独立行政法人国立高等专门学校机构。加上少数公立和私立院校，日本几乎所有县级(相当于我国省级)行政单位都设有一所或多所高等专门学校。相比其他专科院校或四年制私

----

① 陆素菊：《日本高等专门学校的制度沿革与基本特征》，载《全球教育展望》，2009(6)。

立大学，高等专门学校在日本的分布较为均衡，立足地方、服务地方也是日本高等专门学校的重要特征之一。

首先，从招生考试办法来看，日本所有国立高等专门学校同时使用同一套试卷进行全国统考。各院校考场均设在本校，该项措施大大缓解了地方学生大量涌向个别大城市的现象。部分地方公立高等专门学校还将报考资格限定为本地(省级行政单位)居住者，加上上述制度设计，有效地避免了学生向大城市过度集中，从而保证了地方院校的生源数量。另外，在各地公立学校举行中考的当天，高等专门学校通常会召集已录取者到校集合。该项措施使得这些学生不能参加普通高中的入学考试，在一定程度上起到了保证生源质量的作用。

其次，在人才培养过程中，日本高等专门学校一贯重视与地方社会的交流与沟通工作。在"制造立国"口号的倡导下，高等专门学校依照"一县一校"的规划原则，从诞生之时就肩负起为地方培养人才、振兴地方经济的重要任务。近年，伴随着教育社会化以及学习终身化的热潮，高等专门学校进行了一系列面向社区、社会开放的改革措施，进一步拉近了学校与地区之间的距离。同时，在校企合作方面，学校不仅通过外聘地方企业技术人员担任兼职教师，还专门在校内设置"地区联合技术研究中心"，积极与地方企业进行合作研究。另外，为了应对人口减少带来的理科渐受冷落现象，各地高等专门学校还积极组织学生参加当地的初中学生交流活动，力图从根本上确保学习工科人口的数量。

最后，日本高等专门学校学生毕业后的去向调查也显示，历年都有不少毕业生选择在本地企业工作。需要特别留意的是，该成绩是在高等专门学校毕业生深受包括大量上市公司在内的用人市场热捧的条件下取得的，可谓来之不易。这个事实说明了日本高等专门学校在为本地尤其是中小企业输出人才方面取得了相当的成效。

综上所述，日本高等专门学校无论在招生制度上，还是在教育过程中和毕业导向上都十分重视与学校所在地域的联系及沟通。较为均衡的全国分布状况，使得高等专门学校成为地方教育、文化、产业的重要支柱，同时也为各地学生提供了较为平等的高等教育入学机会。由此可见，立足地方、服务地方，是日本高等专门学校重要的办学特点之一，同时也最终成为高等专门学校在诸多高等教育机构中得以生存发展的重要保证。

3. 较高的就业率

1967 年 3 月，日本第一批高等专门学校毕业生走向社会。在经济高速发展的背景下，他们大都在大公司找到了工作。之后，无论高等专门学校扩充还是经济形势发生变化，超过 36 万名（至 2008 年）高等专门学校毕业生的就业率近 100%，同时维持超过 10 多倍的就业职位求供比率。[1] 毕业生在求职市场深受欢迎，反映了日本产业界对高等专门学校人才培养质量的较高评价。

日本高等专门学校对初中毕业生实施五年一贯制的职业教育。由于入学后没有高考压力，在校学生似乎拥有更多可供自己支配的时间。寄宿制度以及较为宽松的管理制度，为学生提供了一个自由发展个性的空间。一年一度的日本高等专门学校的机器人、程序设计等比赛，还为学生提供了展示创新才能的重要舞台。以上，都是高等专门学校毕业生深受日本各界欢迎的重要原因。

日本高等专门学校培养了大批动手能力较强、具有创造开拓能力的技术人员，成为支撑日本产业发展的重要生力军。当初，高等专门学校的人才培养目标是企业的中层骨干技术人员，但是随着产业技术的急速发展，不少拥有良好技术和工作热忱的优秀毕业生逐渐成为企业的高级技术人员。从技术开发到现场操作，毕业生的出色表现也大大提高了高等专门学校的社会地位和教育价值。无论日本经济盛衰如何，毕业生在就业市场上一直深受欢迎，

---

[1]　陆素菊：《日本高等专门学校的制度沿革与基本特征》，载《全球教育展望》，2009(6)。

如实地反映了日本社会各界对其教育质量的高度评价。

但是,不可否认的是,日本高等专门学校规模普遍偏小,带来了社会知名度偏低等现实问题。尤其是近年来随着日本学龄人口持续减少,如何保证足够生源、确保考生质量,成为影响高等专门学校生存的重要现实问题。加上由于高等专门学校制度建立已久,日本国立院校中建筑年龄超过 25 年的校舍高达 75%,实习工场场龄也有半数超过 25 年,故对老朽设施实施翻新、改造需要巨额费用,这也成为制约日本高职教育持续发展的瓶颈。

(二)私立教育的振兴与发展

"二战"后,日本通过《私立学校法》创设了学校法人制度(第 3 条),在法律层面将私立学校的开办主体从以往日本《民法》规定下的公益财团法人中单独划分出来,并通过颁布下列规定进一步强化了私立学校的公共属性:防止对剩余财产的肆意处理(第 30 条第 3 项、第 51 条);限制私立学校管理层的特定亲属人数(第 35 条第 1 项、第 38 条第 7 项);确定评议会制度的义务(第 41 条至第 44 条、第 46 条)。①

正因如此,虽可依法从事营利性事业,但法人制度的特性决定了日本私立学校的开办主体仅限于学校法人,办学收益也仅限于学校经营目的(《私立学校法》第 26 条、第 61 条)。排除个人的办学资格尤其是对办学收益的分配权,充分保障了日本教育的公共及公益属性,私立学校也因此具有鲜明的非营利公益特征。这种特征的存在,使得日本的财政性经费对私立学校的投入拥有了相应的法理依据(第 59 条)。与此相对,日本营利性教育机构则主要以从事外语及其他培训等形式存在。由于不属于国民教育系统(小学、中学、大学、职业教育学校、特殊学校、幼儿园等《学校教育法》第 1 条规定的学历教育机构),因此日本营利性教育机构不具备学校法人资格,其运行机制依照日本《民法》规定的企业法人制度执行。营利性教育机构虽可在一定条件下间接

---

① 胡建华:《日本私立大学的发展特点及其启示》,载《教育研究》,2001(8)。

接受日本政府的资金补助（如外语或特定职业培训的政府补贴），但不享有学校法人在办学经费、税制方面以及其他针对私立学校的优惠政策。

1975 年日本的私立教育在各类教育总量中所占比例如表 1-3 所示。

表 1-3　日本私立学校教育规模概览

学校类型	私立学校数/所	学校总数/所	占比/%	私立学校学生数	学生总数/人	占比/%
小学	160	24650	0.65	58130	10364846	0.56
初中	555	10751	5.16	152532	4762442	3.20
高中	1228	4946	24.83	1308046	4333079	30.19
四年制大学	305	420	72.62	1325430	1734082	76.43
短期大学	434	513	84.60	322666	353782	91.20
专科院校	819	893	91.71	123370	131492	93.82

数据来源：1976 年日本《文部科学统计要览》（1975 年 5 月 1 日统计）。

不难看出，日本私立学校在义务教育阶段所占比例极小，在高中阶段所占比例也不超过 30%（其中包含了多数私立大学为保证生源而开办的附属高中）。与此相对，高等教育整体中私立教育所占比例，在学校规模上高达 85.32%（1558/1826），而在学生规模（1771466/2219356）上为近 80%。由此可见，在日本的国民教育体系中，义务教育基本上被公办教育覆盖，而私立学校则成为推动高等教育发展的主力。

从学校数量来看，1955 年日本私立高等教育机构占高等教育机构总数的 68.4%，到了 1990 年这一比例上升为 85.6%。在这个过程中，四年制大学、短期大学的入学率也从 1966 年的 16.1% 上升至 1976 年的 38.6%，十年间实现了 2.4 倍的增长。尤其是私立短期大学发展迅猛。从 1960 年到 1975 年，短期大学数量从 280 所增至 513 所（其中私立 434 所，占比 84.6%），在校学生人数也从 83457 人激增为 353782 人（其中私立 322666 人，占比 91.2%）。短期大学的创建和发展，是日本政府根据经济高速增长的实际需要在高等教育领域的一大创举。它在短时间内培养了大批实用专业技术人才，为战后日本经济腾飞和社会发展做出了重要贡献。

与美国相比,日本高等教育的大众化主要依靠私立大学的快速扩张。除了国民对高等教育需求的不断高涨、经济的高速发展等原因之外,日本政府对国立大学、公立大学的全口径投入也成为制约日本公办高等教育规模扩大的重要原因。此外,日本高等教育的急速大众化,也带来了如何稳定以及提高教育质量的难题。为了保障高等教育尤其是私立学校的教育质量,日本政府于1975年制定了《私立学校振兴补助法》,开始主动对私立学校进行财政援助。该法要求日本政府尽快使资助额度达到私立学校教育和研究经费支出的一半以上(第4条及附带决议),同时通过《学校法人会计基准》给予私立学校法人以减免税待遇①,并采取资助学费等方式对学生进行间接资助。

实际上,私立学校补助金在私立大学常规经费中所占比例在20世纪70年代的10年里逐年上升,这在一定程度上改善了私立学校的经费状况。不过,其比例在最高时的1980年也不到30%,随后逐年递减,因此未能从结果上实现国家财政补助金占比过半的政策目标。但该项举措的重大意义在于通过实现国家财政对私立学校的投入,进一步明确了日本学校法人的公共属性。

由于《日本国宪法》规定国家财政的投入对象仅限公办教育(第89条),所以私立学校的属性成为判断政府投入是否违宪的争论焦点。《私立学校法》第59条明确了私立学校拥有与公办学校相同的"非营利公益性"特征。《私立学校振兴补助法》的通过与实施则从结果上赋予私立学校准公办教育机构的地位,为日本将财政性经费投入私立学校清除了法理障碍。

上述专门针对私立学校的财政投入,在20世纪80年代后期由于日本出现财政危机而遭遇障碍。由于日本政府对私立大学投入的补助金长期不增,加之私立大学整体办学规模持续扩大,其占比逐渐下降至近年的10%左右。

---

① 学校法人固定资产免税,事业收入税率为22%(普通法人税率为30%),而事业收入被纳入学校法人财政时其中的50%免税。另外,来自企业、团体或个人的捐款,其额度亦可抵税。

为此，日本文部省下属的临时教育审议会提议重新制定大学办学标准，通过提高制度灵活性促进私立大学的特色发展，同时将对大学的评估及大学信息公开化等作为保障高等教育质量的重要手段。随后，在日本高等教育质量得到切实改善的同时，四年制大学、短期大学的入学率也在招生数量保持基本稳定的情况下逐渐超过50%。

第三节　日本教育的扩充与整顿

一、教育审议会与教育改革

（一）日本中央教育审议会的改革建议

1971 年 6 月 1 日，日本中央教育审议会提出了一份题为《今后学校教育的综合扩充与整顿的基本措施》的咨询报告。该报告对日本战后 20 多年的教育改革进行了总结，对随着技术革命的迅猛发展和日本国内国际形势的急剧变动将出现的教育情况进行了展望，最后提出了立足长远的基本构想。

报告由两个部分构成，首先阐述了日本学校教育改革的基本构想，然后就应该采取的具体措施提出了建议。在日本学校教育改革的基本构想中，报告在第一章首先明确了学校教育在社会发展中所承担的责任，接下来在第二章和第三章分别就日本基础教育和高等教育改革的基本构想展开了讨论。

报告认为，"教育是以完善人格为目标的。只有人格，才是把人的各种素质和能力统一起来的价值的本质所在"。"随着现代社会人类生存环境的急剧变化，作为主体的人类本身，重新受到人们的关注，教育的作用亦显得越发重要。"

针对日本初等教育、中等教育的根本问题，报告指出："当今时代要求每个人都具有更为自主自律地生活的能力。这种能力不只是掌握了知识、技术后的产物,而必须等到统合多种素质和能力的主体的人格养成后,才能形成。造就这种能力的教育所追求的目标,是培养自主并充实地生活、对多样价值观具有广泛理解、实现以民主社会的规范和民族传统为基础的团结,并能通过创造富有个性和普遍性的文化为世界和平与人类福利做出贡献的健康勇敢的日本人。"

接下来,关于如何解决日本基础教育改革存在的各类问题,报告认为核心在于提供多样化的课程体系,不断提高公办教育的水平以及确保高素质的教师队伍。具体来说,报告提出了十条基本构想:(1)开发适应人的发展过程的学校体系;(2)优化适应学校阶段特点的教育课程;(3)加强对合理选择多种课程的指导;(4)优化适应个人特点的教学方法;(5)提高公共教育的质量水准,维持教育的机会均等;(6)积极普及、充实幼儿园教育;(7)积极扩充、完善特殊教育;(8)整顿校内管理组织和教育行政体制;(9)实施确保教师培养及地位提高的相关措施;(10)实施推进教育改革研究的相关措施。

该报告从理论上对教育的特征做了总结,并在总结以往实践的基础上对日本的教育改革方向做出了指引。其提出的多数建议,尤其是教育规模的扩大及质量保障等环节,均在其后的教育改革中通过各种审议会等形式得以落实,具有重要的历史意义。①

(二)日本临时教育审议会的咨询报告

1984 年 8 月,直属日本内阁总理大臣的临时教育审议会(简称"临教审")成立,并应日本首相要求提交了名为《为使教育适合日本社会变化和文化发展而进行的各项改革的基本方针》的咨询报告。其后,临教审分别于 1985 年 6

① 其主要内容有与教育内容相关的《学习指导要领改订》(1977/1978 年)、日本公办学校年级及教职员编制改善计划(1974 年以后)、幼儿园教育振兴计划(1972 年以后)、《人才确保法》的制定及教师待遇改善(1974 年以后)、新教育大学的设置(1978 年以后)、高等教育计划的制订(1976 年以后)、《私立学校振兴补助法》的制定(1975 年)等。相对于明治初年和第二次世界大战结束后日本进行的教育改革,该报告对日本当时的学校教育提出了全方位的整顿建议,故有"第三次教育改革"的称谓。

月、1986 年 4 月、1987 年 4 月和 8 月，提交了 4 次关于教育改革的咨询报告。① 在此基础上，日本内阁于 1987 年 10 月发布《关于当前教育改革的具体方略——教育改革推行大纲》，确定了日本面向 21 世纪的教育改革方向。

临教审的第一次咨询报告，提出了审议教育改革的基本思想、审议会的主要课题及具体的改革建议。报告在肯定了日本教育取得的成就以后，指出了存在的问题："过多地培养了以死记硬背为中心的、缺乏主见和创造能力的、没有个性的单一规格的人才；对日本人应有的形象缺乏自觉；大学教育及研究得到国际公认的还不多；研究人员的交流、外语教学等方面还不适应国际化的要求。所有这些问题，都是由日本教育制度及其运用的划一性、僵硬性的弊端所造成的。尤其是近年来，激烈的入学考试竞争、'恶作剧'、逃学、校园暴力等被称为'教育荒废'的现象越来越突出。这种现象根源很深，且相互牵连，又同家庭、学校、社会的现状等复杂地缠绕在一起。"

针对改革的基本思路，此报告提出了如下基本原则。

1. 尊重个性

报告认为，这次教育改革最重要的是要打破以往日本教育中根深蒂固的弊病——划一性、封闭性、非国际性，确立维护个人尊严、尊重个性、自由和自律、自我负责的原则，即尊重个性的原则。"所谓个性，不仅指个人的个性，还意味着家庭、学校、社区、企业、国家、文化、时代的个性。""所谓自由，是与放纵、无秩序、无责任、无规律完全不同的。自由，伴着重大的自我责任。""个人的尊严，尊重个性、自由、自律，以及自我负责，是不可分割的统一整体。""发挥自己的个性就能发挥他人的个性。"

2. 重视基础知识和基本技能

报告认为，对下一代，在婴幼儿期、青少年期，就应该切实教给他们终

---

① 其间总共召开了 668 次会议，其中包括 90 次全体会议、14 次全国公开听证会、483 次专家听证会。本次教育改革引起了日本全体国民的高度关注。

身自主学习所必需的能力和人格形成所必需的基础知识、基本技能，这些丝毫不容忽视。在学校里，我们必须贯彻德育、智育、体育的基础知识和基本技能的教育。

3. 培养创造性、思维能力和表达能力

报告认为，"面向21世纪，适应社会变化所必需的素质、能力，就是指创造性和独立思维、表达、行动的能力"。"创造性与个性有着密切的关系，只有发挥个性，才能培养创造性。""即将到来的信息社会，蕴藏着能充分发挥人本来的智慧和信息处理能力的可能性。"

因此，尤其是在今后的学校教育中，在传授基础知识和基本技能的同时，应该重视培养创造性、逻辑思维、想象力和表达能力。

4. 增加教育的选择机会

报告认为，"日本已成为教育、文化、生活水平较高的国家。其结果使国民对教育的要求向高层次化、多样化发展，而教育本身也正在将重点逐渐从数量向质量转移"。为了适应日本国民对教育的这种高层次化、多样化的要求，必须打破以往教育的划一性、封闭性，同时，要增加教育的选择机会，建立富有弹性的、分权的教育行政和制度，放宽有关的规章制度。增加教育的选择机会，这在高等教育和后期中等教育中尤为重要。

除此之外，报告还就日本教育环境的人性化、构建终身学习体系、教育的国际化、应对信息化社会等问题提出了实施意见及建议。

报告认为，信息化社会的发展，有可能进一步搞活各种媒体的教育职能，同时也会给人带来消极的影响。教育应采取怎样的对应措施？教育自身在内容、方法等各个方面如何引进、运用信息技术？从这两个问题出发，"有必要重新认识整个学校教育、社会教育和其他教育的各种职能"。

1986年4月，临教审关于教育改革的第二次咨询报告，在第一次报告尊重个性原则的基础上，以历史教训、"教育荒废"的各种原因、对未来的展望和《教育基本法》的精神为基础，总结归纳了日本 21 世纪的教育目标：(1)培养具有宽广的胸怀、健壮的体魄、丰富的创造能力的日本人；(2)培养自由、自律和具有公共精神的日本人；(3)培养面向世界的日本人。在教育内容方面，报告提出，在小学阶段，必须让学生切实地掌握以后的学校生活和社会生活所必需的读、写、算的基础，形成基本的生活习惯，培养宽广的心胸、社会性等德性及丰富的情操。青年期是自我的确立、个性的分化逐渐显著的时期。初中教育必须让学生更深地掌握基础的、共同的内容，同时，推进适应每个学生个性的教育。要从把握学生的能力与能力倾向、帮助学生确立毕业后出路意识的观点出发，注意初中教育同高中教育的关系，增加选修学科的种类和课时。高中教育，应进一步适应学生的能力与能力倾向，尽量让学生选修多种教育内容。因此，必须使学科、科目多样化以扩大选修范围，增设普通学科、科目，灵活地运用学分制。同时，深化职业教育，将职业教育和普通教育结合起来。

1987 年 4 月，临教审的第三次咨询报告，在分析日本初等教育、中等教育改革时着重谈到改革教科书制度。报告指出，初等教育和中等教育担负着造就未来日本社会的建设者、奠定人们终身发展的基础的极为重要的使命。而教科书在进行这种教育方面，同教员的教学能力一起，在学校中发挥着基本的、核心的作用。但是，日本的教科书存在下列问题：内容划一、包罗万象，阻碍了个性化教育，没有对共同的内容进行简洁的整理，而是着眼于知识的传递；对学生思维能力和创造能力的发展，以及学生学习积极性的提高都缺乏应有的考虑。"在今后的信息化和国际化的过程中，要求教科书具有个性和多样化。""当今的重要课题是，从发展青少年的思维能力和创造能力、提高学习积极性、开展丰富的教学活动的观点出发，面向未来，从整体上重新认识教科书的模式和制度，并加以改革，以提高教科书的质量。"

1987年8月,临教审提交了关于教育改革的第四次咨询报告(终结报告)。报告总结了"教育改革的必要性",具体内容见本章第三节。

1987年10月,日本内阁发布了《关于当前教育改革的具体方略——教育改革推行大纲》。该文件一开始就指出:"在推行此次教育改革时,我们必须以临时教育审议会咨询报告提出的教育基本模式和教育改革的观点为基础,在考虑涉及多个领域的各种建议的相互关系及它们同既定政策的统一性的同时,努力促进这些建议付诸实施。"

二、教育发展的问题与动向

(一)学历社会和校园危机

日本科学技术的进步与经济的发展,给日本社会带来了前所未有的新变化。产业和就业结构发生巨变,国民生活水平急速提高,城市化的发展使得以往的农村共同体迅速瓦解,由此带来了家庭和社区观念的重大改变。第二次婴儿潮的出现带来了日本超大规模学校的增加和考试竞争的低龄化,使得学生的教育环境不断恶化。日本学校教育的诸多矛盾逐渐显现。

1. 入学考试竞争过于激烈问题

在进行入学考试时,若只重考查知识和学生的记忆力,势必导致把学校办成单纯传授知识的场所,补习学校(私塾)繁荣和"入学考试产业发达",并导致"根据入学考试分数排列学校的顺序",这又势必会使得各校所具有的特色日趋淡薄。

2. 学校教育过于划一和僵化问题

日本学校教育过于划一和僵化,不能适应社会的变化和儿童的身心发展。技术革新导致社会生活高度现代化和信息化,致使社会对学校教育的要求越来越高,造成了教育内容数量增加、难度提高。这些变化不但给学生身心健康带来了严重影响,也给教师及社会造成了极大压力。解决这些问题,对学校教育的多样化和弹性化提出了要求。

3. 学生的不良行为问题

日本以中学生为中心的不正当行为逐渐增多，尤其是 20 世纪 60 年代以后针对父母、教师的暴力行为十分普遍。到了 80 年代中后期，这一问题较为严重的学校甚至因此不能正常上课。这不仅要求解决"问题学生"缺乏自我控制能力的问题，更为重要的是引发了有关中小学生素质培养的讨论。20 世纪 80 年代以后的日本教育改革，逐渐开始关注所谓"个性化"的发展。培养学生的思考力、判断力、创造力，通过激发学生自主学习的意志、态度和能力提高所谓"自我教育能力"，以及尊重学生个性并为其提供差异化的课程，成为 20 世纪后期日本教育改革的基调。

（二）高等教育与"大学纷争"

20 世纪 70 年代以后，日本高等教育机会不断增多，但也带来了诸多社会问题。学历主义的盛行、考试竞争的加剧、高等教育规模的急剧扩大带来的教育质量的下降，引发了日本社会对高等教育规模的批判。

日本大学生群体也出现了信仰危机。高考带来的巨大压力，大量高考复读生的出现，以及学习目标缺失和学生对未来的迷茫，激化了学生与日本政府、学校之间的矛盾。加上外部因素的影响，日本出现了以东京大学学生占据安田讲堂为代表的所谓校园纷争事件。

1968 年 3 月，一名参与"闹事"的医学院学生受到东京大学校方处分，激发了学生的不满。学生们占据了东京大学最具象征意义的建筑物——安田讲堂。与以往因为抗议教学条件恶化或学费上涨等问题引起的学生罢课以及上街游行相比，该事件的严重性导致一名校长辞职。为了恢复校园秩序，校方甚至不惜破坏明治维新以来形成的东京大学引以自豪的大学自治传统，向日本警方寻求支援。

1969 年 1 月，日本警方从学生手中夺回对安田讲堂的控制，并解除之前的封锁。而警方从安田讲堂两次喷射高压水柱的照片，也通过报纸等媒体迅速传播至日本全国乃至全球，由此激发了日本国内其他大学的抗争运动，与美国大学曾经激化的学生运动遥相呼应。

1969 年 8 月，日本政府通过制定《大学管理中的临时措施法》，为警察在非常时期进入大学校园提供了法律依据。此后，各大学的学生暴力抗争运动逐渐平息下来。但在此过程中，学生成功争取到与校方直接交涉的权利。由此，学生群体围绕与学生利益相关的各类问题成立组织，定期与以校长为首的校方进行"团体交涉"遂成为之后日本高等教育独特的"传统"。

针对"大学纷争"发生的原因，日本广播协会广播舆论调查所曾对东京市23 所大学的 2610 名学生进行过舆论调查。1969 年 3 月的调查显示，认为原因在于"学生方面"的学生比例为 32%，而有 47% 的学生认为问题在"学校方面"。同期面向普通市民进行的调查，则显示有更多的人将原因归结为校方。① 这项调查的结果说明不仅仅是大学生群体本身，普通的日本民众也表现出对当时日本大学管理现状的不满情绪。

(三)终身学习理念的出现和贯彻

1965 年，联合国教科文组织在成人教育发展国际会议上正式提出"终身教育"思想，在世界各国产生了巨大的影响。但由于终身教育涵盖的内容极广，当时其实施方式及手段仍未成熟，加上各国国情和教育文化、历史各不相同，因此真正予以采纳并加以落实的国家并不多。而日本是世界上较早响应终身学习理念，并采取了有效措施积极贯彻落实的国家之一。

1990 年 7 月，日本颁布了《关于完善振兴终身学习政策措施的推进体制的法律》(简称《终身学习振兴法》)。其地位甚至在日本《学校教育法》《社会教育法》等平行法律之上，成为仅次于日本《教育基本法》的重要法规。《终身学习

---

① 参见天成勋:《新大学观》，东京，サィマル出版会，1978。接受调查的 2474 名日本市民中，认为原因在于学校方面的占比 43%，远远高于认为原因在于学生的 19%。

振兴法》共分 11 条，分别就立法目的、政府制定相关政策措施的责任、都道府县教育委员会的责任、振兴区域终身学习事业的基本构想和标准、设置终身学习审议会以及相应的财政措施等事项做出了明确规定。与此同时，日本内阁制定了实施该法的"政令"。日本文部省下发了关于具体贯彻落实这部法律的通知，并制定了都道府县完善振兴终身学习事业推进体制的基本标准，基本形成了相应的法规体系。

根据法律规定，日本文部省于 1990 年设立了终身学习审议会，就振兴终身学习的方针政策和充实区域性终身学习机会向文部大臣提出咨询建议。文部大臣为促进终身学习的振兴，应在听取终身学习审议会意见的基础上为各地落实相关方针政策制定标准。同时，各地需要分别制定有关终身学习的基本构想，并向文部大臣及相关部委报告，寻求认可。

在具体落实层面，日本各地依法设立相应的地区性终身学习审议会，分别向地方行政长官提出政策建议。法律还规定各地各级政府需要成立由政府部门、教育部门、企业等各方面代表组成的终身学习推进会等，形成协作机制，以顺利推动终身学习机制的实施。

到 1995 年为止，日本的 47 个都道府县都设立了终身学习课或社会教育课等部门；33 个都道府县设立了终身学习审议会；22 个县已经提交了咨询报告；42 个都道府县制订了终身学习振兴计划或基本构想。在市町村一级，到1995 年为止，有 85.6% 的（1877 个）市町村设立了终身学习推进会；有 32.3%的（1036 个）市町村已经制订了终身学习振兴计划或构想；加入终身学习宣言的市町村已有 106 个。① 由此，日本在全国范围内基本建立了一整套推进终身学习事业的行政体制。

日本在引入终身教育的理论时采取了更为广泛的定义，即终身教育除了学校教育和社会教育以外，还包括人们的体育活动、文化活动、兴趣活动、

---

① 姜沛民：《日本终身教育的发展及其对我们的启示》，载《成人高教学刊》，1998(1)。

娱乐活动和义务活动，进行这些活动的场所有学校、公民馆、图书馆、博物馆、体育场馆、教养中心、企业和职业训练基地等。这样，在日本举国上下参与构建终身学习型社会的过程中，除在职人员外，青少年、家庭主妇以及退休的老年人都成为终身学习的参与者。

为此，日本还颁布了《图书馆法》《博物馆法》《青年学级振兴法》《体育运动振兴法》等法律，构成了终身教育体制的法律体系，为开展终身教育提供了法律依据。

三、各类教育的扩充与发展

(一)基础教育的发展

"二战"前，日本的教育行政体制高度集权，日本中央的教育政策通过上令下行的方式贯彻到地方政府和各级学校，对义务教育的迅速普及起到了重要的作用。"二战"后，在围绕《日本国宪法》和《教育基本法》基本框架进行改革的背景下，日本的教育行政经历了一场大规模的地方分权改革。日本文部省的工作重心转为对全国教育进行宏观调控，通过对义务教育进行补助等经费划拨方式实现对地方教育行政的影响，同时进行教育调查研究并实现调研结果的经验共享。尤其是在义务教育学校，包括就学督促、学校选址、教师招聘、教材选定等在内的实施细节，原则上由地方政府组成的教育委员会(《教育委员会法》，1948年)来组织执行。尤其值得一提的是学龄儿童的就学督促工作，通过地方政府分别向学龄儿童父母及其居住地所属学区的学校送达通知来完成。换言之，学龄儿童的入学通知由地方政府寄送，而学校仅仅负责核实所辖学区儿童是否报到入学而已。政府履行就学督促义务，从源头上减少了"择校"问题的出现。①

---

① ［日］安达拓二：《文部科学省对学校选择制的现状调查》，载《现代教育科学》，2005(6)。

日本政府制定与义务教育密切相关的各项标准，通过非命令性的行政指导方式实现学校教育的均衡发展。首先，在校舍建设方面，规定日本可以对达到国家标准(《公立义务教育诸学校班级设置和教师编制标准法》，1958年)的新建、修建校舍提供占建设费用50%的补助(《义务教育诸学校设施费国库负担法》，1958年)。其次，教师的资格、待遇标准分别由《教师资格证法》(1949年)和《义务教育费国库负担法》(1952年)加以规定，这从根本上保证了教师队伍的稳定。尤其是教师工资(包括各类津贴在内的合计收入)的50%由国家财政支出，以及教师定期轮岗制的贯彻实施①，从制度上缩小了由地区经济发展不平衡带来的学校、地区间师资力量的差异。再次，在教学方面，根据文部省审定教科书制度，并发布教学大纲性质的《学习指导要领》，为教学内容及教学方法制定统一的参照标准。最后，学校通过《教师公务员特例法》(1949年)规范教师工作。家长委员会制度的建立(1952年)则加强了家长对学校管理的监督工作。

随着战后日本经济迅速重建，如何应对社会环境和观念变化对学校带来的巨大影响，成为日本教育面临的重要课题。为此，日本政府及时对各项学校标准进行适当调整，力求教育均衡发展不受影响。例如，针对战后初期的贫困家庭失学儿童，日本政府通过《学校供给饮食法》(1954年)等法律提供免费午餐，成功使这些儿童回到学校。面对城市化造成的大片社区开发、地区整合、学校撤并以及由此带来的学龄儿童大量增加的状况，日本政府也予以积极应对(《学龄儿童激增地区规定细则的省令》，1973年)。日本政府还通过《偏僻地区教育振兴法》(1954年)给予教师高达25%的特殊津贴②；通过《关于为保持和提高学校教育水平确保义务教育诸学校教育职员人才的特别措施

---

① 汪丞、方彤：《日本教师"定期流动制"对我国区域内师资均衡发展的启示》，载《中国教育学刊》，2005(4)。

② 李文英：《战后日本振兴偏僻地区教育的措施及其启示》，载《教育研究》，2004(12)。

法》(简称《人才确保法》,1974年)等,鼓励教师赴偏远地区任教,稳定教师队伍。而《学校基本调查规则》(1952年)则延续了战前的惯例,对日本学校的基本情况、失学儿童、设施经费、毕业去向等事项进行调查并公布结果,从学校管理的角度为各级教育行政提供政策依据。

日本儿童数量在20世纪60年代达到一个峰值,而在80年代出现了另一个高峰之后急速减少。与此相对,同期教师数量则呈现稳步增长的趋势,90年代以后也未因儿童数量急剧减少而出现急剧减少的现象①。上述状况使较小班级上课成为可能,适应了学龄人口减少带来的变化。而于1997年修订的《教师资格证法》,则规定教师取得资格证需要在残疾人或老人福利机构进行实习,可谓增加了对包括老人在内的处境不利群体的关注。

(二)日本国立大学改革及研究生院重点化战略

随着20世纪90年代初泡沫经济崩溃,日本社会的学龄人口减少、老龄人口增多的趋势日渐明显。日本全国18岁人口在1992年达到峰值205万,随后逐年下降。面对社会的新变化,同时为了应对经济全球化带来的人才竞争形势,日本在高等教育领域做出了抬高人才培养重心以及通过合理竞争促进大学多样化发展的改革尝试。

日本文部省直属的大学审议会在1991年提交了题为《研究生院规模扩大计划》的咨询报告,首次提出在2000年前实现研究生规模倍增的改革计划,吹响了在日本国立大学实现"研究生院重点化"的号角。从结果来看,日本在读研究生规模从计划初期的98650人增至2000年的205311人,基本达到既定的政策目标。② 值得注意的是,与几乎所有的日本国立大学均设有研究生院相比,日本私立大学的这一比例不到60%。日本研究生规模扩大计划虽然得以

---

① 相比学生数量的变化,教师数量的减少幅度较为平稳,甚至在2000年以后略有增加。

② 严平:《日本研究生教育改革新动向:以〈第二次研究生教育发展纲要〉为中心》,载《学位与研究生教育》,2013(6)。

实现，但并未改变日本私立大学以本科教育为主的状况。

　　研究生规模扩大的政策，反映了日本高等教育人才培养的重心逐渐从本科生转为研究生。为了进一步提高教育质量，日本文部省采取了进一步放宽大学开办标准、通过合理竞争促进大学个性化发展的政策措施。在此过程中，日本政府通过国立大学法人化改革开启了国立大学民营化的序幕，并通过加大竞争性科研经费投入等方式，引导私立大学与公办大学同台竞争。

　　事实上，日本国立大学法人化改革对日本既往的高等教育结构造成了巨大冲击。从国立大学的角度而言，法人化改革使得日本所有的国立大学脱离国家机关，成为独立的大学法人。因此国立大学拥有了更加自由的财政经费分配使用权，同时校长的行政权力也得到了前所未有的加强。尤其是校长对学校人事权、行政权的逐步掌控，或给日本大学19世纪末期形成并延续至今的教授治校、教授治学传统带来了某些不安定因素。随着日本国家财政对国立大学常规经费整体保持每年1%的递减，国立大学法人尤其是那些位于地方的中小规模的大学，面临的财政压力可谓逐年增大。上述变化，对当时日本的国立大学秩序而言，使教师队伍以及办学经费的稳定遭受到了前所未有的严重冲击。

　　由于日本国立大学常规经费的主要来源仍为国家财政，因此日本国立大学的公办性质至少从财政角度而言并未发生根本改变。① 尽管如此，对数量多的私立大学而言，国立大学身份的转换具有双重意味：一方面，国立大学摆脱了对政府的完全依附；另一方面，这相对拉近了国立大学与民间大学的距离。各类束缚的解除使得国立大学拥有了更多的办学自由权，也大大加强了某些具有实力的国立大学的国际竞争力。同时，民间大学规模的扩大，使既有的私立大学感受到了前所未有的压力。面对突然扩大的民间教育市场，私

---

① 吕文妙：《日本大学改革发展的动向探析》，载《国家教育行政学院学报》，2009(5)。

立大学不得不更加积极地投入与包括国立大学在内的大学的激烈竞争之中①。

因此，日本国立大学的法人化从结果上进一步模糊了公办大学与私立大学的界限。日本政府进而通过扩大竞争性经费投入等方式加大对高水平大学及项目的支持力度，引导各类大学办出特色。日本政府希望通过鼓励公、私大学同台竞争，推动高等教育在经济全球化时代实现多样化、差异化发展。

从结果来看，日本国立大学的数量由1990年的96所减少至2005年的87所，但同期四年制大学的总数从507所增至726所。其中私立大学凭借国家的办学条件缓和政策持续增加，从1990年的372所增至2005年的553所。但同期的私立短期大学则从593所减少至488所。四年制大学的成长及短期大学的萎缩，从一个侧面反映了优胜劣汰原则在高等教育领域的渗透与蔓延。

在经济全球化背景下，日本政府加强了对高端人才的培养力度，力图通过新的教育改革继续保持国际竞争力。日本的教育实践在进入21世纪后迎来了新的局面。

---

① 事实上，某些私立大学(如山口东京理科大学)为了避免关门退出，不得已采取了将办学主体转为学校所在地政府(公办)的应急措施，以获得继续办学的机会。究其原因，除去常规的人口减少、招生停滞等客观社会因素之外，日本国立大学法人化改革带来的公、私立学校竞争加剧是否与之有关，值得进一步研究。

第二章

20 世纪后半期日本的教育思想

经历了第二次世界大战，日本的历史进入了一个新的阶段。日本教育思想受到外来因素的影响和新的教育实践的促进，也有了较大的改变。基于 20 世纪后半期日本教育发展的特点和日本社会的实际状况，其教育思想的变迁大致分为美国军队占领时期、经济高速发展时期、20 世纪末期 3 个发展阶段。同时，在日本政府主导的教育思潮之外，民间教育组织的教育主张也是日本教育思想史上不可忽视的篇章。

第一节 "二战"后初期日本的教育民主化思潮

一、"二战"后日本的社会改革

1945 年 8 月，日本军国主义当局因战败接受《波茨坦公告》，宣布无条件投降。日本民众终于从日本法西斯专政的奴役下解放出来，社会中的民主化思潮一度高涨。同时，根据《波茨坦公告》，美国军队以联合国占领军的名义对日本实行占领统治。这一时期从 1945 年 8 月起，持续了将近 7 年时间，是日本历史上前所未有的特殊时期。当时，美国占领军迫于日本国内外的压力，同时根据自身的需要，主要针对战前的日本军国主义，在日本主持进行了以美国社会制度为基本样板的社会改革。

美军占领期日本的社会改革，在政治上主要以制定新宪法、改革政治体制为中心，剥夺天皇及军国主义分子的政治权利。新宪法确定了放弃战争的原则、尊重人权与自由的原则和天皇没有实际政治权利的原则，并且以专门条款规定了受教育的平等权和义务教育免费的原则等。这为日本教育的民主化和教育民主化思潮的兴起提供了政策和法律前提，从而也提供了比战前还宽松的社会环境。与此同时，日本国内进步力量积极开展的争取民主制度的运动不断高涨。1945年日本共产党重新建党，各地的工会和农会也迅速建立起来。但群众运动的兴起并不符合当权的美国占领军和日本政府的意愿，他们对于社会主义运动更是不能容忍，所以当局对于蓬勃兴起的民主革命活动采取了威胁和镇压的措施。尽管如此，来自民众的民主要求还是成为推动当时日本社会改革的重要影响力量，也成了推动教育民主化思潮兴起的重要力量。

在社会经济方面，为了应对战后初期严重的经济危机，美国占领军当局和日本政府还从1946年起推进了"三大经济改革"。所谓"三大经济改革"，一是指从1946年开始的农地改革，将土地从封建主手中分散到农民手中，确立了自耕农制度；二是指从1947年开始的破除财阀经济垄断，扩大了经营民主，促进了企业自由竞争；三是指从1945年开始的一系列确立劳动基本权的改革，使工人在劳动条件、生活待遇、失业保障、劳资关系等方面获得了一定的法律保证，改善了劳动生产关系。由此可知，"三大经济改革"对于扩大日本民众的权利，进一步破除封建生产关系、解放生产力，促进日本战后的经济恢复和社会安定都起到了很好的作用，为战后日本资本主义的发展奠定了基础。

战后美国占领军推行的上述各种政治、经济政策，虽然对于劳动者来说仍然是一种有限的民主，但相对于日本战前的军国主义专制统治来说还是前进了一步。这是因为战后世界和平力量的增长、社会主义运动和民族独立运动的蓬勃发展等，使得日本的军国主义天皇国体再也无法保持下去，迫使美国占领军当局不得不摧毁日本的军国主义势力和侵略主义体制，以"保证日本不再成为美国和世界和平与安全的威胁"①。总的说来，上述国际和国内条件，促进了战后日本的教育民主化思潮的兴起。

不过，在日本社会变革中，也有一股逆反的潮流存在，继续维护皇权国体。这种守旧的和反动的主张也反映到当时的教育思潮和教育实际中。

二、美军占领期日本教育改革中包含的民主教育思想

在美国占领军介入日本的教育改革之前，日本文部省曾于 1945 年 9 月 15 日公布了《新日本建设的教育方针》。该文件依然保留了"护持国体"的旧理念，但在第一条"新教育的方针"中也初步反省了过去的教育，提出了包括建设和平国家、提高智育及德育水平、铲除军国主义和要对世界的进步和发展做出贡献等内容在内的教育方针。从此"新教育"一词就与日本建设未来和平国家相联系并被使用起来。

美国占领军直接而系统地介入日本战后教育改革的标志是 1946 年 4 月美国教育使节团第一份报告书的发表。该报告书的根本指导思想是强调个人、分散、开放和法制，主要精神贯穿于日本 1947 年的《教育基本法》和《学校教育法》之中。

反映在教育目的方面的思想，是以"培养完美的人格"取代《教育敕语》所要求的"忠良臣民"。这是美军占领期日本教育政策和实践中民主教育理念的重要体现之一。

---

① 出自 1945 年 9 月 22 日美国政府发表的《占领初期美国的对日方针》。转引自五十岚顕、伊崎晓生：《戦後教育の歴史》，43 頁，東京，青木書店，1978。

"忠良臣民"是为天皇制国家而存在的，意味着民众绝对服从于天皇专制权威，只需要有"忠良"的品德而不需要有个人的独立思考和个性的发展。而日本《教育基本法》提出的"培养完美的人格"则是培养"热爱真理、有正义感、尊重个人价值、勤劳负责、充满独立自主精神"的人。

美军占领期教育决策方面的改革，主要体现在废除"敕令主义"这一点上，即废除天皇通过颁布诏书颁布教育法律的方式，改由日本国会对法案进行审议，通过后再予以公布的方式进行教育立法。按新宪法的规定，日本国会是由民选产生的立法权力机构，是日本唯一的立法机关，因而它的决策所具有的性质，与天皇诏书敕令的专制性是不可同日而语的。例如，《教育基本法》制定之前，由日本各界代表 50 人组成的教育刷新委员会，本着"主权在民"的宪法基本原则，经过反复的讨论，提出了对日本内阁总理大臣的建议：《关于教育理念及教育基本法》。该建议提出了后来文部省起草的《教育基本法》的基本框架和主要条目；文部省起草的法案后来又经过教育刷新委员会、内阁会议、枢密院、众议院的审议，并由众议院、贵族院通过。《教育基本法》的这一形成过程，否定了少数人提出的由日本天皇颁布新的教育诏书公布教育大法的方式，打破了教育指导理论由天皇下赐的做法，实现了日本民众以更民主的方式来加以决定。这件事本身具有重要的意义。它体现的是以民主立法方式规范教育行为的法治观念。

美军占领期日本教育行政管理体制中的改革理念，表现为战前的中央集权改变为地方分权。美国教育使节团的第一份报告书就认为："文部省曾为支配日本精神界的人们的权力中心。为防范重蹈覆辙，以及避免滥用行政机关之职权计，我们提议削减该机关之行政管理权，移由都道府县及地方的学校行政单位掌握。过去借视学制度以强行统制学校的措施，务须予以废除。"这是典型的教育地方分权主张。按照这一指导思想，1948 年的《教育委员会法》以及第二年的《文部省设置法》确定了战后日本教育的地方分权管理体制。

美军占领期日本教育中的民主理念，还表现为单轨学校制度和九年义务教育制度的实施。这为更多的日本人创造了受教育的机会，把日本学校教育从英才主义教育向普及性教育推进了一步。新的"6-3-3"单轨学制规定，任何阶段的儿童都是男女同校学习的，所有儿童都接受同样的教育。它在小学之上设初中，实行九年义务教育，不仅延长了义务教育的年限，也有利于提高一般劳动者子女的教育水平，而且从法律上保证了日本儿童有同样的机会上高中、升大学。这种单轨式的学校制度虽然显得过于划一，但其指导思想的民主性是十分明显的。

美军占领期日本教育中的民主思想还表现在其他许多方面的更加开放和自由上。例如，1949 年的《社会教育法》，将社会教育提高到与学校教育平起平坐的地位，对于增加成人的受教育机会、提高一般民众的教育水准、提高劳动者的素质等有着十分重要的意义。又如，师范教育方面采取开放式的师资培养方式，规定一般大学只要经过批准都可培养师资，从而有利于扩大师资培训体系和提高师资培养水平。相关法律和政策文件在要求教师不断提高履行职责的水平的同时，也要求主管单位必须为教师创造经常进修的机会和物质条件，保证教师有建立自己的团体、维护自身权益的自由等。

三、美军占领期民间教育研究中的民主化思想

日本的民间教育研究，主要是指教师、教育学者或其他领域的学者自主进行的教育研究，不接受日本政府、公共团体乃至企业等方面的经济资助。

民间人士和团体的教育研究，在日本近代教育制度建立的过程中曾经发挥过重要的作用，推动了教育实践的进步。然而在 20 世纪 30 年代，日本军国主义猖獗，民间的一切正常活动都遭到了残酷的镇压。"二战"后，随着法西斯专制的结束，战前日本的许多民间教育人士纷纷恢复了自己的研究，并形成了民主主义教育研究会等许多全国规模的教育研究团体。这时的民间教

育研究以充分彻底地实现日本民众及其子女的教育权利为目标，显示了积极要求实现教育民主的总体思想倾向。民主主义教育研究会(在日本一般简称为"民教"，后改名为日本民主主义教育协会，一般简称为"民教协")的教育民主化思想集中表现在它们提出的宣言或纲领当中，主要有以下几个方面。

第一，该组织的成员将在日本实现教育的民主化作为自己的历史使命和最终目标。在"民教协"成立时发布的纲领中，第一条就提出要根据《波茨坦公告》的精神，为谋求教育的彻底民主化而努力。其宣言也说："我们在这里宣告，我们要为铲除妨碍发展民主主义教育的一切障碍，建立民主主义教育而奋斗。"①

第二，该组织的成员认为，振兴教育的唯一道路是在发展生产的基础上，建立民主和进步的教育。但是在当时的日本教育中，官僚、封建和法西斯的倾向又有所抬头，教育经费也在不断地被强加到民众身上。因此，日本的民主教育面临极大的危机。

第三，在实现日本教育民主化的方法论方面，"民教"的刊物《生活学校》提出了内外结合的思想，即要了解广大教师默默努力、经历二三十年暗中探索所取得的成果。在这一经验的基础上，再吸收美国教育的经验教训。只有这样，才能使日本教育的民主化得以实现。② 此外，"民教协"在纲领中还提出了与国内所有其他方面的民主力量联合起来、同世界上各种进步力量联合起来，共同为日本的教育民主化而奋斗的观点。

第四，在具体的教育改革思想方面，"民教"和"民教协"也提出了多方面的民主性要求。例如，在教育内容和教育方法方面，它们要求坚决清除封建的、国家主义的和法西斯主义的教育观点，积极普及进步的、民主的和科学的教育观点。对于教科书，"民教协"主张建立民主的教科书编辑机构，实行

---

① 转引自梁忠义：《战后日本教育研究》，379页，南昌，江西教育出版社，1993。
② 转引自梁忠义：《战后日本教育研究》，378页，南昌，江西教育出版社，1993。

教科书的民主管理。在学校和教师的组织与管理上，"民教协"主张成立民主
的学校委员会管理和经营学校、公选校长、废除视学制度，反对对学校的官
僚统治；必须从学校中彻底开除战犯，实现教师法定资格审查制度的民主化；
必须保证教师的最低生活水平。对于学生，要实行学费的国库负担制度，保
证学生的学习生活，为此必须免费供应教科书、学习用品和午餐；要保证师
生的政治权利，反对压制进步教师和学生的自主活动，反对日本官方对教师
的强行再教育等。

　　美军占领期间成立的民间教育研究组织中，还有一些是教学专业性质的
研究会，教育民主化思想也是它们教育理论的基本指导思想之一。例如，历
史教育者协会在其成立宗旨中指出："我们希望从日本清除一切封建的、法西
斯的东西，尽快在国内发展民主主义，在国外对世界和平做出贡献。""只有民
主的、实践的立场和目的才是正确的历史教育的根本立场和目标。"日本小学
生作文研究会成立时的纲领也提出了"为日本教育的民主化及其发展竭尽全
力"①的奋斗目标。

四、美军占领期日本教育中的复旧思潮和新旧教育思潮的论争

　　美军占领期日本教育改革的主流思想虽然以教育民主化为主要倾向，但
是年深日久的尊皇思想以及军国主义并未销声匿迹。更何况美国占领军只是
在政治、经济及文化教育等方面采取了一定的改革措施，并没有从思想理论
上对日本的尊皇思想和军国主义进行批判。美国占领军为了美国在亚洲的长
远利益，从利用和控制日本当局出发，甚至不追究在侵略战争中起重大作用
的天皇的战争责任，从而使得尊皇思想和军国主义得以保留下来。

　　美军占领期日本新旧教育思潮的论争，首先具体表现在新宪法制定过程
中有关教育条款的拟定上。日本政府于 1945 年 10 月成立宪法问题调查委员

---

①　转引自梁忠义：《战后日本教育研究》，384~385 页，南昌，江西教育出版社，1993。

会，开始着手制定宪法修正草案。当时日本官方对战前的《大日本帝国宪法》的相关条款只准备做词句上的修正。对此，日本当时许多党派、社会组织、民间教育研究组织乃至个人，大都提出了针锋相对的意见，草拟出自己的新宪法提案，反映了他们对战后日本社会发展及对新教育的不同看法和期望。例如，当时日本共产党的宪法议案最为激进，它的《新宪法（草案）》主张成立人民共和国。其中，第 37 条提出："所有人民的受教育、获得技术的权利应得到保障，初等及中等学校教育实现义务制，其费用全部由国库负担，在更上一级学校的就学也应实行由国库负担一部分的制度，企业家不得为经营上的原因而妨碍雇员的就学。"①此外，当时的日本社会党、民间的"宪法恳谈会"以及高野岩三郎个人等拟订的各种宪法草案，也都提出了日本人民有受教育的权利或义务等条款，反映了民主的呼声；而当时的日本自由党、进步党的宪法草案则坚持天皇国体，有的甚至仍然称人民为"臣民"，也没有教育问题的条款。由于进步力量的论争，日本后来的《宪法修改草案大纲》以及进一步修改后发表的《宪法修改草案》终于吸纳了反映时代进步潮流的教育思想。最后通过的日本宪法指出，按照法律规定，所有日本国民都有按其能力，平等地接受教育的权利。所有日本国民都负有根据法律的规定让受其保护的子女接受普通教育的义务。义务教育应当是免费的。

美军占领期日本新旧教育思潮的论争，还集中表现在对日本天皇《教育敕语》的态度方面。以日本文部省为代表的官方机构以及相关人士，从一开始就企图继续维持《教育敕语》的原有地位，主张继续将《教育敕语》作为日本教育和全民道德的最高指针。例如，战后第一任文部大臣前田多门虽然提出反对军国主义和国家主义，但指出："教育之根本不消说是以《教育敕语》为首……"②战后第二任文部大臣安倍能成也声称："没有理由可以变更我们对

---

① ［日］大田尧：《战后日本教育史》，王智新译，71 页，北京，教育科学出版社，1993。
② 五十岚显、伊崎晓生：《戦後教育の歴史》，40 頁，東京，青木書店，1978。

天皇《教育敕语》的尊崇，它仍是我们日常道德的准则。"战后第三任文部大臣田中耕太郎也明确指出，《教育敕语》"已存在于整个历史时代，永不失误，永不可破，是日本人民道德的主要准则"①。

另一些人则主张通过变更形式保留《教育敕语》的基本精神。例如，后来的文部大臣高桥诚一郎认为，《教育敕语》本来具有"丰富而光辉的思想"，由于它"被人曲解和滥用了"，时代也发生了变化，所以应当由天皇颁布新的教育敕语。此外，为协助美国占领军和美国教育使节团的工作而成立的日本方面委员会也在他们的报告书中说："教育诏书揭示了天经地义的公道，并非是错误的，但随着形势的进展，有些内容不适于再作为国民今后的精神生活的准则了，所以想求天皇再发一个新诏书以明示作为和平日本建设的根底的新国民教育方针，以及国民精神生活的新方向。"②他们甚至详细地提出了新诏书应有的主要基调、基本内容、语言风格等。

日本官方的上述复旧言论遭到了社会各界的强烈批评。例如，《读卖新闻》的社论《是什么阻碍了教育复兴》认为，《教育敕语》是封建的产物，应该对其进行批判。一些学者还在日本国会以《论废止天皇敕语》为题发表言论，要求用合法的指令直接地、坦率地、毫不含糊地废止过去的《教育敕语》。

在日本社会各界对"保留《教育敕语》"和"天皇颁布新教育诏书"的不断批评下，文部省的《关于诏书及敕语的处理办法》不得不承认应该抛弃以《教育敕语》为教育唯一渊源的观点。然而，在日本新的宪法和《教育基本法》颁布后的一年多时间里，日本官方竟然一直没有对《教育敕语》采取废止措施，这一现象说明了旧思想的顽固性。就当时的情况看，美国占领军及美国教育使节团的暧昧态度也助长了这一现象。1946 年 3 月，美国教育使节团的报告仅仅提出，宣读《教育敕语》的典礼可不必遵行，对学校里挂的天皇肖

---

① ［日］堀尾辉久：《当代日本教育思想》，128 页，太原，山西教育出版社，1994。
② ［日］大田尧：《战后日本教育史》，王智新译，68 页，北京，教育科学出版社，1993。

像也毋须深深施礼。① 这丝毫没有废止《教育敕语》的意思，更谈不上对"敕语"的深刻分析和批判。经历较长时间的论争，直到 1948 年 6 月日本众参两院才通过了废止《教育敕语》的议案。此后文部省也才命令将《教育敕语》的所有副本从学校中清除。《教育敕语》在法律上和组织上的废除至此才得以真正实现。

美军占领期日本教育领域中的进步与保守思想的论争还表现在其他诸多方面，例如，教育管理思想上关于地方教育委员会的民选制与任命制之争等。虽然总的看来，在当时的日本，进步势力占上风，但是保守的尊皇思想并没有随着新宪法和《教育基本法》等进步性法律的制定而消失，它们在后来的适当时机改头换面甚至直接地再现出来，成为影响 20 世纪后半期乃至后来日本教育思想和实践的重要因素。

第二节　经济高速发展时期的日本教育思想

一、"旧金山体制"下日本社会保守势力的回潮

"二战"后美军对日本的占领延续到 1951 年。这一年美国操纵 40 多个国家在旧金山签署了《旧金山对日媾和条约》和《日美安保条约》，由此形成了所谓"旧金山体制"（the San Francisco System）。但在这种体制下，日本实际上并没有完全独立，而是处于半占领、半独立的状态。虽然美军宣布自 1952 年起结束公开占领，使日本获得了国家的政治独立及外交自主等，但根据上述两个条约，美军仍然可以无限期驻留日本，并且享有在日本任何地区设立军事基地的权利等多种特权。1953 年 2 月签订的《美日行政协定》又使得驻日美军

---

① ［日］堀尾辉久：《当代日本教育思想》，127 页，太原，山西教育出版社，1994。

获得了"治外法权"的待遇。美国这样做的目的，显然就是要长期控制日本，使其为自己的亚洲政策服务。而在当时，美国的目的就是直接大力资助日本成为其侵朝战争的大后方。日本社会则因为发战争财，以及实施了一系列经济政策，而迅速进入了经济高速发展的阶段。

"旧金山体制"虽然没有使日本获得真正意义上的完全独立，但日本人还是有了一种"解放"感。日本政府于1951年经美国同意设立的首相"私人"咨询机关——政令修正咨询委员会，对包括教育改革在内的战后各个方面的改革进行全面的"检审"，成为清算和修正战后一系列改革法令的最早的专门机构。从此，整个日本战后社会改革的方向开始产生大幅度的改变，教育改革也不例外。1953年，文部大臣冈野清豪认为：美军占领期的"文教政策决定于占领之下这种特殊情况之中，因此其中可能是有一些不符合我国实际情况的地方。所以，在迎来独立的今天，我们有必要对此进行慎重的研究，并加以改善"。对于这种说法，日本教育家大田尧、平原春好等认为这是开倒车的一种明显的借口①。实际上，"旧金山体制"下日本教育改革方向的转变，就包括了教育上各种保守倾向的加强特别是国家主义思潮的卷土重来。

二、教育的国家统制主张

"旧金山体制"下日本保守势力的回潮，在教育思想上的突出表现之一是教育的国家统制主张的复活。这一主张在教育内容或道德教育方面极力要求加强尊皇的"爱国心教育"，而在管理体制方面则主要是要求削弱和废止日本战后初期建立的地方分权的教育行政制度，加强国家对教育的专制。

(一)"爱国心教育"的兴起

为了加强"爱国心教育"，1950年文部大臣天野就曾经在一次讲话中提议日本各校在庆祝活动中挂"日之丸"、唱《君之代》，此后又提出设置以培养

---

① ［日］大田尧：《战后日本教育史》，王智新译，202页，北京，教育科学出版社，1993。

"爱国心"和"防卫意识"为目的的"特设新修身课程"；他还提议起草《国民实践要领》这种类似《教育敕语》的文件，设想把天皇作为道德中心，奠定建立日本国民精神教育的基础。1952 年 9 月，日本首相吉田茂明确声称："应当从物心两个方面巩固再军备的基础。"当年 11 月他又在第 15 次特别国会的施政方针演说中说："国民知道爱国心为何物是极为重要的……没有爱国心的军队，才真正是值得担心的军队。"① 1953 年，文部大臣冈野清豪则称颂"《教育敕语》包含了千古之真理"②，并积极采取措施强化日本地理、历史、柔道、剑术的教育，实施以培养"公共心""爱国心"为目的的道德教育。可见，这种培养"爱国心"的思想是当时日本当权者的重要教育指导思想。它把沙文主义性质的"爱国心教育"具体定位在服务于重整军备的目标之上，其实质是要继续发扬尊皇思想，是国家主义在思想教育方面加强控制的反映。

与战后日本的"爱国心教育"相呼应，日本政府中的一些当权者，以维护"教育的政治中立"为借口，主张严格限制学校教职员的政治活动。这一主张在战后最早表现在 1948 年日本修订的《国家公务员法》和 1949 年确定的关于"政治行为"的人事院规则等文件中。结果，20 世纪 40 年代末和 50 年代初，日本出现了从中小学教师中清除大批"信仰共产主义"者的"清共运动"。自 1953 年起，日本又以"教育中立"、"教育正常化"、反对"偏向教育"等为借口，限制教师中进步的思想和社会活动。1954 年 6 月，日本还通过修订《确保义务教育学校保持政治上中立的临时措施法》和《教育公务员特例法》，进一步大幅度地限制教员的政治活动。20 世纪 60 年代初，日本甚至还出现了以"教育正常化"为借口的强迫教师脱离教育工会组织的事件。

(二)扩大国家教育行政权力的要求

日本《教育基本法》主张教育的政治中立和宗教中立，其本来意义是排斥

---

① 五十嵐顕、伊崎暁生：《戦後教育の歴史》，1240 頁，東京，青木書店，1978。
② 五十嵐顕、伊崎暁生：《戦後教育の歴史》，124 頁，東京，青木書店，1978。

国家权力和宗教权力对教育的干涉，防止重新发生第二次世界大战前那种教育被日本军国主义势力统治的现象。但是日本一些教育方面的官员却将国家教育行政放在了"教育中立"的保证人、"教育偏向"或"教育正常化"与否的裁判员的位置上，将国家作为教育权的主体，要求削减地方教育管理范围，增强中央教育行政对地方教育事业各方面的控制力度和决定权。日本这种扩大国家教育行政权力的思想具体表现在以下两个方面。

第一，文部省权限扩张论。有文部大臣认为，"按现行的法令规定，文部大臣是临时的负责人……在这些问题上，国家到底怎样做才算是负起了责任，我认为这是日本教育上的一个盲点"[1]。当时日本的《文部时报》也认为，虽然战后的《文部省设置法》从法律的角度大大削减了文部省的权力，但是实际上人们还是要求文部省更多地在各个方面负起责任；同时又认为权力过于分散往往有百害而无一利；还认为用其他机构"牵制和平衡"文部省权力，往往造成责任不清、政出多门。因此，必须实行文部省对教育的一元化领导。

第二，主张实行地方教育委员会委员"任命制"并削减地方教育委员会数量。1948年的《教育委员会法》曾规定都道府县市镇村各级都设置由当地居民自主选举产生的教育委员会，全面负责本地的教育工作。这就是所谓地方教育委员会各级"同时设置论"和委员"公选论"。但是日本政府中的许多人从一开始就不同意这种"地方教育官员由地方自由选举产生"的美式教育地方分权制度。例如，1951年设于日本总理府内的地方行政调查委员会和政令修正咨询委员会同时建议地方教育委员会委员由地方公共团体负责人提名，取得议会的同意后任命。一些地方团体如都道府县议会议长会等，则从节减经费、实行综合行政等角度，反对"同时设置论"和委员"公选论"，主张对委员实行任命制。虽然日本教职员工会等民间组织反对上述主张，极力要求地方教育

---

① [日]大田尧：《战后日本教育史》，王智新译，217页，北京，教育科学出版社，1993。

委员会保持公选制度，但教育中央集权思想仍旧占据了上风，导致了 1956 年《地方教育行政的组织和运营法》(简称《地教行法》)的通过，地方教育委员会从此由"公选制"转变为"任命制"。"教育行政开始向国家主义的、官僚统治主义的教育行政转变了。"①

与上述文部省权限扩张论、地方教育委员会委员任命论相伴随的，是以教育其他方面特别是教育内容、教科书等方面的国家统制主张，以及对教师工作情况鉴定、教师进修等方面进行统一管理的主张等。日本文部省和政府有关部门凭借国家权力，不顾部分民间学术团体和教师团体的担心与批评，将各种加强国家统治的主张贯彻到各项教育政策之中。

三、教育中的经济至上观和能力主义

(一)经济高速发展与教育的地位

第二次世界大战的失败曾经使得日本的经济全面崩溃。战后初期通过全面的社会改革，特别是实行"三大经济改革"，日本较快地形成了经济复苏的局面。朝鲜战争爆发后，美国的军需物资主要在日本订货，也促成了第二次世界大战后日本经济的复兴。到 1955 年，日本已实现了经济的全面恢复。次年日本政府的《第十次经济白皮书》宣布了战后日本在恢复中求发展的时代的结束。1957 年年底，日本岸信介内阁制定了《新长期经济计划(1958—1960)》；1960 年，池田内阁又提出了《国民收入倍增计划(1960—1970)》，极大地刺激了日本投资的扩大和经济的繁荣。1968 年，日本国民生产总值跃居德、英、法之前，成为资本主义世界中仅次于美国的经济大国。

20 世纪五六十年代科学技术的进步和管理科学的应用是推动日本经济飞速发展的又一重要因素。但是，无论科学技术的应用还是管理制度的科学化，都必须依靠高素质的人才，因而必须依靠教育的发展。这一点已经成为日本

---

① [日]大田尧：《战后日本教育史》，王智新译，217 页，北京，教育科学出版社，1993。

经济发展的重要历史经验。但与此同时，这也孕育了日本教育完全从属于经济的思想。特别是当这种思想为日本当局所信奉的时候，就使得日本的教育事业从第二次世界大战中的军事附庸、政治工具地位脱离出来以后，又很快处于第二次世界大战后的经济附庸、国家工具地位，使得教育几乎失去了自己应有的特点。

(二)教育中的经济至上观与能力主义

使教育完全服从于经济发展、将教育作为经济附庸和国家工具的思想主要来自日本政府当局和经济界人士。恢复和发展经济的迫切需要、赶超先进国家的强烈愿望，使得他们将教育单纯看成了经济起飞的工具而忽视了教育在发展人的个性和心理潜力、光大人的多方面价值上的作用，从而走向了经济至上主义。

第二次世界大战后，日本经济界首次提出教育必须从属于经济发展观点的文件，是 1952 年 10 月 16 日日本经营者团体联盟(简称"日经联")所发表的《关于重新检讨新教育制度的要求》。该报告认为战后单轨学制的基本缺陷是过度强调普通教育，不重视职业者的培养。为此必须充实职业高中，为企业培养劳动骨干；必须改进大学制度，以培养经营的领导人才等。此后随着经济的高速发展，日经联又相继发表了《关于改善当前教育制度的要求》(1954年 12 月 23 日)、《关于适应新时代要求的技术教育提出的意见》(1956 年 11月 8 日)、《关于振兴科学技术教育的意见》(1957 年 12 月 26 日)等。1956 年9 月，日本通产省产业合理化审议会提交的《关于产学合作的教育制度》的咨询报告，进一步促使教育更直接地服务于日本具体的经济计划和经济措施。在地方，日本关西经济联合会《关于对工业教科书的意见》(1957 年 9 月 6 日)等报告发表了类似的观点。进入 20 世纪 60 年代以后，日本各地经济和商业机构提交的有关报告数量仍然有增无减。

　　日本经济界对于教育的不断要求，强化了经济高速发展时期教育问题上的经济至上思想，并强烈影响了日本社会的诸多方面，导致绝大多数人普遍地忽视了教育的其他功能和应有的其他任务。教育思想界也有这样的倾向。例如，东京大学教育社会学家清水义弘就曾批评第二次世界大战后日本的教育改革忘记了服务于企业的观念，认为制定教育政策应考虑到政治的利益和实业的利益等。1960年，日本政府制定的《日本经济的长期展望》和《国民收入倍增计划(1960—1970)》从经济发展和雇佣关系的角度出发，进一步将教育绑上了日本经济发展的战车。1962年，文部省发表的《日本的成长与教育》直接将教育作为经济内部的事项而讨论了"教育投资"的问题，实质上表明了教育相对于经济发展来说只居于从属地位的观念。1963年1月，一份题为《关于开发人的能力政策的咨询报告》也直接提出必须改革教育训练的规模和结构，使之与未来的各种类型工人的培养和谐一致。这些思想奠定了日本后来经济和教育政策的基调。

　　与教育中的经济至上主义相伴随的是教育中的能力主义。能力主义者基于经济至上的观点，主张让"具有不同能力"的学生进入不同的学校接受不同的教育，以适应日本产业结构对各种劳动力的需求。这就导致他们提出设置"多样化"的学校，以便按照学生的"不同能力"施行不同的教育，实现为各类企业输送不同规格人才的目标。例如，1963年的《经济审议会报告》曾提出："我们必须引导国民接受这样的观念，即他们只有根据他们的能力和能力倾向接受教育的权利，而且只有通过学校的测验，他们才能运用他们被确认的能力当一名工人。"[1]由此可见，这完全是从经济意义上的能力主义出发提出的教育改革观点，完全无视学生个性的发展和素质的多方面提高。

　　上述观点一方面将学校看成鉴别和划分不同学生的能力的机构，另一方面又将能力看成与生俱来的东西，进而又将"升学竞争""学历社会""考试地

---

① ［日］堀尾辉久：《当代日本教育思想》，336页，太原，山西教育出版社，1994。

狱""教育荒废"等，归罪于人们(特别是家长和学生自己)对自我能力的过高估计和对自己教育权利的过高要求。例如，一些拥护这种观点的人认为，"考试地狱"这种反常现象并不是考试制度本身造成的，而是由于人们未能认真考虑自己的才华和能力，为大学入学考试投入了无意义的精力。"日本现实中存在着众多的愚蠢谬论，其中最为荒谬的是固执地要求'权利'。"[1]这种将"考试地狱"的产生归罪于日本民众的观点，在20世纪80年代仍旧存在。例如，当时的文部省长官冈本薰就认为，日本公民的"绝对平均主义心态"是他们不能正视能力差异而人人投入考试竞争的心理原因。总之，上述观点实际上就是要求日本民众放弃提高自己能力和努力上进的权利，承认有不可改变的能力差异。

四、"国民教育"思潮——教育民主化思潮的发展和深入

经济高速发展时期，日本教育中的国家集权要求和经济至上主义虽然受到日本政府以及有经济实力的社会力量的支持而获得了主导地位，并且得以体现于日本的国家教育政策和教育实际之中，但是，它们并不代表当时日本教育思想的全部内容。实际上，维护日本宪法和《教育基本法》的反对教育的国家专权的思想潮流在日本民间从来没有消失过。"国民教育"思潮从20世纪50年代中期起逐渐发展起来，就是教育民主化思想在日本经济高速发展时期的重要表现。

"国民教育"本身不是一个新的名词，它包含多方面的内涵。就日本来说，自19世纪中叶的明治维新开始，"国民教育"就有"国家严密统制的公共教育"的含义。到19世纪80年代，特别是1890年《小学校令》使用"国民教育"一词以后，日本的国民教育体制得到确立和基本完善。"国民教育"的含义就只剩下"由国家掌握教育的兴办权和管理权，为国家的利益服务，培养良好国家公

---

① [日]堀尾辉久：《当代日本教育思想》，323页，太原，山西教育出版社，1994。

民的教育"这一点了。随着 19 世纪后期国家主义、尊皇主义愈演愈烈，"国民教育"演变成《教育敕语》指导下的"臣民教育"；进入 20 世纪以后，"国民教育"又进而变成了军国主义教育，日本民众的各种教育权利被剥夺殆尽。第二次世界大战以后，军国主义教育被否定，基于日本新宪法和《教育基本法》的教育制度建立起来，日本教育发生了历史的转折，"国民教育"一词也几乎停止了使用。

但是，"二战"后美军占领期日本的改革以外来力量的急促运作为主，国家主义性质的"国民教育"思想未能受到认真的分析与批判。加之 20 世纪 50 年代日本政府迫切需要利用教育为经济的复苏和发展服务，因而国家主义教育思想又为当局所重视，并且在他们的教育政策中越来越多地体现出来，对日本战后初期确立的教育民主化原则构成了越来越大的威胁。

为了维护以《教育基本法》为标志的战后教育改革成果，日本思想界和教育界的一些民间组织和人士大胆地站出来进行了顽强的斗争。从 20 世纪 50 年代中期开始，日本民众在"为了国民、依据于国民、作为国民的权利"的意义上开始使用"国民教育"一词。1955 年 8 月，日本《思想》杂志编辑出版《国民教育》专刊，是日本以新的意义开始使用"国民教育"一词的标志，也是 20 世纪五六十年代新的"国民教育"思潮兴起的标志。

日本新的"国民教育"思潮的主要观点是坚持《教育基本法》的精神，即坚持教育上的民主自由和民众的教育权，坚持国民是教育的主体，反对国家对教育的越来越多的统制。同时它还主张和平教育，坚持民族独立，反对依附美国，反对战争。例如，1960 年 7 月，日本教职员工会中央委员会发表的《确立民主教育的方针》就曾指出："不实现人类的誓愿——和平，不实现民族的独立，就不可能确立国民教育。"[1]日本社会学者清水几太郎在《思想》杂志上刊登的《关于国民教育》一文则认为，"为了使国民教育在真实意义上达到新的

---

① 日本国民教育研究所：《改訂·近现代日本教育史》，321 頁，東京，草土文化，1989。

自觉的阶段，就应当以对日本新宪法的学习、实践和拥护作为国民教育的根本依据"。为此，他提出了国民教育的三个要件：第一，国民教育必须依据普遍的价值乃至理想来加以贯彻，这里的所谓"普遍的价值"就是体现在日本宪法中的自由、平等与和平的理念。第二，国民教育必须保持"国民性的扩展"或"国民性的规模"，也就是说必须与国民生活的现实有着全面的联系。日本的教育不单单是国家教育。教育者们必须在对日本宪法的学习、实践和拥护中论证并贯彻"教育从国家中独立出来"的理念。第三，"国民教育必须保持对外的主体性"①，这就是必须以国民为主体，抵制来自美国方面和日本政府方面的军备要求等。

　　这一时期日本关于"国民教育"的专门著作有矢川德光的《国民教育学》（明治图书出版株式会社，1957年初版）和上原专禄的《立于历史意识之上的教育》（国土社，1958年初版）等。前者将当时苏联教育学的研究成果与第二次世界大战后日本的教育实践相联系，对"国民教育"的内容进行了系统论述，认为"国民教育"的内容应当是日本宪法和《教育基本法》所表明的民主主义教育、人权教育、和平教育和民族自立的教育。"国民教育"可以说就是在这几个方面"形成国民"的教育，培养具有民主主义精神的、热爱和平和民族独立的国民。

　　"国民教育"思想中反对国家的教育统制、争取民众的教育权利的思想，不仅表现在学者的著作中，也表现于日本教育实际当中。例如，1951年11月，日本首相的咨询机构——政令修正咨询委员会在《关于教育制度改革的报告》中开始提出废除地方教育委员会的公选制改为任命制时，日本报纸上就出现了大量担心教育中央集权化而希望慎重改革的舆论，尤其是教育界提出的批判意见最多。例如，在反对"工作情况鉴定"的斗争中，日本教职员工会发表的《紧急状态宣言》指出，工作情况鉴定是为了落实当时急速推进的一系列

---

① 大桥精夫：《戦後日本教育思想》，39~40页，東京，明治図書出版株式会社，1990。

反动文教政策而推出的东西，这一点毫无疑义。

教育民主化思想的深化还表现在"同和教育"的进展方面。所谓"同和教育"，是基于平等精神、以部落解放为目标的教育理念和教育实践运动的总称。这里所说的"部落"，是指日本仍处于较低社会发展水平的为数不多的人群，包括经济特别落后地区的少数民族部落，以及封建时代被称为"秽多""非人"的人群的后代等，他们常常受到不公平的待遇。

在第二次世界大战后资产阶级的民主化改革中，日本新宪法关于"全体国民在法律之下人人平等，不因人种、信条、性别、社会身份或门第而在政治、经济或社会关系上有差别"(第14条)的思想，带来了"部落解放"运动的重新兴起。1946年2月，日本部落解放全国委员会成立，1955年改称"部落解放同盟"。作为部落解放运动的一部分，消除教育差别和差别意识的思想再度扩展开来，使得人们对"同和教育"的认识也进一步深化。第一，将"同和教育"问题与人权问题联系起来。将消除差别教育看作确立人权的重要前提，并将之视为争取广泛的和平独立的国民运动的一个重要方面。第二，将"同和教育"的思想扩展、渗透到日本教育的各个具体方面，如教科书免费、普及高中教育、反对学习成绩统测、成人扫盲及其他教育等。此外，"同和教育"思想也进一步影响了日本行政当局，促成当局加大了消除不平等现象的力度，从而使得"同和教育"在20世纪60年代取得了重大进展。

日本进步的民间教育团体及个人针对教育的国家垄断化、保守化、僵硬化的现象所进行的斗争，努力维护和发展了第二次世界大战后日本教育中已有的民主因素，促使和平、民主、科学在教育中占据应有的地位；民间教育运动所反映出来的思想，体现了日本民众教育权意识的加强，是战后日本教育民主化的重要思想源泉。

第三节　20世纪末面向未来的教育改革指导思想

一、教育发展的成就与"教育荒废"现象

　　20世纪50年代后期和整个60年代的经济高速发展，将日本推上了仅次于美国的世界经济强国地位。日本国民收入大幅度增长，人们生活随之日益富裕。进入20世纪70年代以后，日本政府又及时调整产业结构，最大限度地改变了日本产业经济过度依赖进口石油的状况，并大力发展了知识密集型产业，从而较好地应付了20世纪七八十年代两次世界性石油危机的冲击，使得日本国民经济的增长率保持在5%以上的较高水平，高于美、德、英、法不超过4%的增长速度，形成了经济高水平稳定发展的局面。

　　经济的发展与教育的发展相互促动，所以20世纪七八十年代以后日本教育的发展也十分惊人。在普及九年义务教育的基础上，日本高级中学的数量也迅速增加。1950年初中毕业生仅有42.5%升入高中，而到1970年已达到82.1%，1980年高达94.2%，此后日本便基本实现了高中的普及。而日本高等教育在进入20世纪60年代以后呈现出所谓"教育爆发"的态势，仅四年制大学就由1960年的245所增加至1975年的420所，学生由62万人增加至173万人。20世纪80年代末，38%以上的适龄青年得以进入大学深造。日本的高等教育从此进入"大众化阶段"。

　　但是，在教育体系迅速膨胀的同时，日本国家行政和经济界在教学计划、课程设置、教科书及其内容编制、教师进修学校管理等教育各个方面的集中控制和影响也日益加强，引起了民间人士的不断批评。日本学校教育以及青少年中的不良问题自20世纪60年代后期开始愈演愈烈——逃学、"恶作剧"、自杀、校园暴力(欺侮弱者和侵犯教师)、家庭暴力以及"考试地狱"和社会中的学历主义等不良现象不断发生，并出现低龄化趋势，造成学生的文化知识

水平和教师的威信逐渐下降。这些严重的"教育荒废"现象，引起了社会各界对日本教育状况的广泛忧虑和关注，形成了一股不可忽视的反省和批判的思想浪潮，成为推动日本政府从此不断加大教育改革力度的重要原因之一。

就日本教育当局来说，最能反映其教育改革思想的是它所制定的各项教育政策，而这些教育政策的直接来源又主要是日本内阁以及文部省设立的各种审议会的咨询报告。20 世纪后期日本最具影响力的咨询报告和政府文件主要有：

20 世纪 70 年代中央教育审议会(简称"中教审")的《今后学校教育的综合扩充与整顿的基本措施》(1971 年)；

20 世纪 80 年代临时教育审议会的 4 次咨询报告(1985 年至 1987 年)、日本内阁会议决定的《关于当前教育改革的具体方略——教育改革推行大纲》(1987 年)；

20 世纪 90 年代中教审的《面向 21 世纪我国教育的发展方向》(1996 年)，以及文部省每年发表的《日本的文教政策》等。

上述文件是 20 世纪后期日本教育改革政策的基础，较为全面地反映了 20 世纪后期日本政府和经济界关于教育改革的基本思想。

二、关于教育改革必要性的思想

上述报告中关于教育改革必要性的论述，反映了日本政府和经济界视教育为社会发展动力、教育必须适应社会经济及政治发展形势而不断改革的思想。例如，1971 年中教审的报告指出："日本近代性质的学校教育具有百年之历史，它具有毫不逊色于其他国家的优点。但是，倘若固守这一传统，学校教育将不仅不能成为时代发展的原动力，而且还将对社会发展产生巨大的阻碍。"[1] 1987 年 4 月，临时教育审议会第三次咨询报告也认为，日本社会正沿

---

①　日本国民教育研究所：《改訂・近現代日本教育史》，390 頁，東京，草土文化，1989。

着国际化、信息化、成熟化、高龄化的方向发生变化，尤其是经济社会正在从以大量生产、大量消费为中心的模式向着以多品种、少量生产和服务为中心的模式迅速过渡，教育的目标、体制和政策必须适应这种变化并加以改革。临时教育审议会的终结报告则从"时代对教育的要求""教育的历史和现状"两大方面系统地论述了教育改革的必要性。

从时代对教育的要求方面来看，日本社会正面向 21 世纪，进入向成熟化、信息化和新的国际化发展的时期。① 所谓日本社会的"成熟化"的含义包括：人们在物质生活水平提高的同时也追求精神生活的丰富；社会产业结构和就业结构的调整；老龄化社会的来临和越来越多的妇女走向社会；多样化价值观念的出现及其导致的团体意识和责任感的削弱、庸俗文化的泛滥等。所谓"信息化"主要指科学技术的发展等。但这在给日本民众带来巨大的物质财富和便利的同时，也导致了日本民众对情感需要的忽视以及人本来所具有的各种素质的退化。所谓"国际化"指世界范围内的经济交流、文化交流和政治交往的扩大，加深了国际社会中的相互依赖关系，而日本作为世界上的发达国家之一，也要承担起与自己的国际地位相称的国际责任，并将不可避免的文化摩擦转化为国际化的动力等。为适应时代对教育的要求，教育改革势在必行。

从教育的历史和现状方面来看，一方面，日本历史的东西已经不能适应需要；另一方面，在现实的教育中，第二次世界大战后日本教育改革所强调的完善人格、尊重个性、崇尚自由等理念，并未在学校教育中得到充分重视。学校教育和教育行政的刻板划一、缺乏个性，以及部分教职员团体不适当地介入政治斗争等，则是"教育荒废"现象日趋严重的重要原因。凡此，都使得学校教育无法很好地担负自己的社会使命，失去家长和社会的信赖。

---

① 日本临时教育审议会：《关于教育改革的第四次咨询报告》，见瞿葆奎：《教育学文集·日本教育改革》，616 页，北京，人民教育出版社，1991。

　　根据上述分析，临时教育审议会的这篇报告认为：日本教育应根据 21 世纪的情况和要求，重新认识自己的历史使命；针对存在的问题和未来的可能性，充分认识日本文化与日本社会的特征和变化，应当是这次教育改革的出发点。

　　实际上，上述报告要求教育适应日本社会的成熟化、信息化、国际化等，是有其经济、政治和教育等方面的背景的。例如，日本国民收入水平的大幅度提高、个人自由支配时间的增加等，使得日本民众对教育的要求更为广泛了。20 世纪 70 年代末以后以微电子技术的广泛应用为主导的科学技术迅速发展，导致 80 年代初产业结构审议会提出了"科技立国"的口号，促使产业结构的发展走向创造型、知识密集型，对教育也提出了更高的要求。在这样的背景下，加上世界的多极化发展趋势，日本的当权者们不甘心于日本"经济巨人、政治侏儒"的世界地位，谋求日本当"政治大国"。1982 年，中曾根康弘上台后便明确提出了将"争做政治大国"作为自己任期内的首要任务，从而提出了以"战后政治总决算"为口号的社会改革任务，将教育改革与经济改革、财政改革并列为三大改革。

三、建立终身学习体系的教育改革思想

　　终身教育思想自 20 世纪 60 年代开始在世界范围内流行以后，也逐渐成为日本第三次教育改革及之后的重要教育改革的指导思想，与其过去以学校教育为中心的教育改革思维方式截然不同。

　　在日本，较早提出终身教育问题的重要文件是 1970 年 5 月 1 日内阁会议通过的《新经济社会发展计划》。1971 年 4 月，社会教育审议会发表的《适应社会结构急剧变化和社会教育的应有状态》的咨询报告，以及 1972 年经济调查协议会发表的《培养新产业社会的人才——从长远的观点看教育发展》的建议书也对终身教育和终身学习给予了极大的关注，并强调应当将"建立终身学

习体系"作为教育改革的基本路线。至 20 世纪 70 年代末，中央教育审议会组建的终身教育委员会提交了关于终身教育的专题咨询报告（1981 年），并在后来提出了将建立终身教育体系作为今后教育改革的指导思想。20 世纪 80 年代中期以后，特别是临时教育审议会的 4 次咨询报告，以及后来日本内阁会议颁布的《关于当前教育改革的具体方略——教育改革推行大纲》等重要文件，都将"向终身学习体系过渡""完善终身学习体系"作为重要内容加以阐述。1989 年日本文部省发表的《日本的文教政策》也重点论述了终身学习体系的意义和措施。

关于改组已有的教育体系并"必须建立以向终身学习体系过渡为主轴的新教育体系"的必要性和重要意义，20 世纪 80 年代末，临时教育审议会的终结报告将之归纳为 4 点：第一，针对在学校教育不断普及的同时，学历社会的弊端日益严重的情况，建立终身学习体系可以摆脱学校的自我封闭状态，改变仅以学历评价人的状况，同时为那些在年轻时未能如愿进入学校和工作单位的人在其后半生实现自己的愿望提供学习的机会；第二，可以适应生活水平提高、老龄人口增多等因素带来的学习的多样化需求，进而促进民间的学习活动、文化活动、体育活动以及信息产业活动的开展，形成综合性的学习网络；第三，可以适应科学技术水平的提高、国际化的发展以及社会产业结构和就业结构的变化，让教育、科研和企业更好地加强联系，让人们如愿地学习到新知识和新技术；第四，可以恢复家庭的教育影响力并使之与社区、学校的教育更加密切结合，从而加强对儿童的教育力量，克服家庭和社区教育影响力下降及人们对学校教育过分依赖的倾向。总之，该报告认为终身学习体系的建立，将有利于学习者的个性发展以及教育的多样化、信息化、国际化目标的实现。

关于如何建立和完善终身学习体系，日本教育改革当局提出的具体方略包括：改革日本企业和政府机构的人事录用制度，打破评价和雇佣时偏重形式上的学历的状况；搞活各种学习活动，扩充各种校外教育机会；学校的课程、教学、招生等方面都要适应社会的变化，加强其与社会和家庭的联系及合作，积极接收社会成人入学；振兴校内外的终身体育运动和运动科学研究；加强和健全文部省以及都道府县推行终身学习体制的力度，加强终身学习体系和设施的建设；制定和完善有关社会教育的法令；等等。

四、尊重个性的教育思想

日本教育改革当局还把尊重个性的教育思想作为教育改革的一项重要的基本原则，提出尊重个性的原则是教育改革中最重要的也是贯穿始终的基本原则。"必须对照这一原则，从根本上重新认识教育的内容、方法、制度、政策等教育的整个领域。"[①]

对于尊重个性的教育思想，日本官方的报告提出了 3 个方面的依据：一是依据《教育基本法》的"维护个人尊严""培养完美的人格""尊重个人价值"等基本精神；二是依据教育改革任务——打破划一性、封闭性、非国际性，解决"教育荒废"等严重问题；三是基于人性和集体的需要，因为每个人都是各自独特个性的存在，只有富有个性的人集中在一起才能形成集体的活力。但是日本官方上述尊重个性的教育改革指导思想，对于个性的理解是宽泛的："所谓个性，不仅指个人的个性，还意味着家庭、学校、社区、企业、国家、文化、时代的个性。"[②]人们由此推断出必须尊重和发挥他人的个性、必须尊重和服从国家和民族的个性的结论，显示出较为明显的道德色彩乃至国家主义的色彩，这一点遭到了日本教职员工会等民间教育力量的批评。但是上述尊重个性的思想也要求将"个人尊严"恰当均衡地摆在个人与集体、社会、国

---

① 日本临时教育审议会：《关于教育改革的第一次咨询报告》，见瞿葆奎：《教育学文集·日本教育改革》，422 页，北京，人民教育出版社，1991。

② 日本临时教育审议会：《关于教育改革的第一次咨询报告》，见瞿葆奎：《教育学文集·日本教育改革》，421 页，北京，人民教育出版社，1991。

家等的关系之中，认为自由伴随着强烈的自我责任感。它与放纵、无秩序、无责任、无纪律是完全不同的观点，应当是有可取的部分的。

进入20世纪90年代，日本教育当局对于儿童个性发展的关注进一步加强，并将"培养生存能力"突出地作为重要的教育目标。1996年7月，第15届中央教育审议会向文部大臣提交的咨询报告《面向21世纪我国教育的发展方向》的主题就是"让孩子拥有'生存能力'"。报告将培养下一代的"生存能力"作为教育的基本出发点，以适应未来变动剧烈的社会，适应国际化、信息化及科学技术等多方面的社会变化。报告认为，这种生存能力的培养必须具有"轻松宽裕"的教育环境，克服过度考试竞争所带来的压力以及减少"欺负弱小"等现象，即保持"心灵上的轻松宽裕"。这一主张要求学生在教学中能动地学习，自己发现问题，自我思考，主动做出判断和行动，具有较好地解决问题的素质和能力；能够自律，善于和他人协调，善于为他人着想，感情丰富和充满人性。同时，能够保障自己强健地生存下去的健康和体力也是不可缺少的。[1] 该报告还强调，教师、父母和社区内其他成年人都应关心儿童的成长，要利用整个社会的轻松宽裕的环境培养孩子们的生存能力。

日本对年青一代个性培养及生存能力的关注，与20世纪90年代日本泡沫经济的崩溃有着密切的联系。企业不景气，势必要精简人员，越来越重视有效地使用每一个职员。在录用新职员方面，日本也提出了破除学历主义、注重良好个性素质的要求。可以说，日本经济界在结构调整和企业转换时期人才观念的新变化，重视个性教育、反对学历主义的新要求，是日本政府部门关注个性培养的直接原因。在一定程度上明确地避免置儿童的个性发展于不顾的做法，是日本政府力图克服"考试地狱""教育荒废"现象的表现，较之过去将教育完全作为政治的工具或作为经济的附庸的做法有了较大的不同。

---

① 建捷：《日本发表〈面向21世纪我国教育的发展方向〉咨询报告》，载《外国教育资料》，1997(2)。

五、面向世界的"教育国际化"思想

如前所述,面对世界多极化的发展趋势和不甘心于单纯"经济巨人"的国际地位,日本当权的政治家以及一些仍心怀军国主义的人积极推动日本成为世界上的"政治大国"。在这样的背景下,20世纪80年代后期,临时教育审议会代表日本教育行政当局提出了培养"世界中的日本人"的教育目标,要求坚持教育的国际化原则等。

临时教育审议会的报告认为,新阶段的"国际化",与明治维新以来赶超型近代化时代的国际化,在思想认识、方法及任务上都是不同的。新阶段的"国际化"不再是追赶和学习别人,而是要求日本人从全人类的角度出发做出自己的贡献,并在向国际化迈进的过程中,创造日本教育体系灵活适应时代要求的自我革新能力。

出于对外"做贡献"的需要,日本政府首先必须使日本人真正获得国际社会的信赖,为此要求"面向世界的日本人"。第一,必须具备从国际角度出发,既能保持日本文化的个性又能深刻理解多元文化的能力。第二,必须具有爱国心而又能避免仅仅从本国利益出发去判断事物。可见,虽然日本极为强调"国际化",但在取得别国信赖的同时认为保持爱国心和日本文化的个性是不可或缺的。因此临时教育审议会的终结报告较之它前几次的报告在这个问题上更多地强调了学校应该采取有效的方法,使日本学生理解日本国旗和日本国歌的意义,培养学生敬重国旗和国歌的感情及态度。第三,要具备实现国际化所要求的沟通能力,包括语言能力、表达能力、国际知识和教养等,同时尤为不可缺少的是对日本历史、传统、文化、社会具有广泛而深刻的认识和有说服力的自我见解,以便让世界更好地了解日本的文化,更好地实现"日本社会的国际化"。在具体措施方面,日本教育当局提出了加强日语和外语教学、加强归国子女和海外子女教育、建立面向国际的一般学校和高等学校、改善留学教育和留学生教育以及加强国外知识的普及教育等措施。

总之，关于教育国际化的思想是一种重要的思想。在一个日趋国际化的社会中，着力培养善于在全球活动的人才，是教育改革的趋势之一。但日本教育国际化思想中所包含的某些扩张主义倾向和自我优越感，也引起了人们对其"国际化""政治大国"要求的警惕。

六、"适应信息化社会"的教育改革思想

从 20 世纪 80 年代后期开始，日本教育当局就提出了教育适应即将来临的信息化社会的思想。这一思想也是当时临时教育审议会一系列咨询报告的重要思想之一。这些报告认为，信息化的进展具有彻底改变教育模式的可能性，其基本的作用就是在教育中大幅地增强教育者与学习者的双向信息传递，并打破时间和空间的制约，创造以信息网络为中心的新的"学习空间"，进而对人们的整个社会生活产生巨大的影响。但信息化的进展又可能造成人们直接经验的减少、间接经验的增加，使人们过分依赖信息，或因不能正确处理信息而造成信息膨胀，带来许多不适应现象。这正反两方面的作用，都极大地影响着人才的培养，所以日本必须及时改革教育，适应信息化社会的到来。

基于上述观点，日本教育适应信息化社会的 3 条原则是：真正开展适应信息化社会的教育；充分有效地运用信息手段搞活教育机构的工作；消除信息化产生的反面作用，促使教育环境人性化。为此，日本以信息化为目标的教育改革必须完成 4 个方面的任务。

第一，确立信息道德，就是使每个人都能预先认识自己所传递的信息对他人、对社会可能产生的影响，趋利避害。因此，为了建设理想的信息化社会，必须确立信息化社会新的伦理道德即信息道德，并将它作为社会普遍的基本准则之一。

第二,构造信息化社会学习系统,包括:建立旨在对"培养信息利用能力的教学内容和方法"进行研究的体制;建立旨在对"教育各领域中最适合的信息媒介"进行研究开发的体制;建立旨在培养适应信息教育的教师的教育体制;建立旨在对信息机器的副作用等问题进行研究的体制。

第三,有效地运用信息手段,即在各级各类学校和社会教育中有效地运用信息手段进行教育工作。为此必须培养教师的信息使用能力,提高教师素质,完善学术情报系统等。

第四,创造信息环境,包括:在学校等各种教育场所创造开放的信息环境;建立开放的信息储存库并开发相应的数据库构造系统;有效地将最尖端的信息技术运用于教育领域,适应个别化和多样化的学习要求;继续重视电视等传播媒介的积极作用,但更要重视硬件的标准化发展和提高软件的兼容性,使得操作更为简易;等等。

进入 20 世纪 90 年代,教育适应信息化社会的思想仍然不断地在日本政府有关的文件或报告中表现出来。例如,1992 年,日本小学高年级的社会科教学内容就提出了信息化教育的目标;1997 年,教育课程审议会发表的《关于改善教育课程基准的基本方向》也提出了使教育适应信息化社会的观点。

七、教育改革必须以政府为主导的思想

改变战后美军占领期教育的地方分权,加强国家政权对教育事业的集中控制,始终是日本当局的目标。这种强调集中统一和行政作用的思想也贯穿在日本 20 世纪 70 年代以后的教育改革之中。1971 年 6 月提出"进行第三次教育改革"口号的日本中央教育审议会的报告,在谈及"初等教育和中等教育的根本问题"时多次提出:公共教育的内容和程度、学校教育的普及和充实等,

都是"政府的任务"，"是政府对国民的重大责任"①，以此为削弱地方分权、加强政府控制制造舆论。进入20世纪80年代，教育改革由国家主导的思想进一步加强。中曾根康弘在1984年2月的日本国会会议上提出"建立一个内阁总理大臣的咨询机构来审议、调查和受理一系列教育改革问题"，这一机构就是1984年8月建立的临时教育审议会。它较之隶属于文部省的中央教育审议会层次更高，更具权威性。日本内阁直接干预全国教育改革的意图由此表现得十分明显。

临时教育审议会成立后发表的咨询报告继承了日本当局历来的教育集权思想。这些报告虽然提出了动员全体社会成员参与教育改革的观点，但也明确提出日本政府主导教育改革的要求。该审议会的第四次咨询报告指出："在政府推行教育改革的过程中，文部省必须发挥应有的作用和履行应尽的职责。为此，文部省应当根据本审议会的咨询报告建立健全强有力的教育改革促进体制，积极采取各项措施，保证教育改革顺利进行。"②可见，教育改革仍由日本政府推行，文部省仍然是改革的主导力量。

此外，具体的管理也反映出这种政府主导教育改革的理念。一是加强文部省的统一指挥力度，除了组织上的调整以外，20世纪90年代，文部省反映教育改革情况和趋势的《日本的文教政策》从几年发表一次改为每年发表一次。二是强调巩固以任命制方式产生的地方教育委员会的权威，实际上也就是加强了政府主导的基础。在校内，学校则必须对应学校管理的各个方面，"按照学校的种类、规模以及各种职务的性质，确立协助校长分担校务的教头、教务主任、学年主任、教科主任、学生指导主任等属于管理和指导方面的职务

---

① 日本国民教育研究所：《改訂·近现代日本教育史》，390～391页，東京，草土文化，1989。

② 日本临时教育审议会：《关于教育改革的第四次咨询报告》，见瞿葆奎：《教育学文集·日本教育改革》，第663页，北京，人民教育出版社，1991。

的制度"①。这些校内的领导职务也都是实行任命制的。这些思想在咨询报告中被提出以后,都逐渐渗透到具体的教育改革政策或法令之中。除了在文部省设立教育改革推进总部(1987年改为教育改革实施总部)以外,学校内教头、教务主任的权限也大为加强。

上述几个方面的教育理念是日本政府和教育行政当局在教育改革中的基本教育理念,是20世纪最后20多年日本教育改革的基本的指导思想。这些思想贯穿于日本教育改革的诸多方面,对日本教育改革的实践起了重要的指导作用。不过,这些思想在从形成发展到贯彻实施的过程中,也充满了各种争论。其中的许多不足和偏颇之处,曾经并且今后仍将受到日本民间进步思想力量的批评或批判。

第四节 对主流教育思潮的反思与批判

20世纪60年代以后,日本的教育改革始终处在日本当局的主导之下,日本政府的教育指导思想成了占统治地位的主流教育思潮。但是来自日本教育第一线的对主流教育思潮的反省和批判,也是日本教育思想发展历史上不可忽视的重要组成部分。它们反映了日本民众的心声和要求,其中也不乏许多发人深省的观点,并在一定程度上对日本教育产生了重要的影响。这种对主流教育思潮的反省和批判,可以以日本教职员工会的教育思想为代表。

一、日本教职员工会关于教育改革的基本理念

第二次世界大战后建立的日本教职员工会(日本教职员组合,简称"日教

---

① 日本国民教育研究所:《改訂·近现代日本教育史》,391页,東京,草土文化,1989。

组")作为拥有众多教育家的日本最大的民间教育组织,是日本教育思想界反省和批判日本当局教育政策和教育思想的代表与主力军。该组织的教育理念主要表现如下。

(一)基本的教育改革理念

日本教职员工会教育改革研究委员会在 20 世纪 80 年代后期的几次报告中,集中提出了"我们的教育改革理念"。其主要思想总的来说就是以第二次世界大战后日本新宪法和《教育基本法》为依据,强调国民的教育权、教育自由、学术自由、教育的地方分权,主张民众参与教育行政,反对在"战后政治总决算"的名义下试图否定战后民主主义教育的理念,反对推行军事大国化和技术立国化的国家主义、能力主义的教育改革。具体内容包括:第一,发展旨在保障国际和平和人权的民主主义教育;第二,创立新的公共教育并保障终身学习的权利;第三,依靠实现教育的自由和自治,提高学校教育与教职员的地位;第四,创造与自然共存的、对应新的科学技术发展水平的教育;第五,确立基于国民和教职员参加的民主教育。

(二)关于公共教育的概念和原理

针对日本行政当局以及经济界对学校教育的越来越多的控制,日本教职员工会教育改革研究委员会力图澄清公共教育的基本概念,认为"公共教育制度,既非国家教育的别名,也没有依赖于资本之手的道理。必须从社区居民与教职员同心协力把培养后代视为自己的责任的立场出发,重新认识公共教育制度"。提出"'面向每个孩子的学校',如何同培养我们国民共同的后继者联系起来,这是公共教育制度的改革所必须追求的目标"[①]。该委员会强调真正的公共教育在教育机会均等、学校向全体国民开放、家长的教育权、教育的自由和中立性、排除政府控制、公费教育、义务教育等方面的要求和具体

[①]　日本教职员工会教育改革研究委员会:《国民所追求的教育改革》,见瞿葆奎:《教育学文集·日本教育改革》,360 页,北京,人民教育出版社,1991。

的改革措施。

(三)关于改变"考试地狱""教育荒废"现象的思想

日本教职员工会认为,日本教育中充满着各种各样的问题,这些问题集中表现在以升学考试制度为代表的中学生出路指导上。日本升学考试以书面考试的成绩来区分和甄别毕业生,以能力主义为指导实行排他性竞争,极大地伤害了青少年的人格,损害了他们的同情心和亲和感,从而成为青少年厌恶学校、逃学、"恶作剧"、暴力等问题行为产生的主要原因。日本教职员工会的人士认为,必须彻底改革日本的学校教育及升学考试制度。他们建议和要求:保障日本全体青少年都接受高中教育,实行"高中准义务化",从而全面废除高中升学考试;积极建设向国民开放的大学;改善和发展公共教育,赞助私立学校,缩小公、私立学校之间以及各大学之间的差别;在大学招生中废除统一的一次性考试,实行入学资格试验性考试(A 考试)和各大学自己的考试(B 考试)相结合;在社会上废除大企业、政府部门从指定大学招工的制度,以减少学历主义的影响;改革学校的课程和教学等。他们还认为,物质的繁荣和经济的成功并不意味着教育就有了良好的环境,学校要注意克服学生对安逸生活的依赖风气,改变家庭变小、自然环境变坏、考试竞争加剧等造成的学生的不良生活习惯以及不善玩耍、不善交往的缺点,要依靠投身自然和加强社区人与人之间的交流来解决这些问题。

(四)关于和平和裁军教育

日本教职员工会还针对日本军国主义教育的复活趋势,正面表达了加强"和平和裁军教育"的主张,并提出与之有关的 4 个课题。

一是日本全体教育工作者必须学习战前和战后和平教育的历史,从国际角度考虑日本近代史上发生战争的原因及战争造成的损失,深刻理解日本宪法和《教育基本法》的内容及历史意义。

二是必须加深对 1980 年在巴黎举行的裁军教育世界会议确认的"裁军教

育十项原则"的理解，重视相关教材，开发最富有创造性的教育方法。

三是抵制大众媒介对暴力的肯定和对军国主义的赞美，抵制日本自卫队的教育介入，培养儿童对人类的感情，使他们自觉认识人的尊严，发展憎恨暴力和战争的教育。

四是必须进一步加强和平和裁军教育的国际交流。

(五)对日本政府"第三次教育改革"思想的批评意见

日本教职员工会对日本政府教育政策中的一些理念和具体规定的批评由来已久。特别是1984年直属于中曾根康弘内阁的临时教育审议会成立以后，日本教职员工会对临教审的一些具体教育改革理念提出了批评意见。

例如，针对临教审提出的"尊重个性的原则"，日本教职员工会认为它实质上着重强调的不是确立个人的尊严，而是强调企业和国家的个性，强调国家的存在和发展以及日本人的自觉意识，将自律、自我责任放在个性自由之上，因而极易将教育导入服务于日本政府需要的方向；针对"教育国际化"和培养"面向世界的日本人"的提法，指出它的着眼点是清除日本在国际市场上的经济活动的障碍，以便开发海外产业。

日本教职员工会的一些人士还认为，建立终身学习体系的主张忽视了学校在提供基础教育和保障基本的学习权利方面的重要作用。不搞好学校教育这个基础，终身学习体系只能是沙地上的楼阁。

此外，日本教职员工会对临教审提出的"充实德育""学校教育的多样化"等也提出不同的观点，认为临教审提出的德育忽视科学地看问题的方法和判断力的培养；认为多样化则是一种差别教育，甚至是战前多轨制的复活。

总之，日本教职员工会通过它所设立的国民教育研究所等研究机构、各种专门问题委员会以及作为其成员的大学教授的活动，表达了继承和坚持民主和平教育、维护教学和研究的自主自由、反对教育专制、反对经济至上、反对军国主义教育、克服"教育荒废"等多方面的教育思想。其中一些内容虽然存在偏颇，但从一定的角度来看也是对日本官方教育指导思想的有益补充，成为 20 世纪后期日本教育思想的重要组成部分。

二、对几个重要主流教育观念的批判思潮

除了上述基本的教育改革理念以外，日本教职员工会等民间教育组织对日本当局所依傍的一些重要教育指导思想也进行了揭露和批判，形成了自 20 世纪后期以来对日本主流教育观念的批判思潮。

(一)对教育投资论的反省与批判

日本的教育投资论是其教育中经济至上主义的重要思想依据之一，并作为战后日本的一种教育政策思想成为重要的主流教育思潮。但是以日本教职员工会成员为代表的众多民间人士，对教育投资论则保持了冷静的分析与批判态度。他们对其进行了如下批评。

第一，教育投资论会迫使教育从属于经济，从而使教育失去自身的主体性，失去按照自身的需要和规律予以发展的可能。

第二，教育投资论由于强调教育服务于国家经济计划，必然地要求国家对教育经费加大控制力度，进而带来日本政府对教材、教学内容、教师工资以及教育其他方面的集中控制。教育的国家专制由此被强化、被合理化、被理论化，从而危害日本民众的教育自由。

第三，教育投资论中的经济效率原理，使得教育投资的分配倾向于"可信赖者"而保证投资的安全性与效益，但这样必然助长教育机会的不均等，产生固化教育差别的作用，加强"能力主义"和"多样化教育"（实际上是差别教育）的泛滥程度。

第四，教育投资论将教育投资的目的定位于"人力资本"的形成，由此将导致人才标准以日本政治和资本发展的要求为准绳，必然造成教育目标、教学内容等方面的统一的强化，进而妨害学生个性的自由发展。

第五，由于遵循经济上的效率主义，教育投资论导致日本政府不愿意在它们认为"多余"的事情上使用金钱，结果将导致社会团体和学生家长不得不填补这种经费空白，从而加重民间负担，也可能造成"私费"对公共教育的危害。

第六，教育投资论注重"以钱赚钱"，从而导致教育评论方面的偏颇：或重数量而忽视质量，或重经济效益而混淆政治是非。

从以上的介绍中可以看出，日本学者对教育投资论的反省与批评，是与他们的教育主权在民、教育机会均等、注重个性发展以及反对日本军国主义的和平教育理念紧密地联系在一起的。

(二)对教育国家统制的抵制与反省

将战后初期确立的教育行政分权转变为中央集权，可以说是后来日本历届政府致力实现的目标。但是，以日本教职员工会为主的教育界民主进步力量也从一开始就展开了捍卫日本宪法和《教育基本法》的斗争，积极宣传教育民主、教育自由的理念，揭示教育统制现象及其根源。前文所述的"国民教育"就是这一斗争在 20 世纪 50 年代的主要思想成果之一。

进入 20 世纪 70 年代，日本反对扩大国家教育专制、主张国民教育权利的斗争取得了重大的思想进展。被称为日本"教育诉讼史上划时代的判决"的"杉本判决"①的宣布，就是这一进展的重要标志之一。

该案的起诉方是日本高中社会科教科书《新日本史》的编者、东京教育大学教授家永三郎。他曾于 1956 年以教科书检定制度违宪和违法(《教育基本法》)为由起诉日本文部省；1967 年，他因他编写的教科书再度遭到文部省检定官的处罚又一次提起诉讼，要求撤销这一检定处分。"杉本判决"就是针对第二次诉讼所做出的一审判决。该判决书认为文部省对家永三郎教科书所进

---

① 日本国民教育研究所：《改訂·近現代日本教育史》，373 頁，東京，草土文化，1989。"杉本判决"是 1970 年 7 月 17 日东京地方法院的一项判决，因该案由庭长杉本良吉主持而得名。

行的检定，违反了日本宪法第 21 条及《教育基本法》第 10 条而判决原告胜诉。判决书以 8.6 万余字的篇幅阐述了判决的理由，表达了否定日本政府的教育干涉、承认国民教育权的基本思想。具体说来有以下主要观点。

第一，承认国民教育权。判决书指出，日本宪法第 26 条关于受教育权利的规定，是保障国民特别是儿童受教育权利的。而按照日本宪法第 25 条的规定，受教育的权利也可以说是"生存权性质的基本权利的文化侧面"。儿童受教育的权利是一种"为了在将来充分展开其人性而自我学习、了解事物、长成自身的与生俱来的权利"。教育是一种"在以满足儿童的学习权、展开其个性、完成其人格为目标的同时，培养能继承过去文化、发展民主和和平的国家，进而担当世界和平大任的国民的精神性和文化性的工作"，而"承担教育儿童责任的是以双亲为中心的全体国民"。①

第二，关于学术自由和教育自由。判决书认为，在教育活动中，教师的学术自由和"教育乃至教学的自由"应当予以尊重，应当承认教师有资格判断和采用对学生来说最适当的教材和教学方法。判决书还认为，教科书执笔者为了尽教育的责任，作为一个日本国民将学术研究的成果以写作和出版教科书的形式传授给担负下一代重任的儿童，这是他的自由。

第三，错误地运用检定就是违宪。判决书认为，教科书检定制度实际上发挥着禁止以未经检定的教科书作为教科书来发行的机制，但是对此加以误用，就难免要受到侵害日本宪法所保障的表现的自由等方面的指控。

第四，关于教育行政的任务。判决书认为，教育行政部门本来就应当以教育设施的设置、管理等为自己的任务。

总之，"杉本判决"致力于对日本宪法的教育条款和《教育基本法》有关条款的解释，认为它们保障的是日本国民特别是儿童的学习权和教师的教育自由及学术自由，并认为教师的这种自由是由其专业性和科学性所决定的。"杉

---

① 五十岚显、伊崎晓生：《戦後教育の歴史》，324～327 頁，東京，青木書店，1978。

本判决"被认为是在日本司法历史上最早承认国民教育权的历史性判决，"是教育诉讼史上划时代的判决"①。此后的"高津判决"（1974年）、"岸上判决"（1975年）以及"日本最高法院关于学力测验的判决"（1976年），也都不同程度地继承了"杉本判决"的思想。

"杉本判决"的产生是长时间以来日本民众舆论抵制国家教育集权、主张国民教育论所积累的思想成果的法律表现。当时在法庭内外，以一些专家学者为首的广大日本民间人士纷纷发表保卫教育民主自由的见解，从而提供了"杉本判决"的思想理论基础。

（三）对军国主义教育的警惕与批判

在日本当局对教育的干涉和控制不断加强的同时，日本军国主义教育观也借着"爱国""国防""国际化"等旗号逐渐抬头。以日本教职员工会中一批极有影响力的学者为代表的民主人士对此有着清楚的认识。他们对日本军国主义兴起并影响教育的几乎每一个事件，都进行了及时而深刻的揭露和批判。

例如，早在1978年，日本教职员工会就在当年的定期大会上针对"日之丸"和歌曲《君之代》被鼓吹的问题，发表了《日本教职员工会对"日之丸"〈君之代〉的统一见解》的决议。决议指出："从《君之代》的歌词内容及其所发挥的历史性作用来看，它的复活是对主权在民的宪法原理及《教育基本法》的民主教育理念的否定，因此坚决予以反对。"②至于"日之丸"虽然被当作日本的标识而被日本国内外所采用，但是它作为明治时代的产物，包含了日本天皇制国家主义的理念。日本政府和自民党将"日之丸"和《君之代》法制化，目的是复活和强化国家主义，因此必须予以反对。1977年6月，文部省公布的《学习指导要领》明确以《君之代》为日本国歌。20天后就有日本教职员工会等97个民间团体共同发表反对意见，认为《君之代》乃第二次世界大战前日本天皇

①　日本国民教育研究所：《改訂·近現代日本教育史》，373頁，東京，草土文化，1989。
②　日本国民教育研究所：《改訂·近現代日本教育史》，402頁，東京，草土文化，1989。

制时代的东西，其歌词无论怎样解释都充满了天皇主权的内容，所以以此为国歌，与日本宪法的国民主权原则是根本对立的，也是对全体日本国民思想和信仰自由的压制与侵害。

又如，面对20世纪70年代末文部省《学习指导要领》和教科书内容的反动化，1981年，日本教职员工会等8个民间组织认为，"当教科书被'国防'和'天皇'所充斥的时候，就是我们以别的国家作为战场的时候了"①。

对军国主义思想的警惕和反对也反映在日本教职员工会对教育国际化问题的看法上。日本教职员工会等民间教育团体指出，日本政府强调培养"面向世界的日本人"和"教育国际化"的目的之一是在经济全球化的大背景下，借"面向世界"让教育更好地替日本资本主义企业的世界扩张以及为使日本成为"国际国家"培养人才；另一目的是借"加强日本人的自觉"向学生灌输国家主义思想，加强忠君和"爱国心教育"，并积极向世界宣扬日本的传统和文化，最终是要在成为经济大国的同时，使日本也成为称霸世界的政治大国和军事大国。

---

① 日本国民教育研究所：《改訂·近现代日本教育史》，441頁，東京，草土文化，1989。

第三章

20 世纪后半期印度的教育

　　印度经历了古代的辉煌文明，但自 1757 年开始沦为英国的殖民地后，就不断遭受近代屈辱的殖民剥夺。第二次世界大战结束后，英国在印度的殖民统治已经难以维持。1947 年英国提出"蒙巴顿方案"。根据该方案，印度于 1947 年 8 月 15 日与巴基斯坦实行分治，这标志着印度脱离英国殖民统治而获得了独立。1950 年 1 月 26 日，《印度共和国宪法》正式生效，印度共和国宣告成立，印度教育由此也掀开了新的发展篇章。

第一节　"二战"后义务教育的普及

　　要想理解印度义务教育，首先要了解印度教育的学制体系。独立后的印度采用的是"10+2+3"学制。该学制的"10"代表 10 年普通教育，"2"代表 2 年中等教育(相当于我国的高中教育)，"3"则是指大学本科教育年限。其中，10 年普通教育分为 8 年初等教育和 2 年初中教育，而 8 年初等教育又分为 5 年初小和 3 年高小。印度在独立后的 50 里，一直推行的是 8 年义务教育，即对初等教育实施义务教育。至于初中和高中的义务教育，印度在 2005 年 7 月的《撒卡尔委员会报告》(Sachar Committee Report)中才首次提出延长义务教育年限至初高中。因此,20 世纪后半期印度义务教育的普及问题,只涉及初等教育。

一、义务教育普及的背景与政策

(一)义务教育普及的背景

印度义务教育的普及,有其深刻的政治、社会和教育背景。

首先,从政治背景看,独立后的印度对自己在国际上的地位一直有很高的期望,即想做一个"世界一流大国"。这一点在印度首任总理尼赫鲁的著作中早已有所体现。尼赫鲁在其著作《印度的发现》一书中写道:"印度以它现在所处的地位,是不能在世界上扮演二等角色的。要么就做一个有声有色的大国,要么就销声匿迹。中间地位不能引动我。我也不相信任何中间地位是可能的。"①时至今日,这段话仍是印度人耳熟能详的语句。印度独立后,担任总理的尼赫鲁雄心勃勃。他力求将印度发展成为一个在国际社会中有重要影响力的大国,一个能够与美国、苏联、中国相提并论的国家,在世界各国的排位上能够跻身第三或者第四的位置。因此,在国际活动中,尼赫鲁很是活跃。无论是调停朝鲜战争,还是举办万隆会议,抑或是发起不结盟运动,或者是与周恩来共同倡导"和平共处五项原则",尼赫鲁都发挥了积极作用,在国际舞台上产生了一定影响。当然,尼赫鲁也知道,印度的"大国梦"必须以经济和军事实力为后盾,而经济和军事实力是需要依靠科技和教育的,所以他把发展科技和教育作为国家发展的第一要务。在这样的政治基础上,印度义务教育的普及得以提上日程。

其次,从社会背景看,由于遭受了英国的长期掠夺,独立后印度的经济是非常落后的。1951 年印度人均国民收入仅为 58 美元。同年,农业劳动力占全国劳动力总数的 72.4%,工业劳动力只占 10.6%,另有 17% 为服务业劳动

---

① [印度]贾瓦哈拉尔·尼赫鲁:《印度的发现》,齐文译,57 页,北京,世界知识社,1956。

力；农业占国内生产总值的54.6%，工业（包括采矿）仅占14.9%。① 这说明印度当时完全是个落后的农业国。在农村，封建土地所有制占统治地位，不足农村人口15%的地主和富农却占有85%的土地，其中不到人口2%的大地主竟占有全部土地的70%；相反，占农村人口85%以上的贫苦农民仅占有土地的15%，其中占人口25%的农户无立锥之地。② 这样的经济和发展状况让印度政府认识到，印度要想摆脱困境，必须将印度庞大的人口负担转化为人力资源，而改善基础教育就是实现这一目标的基本条件。

再次，从教育思想看，印度的一些有识之士及政治领导人直接或者间接地注重了义务教育的普及。印度独立后的领导人，试图走出一条与美国和苏联不同的中间道路。同时，由于受英国政治体制的影响，印度高举"民主"与"公正"的旗帜，强调教育公平，强调基础教育对儿童发展的重要性，认识到义务教育是社会公平的基础。而早在印度独立前的20世纪30年代，印度民主革命的先驱、"圣雄"甘地就已经提出了发展基础教育的相关思想，其中包括儿童要学习基本生活技能、基本生活知识，教育要和平民大众的生活需要联系起来③。这些理论和观点为印度普及义务教育提供了思想基础。

最后，从教育本身看，独立之后的印度的基础教育非常薄弱。据统计，1951年印度全国民众识字率为16%，而农村只有12%；6～11岁儿童入学率仅为37.8%。④ 这意味着当时印度全国多数人是文盲，适龄儿童能够入学读书的也只是很少的一部分。基础教育是所有教育的起点，所以印度要想通过科技和教育来振兴国家，如果没有基础教育做支撑，那么高等教育、科技教育就无从谈起。印度急需通过普及义务教育来改变这一状况，印度政府非常清

---

① 曲恒昌：《印度普及义务教育的目标期限为何一再推迟》，载《比较教育研究》，1994(4)。

② 曲恒昌：《印度普及义务教育的目标期限为何一再推迟》，载《比较教育研究》，1994(4)。

③ 向蓓莉：《甘地教育思想述评》，载《纪念〈教育史研究〉创刊二十周年论文集(16)——外国教育思想史与人物研究》，2009。

④ 曲恒昌：《印度普及义务教育的目标期限为何一再推迟》，载《比较教育研究》，1994(4)。

楚地认识到了这一点，印度后来的历次五年计划也证明了这一点认识。

(二)义务教育普及的政策

为夯实基础教育这一社会根基，实现普及义务教育的目标，印度政府制定了一系列政策和法规，并在历次五年计划中重点规划普及义务教育。

1. 印度宪法对义务教育的规定

1950年颁布的《印度共和国宪法》明确规定：国家应该努力在本宪法生效之日起10年内，为所有儿童提供免费义务教育，直到他们满14岁为止。这意味着义务教育就是初等教育的全部阶段(8年)。这也是印度第一次把"免费义务教育"写进宪法，标志着印度8年义务教育的开始。印度宪法在第12条中对"国家"进行了明确的定义，即"印度政府和议会以及在印度领土内由印度政府管辖的所有地方权力机构，或其他权力机构"。由此可知，普及初等义务教育的任务是中央政府、各邦政府、地方机关和民间组织的共同责任。①

2. 1968年《国家教育政策》

1968年，印度政府颁布了《国家教育政策》，提出了义务教育的三个基本原则。第一，实行免费的义务教育。第二，教育机会均等，即在印度社会各阶层和各区域要保持公平的教育机会，特别是要重视少数民族、女童和残疾人的教育。第三，统一学制，要求在全国建立一个大体一致的"10+2+3"学制。

3. 1979年《国家新教育政策(草案)》

1977年上台的印度人民党重视教育制度改革，在1979年公布了《国家新教育政策(草案)》，对普及初等教育提出了一系列改革建议，要求到1982年要向90%的6~14岁儿童提供义务教育，并计划在第六个五年计划中，将教育预算的46%用于初等教育。但是，由于印度人民党很快下台，这一改革草案并没有得到实施。

4. 1986年《国家教育政策》

1986年《国家教育政策》(1992年修订)强调了义务教育的公平问题，并提

---

① 安双宏：《印度教育战略研究》，61页，杭州，浙江教育出版社，2014。

出了具体的措施："这一新教育政策将最先解决儿童辍学问题，并将采取一系列在深思熟虑后形成的策略来保证儿童在校巩固率。这些策略是以微观计划为基础并在全国各基层应用过的。这种努力要同非正规教育网络完全协调。在进入 21 世纪之前，我们应该确保向所有 14 岁以下的儿童提供质量令人满意的免费义务教育。为达此目标，要成立一个全国委员会。"①

5. 1993 年《全民教育计划》

《全民教育计划》是联合国教科文组织发起的一项促进发展中国家基础教育并以扫盲教育为主线的全球性计划。1993 年，中国、巴西、孟加拉国、埃及、墨西哥、巴基斯坦、尼日利亚等九个国家在印度首都新德里召开了"九个人口大国全民教育高峰论坛"。这九个国家当时都是基础教育薄弱的国家，因为这九个国家的人口占世界人口的 50%，而文盲却占了世界文盲总数的 70%。在这次高峰论坛上，九个国家分别制定了各自的全民教育目标，还通过了《德里宣言》(Delhi Statement)。

6. 印度五年计划对普及义务教育的规划②

印度第一个五年计划(1951—1956 年)建议把基础教育发展成国家的教育体系，计划使 60% 的 6～11 岁年龄组儿童受到教育，使女童受教育的比例达到 35%。第二个五年计划(1956—1961 年)提出要"特别根据教育基本规划的扩大来发展初等教育"，"扩充普通教育，并为普通教育提供各种教育设施"。第三个五年计划(1961—1966 年)又特别强调初等教育，提出为 6～11 岁年龄组儿童的教育做好准备并提高他们的水平，对初等教育的经费投入进一步增加。1969 年，计划委员会重新制订第四个五年计划(1969—1974 年)。该计划提出应为 6～14 岁儿童的免费义务初等教育进行适当的准备，大规模开展师资培

①　安双宏：《印度教育战略研究》，62 页，杭州，浙江教育出版社，2014。

②　刘艳华：《印度 20 世纪 50 年代以来的义务教育普及与保障情况》，载《经济研究参考》，2005(46)。

训。"四五"计划把更多的注意力放到教育质量上,提出要改进教科书,发展印度语教学。到第五个五年计划期间(1974—1979年),印度绝大多数邦通过了普及义务教育的立法。"五五"计划提出1975—1976年实现6~11岁年龄组儿童的初等免费义务教育,为社会上落后阶层的儿童提供奖学金和学生宿舍等便利条件。"五五"计划继续把重点放到教育质量的提高上,提出要重新组织课程,改进教学方法。为了提高教育水平,"五五"计划建议印度每个县都开设一所示范性综合中学,每个社会发展区都开设一所示范小学。"六五"计划(1979—1985年)提出的一个重要目标是要保证所有儿童受教育机会的均等,要重视女童、农村地区儿童、表列种姓(Scheduled Castes,SCs)儿童、表列部落(Scheduled Tribes,STs)儿童[1]以及其他落后阶层儿童的入学,并计划为所有学生提供免费的教科书和午餐。在第七个五年计划(1985—1990年)中,普及初等义务教育再一次成为印度教育发展的首要目标。该计划将教育普及的侧重点放到满足女童和经济、社会落后阶层儿童的需要上。

在第八个和第九个五年计划中,印度继续强化义务教育的普及问题。比如,在"九五"计划确定的"优先考虑"的七个基础服务领域中,第三个就是普及基础教育。[2]

二、义务教育普及的举措及成效

(一)义务教育普及的举措

落实普及义务教育的政策和计划,必须要有足够的经费投入做保障。20世纪后半叶,印度依托相关的政策和五年计划,对教育加大了投入。印度公

---

① 表列种姓和表列部落是印度由于历史原因形成的、处于印度主流社会之外的、印度宪法规定的两类社会弱势群体的总称。英国人统治印度次大陆时期,他们被称为"受压迫阶级"。1950年的印度宪法将此两类群体专门列表,在议员选举中为其保留席位,这些种姓和部落因此获得了表列种姓和表列部落的名称。

② 王益谦:《印度的第九个五年计划(1997~2002)》,载《南亚研究季刊》,1999(2)。

共教育经费的支出占国内生产总值（GDP）的比例逐年提升，2000 年达到
4.1%。[①] 这一时期经费投入的上升幅度较大，体现了印度政府对教育的重视。

　　在教育体系中，印度政府在 20 世纪后半期关注的重心逐渐偏向高等教
育，对基础教育特别是初等教育越来越不重视，学术界普遍认为这是印度政
府的策略失误。20 世纪后半期，印度初等教育的经费在整个教育投入中所占
比例越来越小，"一五"期间尚能占到 56%，而后则逐渐只能占到 20% ~ 35%
（见表 3-1）。印度的经济快速发展，GDP 的总量增幅比较大，因此，虽然初
等教育的经费在教育的经费中的比例在减少，但初等教育的经费投入绝对数
总体上还是在不断增加的（见表 3-1）。

表 3-1　印度初等教育经费变化情况一览表

时期	初等教育经费/ 千万卢比	增加幅度/ %	教育经费总额/ 千万卢比	初等教育经费占教育 经费总额比例/%
"一五"计划 （1951—1956 年）	85		153	56
"二五"计划 （1956—1961 年）	95	12	273	35
"三五"计划 （1961—1966 年）	201	112	589	34
计划间歇期	75	-63	322	23
"四五"计划 （1969—1974 年）	239	219	786	30
"五五"计划 （1974—1979 年）	410	72	1285	32
"六五"计划 （1979—1985 年）	870	112	2524	34
"七五"计划 （1985—1990 年）	1985	128		

　　资料来源于[印度]S. N. 萨里夫：《印度教育财政问题》，转引自印度大学联合汇编
《高等教育中的新技术》(英文版)，82 页，1986；印度人力资源开发部：《1990—1991 年度
报告》(英文版)，304~307 页，1991。

---

　　① UNDP, "Human Development Report 2005," New York, UNDP, 2005.

伴随着国家投入和教育经费的增加，印度在普及 8 年初等义务教育方面采取了一系列措施，特别是在 20 世纪末期实施了几个大的计划和项目，其中有以下几个有代表性的计划和项目。

1. 操作黑板计划(Operation Blackboard Scheme)

该计划在 1986 年《国家教育政策》中被提出，在 1987—1988 年度开始实施。该计划的目的是保证实施初等教育的各个学校的基础设施和物资设备，以此保证初等教育的质量。这项计划的实质是为了改善学校的设施和教育环境，在硬件上提升小学生的学习质量，降低小学生的流失率。该计划中校舍建设的经费主要在农村发展计划的费用中支出，配备教师和教具的经费则由印度人力资源开发部负责提供。[1]

2. 县域初等教育计划(District Primary Education Program，DPEP)

印度政府于 1992 年公布的行动计划以及"八五"计划，都把"县"而不是"邦"作为普及初等教育的实施主体，由此提出了这项计划。此计划始于 1994 年，因为细化了实施主体，所以实施起来更具针对性和有效性。印度政府希望通过本计划的实施，提高儿童在校巩固率和学业成绩，加强女童以及表列种姓和表列部落儿童的教育。具体说来，该计划的目标包括以下几个：(1)通过开办正规的初级小学或其他替代途径使所有儿童都接受小学教育；(2)将初级小学阶段的辍学率降低到 10% 以下；(3)使学生学业成就比基准水平提高 25% 以上；(4)将不同性别和社会群体间的入学水平差异缩减到 5% 以下。[2]

3. 免费午餐计划

免费午餐计划的正式名称是《全国初等教育营养支持计划》(The National Program of Nutritional Support to Primary Education，简称"午餐计划")。该计划

---

① J.C.Aggarwal, *Education Policy in India: 1992 and Review 2000 and 2005*, Delhi, Shipra Publications, 2009, p.123.

② N.V.Varghese, "DPEP: Logic and Logistics," *Journal of Educational Planning and Administration*, 1994 (4), pp.449-455.

于 1995 年由印度中央政府在全国范围内推行，重点面向农村地区、落后地区的小学生。该计划推出时考虑了三方面目标，即解决儿童饥饿问题、改善儿童营养状况和激发儿童特别是家庭贫困儿童上学的积极性。该计划推行初期旨在为印度所有公立及公助小学的 1~5 年级学生提供免费营养午餐。为在全国范围内的初等教育学校实行"免费午餐"，印度中央政府和地方政府下了大功夫，而这项计划也罕见地得到了印度各政党的一致支持。印度中央政府主要提供资金方面的支持，具体工作的落实则由各邦政府的相关部门承担。印度人力资源开发部从总体上负责管理、协调"午餐计划"，并代表中央政府与各邦教育部门、印度食品总公司及相关机构进行资金和粮食等方面的联系与协作。虽然印度是一个并不富裕的发展中国家，且"午餐计划"的受助对象多达上亿人，但印度政府不断增加对"午餐计划"的支持力度：1995 年约为 44亿卢比[①]，到 1998 年则为 81.1 亿卢比。在"午餐计划"的执行中，印度各邦政府扮演了至关重要的角色。邦政府下属的教育部门和相关协调机构需要与邦规划局、食品公司等通力合作，为"午餐计划"提供必需的基础设施、粮食与配置人员，并加强监察与评估，保证提供符合规定要求的熟食午餐。在粮食配送方面，多数学校与政府指定的信誉度高的平价商店合作。在监察方面，除了少数社区和村一级单位，印度中央和各级地方单位基本上都设有定期会议、监察委员会等。但在食品质量安全等方面的监督措施，各邦学校不尽相同。比如，印度中央邦的学校成立了"家长教师协会"（PTA），让教师参与食物及香料的采购，而泰米尔纳德邦的一些学校则成立了"午餐组织人"（NMO），安排 1~2 名工作人员、1~2 名厨师和 1~2 名助手参与午餐烹饪。

(二)义务教育普及的成效

印度普及义务教育的政策及项目带来了显著的效应，这些效应可以从多

---

① 杨思帆、梅仪新：《印度：全体学生可享免费午餐》，载《中国教育报（国际教育版）》，2011-06-07。

个指标评估中体现出来。其一是教育设施设备的改善,体现为学校数量的增加,教学设施设备的大力补充和更新。比如,初级小学的数量从1950—1951年度的209671所上升到1981—1982年度的495007所,上升率为136%;在同一时期,高级小学的数量从13596所上升到119580所,上升了8倍多。[①] 其二是义务教育入学率的大幅上升。不论是初级小学还是高级小学,入学率都得到很大的提升。有统计显示,1950年初级小学的入学率约为40%,而到1988年则达到了100%,这个成绩在后面的年份里也得到了保持(见图3-1)。其三是义务教育普及的保持率得到了很大的提升。保持率是反映儿童能够完整地接受8年义务教育的指标,简单地说就是儿童中间不辍学。由于印度儿童的辍学率比较高,农村女孩的辍学情况尤为严重,因此这是一个很重要的指标。其四是印度的基础教育质量得到了更好的保证,如学生的基础文化知识水平逐步提升,教师的学历得到了提高,课程建设与教材编写更规范等。

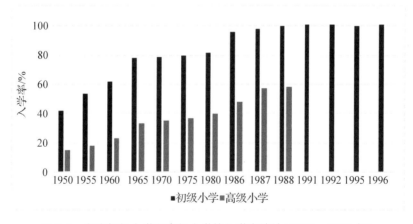

图3-1 印度初级小学和高级小学的入学率统计(1950—1996年)

资料来源于王长纯:《印度教育》,171页,长春,吉林教育出版社,2000。

---

① 胥珍珍:《印度普及义务教育的现状及改革策略》,载《外国中小学教育》,1997(1)。

另外，义务教育普及还带来了其他综合效应。例如，"午餐计划"不仅仅让孩子填饱了肚子，而且带动了学校硬件设施的改善。据印度政府的研究报告，"午餐计划"实施后，多数学校增添了厨房、储存室、饮水设备、烹饪设备与器具等。比如，比哈尔邦、哈里亚纳邦的学校都建起了膳食大楼，72%的学校有专门的洗手设施。马哈拉施特拉邦、梅加拉亚邦和西孟加拉邦近75%的学校已获得专门的饮用水。报告还显示，各邦的大多数受访孩子认为午餐质量达标。[①]"午餐计划"除了提高了儿童的营养状况和入学率外，也促进了社会平等和性别平等，有助于消除种族壁垒。不同种族的儿童长期围坐在一起用餐，无形中增强了他们的交往与平等意识。

需要注意的是，虽然印度普及义务教育取得了很大的成效，但存在的问题还是不少的。印度政府领导人在印度独立后逐渐把教育的重心转向了中等和高等教育，特别是高等理工教育。对基础教育的重视不够，导致了印度教育体系"头重脚轻"的现象，这样的教育结构给印度教育本身、经济发展、社会公正等都带来了极大的危害。

第二节　印度国家英才教育战略的实施

独立后的印度无论在基础教育阶段还是在高等教育阶段，对英才教育都十分重视，将其列入国家教育发展战略之中，并采取了一系列措施来发现和培养英才。

---

① 杨思帆、梅仪新：《印度：全体学生可享免费午餐》，载《中国教育报（国际教育版）》，2011-06-07。

一、国家英才教育战略的出台与发展

国家英才教育战略离不开印度中央教育行政部门的支持。印度的中央教育行政机构是人力资源开发部，印度的国家教育战略和政策都由其组织拟定和推行。该机构又分为高等教育司、中小学教育和扫盲司。另外，印度各邦主管教育事务的机构多数称为邦教育部，也有的称为文化教育部、普通教育部。各邦教育部的常务首长(文官系统)是"公共教育局局长"(Director of Public Instruction)[1]。

(一)基础教育阶段的英才教育战略

独立后，印度的基础教育处于总体发展水平极低的状况，难以满足印度社会对人才的迫切需求。因此，独立后印度政府对英才教育十分重视，并将其列入国家发展战略之中。

1. 1968年《国家教育政策》

1968年，印度政府制定了指导全国教育发展的重要文件——《国家教育政策》。其中第五条就是针对发现和培养智力超常儿童的，要求"为了开发智力资源，各地区必须从儿童中发现和培养超常儿童，对此要积极鼓励并提供一切机会"[2]。

2. 1986年《国家教育政策》

1986年，印度制定的第二份《国家教育政策》对英才教育进行了较长篇幅的论述，并明确提出要"建立超常儿童学校"。它指出："人们普遍认为，应该向具有特殊天赋的儿童提供优质教育，以便他们有更快成长的机会，不论他

---

[1] R.L.Bhatia & B.N.Ahuja, *School Organisation and Management*, New Delhi, Surjeet Publications, 2005, pp.41-42.

[2] Chitrangada Singh, *National Policy on Education*, New Delhi, Dominant Publishers and Distributors, 2005, p.18.

们是否能够承担这种教育的费用。"①据此，印度的"新星学校"（Navodaya Vidyalayas，也可以译为"新秀学校"）应运而生。②

《国家教育政策》是印度独立后到20世纪末期最重要的国家教育指导纲领性文件。《国家教育政策》对推行英才教育的强调和要求凸显了英才教育的国家战略意义。

（二）高等教育阶段的英才教育战略

如果说印度基础教育阶段的英才教育是对人才的发现和初步培养，那么历来尤为重视高等教育的印度政府更是把高等院校打造成了英才培养和产出的"圣地"。从后来印度在信息技术、生物科技等领域的成就来看，这便是精英化的国家英才教育战略的成果。

1. 印度宪法的规定

从国家战略层面来看，在尼赫鲁的推动下，印度历届政府都把科技与教育放在十分突出的地位，实行科技与教育兴国的战略。1950年印度宪法也规定，科学必须渗透到印度国家生活的各个方面和国家奋斗的一切领域。20世纪80年代，印度总理拉吉夫·甘地（Rajiv Gandhi）提出要用科学技术把印度带入21世纪。科学技术的发展推动了印度对高水平技术人才的渴求。独立初期印度政府高标准地建立了印度理工学院（Indian Institute of Technology，IIT），并对其进行重点投入，支持其发展。此外，印度政府还在全国所有邦设立了印度信息技术学院，专门培养高水平的信息技术人才。

2. 1968年《国家教育政策》

印度政府一贯推崇高等教育与科技。1968年印度政府制定的《国家教育政策》指出，为了加快国家体制的发展，要把科学教育和科学研究放在首要地

---

① Ministry of Human Resources Development, *National Policy on Education* (1986)，印度国家信息中心网站，2018-12-05.

② 张铁道、王凯、戴婧晶等：《国外英才教育考察报告》，载《基础教育参考》，2008(9)。

位；在学校，科学和数学教学要成为普通教育的重要组成部分；要加快发展高校的短期教育和信息技术教育。该政策还规定了高等院校招生的基本条件，制定了新高校建立的标准，提高研究生的培养水平和高校的研究水平等。

3. 1986年《国家教育政策》

1986年，印度政府颁布了第二份《国家教育政策》。该政策要求高等教育应通过特殊的知识和能力的传播为社会发展做出贡献。两份《国家教育政策》的制定体现了印度将高等教育作为印度国家英才教育战略的重要阵地。

4. 其他各类国家政策与规定

除了《国家教育政策》对高等教育人才培养的要求外，1958年印度政府颁布的《科学政策决议案》制定了许多奖励创新研究、培育科技人才、提升科技水平的政策性措施。1983年，印度政府颁布了《技术政策声明》；1993年，印度科技部根据全球科技革命发展趋势颁布了《新技术政策(草案)》。它们对科技人才的培育、研究开发经费的筹措等方面提出了许多具体的意见，涉及高校的教学与科研。1983年的《印度生物技术长期计划》、1991年的《软件技术园区计划》和《电信港建设计划》、1998年的《信息技术发展计划》都对高等教育科技人才的培养提出了要求与建议。① 对社会经济和科学技术发展的诉求，是印度高等教育针对科学技术领域人才培养实施英才教育的最重要的出发点。

二、国家英才教育的举措

(一)基础教育阶段的英才教育举措

实际上，早在颁布《国家教育政策》之前，印度政府就在基础教育阶段推行了包括《全国英才寻找计划》在内的各类英才教育计划和措施。

---

① 杨思帆：《当代高校与高技术产业的联结研究：印度案例》，101页，北京，科学出版社，2014。

1. 全国英才寻找计划①

1953 年，印度全国教育研究与培训委员会发起了《全国英才寻找计划》
（National Talent Search Scheme），目的在于发现天才学生并对其今后的成长提
供一定的经济支持。考试是寻找英才的主要方式。英才选拔考试分为两个阶
段，即地方考试（印度各邦和中央直辖区考试）和国家考试。地方考试只有笔
试，包括智力测验和学术性向测验两部分（答题时间各 90 分钟）。国家考试增
加了面试（15~20 分钟），笔试合格的学生可以参加面试。国家考试中，智力
测验占 100 分；学术性向测验占 100 分（社会科学和自然科学知识各占 40 分，
数学占 20 分）；面试占 25 分。

经过近半个世纪的发展，该计划与最初实行的计划相比有了很大的变化：
从最初只选拔自然科学学科的学生发展为选拔自然科学、社会科学、工程学、
医学、管理学和法学学科的学生，从面向 10 年级毕业生发展到仅面向 8 年级
毕业生，录取名额由最初的 10 人发展到数千人，奖学金的额度逐渐提高，考
试内容也经过多次调整。

被录取的学生从 9 年级开始每月领取一次奖学金。进入高校后，学习基
础科学、社会科学和商学的学生，其奖学金可以一直领取到他们获得博士学
位；学习工程学、医学、管理学和法学等的学生，其奖学金可以领取到他们
获得硕士学位。②

《全国英才寻找计划》体现了印度政府在英才选拔和培养中的持续性努力，
从它不断完善和发展的过程中不难看出这是印度国家英才教育的一次成功
尝试。

---

① 安双宏：《印度中小学阶段的英才教育》，载《中小学管理》，2010(5)。
② Announcement of National Talent Search Examination（NTSE-2010），印度奖学金网，2018-
08-26。

2."新星学校"计划

1986 年《国家教育政策》对英才教育做了明确规定，使得"新星学校"计划在同年开始试行。该计划在印度政府的支持下由非营利性组织达克萨拉基金会(Dakshana Foundation)组织并付诸实施。达克萨拉基金会是一个致力于扶贫的年轻慈善基金会，其使命是为印度处于贫困等弱势环境中的天资聪颖的儿童提供充分的教育资助。

"新星学校"随着发展逐渐覆盖了印度各邦和联邦地区。该计划的目标是在印度每个地区都建立一所住宿学校作为模范学校，为农村儿童(预留 75% 的名额)提供高质量的教育和现代基础设施。学校面向印度境内所有 6~12 年级(11~17 岁)农村地区的儿童招生，只要是完整地接受过印度政府承认的初小教育的农村儿童均可以申请入学。"新星学校"采取严格的标准化考试录取制度。考试采取多语种形式进行，少数民族地区或非英语语言地区的学生可以平等地进行测试。考试合格者按照成绩排名先后录取，录取政策遵循印度中央政府机构的教育保留政策，如为表列种姓学生保留 15% 的配额及为女生保留 33% 的配额。①

"新星学校"一般处于印度各地的偏远地区。各邦必须免费为"新星学校"园区提供 30 英亩(1 英亩 ≈ 4047 平方米)的土地。对于印度农村偏远地区来说，"新星学校"是资金充足、管理良好的机构，向民众承诺免费提供高质量的教育。对于"新星学校"的师生来说，它有着堪比城市优质公私立学校的教育资源，有着种姓和阶级的中立氛围，有着良好的学术和社会目标。其学生的学业成绩大大高出了印度普通公立学校和私立学校。

"新星学校"是在印度国家英才教育战略的倡导下应运而生的。相比于《全国英才寻找计划》，它顾及了弱势群体中儿童的受教育权益并增加了他们获得高质量教育的机会，使得印度社会弱势群体中的天才儿童能够发挥自身的

① Bajaj & Kapil，"Schools of HOPE," *Business Today*，2008(17)，pp.90-96.

天赋。

3. 多种方式选拔和培养优异人才

印度除了实施《全国英才寻找计划》和举办"新星学校"之外，还有多种多样的英才选拔和培养方式。①

第一，私立学校以英才教育为主要的办学目的。印度大约五分之一的中小学校是私立学校。尽管同为私立学校，但是它们的办学宗旨不尽相同，其中相当一部分学校是以升学率为学校优势来吸引学生入学的。在印度，专为学生参加各种考试进行补习的机构很盛行，且费用高昂。即使少许机构或者个人能够免费招收贫困家庭中的天才儿童，其主要目的也是通过提高升学率来扩大自身的办学影响。

第二，举办学科奥林匹克竞赛。印度有多学科的奥林匹克竞赛，尤其是自然科学中的各类主要学科都有全国性的奥林匹克竞赛。如果能在竞赛中取得好成绩，学生就可以在参加一些高等院校的入学选拔面试时获得更多的加分，在被录取后也能获得较高额度的奖学金。

第三，民间教育组织专门从事英才教育研究。在印度，诸如"全国天才儿童联盟"和"天才儿童研究中心"等民间教育组织不计其数。这些民间教育组织定期举办各类培训班和研讨会，包括儿童家长、教师以及其他与天才儿童培养工作有关的人员都会积极参加。这些民间教育组织主要开展天才儿童培养方面的指导工作，让教师和家长能够更多地了解天才儿童的培养过程中可能出现的各种问题以及这些问题的解决方法，促使天才儿童能够更好地全面发展。②

(二)高等教育阶段英才教育的实施

在高等教育阶段，着重培养高新科技产业技术人才的高等院校充分体现

---

① 安双宏、李娜、王占军等：《印度教育公平战略及其实施成效研究》，241 页，杭州，浙江大学出版社，2015。

② Gifted Children：The Indian Scenario，印度儿童网，2018-08-05。

了国家英才教育战略,其中以印度理工学院最为典型。

印度理工学院是印度工程技术人才的摇篮,是印度在独立初期对工程技术院校建设提出高质量、高规格要求的产物。印度理工学院培养出的人才无论在产品创新性上还是在产业管理方面都具有很高的能力水平,不逊于欧美同类高水平院校培养出来的人才。

1951 年,在与国际组织的合作中,印度在克勒格布尔开办了国内第一所理工学院,此后又在其他国家的援助与支持下创建了 5 所理工学院。它们分别是 1958 年在孟买建立的印度理工学院、1959 年在坎普尔建立的印度理工学院、1959 年在马德拉斯建立的印度理工学院和 1961 在德里建成的印度理工学院。为了进一步提升印度理工学院的办学水平,印度国会先后通过多项法案,以确保印度理工学院有足够的办学自主权。最为重要的是,1961 年的法案将建成的 4 所印度理工学院全部升格为"国家重点大学",并放开其办学招生和学校建设发展等自主权。时至今日,印度理工学院增设了古瓦哈蒂、鲁尔基两地的院校,自此印度顶尖的技术教育院校在总体数量上达到了 7 所。

作为印度国家英才教育的代表,印度理工学院对人才的选拔和培养始终保持精英化教育模式。印度理工学院的入学选拔考试要求苛刻。每年超过 30 万名成绩优异的中学生报名参加印度理工学院入学联合考试(Joint Entrance Examination, JEE),但录取率却不到 2%。JEE 的科目是数学、物理和化学,分初、复试两次考试。第一次考试只取前 60% 的学生,第二次考试再从通过第一次考试的人中选拔学生。① 因此印度理工学院的生源有着先天的优势。

参与印度理工学院入学选拔考试和录取的学生比例是 60∶1,每年只录取 5000 人进行英才教育。每年印度都会拨大量的教育经费给印度理工学院,因此它们的办学经费十分充足。学生在学校的学习生活是封闭式的,每天只是

———————

① 杨思帆:《当代高校与高技术产业的联结研究:印度案例》,141 页,北京,科学出版社,2014。

专心地学习。为了方便学生查阅资料，图书馆凌晨 1 点才关门。学生在校期间要修满 180 个学分，每五周参加一次全校性的学业考核。学生从入校开始，每学期都要修 6 门理工课程和两到三门实验课，同时所有学生至少要到学校安排的一家企业实习。印度理工学院近乎"斯巴达式"的教育模式，培训出来的大部分学生不仅理论知识扎实，实践能力也十分突出，毕业进入社会各界后受到认可和欢迎。

苛刻的选拔和英才培养模式，以及印度政府和社会各界的大力支持，使印度理工学院学生具备了较强的专业实力。每年年底，各大跨国企业都会到 7 所印度理工学院招聘职工。

三、国家英才教育战略的影响

印度国家英才教育战略的实施带来了许多积极的影响，但同时也存在着一些不足。

(一)基础教育阶段的英才教育

印度基础教育阶段的英才教育具有选拔和优先培养人才的性质，这使得基础教育阶段的英才教育效果十分明显。其一，选拔使得优秀的儿童能够获得接受高质量教育的机会。严苛的选拔能够有效地将优秀的生源集中起来，能够使优秀学生不会因为社会或经济因素被埋没，即使弱势群体中的儿童也能获得高质量教育。其二，优质的教育资源为高等教育人才的培养打下了坚实的科学文化基础。充足的资金、优良的管理和完备的现代教学基础设施使得接受英才教育的学生享有优质的教育资源，为他们将来进一步深造成为社会精英人才奠定了坚实基础。

虽然英才教育对于选拔和培养人才有显著作用，但是也存在着一些问题。一是基础教育阶段的受教育差异在一定程度上加剧了教育的不公平。英才教育使得优质的教育资源向少部分人倾斜，加大了教育资源差异，损害了受教育过程中的公平。二是英才教育只涵盖了极少数人,成为少数人的福利,对于印度庞大的基础教育体系来说,难以促进教育公平的实现和推动国家基础教育的发展。三是英才教育使得地方以自己地区的儿童得以选拔为荣,其衍生的各类英才选拔和教育形式得到了社会及民众的追捧,导致了印度对国家基础教育总体水平的发展和问题解决的忽视。

(二)高等教育阶段的英才教育

相对于基础教育阶段的英才教育,印度在高等教育阶段实施的英才教育更为明确,在高新技术产业人才培养方面尤为突出。在高等教育大众化的浪潮到达之前,印度高等教育就以精英化的英才教育著称。独立后印度将科技与教育兴国作为最重要的国家战略之一,在五年计划及各项政策中不断强调科学技术的发展,希冀以科学技术发展快速推动社会经济的发展进步,在教育领域表现为对科学技术人才的渴求和高标准的培养要求。

印度高等教育阶段的英才教育主要体现在对科学技术人才的培养上,这正是对高质量科学技术人才需求的回应。印度科学技术人才的培养成效显著。其一,英才教育有力地支撑了科技与教育兴国战略,为印度科学技术发展输送了大量高水平人才,推动了社会经济的发展。长期以来,英才教育为印度信息技术等科学技术产业有针对性地培养了大量的高水平人才,产生了积极的社会影响和效益。其二,英才教育培养出来的高质量人才有力地帮助印度成为人才较多的国家。早在印度独立之初,其首任总理尼赫鲁就指出,人力资源受到教育和训练之后,就会变成现代世界最宝贵的财富。其三,英才教育使得以信息技术领域人才为代表的高新技术产业人才具有很高的国际竞争力,充分发挥了印度自身的人才优势。英才教育培养出来的人才不仅具有很高的技术实践能力,还具有高新技术产业管理能力。英才教育加上英语语言优势和其他一些方面的优势,使得印度培养出来的人才更具国际竞争力。

第三节　高等教育的特征和改革

独立后的印度非常重视高等教育。印度政府对高等教育发挥的作用抱有极大的期望，甚至以较大程度牺牲基础教育等为代价，用巨额投入发展高等教育。事实上，20世纪后半期印度高等教育的发展也的确表现不凡。

一、独立后印度高等教育的传承与发展

印度政府在国家独立后亟待提升国家实力和国家地位。以印度总理尼赫鲁为代表的印度领导人，期望通过科技、工业改变国家，而科技、工业则需要大批的高素质人才来支撑，就这样高等教育被推上了历史舞台。在印度独立后的50年中，可以说印度在国力整体有限的情况下优先将经费和资源等投入高等教育领域，从而刺激印度高等教育快速发展。印度独立后采取了多种举措推动高等教育的改革和转向。

（一）建立高等教育管理与指导机构

在独立之初，印度的高等教育可以说是百废待兴。对于高等教育如何发展，印度政府迫切需要一个机构来指导。其实早在1945年，英印政府在印度设立了一个类似英国大学拨款委员会（University Grants Committee，UGC）的机构，即印度的大学拨款委员会。1948年，印度独立后以拉达克里希南（S. Radhakrishnan，1962—1967年任印度总统）为首的大学教育委员会成立后，原有的大学拨款委员会就停止了工作。大学教育委员会制定了一系列有关教育的文件，对印度高等教育的远景规划与发展起到了指导作用。1949年，大学教育委员会提出建立一个类似大学拨款委员会的机构，但由于当时争议很大，印度的大学拨款委员会到1953年才初步成立，最后到1956年相关法案通过后才正式成立。

大学拨款委员会是一个半官方、半独立的高等教育管理与协调机构，隶属于高等教育部，而高等教育部又是印度中央政府下属的人力资源开发部的一个部门。考虑到印度的国土范围，为了更好地对全国的院校进行管理，大学拨款委员会成立了7个地区办公室，以便在印度不同地区的院校中实施相关活动。

按照《大学拨款委员会法》的规定，大学拨款委员会的权限大体可以包括：(1)促进和协调高校教育；(2)确定、保持高校的教学、考试和研究的标准；(3)监督高校的专业发展；(4)成为印度中央和各邦政府、高校之间联系的重要纽带；(5)采取一切可能的办法督促印度中央和地方高校进行高等教育改革。① 为了完成这些目标，大学拨款委员会可以调查各高校的经费需求，分配并发放给各高校经费，建立并维持资源共享机制，提出改善高等教育的措施，在新高校的建立及经费分配等方面提出建议，等等。此外，大学拨款委员会还有权确定高校教学人员的任职资格、授予各级学位的最低授课标准以及维持高校的标准等。②

(二)明确高等教育发展的方针和目标

1948年，成立不久的大学教育委员会提出了印度高等教育的方针，其主要内容包括三个方面。

1. 建立新的高等教育制度

印度独立前的旧教育制度已经不适合独立后的印度，印度不能只停留于利用他人建立的旧制度来培养人才的阶段。印度需要建立一种新的高等教育制度，这种制度能够努力培养青年一代既有思想又知道怎样去思考。教育的目的不是灌输知识，而是发展健康的判断能力。

---

① Sarbeswara Sahoo & Aparimita Pramanik Kalpataru, "Political Economy of Reservation," 印度科学与工业研究理事会网站、全球网络组织网站，2018-08-26。

② UGC, "UGC Act Upto December 1986," New Delhi, 1998.

2. 确定高等教育的总任务

高等教育的总任务是传播知识，并不断探索新知识，努力探究生活的真谛，以及提高专业教育水平，以满足社会各种职业的需求。高等教育不论阶层、性别、种姓和宗教信仰，向所有印度公民开放，为他们提供各种知识领域的教育。

3. 教育政策和计划必须适合社会的发展目标

必须把教育的各种不同的目标统一起来，通过高等教育不仅使学生获得知识，还使学生的思想观念统一到为国家和社会发展服务的共同目标上来。

以科塔里(S. Kothari)博士为首的大学教育委员会在1966年提出了印度高等教育的目标，目标分为两大类。第一类是适应当时世界高等教育的共同任务的五项目标，包括：(1)探索新知识，无畏地追求真理，按照新的需求和发现来解释旧知识；(2)根据各界人士的正确推荐，挑选有才华的青少年，对他们进行多方面的培养和教育，帮助他们充分发挥自己的才智；(3)向社会提供经过培养的、有能力的农业、艺术、医学、科学和技术人才；(4)努力增加教育机会，促进社会公平与公正，减小社会和文化的差别；(5)教师和学生要树立正确的观念，创造个人在社会中的价值。第二类目标主要针对当时印度社会和教育发展的特殊任务提出，包括五项：(1)必须真正为国家服务，必须在宽容的环境中鼓励个性化、多元化和民主化的发展；(2)应大规模地贯彻执行成人教育计划，推广和发展教育网及配套课程；(3)努力提高教学质量；(4)减轻考试负担，努力促进教学和科研的协调发展，全面提高教学和科研水平；(5)创建几个世界一流的教学和科研中心，以此推动国内的学术活动。

1972年，印度政府在全国教育会议上又制定了新的教育目标，包括印度教育要坚持自力更生、自信，注重教师和学生的民族主义精神及社会责任感，注重伦理道德和信仰的统一等。

(三)规划高等教育的中长期综合发展目标

为了实现高等教育的上述目标，印度大学教育委员会在1966年制定了

《二十年高等教育综合发展规划》。这个规划的要点是：(1)大大提高高等教育的质量和科学研究的水平；(2)扩大高等教育规模，满足国家发展的人力资源需要；(3)改善大学的组织和管理；(4)在各邦至少建立一所农业大学；(5)普遍提高现有大学的教学质量和科学研究的水平，发展附属学院；(6)改进教育和评价，改进教学手段和学生服务；(7)扩建和新建教学大楼，增加教学设备；(8)确定学院的规模，搞好妇女教育和课程改革；(9)发展社会科学研究、人文科学研究、地域研究和教育研究；(10)搞好大学内的自治和大学之间的协作，充分发挥大学拨款委员会的作用。[1]

(四)形成四种类型的大学

通过持续多年的努力，印度逐渐形成了四种类型的大学：国家重点大学、中央大学与邦属大学、准大学(Deemed Universities)、附属学院。其中，国家重点大学最有影响力。这些大学包括印度理工学院、印度管理学院(Indian Institutes of Management，IIM)、国家技术学院(National Institutes of Technology，NIT)和印度科学院(Indian Institute of Science，IIS)等。而其中又以印度理工学院名气最大。印度理工学院创建于1951年，在全国共设有7个校区。[2] 1963年，根据国家技术院校(修正)法案，印度理工学院被列为国家重点院校，并被赋予独立的学术政策权、招生及学位授予权。印度理工学院在全国的7所院校均为政府高校，在教学和经济管理上由直属中央政府的印度理工学院委员会管辖，印度人力资源开发部部长是该委员会的主席。每个分院各设董事会负责全权管理。董事会负责各分院的学术政策的制定、教学大纲的审核及成绩考核。印度理工学院的基本情况见表3-2。

---

① 曾向东：《印度高等教育改革动向与趋势》，见国家教育委员会与政策研究中心：《当代国际高等教育改革的趋向》，228页，北京，高等教育出版社，1988。

② 杨思帆：《当代高校与高技术产业的联结研究：印度案例》，97页，北京，科学出版社，2014。

表 3-2　印度理工学院 7 所分校的基本情况①

分校	成立时间	学生/人			教职员工/人		学系/个	国际合作
		学士	硕士	博士	教师	职员		
德里(Delhi)	1961年	2265	1718	948	421		13	得到英国的援助
孟买(Mumbai)	1958年						14	成立之初得到 UNESCO 和苏联的援助
坎普尔(Kanpur)	1959年	2255	1476		309	900	5	1962—1972年,得到包括9所知名大学的美国大学联盟的技术援助
克勒格布尔(Kharagpur)	1951年	2700			450	2200	18	得到欧洲的技术支持
马德拉斯(Madras)	1959年	4500			460	1250	15	得到德国的援助
鲁尔基(Roorkee)	2001年	4200			628	1200	18	
古瓦哈蒂(Guwahati)	1994年						11	

　　印度中央大学(Central University)是通过议会法案,由印度联邦政府设立、管理并负责拨款的高校类型,共有 20 所(见表 3-3)。印度中央大学的主要特征②:(1)国家总统是所有中央大学的督学(visitor);(2)依据各种法律法规,校长有权提名大学执行委员会/管理委员会/大学甄选委员会中的少数成员;(3)人力资源开发部部长协助校长任命副校长、委员会候选人及甄选委员。

---

　　① 阎凤桥等:《在全球化和知识经济背景下,印度高等教育对经济增长的贡献》,载《北大教育经济研究(电子季刊)》,2008(1)。
　　② Central Universities in India,印度教育网,2018-08-13。

表 3-3　印度中央大学一览

序号	学校名称
1	德里大学(University of Delhi)
2	尼赫鲁大学(Jawaharlal Nehru University)
3	提斯浦尔大学(阿萨姆)(Tezpur University, Assam)
4	曼尼普尔邦大学(Manipur University)
5	圣雄甘地国际印地语大学(Mahatma Gandhi Antarrashtriya Hindi Vishwavidyalaya)
6	因陀罗普拉沙大学(Indraprastha University)
7	本地治里大学(Pondicherry University)
8	阿里格尔穆斯林大学(Aligarh Muslim University, AMU)
9	海德拉巴大学(University of Hyderabad)
10	阿萨姆大学(Assam University)
11	贾米亚·米里亚·伊斯兰米亚大学(Jamia Millia Islamia University, New Delhi)
12	国际大学(Visva-Bharati University, West Bengal)
13	阿拉哈巴德大学(University of Allahabad, Uttar Pradesh)
14	贝拿勒斯印度教大学(Banaras Hindu University, BHU)
15	米佐拉姆邦大学(Mizoram University)
16	毛拉那·阿扎德国家乌尔都大学(Maulana Azad National Urdu University)
17	那加兰德大学(Nagaland University)
18	巴巴萨布·毗姆拉奥·阿姆贝卡尔大学(Babasaheb Bhimrao Ambedkar University)
19	英语暨外国语大学(English and Foreign Languages University)
20	东北山区大学(North Eastern Hill University)

　　国家重点大学和中央大学都属于由中央政府拨款的高校,而实际上,在印度,邦属大学及附属学院是国家高校的主体。邦属大学占据了印度全国高校的绝大多数份额,邦属大学的学生也占到全国高校学生总数的80%左右。邦属大学的管理机构是邦政府,印度大学拨款委员会对这类大学的管理十分有限。1970年和1972年的大学拨款委员会法案修正案,试图对邦属高校施加

更多影响，但实际收效甚微。比如在建立新校时，有的邦会与大学拨款委员会协商，有的则根本不协商，甚至在大学拨款委员会反对的情况下仍建了一些新的邦属大学。①

二、印度高等教育发展的主要特征

（一）规划性

独立后印度就针对高等教育制订了宏观的规划，且中央政府领导人从国家层面设想了高等教育的发展方向和定位。印度高等教育的规划起点很高，所建立的委员会一般都由国家领导人或者专家做负责人。比如，印度第二任总统拉达克里希南博士就是印度大学教育委员会的第一任负责人。印度高等教育每一个阶段的发展都有宏观规划做指导。1948 年，大学教育委员会提出了印度高等教育的方针；1966 年，以科塔里博士为首的大学教育委员会制订了《二十年高等教育综合发展规划》，提出了印度高等教育的目标；1972 年，印度政府在全国教育会议上又制定了新的高等教育发展目标；1986 年，印度政府颁布了《国家教育政策》，引导高校的科学研究，提出大学拨款委员会要建立适当的机制对高校的科研进行协调，特别要对科学技术尖端领域中的高校和其他部门所进行的研究项目加以协调。印度还在 1988 年成立了国家高等教育委员会，该委员会由政府总理任主席。

（二）选择性

印度高等教育的发展具有典型的选择性和不平衡性，这是因为印度在建国初期国家财力有限，全面发展高等教育并不现实，所以印度在教育策略上有所选择。在对高等教育和基础教育的权衡中，印度选择了高等教育；而在印度高等教育体系内部，印度重点发展了理工科、农业学科，集中精力建设

---

① M. Giri, "Centre-State Relations in Higher Education," New Delhi, Northern Book Centre, 1992, pp.14-15.

了一批重点学院,重点打造了有支撑和辐射意义的印度理工学院。在学科发展方面,印度高等教育有选择地发展了信息技术学科。印度高等教育的这种选择性发展战略既赢得了荣誉也遭到了质疑,却并没有影响印度在20世纪后半期持续保持这一特征。

(三)合作性

独立后的印度高等教育非常重视有效利用各种社会资源,典型的合作包括公私合作、产学合作、外国援助等。比如在公私合作方面,印度独立后高校的规模大幅度增长,其中80%左右属私立院校。从发展状况来看,具有私立性质的准大学和附属学院的增长趋势都是"快速增长"。私立院校在很大程度上弥补了政府对教育投入的不足,积极回应了印度高等教育发展的需求。当然,由于诸多因素的限制,私立院校总体上质量还不够高,在对产业特别是在对高新技术产业需求的回应中发挥的作用比较有限,还存在着一些问题。

在产学合作方面,独立前的印度高等教育与产业界联系并不紧密。英国移植了具有管理集中、官僚主义、脱离社会和生产实际等特点的伦敦大学模式给印度,影响了独立前印度高校与产业的合作。独立后,印度逐渐在高校与产业的结合上做出努力。比如,1958年,印度国会通过了《科学政策决议案》。这项决议要求印度高等教育为科技发展提供支持,要保质保量地培养一批科学家,尽快贯彻执行各种科技人员培训计划,以满足各产业及国防等方面的需要。20世纪80年代以后,印度的情况开始大为改观。1980年印度国大党重新上台执政后,政府颁布了印度发展的"六五"计划,要求高校在国家科技事业中加强与产业的合作。1983年,印度政府颁布了新的科技政策,引导高校与产业等合作。

(四)国际性

印度原属英国的殖民地,独立后与英国等西方国家关系紧密。加上印度国民有英语语言等优势,印度高等教育一开始就具有很强的国际性。印度理工学院等高校的建立及发展得到了英国、美国、德国、苏联、联合国教科文组织等的帮助。比如，在世界银行的资助下，印度技术教育得到了加强，培养学生的质量得到了提高。该资助项目在第一阶段覆盖印度 9 个邦的 279 所技术学院；在第二阶段覆盖 10 个邦的 249 所技术学院。印度高等教育国际性的另一个显著标志就是人才培养的国际性。印度大学的很多毕业生都会到英美等国家留学、工作，这得益于印度大学培养人才的国际化策略。从 20 世纪 60 年代起，印度就有大量优秀的毕业生流向美国、英国等国家。据统计，1971 年，印度在国外的工程师、科学家等科技人才的总数是 3 万人，其中工程师有 1.5 万人，科学家有 6000 人，而这中间有博士学位的约为 5000 人。到 80 年代末，印度科技人才在外达 30 余万人。2000 年，印度科技人才在外达到 54 余万人。[①] 印度高等教育的国际性特征显著。

三、20 世纪末印度高等教育的变革

经过近 50 年的发展，到 20 世纪末印度高等教育已经取得了很大的成就。以高等教育机构为例，据印度人力资源开发部 1997 年公布的统计资料，印度拥有各种高等教育机构 8722 个，其中大学 217 所，各类学院 8505 所。[②] 印度高等教育培养的信息技术人才，在国际市场上创造的业绩更是引人瞩目。但与此同时，印度高等教育在快速发展中也出现了不少问题。20 世纪末期，印度采取了一系列措施改革高等教育。

一是改革高等教育结构，大力发展自治学院。独立后印度的高等专业教育与高等普通教育的比例不协调。人们谈论印度高等教育的时候，往往能想到信息技术教育，却很难想到印度还有什么其他做得好的专业。即便是印度

---

① 邹宏如、敖洁、李铁明：《印度科技人才培养及其启示》，载《贵州大学学报(社会科学版)》，2006(4)。

② 王留栓：《亚非拉十国高等教育》，65 页，上海，学林出版社，2001。

比较重视的农业教育，事实上发展得也不是很好。有统计显示，尽管印度有70%的人口从事农业生产，但在高校中学习与农业相关专业的人数极少。在500多万名学生中，只有4万多人学习农、林、畜牧等专业。而进入人文学科、宗教和神学领域学习的竟超过246万人，仅律师专业就有16万名学生。①因此，印度高等教育的专业结构和招生结构需要调整。另外，如前所述，那些具有较高教学和科研水平的学院被称为准大学。它们与一般大学的区别主要是它们不能设附属学院，无权授予名誉学位。而印度的附属学院一般是由邦政府、私人社会团体和慈善机构创立的，需要附属于某个大学。在印度高等教育发展的过程中，一些有识之士已经认识到了附属学院的这种束缚性，提出要建立自治学院，激发高等教育机构的活力。1986年《国家教育政策》更是把成立自治学院看作彻底改革印度高等教育结构的一项重要措施，提出要帮助发展自治学院，直到这种附属制被一种更为自由、更有创造力的大学与学院的联合所取代。② 至1988年，印度大学拨款委员会已给予了约500所学院自治的权力。

二是优化评价方式，提升教育质量。独立后印度高等教育发展很快，但教育质量一直备受质疑与批评。美国有学者明确指出："印度高等教育自独立以来，大扩充的一个主要结果是标准的下降。"③印度学者塞蒂(J.D. Sethi)认为："教育标准下降的最重要原因，是独立以来学生人数大幅度迅速增加，与此同时却没有增加有能力的教师和提供必要的物资设备。"④为了更准确地评价和提升高等教育的质量，印度在20世纪后期采取了多种措施。1987年，印度大学拨款委员会宣布成立质量鉴定与评估委员会，专门负责检查和鉴定高

① 吴文侃、杨汉清：《比较教育学》，391页，北京，人民教育出版社，1999。

② 瞿葆奎：《印度、埃及、巴西教育改革》，445页，北京，人民教育出版社，1991。

③ S. H. Rudolph & L. I. Rudolph, *Education and Politics in India*, Massachusetts, Harvard University Press, 1972, p.35.

④ J. D. Sethi, *The Crisis and Collapse of Higher Education in India*, New Delhi, Vikas Publishing House Pvt.Ltd., 1983, p.61.

等教育的质量。该委员会自己制定评估标准和方法，并对高等院校及其课程计划进行分析和评价。1987 年经印度议会通过的《全印技术教育委员会法》要求成立一个负责高等专业技术院校质量评估的全国质量鉴定委员会，以便根据规则和标准定期对专业技术院校及相关的教育计划进行评价和提出建议。印度政府根据上述文件要求于 20 世纪 90 年代成立了私立高等学校认可委员会，以加强对私立学院的审查和认定工作。1994 年印度大学拨款委员会又倡导建立了国家认证委员会，对高等教育机构及其课程进行评定，帮助大学提升教育质量。[1]

三是强化人才实际能力，实行学位与职位分离。在印度高等教育快速发展的时代，不少年轻人看重的是大学毕业证书这一纸文凭，却比较缺乏实际专业操作能力和实践能力。1974 年，印度联邦公共事业委员会主席基德瓦伊（Naina Lal Kidwai）博士提出使学位与职位分离，这样可以让学生把谋取一纸文凭的时间更有效地用在专业培训和获得在职经验上。该建议提出后受到印度政府和有关机构的高度重视。1978 年，印度大学拨款委员会在《印度高等教育发展的政策框架》中，提出在政府的大量公职上实行学位与职位分离。1979 年，印度政府在《教育政策草案》中建议，为了减轻高等教育的压力，对于一些实际上不需要高深知识和高级能力的工作由中学毕业生来从事，实行学位与职位分离。[2] 1986 年《国家教育政策》正式把学位与职位分离作为今后印度高等教育改革的一项重要措施。它规定要"在一些经过选择的领域中实行学位与职位分离"。但这一原则"不能应用于像工程学、医学、法学和教师等职业的专业性课程"[3]。1992 年修订的《国家教育政策》重申了印度高等教育改革的

① 易红郡、王晨曦：《印度高等教育发展中的问题、对策及启示》，载《清华大学教育研究》，2002(5)。

② 易红郡、王晨曦：《印度高等教育发展中的问题、对策及启示》，载《清华大学教育研究》，2002(5)。

③ 瞿葆奎：《印度、埃及、巴西教育改革》，446 页，北京，人民教育出版社，1991。

这一方向。

另外, 20 世纪末的印度高等教育改革还出现了加强公私合作、引进私人资本、继续扩大国际合作、采取措施调节人才外流等趋势。

第四节　印度处境不利儿童与教育公平

处境不利儿童是指在经济状况、社会地位、权益保护、竞争能力等方面处于相对困难或不利境地的儿童, 一般包括农村留守儿童、流动儿童、贫困家庭儿童及残疾儿童等。[①] 处境不利儿童是一个比较宽泛的概念, 在不同国家或地区有着不同的对象和范围。在印度, 处境不利儿童则主要是指表列种姓、表列部落、身体残疾、流浪街头及其他落后群体中的儿童。

一、印度独立初期处境不利儿童的教育状况

作为一个幅员辽阔、人口众多的发展中国家, 印度的社会文化情况相当复杂, 多民族、多语言、多文化及发展不平衡等是这种复杂性的主要表征。印度是一个多民族国家, 除了 13 个较大的民族外, 还有许多传统上的少数民族(部族), 即印度政府称呼的"表列部落"。印度宗教派别繁多, 有印度教、伊斯兰教、基督教、锡克教、佛教、巴哈伊教等。就语言来说, 印度至少有 18 种官方语言及 1500 多种方言。印度还是一个具有等级森严的种姓制度的社会。印度社会的等级制度、经济现状、性别关系以及文化多样性和经济发展的不平衡都深刻影响着处境不利儿童的受教育状况。

在学前教育方面, 1951 年以前, 印度几乎没有任何促进学龄前儿童教育大发展的国家计划, 直至印度儿童教育委员会成立, 这种状况才有所改变。

---

① 郑信军、岑国桢:《家庭处境不利儿童的社会性发展研究述评》, 载《心理科学》, 2006(3)。

1953 年，印度中央社会福利理事会成立后，印度中央政府才开始在较大范围内改善处境不利儿童的受教育状况。这个理事会倡导一些机构为那些处境不利儿童建立幼儿之家。1959 年，印度儿童发展部提出要对保教工作者进行培训，但直到 1962 年才开始付诸实践。整个五六十年代，印度学前教育相关机构和学生人数非常少。统计资料显示，印度学前教育机构在 1950 年仅有 303个，其中 28 个在农村地区，其经费只占全部教育经费的 0.1%。学前教育机构到 1965 年增加到 3500 个，但所用经费仅占 0.2%。[①]

初等教育似乎比学前教育好一点，因为从管理机构看，学前教育不属于印度教育主管部门管辖，而属于印度联邦社会福利部门管辖，初等教育则由印度人力资源部主管。从入学情况看，1950—1951 年度，印度整个基础教育阶段的毛入学率为 32.1%，其中小学初级阶段的毛入学率是 42.6%，小学高级阶段的毛入学率为 12.7%。[②] 总体来说，无论是在学前教育阶段还是在初等教育阶段，印度独立初期处境不利儿童的教育都处于停滞不前、举步维艰的状况。

二、印度处境不利儿童教育公平政策及举措

印度独立后，在"大国梦想"的支持下，教育公平成为印度国家战略的一部分，印度政府将教育公平作为国家全局工作的重要方略。在这样的背景下，印度开始关注处境不利儿童的教育机会问题。

印度关注处境不利儿童的教育，首先表现为其宪法对教育公平原则的确立。印度宪法第 29 条第 2 款规定："凡是国家主办的任何教育机构，或接受国家拨款的任何教育机构，都不得以宗教、种族、种姓、语言或其他理由拒绝公民入学。"这里明确了人人平等的教育原则。针对印度的处境不利群体，印度宪法也做出了明确规定："国家应该特别关心并促进人口中弱势群体的教

---

① 吴文侃、杨汉清：《比较教育学》，138 页，北京，人民教育出版社，1999。

② Annual Report 2004：Overview，印度教育部网站，2018-08-25。

育和经济权益，特别是表列种姓和表列部落的教育和经济权益，要保护他们免受社会歧视和各种形式的剥削。"①随后在 1968 年《国家教育政策》以及 1986 年《国家教育政策》等重要政策里，印度政府都特别强调了对处境不利儿童教育的倾斜和关注。

1968 年《国家教育政策》对处境不利儿童教育有了比印度宪法更具体的指导意见。该政策第 4 条保障所有儿童"教育机会均等"，提出的具体措施也涉及多个方面，包括：改善教育设施设备，改善地区不平衡状况，重点加强对农村教育设施的建设；采用教育委员会建议的共同学校制度，提供普通中小学的教育标准，避免社会各阶层的隔离；强调女童教育的重要性；采取有力措施发展落后地区和表列种姓的教育；为残疾儿童提供更多的便利设施，并尝试开发一体化的融合课程，以促进残疾儿童融入普通学校。该政策还提出："为保障身体和心理残疾儿童有平等的教育机会，国家应该积极采取增加教育设施等措施。也可以尝试发展融合教育项目，让残疾儿童到普通学校接受教育。"②

1986 年《国家教育政策》特别强调，要通过关注那些长期受到不公正待遇的弱势群体的特殊需求来消除教育差距和实现教育机会的平等。1986 年《国家教育政策》对教育上处于不利地位的群体尤其是对表列种姓和表列部落基础教育的发展制定了指导政策。

1992 年印度对《国家教育政策》进行了修订，出台了《1992 年行动纲领》，为国家教育政策与目标制定了详细的策略。《1992 年行动纲领》用了整整一章(第二章)的篇幅对表列种姓和表列部落以及其他落后阶层的基础教育发展规划做了具体说明。

1990 年世界全民教育大会通过的《世界全民教育宣言》(Education for

---

① 杨思帆：《处境不利儿童教育补偿政策与实践——美国、印度、中国三国的比较研究》，138 页，南昌，江西人民出版社，2016。

② Tanmoy Bhattacharya, "Re-examining Issue of Inclusion in Education," *Economic & Political Weekly*, 2010(16), p.18.

All)，以及 1993 年"九个人口大国全民教育高峰论坛"通过的《德里宣言》，对印度政府普及基础教育、扫除青壮年文盲起到了很好的推动作用。从 1994 年起，印度政府主要通过了《普及基础教育计划》（Sarva Shiksha Abhiyan）和《全民扫盲使命》（National Literacy Mission）。

印度政府对处境不利儿童教育的重视不仅仅写在文件里面。有了宪法等基本大法的支持，印度政府逐步采取了一系列措施，其中包括实施一系列项目来改善处境不利儿童的受教育状况。这些项目有些是专门针对处境不利儿童教育的，也有些是针对所有儿童教育的。实际上，处境不利儿童的教育待遇如果能够与其他儿童一致，就是在较大程度上实现了教育公平。在印度政府主导或支持的系列项目中，有代表性的主要有如下一些。

免费教育计划。印度宪法在第 45 条中已经规定政府为所有儿童提供直到 14 岁为止的免费义务教育。在印度独立后的几十年，为保障印度处境不利儿童特别是表列种姓和表列部落儿童的免费义务教育落到实处，首先，印度取消了各邦 1~8 年级的学费，一些邦还延长了免费义务教育的年限。在大多数邦地方团体办的学校中，处境不利儿童教育也是免费提供的。其次，印度改变了办学的范围。在过去，印度通常人口达到 300 人的村庄才开办步行 1 千米就可以到达的学校，后来人口达到 200 人的村庄就可以办一所小学。[1]

免费服装计划。除了免除学费，印度大多数邦还为经济落后阶层、表列种姓和表列部落儿童上学提供免费的服装。据印度 1986 年第五次全国教育调查报告数据，在全国 735771 所中小学中，有 41.89% 的学校为学生提供了免费的服装。据印度媒体的调查，家庭经济困难的学生不去上学，重要原因之一就是没有合适的衣服可以穿着去上学。因此，免费服装计划对促进处境不利儿童入学起到了很大作用（见表 3-4）。

---

[1]　Sanjay Paswan & Paramanshi Jaideva, *Encyclopaedia of Dalits in India*, New Delhi, Kalpaz Publications, 2002, pp. 295-260.

表3-4　全印度中小学生受益免费服装计划情况一览表

学校类型	学校数量(所占比例)	受益者数量(所占比例)	
		表列种姓	其他群体
初级小学	247588 所(46.83%)	3774269 人(36.06%)	5435633 人(51.94%)
高级小学	48050 所(34.56%)	1068706 人(25.62%)	2578648 人(61.83%)
初级中学	9548 所(18.17%)	294152 人(33.87%)	504835 人(58.12%)
高级中学	3015 所(19.50%)	172799 人(30.40%)	373774 人(66.81%)
总计	308021 所	5309926 人	8892890 人

资料来源：India Government，"Fifth All India Educational Survey"，1986，pp. 180-183.

免费教科书计划。为学生提供免费的教科书、书报和文具等是印度各地吸引儿童上学的重要措施，也是巩固入学率、降低辍学率的重要手段。据1986年的调查显示，全印度有416730所学校(占全国学校总数的56.54%)向学生提供了免费的教材和文具(见表3-5)。其中，77.16%的学生来自农村，41.27%的学生是女孩，36.53%的学生来自表列种姓和表列部落。

表3-5　全印度中小学生受益免费教科书计划情况一览表

学校类型	学校数量(所占比例)	受益者数量(所占比例)	
		表列种姓	其他群体
初级小学	315213 所(59.62%)	5159161 人(26.50%)	11722537 人(60.22%)
高级小学	70872 所(50.98%)	1888652 人(18.59%)	7249287 人(71.36%)
初级中学	23529 所(44.78%)	932323 人(34.55%)	1529556 人(56.69%)
高级中学	7116 所(46.01%)	341121 人(28.43%)	777219 人(64.77%)
总计	416730 所	8321157 人	21278599 人

资料来源：India Government，"Fifth All India Educational Survey"，1986，pp. 183-185.

这一时期，此类项目还有很多。比如，"新星学校"计划主要为农村地区成绩优秀的儿童提供现代优质教育；始于1965年的中央学校计划(Kendriya Vidya-layas)最初是为满足工作地点变化频繁的印度政府官员和军官子女就学的需要而制定的，从1996年起开始为表列种姓和表列部落保留15%和7.5%的配额①；女生公寓计划（Girls Hostel）和男生公寓计划（Boys Hostel）是为了让表列种姓和表列部落儿童能够在离家乡较远的地方接受教育。

三、印度处境不利儿童教育公平政策的成效

印度处境不利儿童教育公平政策实施以来，取得的成效是显而易见的。综合来看，印度处境不利儿童教育公平政策所取得的成效，比较突出地体现在以下几个方面。

（一）儿童入学状况不断改善

印度独立后的50多年时间里，经过政府及整个社会的共同努力，印度基础教育已经发生了巨大的变化，初等教育的机构数量和学生入学数量等都实现了很大幅度的增长，教学条件得到了较大改善，总体上得到了很大的发展。在学校数量方面，1990—1991年度印度全国小学达到了56万所，小学每年的平均增长率保持在1.31%。从毛入学率看，初小基本能达到100%，高小能接近或者达到100%。从初小入学率的年增长率来看，1990—1991年度至2000—2001年度为1.22%；高小入学率的年增长率在1990—1991年度至2000—2001年度为1.86%。在全国的初小和高小，女孩入学率的增长速度快于男孩入学率的增长速度。②

（二）儿童辍学率持续下降

辍学率的下降是初等教育质量的又一重要指标。一个处境不利儿童进入学校或许并不难，难的是他能够坚持上学而不半途辍学。印度处境不利儿童在初等教育学习阶段，其所在的家庭、学校及社会可能发生一些意想不到的情况，

① Ministry of Human Resource Development of India, "Educational Development of Scheduled Castes and Scheduled Tribes 1996," p.15.

② R.Govinda, "Education for all in India: Assessing progress towards Dakar goals," Paris, UNESCO, 2008.

特别是其家庭很可能处于困境中，这些因素都可能导致处境不利儿童辍学。因此，保障弱势群体儿童能够坚持上学而不辍学，是印度政府促进教育公平工作的重心之一。通过政策支持和项目保障，特别是经费资助，印度儿童的辍学情况得到了极大的改善。到 20 世纪 90 年代，印度的辍学率开始大幅度下降。其中，表列种姓儿童 1~5 年级辍学率在 2000—2001 年度降到了 45.2%，表列部落儿童 1~5 年级辍学率在 2000—2001 年度降到了 52.3%。[①] 虽然这些数字看起来还是很高，但实际上相对于印度独立初期超高的辍学率而言已经有了改善。

(三)儿童识字率大幅度提升

处境不利儿童教育公平政策的实施效果不仅体现在入学率、辍学率等数量上，还体现在教育质量上。识字率是反映学生学习质量的一个重要指标，而印度处境不利儿童的识字率普遍偏低，所以提升他们的识字率尤为重要。20 世纪后半期印度处境不利儿童的识字率已经有了较大提升。统计显示，表列种姓儿童的识字率从 1961 年的 10.27% 增长到了 2001 年的 54.69%；表列部落儿童在相同时期内，识字率从不到 9% 增长到了 47.10%。从性别看，处境不利女孩的识字率提高非常快，从 1961 年 15.35% 增长到了 2001 年的 54.16%(见表 3-6)。

表 3-6　印度不同阶层和性别识字率百分比(以全国人口为总数)

年份	人口			识字率			
	表列种姓/%	表列部落/%	女孩/%	总体/%	表列种姓/%	表列部落/%	女孩
1961	14.70	6.80	48.48	28.31	10.27	8.53	15.35
1971	14.60	6.90	48.18	34.45	14.67	11.30	21.97
1981	15.30	7.60	48.29	43.56	21.38	16.35	29.76
1991	16.40	8.00	48.10	52.11	37.41	29.60	39.29
2001	16.20	8.20	48.26	65.38	54.69	47.10	54.16

资料来源：Government of India，"The Census of India"，印度统计网，2018-08-18.

———————

① R.Govinda，"Education for all in India: Assessing progress towards Dakar goals，"Paris，UNESCO，2008.

虽然穆斯林的人口总数在印度并不算少，但是他们总是被忽视。印度对少数民族穆斯林教育的统计也比其他群体要晚得多。少数民族穆斯林居住社区的社会经济和教育状况的数据收集的进程是从 2001 年印度人口普查才开始的。统计显示他们的识字率已从 1961 年的 28.31% 上升到 2001 年的 65.38%。①

另外，残疾儿童和女童的教育状况也有一定的进步，但由于缺乏这一时期的统计数字，所以没有数据支撑。

从总体上说，印度实施处境不利儿童教育公平政策的成效比较明显，一些有针对性的项目的成效更加显著。但是也应该看到，在前述的各项政策和项目中，问题与成绩一直是如影随形的，各种质疑与争议从未间断。

可以看出，印度处境不利儿童的教育公平问题在这一时期逐步得到了政府的重视，并逐渐得到解决，这也反映了印度社会的变化。虽然几千年来种姓制度造成的种姓歧视在印度不少地区尤其是在农村仍相当严重，但在印度废除种姓制度几十年后，随着印度政府的各项有针对性政策的落实，以及印度社会的进步和发展，种姓制度已经渐渐没有了过去的不容逾越的严格界限，包括表列种姓儿童等在内的印度处境不利儿童的教育状况在 20 世纪后半期还是整体性地得到了改善的。

第五节　拉达克里希南的民族民主教育思想

拉达克里希南（S. Radhakrishnan，1888—1975）是印度哲学家。1888 年 9 月 5 日，拉达克里希南出生于马德拉斯省的蒂鲁塔尼。父母信仰传统的印度教。但他在基督教教会学校接受中学和大学教育，并获得博士学位。1909 年

---

① R. Govinda，"Education for all in India：Assessing progress towards Dakar goals，"Paris，UNESCO，2008.

起,他在马德拉斯省立学院、迈索尔大学、加尔各答大学担任哲学教授。1929年,拉达克里希南被聘为牛津大学斯波尔丁东方宗教和伦理学教授。1931年,他出任安德拉大学副校长,数年后又转任贝拿勒斯印度教大学副校长。1944年,拉达克里希南还曾到中国重庆讲学,并写成《印度与中国》一书于当年出版。

印度独立后,拉达克里希南曾担任联合国教科文组织印度代表团第一任团长、印度驻苏联首任大使、印度大学教育委员会主席。1952年,拉达克里希南当选印度共和国副总统,1962年当选印度共和国总统。

作为现代印度的思想家之一,拉达克里希南发表了20多部著作。其中,《理想主义的人生观》《印度教的人生观》《宗教在现代哲学中的影响》《东方宗教与西方思想》《教育、政治和战争》《信仰的复兴》《人的概念》《自由与文化》等都产生了广泛的影响。

拉达克里希南在担任印度国家领导人期间,在建立印度民主政治、议会制度和民族关系准则方面做出了重要贡献。而且,他不论是担任普通教师、大学的领导,还是从事政务活动,都很重视教育问题。他在教育方面提出了许多重要见解,特别是强调印度的教育应该为争取印度的自由、统一和民主而做出积极努力。

一、论人性及其发展

拉达克里希南在印度现代哲学史上被誉为综合东西方哲学的典范。他的哲学思想把印度古代吠檀多不二论和西方唯心主义哲学融合在一起。他认为,宇宙的最高实在是一种无限的、永恒不变的精神实体,称为"梵"。这种实体具有能动性,是宇宙万事万物存在的基础,而宇宙万事万物就是这种实体的力量的显现。同时,他确信宇宙的发展过程是符合某种目的的,并力求达到这种目的。而宇宙发展的最终目的也是"精神"。由于这种"精神"具有超越已知物的力量，因此可以称它为"绝对"。而把"绝对"作为创造者来观察时，"绝对"便成为"神"。拉达克里希南说："万物产生的源泉，万物生存所依靠的活力，以及万物发展所要达到的完善，都是同一个神。神爱我们，创造了我们，并且支配着我们。"①

然而，拉达克里希南又认为，神虽然创造了世界，但作为万物之源的"实在"在世界的显现物则是"物质""生命"和"心思"。世界是"有秩序的整体"，是能动的，并朝着完全精神化的目标发展。

拉达克里希南的基本哲学观显然是唯心主义的，并有浓重的宗教神学特点，有需要批判之处。但是他没有封闭在哲学的象牙塔里。作为政治活动家和教育家，他关注现实世界的事态和印度民族的振兴与富强，关心人的教育和发展。

拉达克里希南认为，人具有终极精神性的灵魂，但人又是生物的和心理的个体，人有肉体、生命和心思。因此可以说，人是这些方面的"特殊结合体"。

在他看来，作为"物质的人""自然的人""肉体的人"，人具有自然的属性。人的这个方面是真实的。从人的这个方面来看，一个人的行为是由他对外界刺激的反应决定的，即是由经验和环境条件所决定的，因而是有限的。而且人的这个方面的活动，并不是完全杂乱无章的，而是有其内在的秩序的。

拉达克里希南强调，人之所以区别于自然界中的其他事物，是因为人具有思维和设计自己行动的能力。人的行动不是盲目的。他可以根据以前的情况确立自己的目标，并为实现这些目标而做出一系列努力。这表明人有一种超越自身的能力，这种能力被拉达克里希南称为"自我超越性"。

整体的人体现为肉体方面和精神方面，但二者不可分离。拉达克里希南说："精神的领域并没有割断与生命领域的往来。把人分割为外部欲望和内部

---

① 转引自[印度]巴萨特·库马尔·拉尔：《印度现代哲学》，朱明忠、姜敏译，291页，北京，商务印书馆，1991。

本质，这样做肯定违反人的生命的整体性……超验的实在和经验的实在——这两种实在的秩序是紧密相连的。"①因此，拉达克里希南指出，肉体的性质不应当被压抑或被摒弃，而应当被完善。

不过，拉达克里希南对人的基本看法强调人的精神存在。他认为，首先，人的一切精神活动都意味着人具有"自我意识"，具有"自我超越"的能力。这种"意识"和"能力"高于经验。它能把一个人全部的深思熟虑的经验捆绑在一起，并使人具有独特的个性。正是由于人具有这种"意识"和"能力"，人才能组织自身的活动，并进行精神方面的发展。这是人的本性。

其次，拉达克里希南认为，人之所以探索真理、追求至善，渴望美德、创造美，之所以能够改恶从善，都是因为人具有内在的精神因素。

再次，拉达克里希南认为，自由和创造性是人的精神的本质。正是由于人具有自由和创造的能力，人才能不被环境条件所决定，才能突破肉体方面的有限性，自由地选择自己生活和行动的道路。换言之，人的未来在很大程度上取决于人自身。

最后，拉达克里希南也指出，在现代社会，随着科学技术的进步，虽然物质生活日趋富裕，却引导人沉湎于物欲，精神承压，思想堕落，使人变成了机器。因此，他强调：人们必须正确处理物质和精神的关系，应该充分认识人本质上是一种精神存在，每一个个体身上都潜藏着无限的创造力且蕴含着不断完善和升华的可能性；应该使人摆脱混乱的物质世界的迷误，战胜环境的种种压力，让体现人的真正本性的"内在精神渗透到人的整个生活，人的心灵、肉体和友爱之中，在抛弃自私的本我中获得更深层次的自我"②，重振自由的、创造的、自我超越的力量，使人不断向着更高的精神状态发展。在

---

① 转引自[印度]巴萨特·库马尔·拉尔：《印度现代哲学》，朱明忠、姜敏译，299~300页，北京，商务印书馆，1991。

② J.C.Aggarwal, *Theory and principles of Education*, New Delhi, Vikas Publishing House Pvt.Ltd., 1981, p.253.

拉达克里希南看来，这就是人生的目的——使"自我"的最高本性得到充分显现。

拉达克里希南关于人性的许多观点是建立在唯心主义的人性论基础上的，是不足取的。但他在指出人的肉体方面和精神方面不可分割的同时，强调人的"自我超越性"，强调要重视、重振和发展人的精神力量，显然是针对当时印度民众在精神上长期受到的殖民统治和现代社会中人性的扭曲所表达的一种不满，是他对印度民众的激励，也是他对人性的一种呼唤。

二、关于教育的基本观点

拉达克里希南从教育哲学的角度，结合印度的教育实际，论述了他关于教育的一些基本观点。

（一）全面的和高尚的教育

拉达克里希南认为，传统教育只注重传授知识和技能，是一种不完全的教育。他基于对人性的理解，强调指出，教育"不仅是智的训练，而且应该包括心灵的净化和精神的陶冶。忽视了心灵和精神的教育，不能说是完整的教育"①。

当时世界上强国欺凌弱国，人与人之间你争我夺，贫穷的人们受苦受难，这在拉达克里希南看来，是与过分重视物质而忽视精神的教育密切相关的。他认为，人本质上更渴望完美与高尚。如果我们重视人道主义教育，努力培养公正和仁慈的品质，培养对受苦受难的人们的同情心，培养为人类福利做贡献的道德，将会减少人们的紧张不安。

通过教育使人们树立恰当的理想和价值观，在拉达克里希南看来，也是教育的重要功能，因为理想和价值观是引导人们并帮助其达到目标的强大动力。

---

① J.C.Aggarwal, *Theory and principles of Education*, New Delhi, Vikas Publishing House Pvt.Ltd., 1981, p.256.

（二）关于民主、自由的教育

在拉达克里希南的哲学和政治思想中，"民主""自由"占有重要的地位。这是因为在他看来，在长期的殖民主义统治下，印度民众根本没有民主、自由。为争取印度的独立、民主和自由，印度民众进行了艰苦的斗争，因此，应该教育青年人十分重视和珍惜这种民主、自由。

拉达克里希南认为，民主的事业也是发扬人类的自由精神的事业。只有每个人的思想和感情都不被他自己内心的占有欲所充塞时，每个人都不被教育成只关心他自己时，人的心灵和精神才会得到纯洁的发展。如果扭曲年轻人的灵魂，他们就将成为社会的危险分子，妨碍民主、自由的真正实现。

拉达克里希南认为，教育不仅提供知识和技能，还应该培养人们的内心爱好、理智态度和民主精神。拉达克里希南强调指出，民主精神将使人成为对国家有责任感的公民。真正的民主是有不同意见的公民为了共同的目的而达成一致。他还强调指出，为了维持印度的自由、统一和民主，教育机构应该以自由而不是服从、以统一而不是地方主义、以民主而不是专制教育人民。此外，还必须教育印度青年人学会遵纪守法、举止庄重、自我教育。

（三）宗教教育

拉达克里希南认为，宗教信仰在本质上是人的内在体验。因为宗教信仰展示一整套价值观和道德要求，鼓励人们通过践履、反省和自我控制来约束自己的生活和活动。

关于如何进行宗教教育，拉达克里希南根据印度的情况提出，首先，宗教教育应按照印度宪法的有关规定推行。例如，按照"宗教信仰自由"的规定，对任何在印度认可的教育机构就学的人，如没有经过本人同意，不得强迫他参加任何一种宗教组织。其次，根据印度大学教育委员会的决定，宗教不得作为一门学科在正式课堂中定时讲授。因此，拉达克里希南认为，宗教教育的主要途径不是宗教教义的说教和强行灌输，而是让学生在日常生活和工作中阅读一些宗教典籍。在学习中，如人能进行反省，则可使人们的思想从不平静的生活和各种刺激、痛苦和冲突中解脱出来，使人以新的眼光审视世界。

从拉达克里希南的宗教教育观中不难发现，他试图通过诠释宗教教育的价值和途径，促使宗教教育在现代社会的教育体系中获得某种神圣地位。但由于其宗教观在总体上是唯心的，其宗教教育思想也表现出难以摆脱的神秘主义色彩，所以在实践中具有较大的局限性。

(四)科学教育

拉达克里希南认为，强调宗教信仰并没有贬低科学在生活中的作用。科学与宗教并不是相互对立的，它们代表人生理性的与心灵的两维。

然而，当科学从人们探求知识、真理的手段转而成为贪权者和自私的人用来行暴和谋利的手段时，便出现了同胞之间的战争，使人类面对的是绝望、沮丧和恐惧。拉达克里希南曾这样写道："当我们在原子弹时代为命运而挣扎时，科学的成就使我们的心灵沮丧了。我们感到像无家可归的流浪汉，陷于盲目的机器中。"[1]根本的问题是将科学用于和平、繁荣以及极大地增进人类的幸福，还是用于破坏和毁灭。拉达克里希南虽然未能深刻揭示科学有时被应用于危害人类自身的深刻社会原因，但他显然主张科学应造福人类。

因此，拉达克里希南认为，必须进行科学教育，使人们正确地对待科学。科学只有掌握在那些对人类怀有深厚的感情和努力使生活更丰富多彩的人的手里，才是安全的。

拉达克里希南认为还要通过教育发扬科学的精神。应该教育人们善于发展和运用理智的好奇心、想象力和技术，最大限度地发挥自己的聪明才智，同时拒绝一切陈腐的思想和无效的思维方式。

---

① J.C.Aggarwal, *Theory and principles of Education*, New Delhi, Vikas Publishing House Pvt.Ltd., 1981, p.256.

三、论大学教育

曾多年担任大学领导的拉达克里希南高度评价大学教育的意义和作用。这是与印度独立后尤其是 20 世纪五六十年代高等教育迅速发展的实践密切相关的。

拉达克里希南认为，大学不仅仅是知识机构，还应是人的智慧、意志和情感的训练场所。一个大学人应该自由而不冷淡，谨慎而不消极，热心而不感情用事。

关于大学的功能，拉达克里希南强调指出，大学不单是学习的场所，也是文化之家。大学不但要将知识、信息和技能传授给男女青年，还要培养他们具有奉献和公正的精神。塑造人是现代大学的神圣任务。而所谓塑造人，不是把人培养得能够"鹦鹉学舌"般重复某些旧东西，而是要使他们形成高尚的情感、文明的理念以及对自然和社会有成熟的理解。如果大学不能实现这些目标，那就辜负了它应有的使命。

为了充分发挥大学的作用，拉达克里希南对大学教师提出了很高的要求。他认为，大学能给予青年什么样的教育，在很大程度上取决于教师。不管怎样富丽堂皇的校舍都代替不了教师的影响与作用。因此，大学应有高质量的教师。

大学教师必须具有任何文明人都应具备的基本品格，成为良好行为的榜样。大学教师还应是文化、社会和政治领域中进步的新精神的"贮藏所"。教师本身如果没有这方面的精神，就不可能激发学生的新精神。因此，拉达克里希南呼吁："要使印度那些大方的、殷勤的、大胆的、勇敢的青年有益于新印度、新国家、新社会的建设，必须从教师做起。"①

---

① J.C.Aggarwal, *Theory and principles of Education*, New Delhi, Vikas Publishing House Pvt.Ltd., 1981, p.261.

在教学方法上，拉达克里希南主张，应向学生提供适当的与教师谈话、讨论、辩论的机会。

虽然拉达克里希南的哲学观、宗教观和对人性的基本看法都是基于唯心主义的，他也没有提出全面系统的教育理论体系，但他在教育思想和教育实践上对独立后的印度教育做出了重大贡献。由他所做的《印度大学教育委员会报告》(1948—1949 年)成为印度独立后发展高等教育的重要指导文件。他关于教育的一系列观点，对推动印度的民主教育、科学教育、宗教教育及妇女教育等，都发挥了重要的作用。

第四章

20 世纪后半期亚洲其他国家的教育

　　亚洲是世界七大洲中面积最大、人口最多的一个洲，也是世界三大宗教佛教、伊斯兰教、基督教的发源地。第二次世界大战结束以后，亚洲国家浴火重生，纷纷走上独立自主的发展道路，经济得到恢复。教育是亚洲各国发展的重要基石。"二战"后亚洲多国的教育发展呈现两个共同特征。一是去殖民化。18 世纪以后亚洲很多国家沦为殖民地，"二战"后亚洲很多国家逐步摆脱殖民统治，走上独立自主的发展道路，在教育方面表现出了较强的民族独立意识，排除宗主国对教育的控制，使教育权真正回归于主权国家。二是发展各级各类教育。亚洲各国政府大力推进义务教育的普及，大力发展学前教育、职业教育、高等教育、成人教育和移民教育。20 世纪 70 年代以后，亚洲国家开启了教育现代化的进程。20 世纪 90 年代以后，随着全民教育理念的提出，亚洲各国纷纷采取措施推动教育的均衡发展，使教育体系逐渐完善。与此同时，亚洲一些发展中国家的教育面临城乡、性别等差异和教育经费不足等问题。亚洲人口占世界人口一半以上，亚洲教育在世界教育中具有举足轻重的地位。20 世纪后半叶亚洲教育的发展对全球人口素质的提高、经济增长和社会变迁产生了积极影响，也为 21 世纪世界教育的发展奠定了基础。亚洲各国中既有发达国家，也有发展中国家。本章着重介绍 20 世纪后半期泰国、韩国、新加坡、马来西亚及以色列五国在基础教育、职业教育、高等教育、成人教育和移民教育等方面的情况和鲜明特色。

第一节　泰国的教育

"二战"后泰国采取灵活的外交政策应对国际局势的变化，从而摆脱了战败国地位，使经济得到恢复和发展。20 世纪后半期，泰国致力于普及基础教育，延长义务教育年限，建立了一批职业技术学校，形成了较为完备的公立大学系统和私立大学系统。华文教育在这一时期经历了曲折发展。作为"佛教之国"的泰国，佛教文化对其教育依然有着巨大的影响力。

一、泰国教育发展的政治与经济背景

泰国，古称"暹罗"（英语 Siam），1939 年改国号为"泰国"，1945 年复名"暹罗"，1949 年再度改名为"泰国"（意即"自由之地"）。"二战"期间泰国被迫与日本签订了攻守同盟条约并向英美宣战。日本战败投降后，暹罗随即宣布"暹罗 1942 年 1 月 25 日对英美宣战宣言无效"，此"宣战无效"的宣言被同盟国承认。"二战"后泰国成为美国在东南亚的主要军事盟国，仍处于军政府时期，政变频繁。20 世纪 70 年代初期，泰国经济形势低迷，失业率上升，学生和工人抗议活动不断，政治动荡不安。1988 年，泰国进行了大选。1991 年，民选政府被罢免。90 年代民众与政府之间的对抗激烈。2001 年 2 月，新任总理塔信·钦那瓦上台后，泰国逐渐摆脱金融危机，走向稳定。20 世纪后半期，泰国的教育正是在这样的背景下发展起来的。

二、泰国教育发展的主要内容与特点

泰国的教育行政区大体上分为泰北教育地区、泰东北教育地区、泰中部教育地区和泰南部教育地区。各地区的教育发展水平参差不齐。中部地区人口稠密，教育较为发达；北部地区主要是山地，教育比较落后。泰国先后于1951年、1960年、1977年、1992年制定全国教育纲要，为教育发展规划蓝图。20世纪后半期，泰国着力发展基础教育，扩大高等教育规模，华文教育和佛教教育是其主要特色。

（一）主要内容

1. 基础教育

20世纪40年代后期，泰国的教育仍然比较落后，文盲率仍然很高。据统计，1947年泰国全国人口文盲率为46.3%[1]。"二战"后泰国政府开始大力普及基础教育，实行四年义务教育。1951年，泰国颁布新的国家教育规划，将教育列为国家重要事务，加大了对教育的投入。泰国教育经费预算1950年仅为3.8亿泰铢，占国家预算支出的19.3%；1984年已增加到386.7亿泰铢，占国家预算支出的21%[2]。1960年，泰国成立国家教育委员会，制定了新的国民教育纲要。根据该纲要，学制推行"七、五、四制"，即小学七年、中学五年(初中三年+高中两年)、大学四年。小学七年属强制的义务教育阶段，延长了义务教育年限。1977年，泰国将学制改为了"六、三、三、四制"，即小学六年、初中三年、高中三年、大学四年。1990年，泰国开始实施普及九年义务教育计划。1977年，泰国共有小学校28904所，小学教师215767人，小学生5623705人；到1990年，泰国小学生已经增加到6955492人，比1977年增加23.68%[3]。泰国普及义务教育取得很大进展。

2. 职业教育

"二战"后泰国政府认识到职业技术教育作为见效快的造就建设人才的渠

---

[1] 梁源灵：《泰国的中小学教育》，载《东南亚纵横》，1994(3)。
[2] 梁源灵：《泰国的中小学教育》，载《东南亚纵横》，1994(3)。
[3] 梁源灵：《泰国的中小学教育》，载《东南亚纵横》，1994(3)。

道，必须培养大批职业技术人才，以奠定经济高速发展的智力及技术基础①。因此，20世纪50—60年代成为泰国职业技术教育大发展的时期。1952年，泰国第一所技术大学——曼谷技术学院在美国的援建下成立。随后泰国建立了一批技术学院和技术学校，如南方技术学院(1954年)、东北技术学院(1956年)、北方技术学院(1957年)、北曼谷工程学校(1958年)等。1958年，泰国所有木工学校均转化为工业贸易学校，为汽车、机床、焊接和薄板金属制品、建筑、电力、电子六大行业培养技术工人。② 此外，在德国、日本、奥地利等国和联合国发展项目的援助下，泰德技术学院(1959年及1965年)、暖武里电子通信学院(1960年)、梭桃邑技术学校(1969年)等也建立起来。一些成功的职业教育模式，如德国的双元制职业教育模式被引入泰国。在泰德合作的技术学院里，学校与企业联合培养人才，学校进行专业理论教学，企业提供实训场所。学员每周在校学习理论1天，在企业工作4天，实践操作能力得到了很好培养。

泰国职业教育从10年级(高中阶段)开始。这个阶段学生如果选择接受职业教育，经过三年的职业课程培训，获得职业资格证书后可成为熟练工人；在此基础上继续学习两年可获得更高一级的职业资格证书，成为技师；如果还想进一步深造，可通过考试进入高等职业院校学习，获得学士、硕士等学位。除了正规学校职业教育外，泰国还为学生提供一些非正规的短期职业培训课程。

3. 高等教育

1889年，泰国第一所医学专科学校建立，这是泰国现代高等教育的肇端。1917年，泰国第一所国立综合大学——朱拉隆功大学建立。但到了20世纪上

---

① 余逸群：《泰国的职业技术教育》，载《国外社会科学》，1994(9)。
② 查那·卡斯帕(Chana Kasipar)：《职业技术教育与培训：泰国的经验》，载《联合国教科文组织职业技术教育和培训国际中心(UNESCO-UNEVOC)专讯》，2010(10)。

半叶，泰国新建的大学却比较少，高等教育发展缓慢。20 世纪 50 年代，泰国推行"民族主义经济"，制订阶段性的国家发展规划。1961 年，泰国第一份国家经济与社会发展规划(简称"国家发展规划")颁布实施，经济和社会的发展需要大量高级专门人才，泰国高等教育正是在这个背景下发展起来的。20 世纪 60—80 年代，泰国建立了一批大学。进入 90 年代后泰国经济快速增长，对人才和技术的需求更加迫切。泰国高等教育的发展尤为明显，当时在泰国 65 所公立和私立大学里，有 15 所是 1996 年、1997 年、1998 年成立的①。

总体来说，泰国的高等教育机构分为公立和私立两大类。泰国公立大学系统包括皇家大学、政府大学和学院、自治大学、军警学院及皇家技术大学等，而泰国私立大学系统包括私立大学、私立学院、私立研究院等。皇家大学由泰国议会通过《皇家大学法》设立，由皇家和政府财政资助。这类大学在 20 世纪前半期已有 20 所左右，20 世纪后半期又添了 10 余所。政府大学和学院是由泰国中央政府创办、内阁批准、政府资助的大学，这类大学大部分创建于 20 世纪 60—70 年代。自治大学由泰国中央政府创办、内阁批准，但自主运营、自负盈亏，20 世纪后半期又成立了 10 余所。军警学院由泰国政府创办，为军警界培养专门人才，大多创办于 20 世纪后半期。皇家技术大学是由泰国地方政府创办、泰国教育部高教委员会批准设立的职业技术学院，后统一更名为皇家技术大学，大多是在 20 世纪 70 年代建立起来的。私立大学系统的私立大学、私立学院和私立研究院，由泰国教育部高教委员会批准成立，由私人投资运营，大多创办于 20 世纪 80—90 年代。

此外，还值得一提的是泰国的开放大学。1971 年，泰国建立第一所开放大学——蓝康恒大学(Ramkhamhaeng University)；1978 年又建成另一所开放大学——素可泰·探玛提叻开放大学(Sukhothai Thammathirat Open University)。开放大学采用开放式招生制度，高中毕业生或具有同等学力者皆可入学，以

---

① 赵守辉：《泰国发展高等教育的经验》，载《外国教育资料》，2000(5)。

课堂面授、广播电视等多媒体课程节目、计算机辅助教学等多种形式进行教学，满足不同学生的学习需求。开放大学的建立扩大了泰国高等教育的规模，培养了大量应用型人才。1970 年泰国高等教育毛入学率仅为 3.9%，1975 年升至 5.5%，1980 年时已跃升至 15.8%。[①] 1999 年，泰国开放大学的在校生已达 728585 人，占全国高等教育在校生总数的 60%。[②] 开放大学为泰国高等教育迈向大众化做出了积极贡献。

综上所述，20 世纪后半期是泰国高等教育的大发展时期。无论是公立大学、私立大学，还是开放大学，都为这一时期泰国的社会和经济发展提供了有力支撑。

(二) 特点

20 世纪后半期泰国的教育发展主要有两大特色——华文教育、佛教教育。

1. 华文教育

中泰两国交往历史悠久。19 世纪末 20 世纪初，泰国的华人迅增，华文学校应运而生。华文教育不仅仅是语言教育，还涉及历史、地理、文化、艺术等中华传统教育。20 世纪 30 年代，民族沙文主义和大泰主义在泰国盛行，华文教育受到了抑制。在"二战"后的最初两年里，华文学校复办并有新增，甚至还建立了华文中学，办学层次较战前有所提高，出现了泰国华文教育的发展黄金期。但是好景不长，1948 年銮披汶·颂堪再次出任泰国总理，大泰主义复燃，泰国国内实行排华反华政策，华文教育受到极大限制，华文学校纷纷停办。20 世纪 50 年代冷战兴起，銮披汶政府与美国结盟，推出了《防共条例》，认为华文学校传播共产主义思想，必须严加控制，这造成泰国华文学校锐减。之后泰国在沙立-他依军人政权时期依然沿袭了抑制华文教育的政策，并对华人实施同化政策。这一时期，泰国的华文学校不断减少，华文家庭班

---

① 蓝秀华、卢锦珍：《泰国开放大学的质量保障及对我国的启示》，载《成人教育》，2014(1)。

② 转引自张建新：《21 世纪初东盟高等教育》，39 页，昆明，云南人民出版社，2010。

开始兴起。1960年，泰国颁布《发展国家教育方案》。该方案规定民办华文学校只能设四年制小学，学生不得学习中国历史、地理等课程。[①] 由于泰国小学学制是六年，华文小学与中学不能很好衔接，很多家长不得不将子女转入泰文小学学习，从而导致华文小学生源不足，被迫关闭。1972年，美国总统尼克松访华，中美邦交正常化，这向战后与美国结盟的泰国释放出了一个改善中泰关系的信号。1973年，民主运动后泰国权力更迭，新政府确立了多边外交原则。1975年，泰国总理克立·巴莫访华并同周恩来总理签署了建交联合公报，中泰关系进入了良好发展时期，泰国的华文教育政策有所松动。但华文教育仍然处于低迷状态，主要原因是70年代新侨民很少，而原有华侨改为泰国国籍的人数在增加。据统计，到1990年，泰国华人约有500万，仍保留中国国籍的华人仅为24万左右。[②] 当时泰国华文学校里的学生多为华人的第三代、第四代。他们从小接触泰文，对华文比较生疏，加之在中学和大学入学考试中华文不是必考科目，而泰文和英文是必考科目，所以很多华人家庭不再送子女进华文学校。20世纪90年代，冷战结束，中泰友好交往日渐增多。1992年，阿南·班耶拉春总理放宽了华文教育政策，泰国的华文教育迎来了兴盛繁荣时期。但当时华文的定位发生了转变，变为向华人后代和本土泰国人传授的一门外语。截止到2001年，泰国已有20多所大学开设了中文系。[③] 1996年，朱拉隆功大学开始招收中文专业硕士研究生，成为泰国第一个中文专业硕士学位授予点。

由于中泰之间特殊的地缘和文化关系，两国交往的历史源远流长，独具特色的华文教育在泰国逐渐形成。但20世纪50年代至80年代泰国华文教育却显式微，90年代以后才呈现蓬勃发展的势头。纵观20世纪后半期泰国华文

---

① 周南京：《战后海外华文教育的兴衰》，载《华侨华人历史研究》，1989(1)。
② 江白潮：《论泰国华侨社会非实际存在》，载《南亚东南亚研究》，1990(1)。
③ 《泰国教育部大学司·2004年泰国高考资料》，转引自黄汉坤：《泰国高校泰籍汉语教师及汉语教学现状》，载《暨南大学华文学院学报》，2005(3)。

教育的历史，不难发现，泰国华文教育受国际政治气候、泰国政府更迭、华人移民、中泰关系、中国社会发展等因素的影响很大，其发展是上述这些因素综合作用的结果。

2. 佛教教育

泰国是佛教之国，全国90%以上的人信仰佛教，佛教已渗入泰国的方方面面。泰国古代的佛教寺庙学校就有社会教化的功能。寺庙是人们传播佛教和学习交流的场所，寺庙学校里由僧侣承担教育教学工作，这也是泰国教师职业的缘起。到了现代，泰国的世俗学校与寺庙虽已分离，但学校与寺庙之间、世俗教育与宗教之间却依然存在千丝万缕的联系，这主要表现为两点。一是寺庙学校仍然保留了下来，这些寺庙学校主要是基础教育阶段的中小学，如曼谷附近的百年古刹金山寺内至今还有一所中学和一所职业学校。这所中学建于1898年，迄今已有120多年的历史。该校开设佛教课程，每周安排固定的时间让学生学习佛法，每年还会有佛法考试。二是佛教渗入泰国的世俗学校教育。泰国的学校教育中有浓厚的佛教色彩。从形式上看，学校以佛教礼仪训育学生，如学生见到老师时双手合十行礼，男生说"萨瓦蒂卡布"，女生说"萨瓦蒂卡"，以示敬意；学校开学要行佛教仪式；每天早上学校在操场上举行集会，学生要以佛教典籍使用的巴利语祷告；如遇佛教节日，学生要参加活动，还要像僧人那样盘腿打坐；学校师生普遍佩戴佛像。从课程设置上看，泰国从小学到大学都设有佛经课程，一些学校还聘寺庙长老为名誉校长，请僧人给学生讲经说法。

此外，泰国寺庙依然担负着社区教育的职能。泰国男子有到寺庙当一段时间僧人接受佛教教育的传统，或十天半月，或三个月，或一年甚至更长时间。有的寺庙还提供一些成人教育和社区教育课程，作为正规学校教育的有益补充。

佛教在泰国的传播有千年历史，对泰国教育产生了很大影响。泰国学校教育中浓厚的宗教色彩削弱了科学教育，不利于学生形成正确的自然观、世界观和人生观。

三、泰国教育发展的基本经验和存在的问题

20世纪后半期，随着"二战"后经济的恢复和国家教育纲要的实施，泰国的基础教育、职业教育和高等教育都获得了长足发展。这一时期泰国的教育发展既有成功的经验，也存在一些问题。

(一)基本经验

1. 政府重视基础教育

"二战"后，泰国把发展教育看作重振社会经济的一项重要工作，在基础教育方面投入了大量资金。如前所述，从教育经费预算总数来看，20世纪80年代比50年代增长了约100倍，几十年间教育经费预算占泰国国家预算支出的比例一直维持在20%左右。在普及义务教育方面，泰国政府也做出了很大的努力。例如，改革学制，延长义务教育年限，从四年延长至七年，再延长至九年；为加强对普及义务教育的管理，专门成立全国及地方初等教育委员会；为贫困边远地区义务教育阶段的学生提供免费课本和餐费补助等。

2. 职业教育助力社会发展

20世纪五六十年代以后，泰国职业教育有了很大发展。"在过去的几十年里，职业教育和培训在泰国取得了很大进展。接受正规职业教育和培训的学员超过100万人。"①泰国的职业教育形式和层次多种多样，既有非正规的短期技术培训，也有授予学士、硕士或博士学位的正规的学校职业教育，形成了连贯、系统的职业教育体系。泰国职业教育为20世纪后半期泰国经济社

---

① 查那·卡斯帕(Chana Kasipar)：《职业技术教育与培训：泰国的经验》，载《联合国教科文组织职业技术教育和培训国际中心(UNESCO-UNEVOC)专讯》，2010(10)。

会发展储备了大量各种层次的技术人才，为泰国消除贫困和提高社会就业率做出了积极贡献，有力助推了社会经济发展。

(二)存在的问题

1. 高等教育专业设置不合理

有数据显示，1970年至1981年，泰国国家建设和社会发展急需的一些专业的大学生人数不升反降，如自然科学类学生人数比例由1970年的5%下降到1981年的2.6%，工程技术类学生人数比例由1970年的8%下降到1981年的1.7%，医学类学生人数比例由1970年的11%下降到1981年的1%，农业类学生人数比例由1970年的7%下降到1981年的0.8%，而社会科学类学生数量却大幅上升。[1] 这一现象产生的主要原因是占泰国高等教育一半左右的开放大学学科设置偏重教育师范和社会科学，故泰国的高等教育专业设置有待改善。

2. 基础教育不均衡

泰国基础教育不均衡首先表现为学生入学机会不均等。有统计显示，20世纪70年代后期，泰国高级职员、公职人员、商人和企业家等占全国就业总人数的比例仅为18%左右，但他们的子女小学毕业升中学的录取比例达69%；与之相比，占全国就业总人数82%的工人、农民，其子女小学毕业升中学的录取比例却仅为31%。[2] 其次还表现为教育质量存在地区差异，泰国不同地区小学生的学习成绩很不均衡。例如，在小学算术和泰语两门课程考试成绩方面，曼谷地区的学生成绩最高，平均分比偏远的东北部地区的学生多出了30分。从高考录取的情况来看也是如此。1977—1982年，曼谷地区的考生录取率为22.9%，北部、中部、南部次之，东北部最少，仅为7.1%。[3] 曼谷地

① 邓存瑞：《菲律宾、泰国高等教育发展的启示——发展中国家高等教育的发展必须与经济发展相适应》，载《外国教育研究》，1990(1)。
② 林志鹤：《泰国教育剖析及几点启示》，载《东南亚研究资料》，1986(1)。
③ 林志鹤：《泰国教育剖析及几点启示》，载《东南亚研究资料》，1986(1)。

区基础教育的师资水平、硬件设备、经费数量等超过全国其他地区。只有改变基础教育的不均衡状况，泰国才能真正实现教育的民主和平等。

第二节　韩国的教育

"二战"结束后，韩国在美国的援助下开始复苏经济，并通过实施一系列工业发展战略成功实现了经济腾飞。20世纪80年代，韩国步入了发达国家行列。韩国在政治上虽然引入了西方资产阶级民主模式，但民主政治长期在动荡中发展，在不同时期呈现出不同特点。受政治、经济环境影响，韩国的教育发展也呈现出明显的阶段性特征，大致可以分为四个阶段。第一阶段是摆脱日本殖民统治后的教育恢复阶段。这一阶段韩国通过扫除文盲、普及初等教育等措施，使教育得到恢复和整顿。第二阶段是国家主导教育阶段。受当时威权政体影响，韩国教育主导权集中于中央政府。这一时期韩国通过实施《科学技术教育振兴五年计划》，发展职业教育，促进教育公平，规范幼儿教育，加大教育财政投入等，使教育得到快速发展，并为韩国经济发展提供了强有力的人力、智力支持。第三阶段是全人教育和终身教育阶段。这一阶段韩国继续深化教育改革，通过改革应试教育、修订课程、加强幼儿教育等手段，为应对信息化及经济全球化时代的到来打下了良好基础。第四阶段是人性化、信息化、国际化教育阶段。伴随着"头脑强国"口号的提出，韩国学校的教育自主权不断加强，高校录取方法更趋合理，一批优秀大学获得了更多的资金支持，为培养具备全球意识、良好素质和领导能力的人才提供了良好的发展环境。总体而言，通过迄今四个阶段的发展，韩国教育为经济发展提供了充足的技术支持和后备人才，也展现出韩国努力发展教育的理念。

一、韩国教育发展的政治与经济背景

"二战"结束后，朝鲜半岛摆脱日本殖民统治，却旋即陷入了冷战的阴霾，导致南北分裂。在政体上，美国直接将西方资产阶级民主模式嫁接到韩国。1948年8月15日，韩国政府成立，李承晚当选首任总统。从那时起到第八任总统金大中任期结束，韩国资产阶级民主政治可分为三个阶段——第一阶段从韩国建国到1961年，这一时期韩国政体持续动荡，可称为脆弱民主政体阶段；之后随着1961年5月朴正熙军事政变成功，韩国进入威权政体阶段；1987年，以卢泰愚发表"6·29宣言"为标志，威权政体终结，韩国步入新的政体阶段。

经济方面，朝鲜战争使韩国经济陷入瘫痪状态。从1948年到1953年，韩国经济处于混乱时期。朝韩停战后到60年代初（1953—1961年），韩国在美国的援助下建立起制糖、纺织等消费品工业，经济开始复苏。60年代以后，韩国通过实施"出口导向型工业化""重化学工业化"及"技术立国"等工业发展战略成功实现了经济腾飞。80年代以后，韩国通过升级产业结构、扩大对外贸易等方式，使经济迎来调整和稳步增长时期。整体上，韩国政府采取的一系列措施，使韩国快速成长为一个工业化、城市化、现代化国家。

韩国的教育发展与韩国政治、经济的关系十分密切。韩国政府自20世纪60年代初进入威权政体后，对教育事业的重视不断提高，进而为经济的快速发展提供了大批高素质人才，并为科学技术的发展打下了坚实的基础。

二、韩国教育发展的主要内容与特点

"二战"结束后，韩国教育大致经历了四个发展阶段。[①] 第一阶段从1945年开始到1960年。这一阶段韩国致力于摆脱日本的殖民主义教育、民族主义

---

① 冯怡：《韩国教育的经验启示》，载《农村经济与科技》，2017(4)。

教育,颁布了《教育法》等教育法律法规来促进政策环境变化之后的教育发展。第二阶段从 1961 年开始到 1980 年。由于威权政体的确立,韩国中央政府的主导性加强,因此这个阶段的韩国教育以国家主义教育为主,并以培养服务国家建设、具备民族精神的人才为教育目的。第三阶段从 1980 年开始到 1992 年。这一时期韩国经济快速发展,韩国教育开始提倡全人教育和终身教育。第四阶段从 1993 年开始到 2000 年。韩国的教育转向人性化、信息化、国际化阶段,并突出特色化教育以应对经济全球化浪潮。

(一)摆脱日本殖民统治后的教育恢复阶段

1. 教育恢复与整顿

经历"二战"的韩国教育陷入瘫痪状态。当时韩国师资力量奇缺,不具备教师资格的人经过短暂培训便走上课堂。教育设施匮乏、简陋,以致小学曾出现过一个容纳 80 多名学生的教室分两次或三次轮班上课的现象。同时,韩国教育体系还残存了日本殖民时代的痕迹,如高度集中的中央集权管理体制、统一的学校课程、等级森严的师生关系、合法化的体罚、竞争激烈的入学考试制度等。① 为恢复正常的教育秩序,摆脱日本殖民教育的影响,当时的驻朝美国陆军司令部军政府②着手开展教育援助。除了人力、财力、物资等方面的支援以外,军政府还成立了相关教育机构,制定了《教育援助请求案》,并在教育政策、教育理念、教育制度的确定等方面给予技术援助,主要表现在以下四个方面。

(1)成立教育咨询机构。

1945 年成立的韩国教育委员会(1945 年 4 月至 1946 年 5 月)和朝鲜教育审议会(1945 年 11 月至 1946 年 3 月)是当时军政府的教育顾问机构。前者虽

---

① 陈光春:《韩国教育民主化历程的概述》,载《外国中小学教育》,2003(9)。

② 1945 年,美军迫于朝鲜半岛南部的社会压力,任命美军陆军少将阿诺德(A.V. Arnold)为"朝鲜总督府"总督替换阿部信行,并于 9 月 14 日将机关名称改为"军政府",为期三年的美军政时期正式拉开帷幕。

是咨询机构，实际上负责审议、决定关于韩国教育各部门的所有重要问题，包括各道的教育负责人、机关长官等重要的人事问题。① 后者是由 100 多名教育界专家组成的大规模委员会，主要负责审议韩国教育重建工作的基本方向，包括教育理念、教育制度等内容。二者共同主导了盟军托管时期的韩国教育基础建设工作。

（2）开展教育整顿。

1945 年 9 月 24 日，韩国公立小学恢复教学，编制韩文教科书，使用韩文授课，为不懂韩文的年轻教师提供韩文强化学习培训课程。同时，朝鲜教育审议会确立了 6-4-4 学制和 6-3-3 学制，并推动韩国文教部成为中央行政组织。② 1946 年，韩国政府颁布《汉城大学设置令》，翻开了高等教育的新篇章。这一时期延禧大学（延世大学前身）、高丽大学、梨花女子大学等公、私立大学也纷纷升格或成立，韩国高等教育就学人数与规模明显扩增。③

（3）发起新教育运动。

1946 年，韩国教育界展开了一场变更殖民教育的运动。该运动是一场旨在将美国进步主义教育思想注入韩国的教育运动。该运动提倡将以教师为中心的教育转换为以儿童为中心的教育，将以教科书为中心的教育转换为以生活为中心的教育。

（4）培训教员。

培训教员是当时军政府重要的政策之一。为消除殖民教育思想与方式，缓解教师匮乏的状况，对教员进行再培训刻不容缓。1946 年，军政府制定的《教育援助请求案》提出将韩国教育者、学生派遣至美国，以及将美国的教育

---

① 梁荣华：《美军政时期（1945—1948）美国对韩国的教育援助研究》，研究报告，17 页，社会科学Ⅱ。

② 6-4-4 学制是指小学为 6 年制，初、高中分别为 4 年制；6-3-3 学制是指小学为 6 年制，初、高中分别为 3 年制。

③ 梁荣华：《美军政时期（1945—1948）美国对韩国的教育援助研究》，研究报告，19 页，社会科学Ⅱ。

者派遣至韩国，意在通过技术援助清除韩国教育中的殖民思想残余，同时引导韩国教育向美式教育转换。针对当时韩国师资不足的状况，在小学和中学运营恢复正常后，军政府在韩国全国范围内开办了师范学校。为了填补小学教师的空缺，军政府开设了为期在一年以内的短期速成小学教师培训课程。中学教师依旧需要通过师范学校进行学习。但是因为中学教师资源同样缺乏，军政府又开设了中等教员养成所、临时中学养成所、中等韩语教师养成所、中等历史教师强化培训会等机构以增加培训人员数量。

尽管军政府时期的教育政策给韩国的教育奠定了新的基础，但也给韩国教育带来了一些负面的影响。当时的军政府想通过教育政策来稳固其在韩国的支配权和美军的地位，将清除日本殖民教育的影响作为重要的教育目标并直接向韩国引入美国的整套教育模式。但是，当时的军政府并未从韩国本土的政治社会发展程度和教育状况出发综合考虑，简单粗暴地引入了美式教育。这不仅不切合当时韩国本土的情况，还在无形中让韩国民众形成了一种"文化入侵"的印象。加之当时军政府虽以清除日本殖民教育的影响为重要的政策目标，但事实上只停留在制定基本的制度上，并没有对日本殖民时期的教育影响状况进行修复——"这一点体现了使韩国成为美从属国的用意"。

2. 扫盲与普及初等教育

朝鲜半岛在经历短暂的和平后，20世纪50年代初又陷入朝鲜战争，经济遭受重创，教育设施损毁严重，国民素质整体低下，文盲人数庞大。基于这一状况，50年代前后期，韩国政府把教育投资的重点放在扫盲和普及初等教育上。①

(1)扫盲运动。

李承晚执政期间(1948—1960年)，韩国在教育上尤为引人注目的是制定并实施了阅读理解教育政策和全国性扫除文盲教育工作。日本殖民教育给韩

---

① 李嘉琦：《韩国教育与经济发展的关系研究》，载《吉林省教育学院学报》，2016(8)。

国留下了非常高的文盲率，过多的文盲极大阻碍了韩国的建设和发展。因此，李承晚政府于1950年开始实施扫除文盲五年计划。韩国全国上下所有村庄、聚集区都在大规模地举行消除成人文盲的集会。但由于朝鲜战争爆发，该教育政策一度中断，加之教育经费捉襟见肘，导致当时阅读理解教育难以顺利实施。之后，囿于当时军队中文盲青年人数过多的现实，韩国政府甚至在军队里开展阅读理解教育。关于李承晚政府实施的阅读理解教育和扫盲教育的真正目的，有研究人员认为是强化和稳固自己的政权并压迫市民的权利。但其教育政策客观上促进了韩国全民教育水平的提高。至李承晚下野时，韩国文盲率降到了20%以下。

（2）普及初等教育。

李承晚在执政期间，在宪法中明确规定"所有公民都有平等接受教育的权利。至少小学教育是义务性的且免费的"①。这是对韩国教育的重大改革。在当时教育不是权利而是一种选择的国情背景下，韩国采取了小学教育的免费义务改革政策，并且在当时韩国经费紧张的情况下依然在义务教育方面投入了10%以上的预算。

1949年年底，韩国颁布《教育法》，规定教育不应局限于学校中，在其他领域也应受到重视，如政治、经济、社会及文化。韩国中央及地方政府应该为所有无法接受义务教育或逾龄的民众规划多元且适切的教育方案。② 通过该法律，韩国正式引入与美国相同的6-3-3-4学制，推行小学6年制义务教育。到1959年，韩国已有96%的适龄儿童接受了义务教育，基本扫除文盲。

（二）国家主导教育阶段

1961年5月16日，朴正熙发动军事政变，推翻张勉政府，成立国家再建最高会议。同年11月，国家再建最高会议通过了"还政于民"的韩国新宪法修

---

① 韩国宪法（1948年）第16条，该宪法也被称为韩国"建国宪法"。

② 奇永花：《韩国终身教育的发展与实务运作》，载《成人教育》，2009(3)。

正案。韩国新宪法将国会的两院制改为一院制,将责任内阁制改为总统制,将总统选举方式由国会选举改为选民直接选举,并且增加了总统权力。1963年10月15日,朴正熙在第五届总统选举中获胜,建立了军人政权,自此韩国政体转向威权政体。朴正熙执政后制定了《中学免试入学制度》《促进高中教育的均衡发展规划》《大学入学预备考试制度》和《国民教育宪章》等规章,使教育主导权渐渐倾向国家,因此该阶段可称为国家主导教育阶段。这一阶段韩国的教育举措主要有以下几个方面。

1. 大力发展教育

朴正熙政府非常重视发展教育,在机构设置、国家政策、财政预算等方面均对教育给予了大力支持。

机构设置方面,1967年,朴正熙政府推出《科学技术教育振兴五年计划》,设立科学技术处,成立科学技术研究院,在文教部设立科学教育局,以配合第二个五年经济发展计划的实施。1971年9月,文教部设立教育政策审议会和高等教育分科委员会。[①] 其中教育政策审议会主要负责政策研究工作,开展高等教育相关政策研究,为促进韩国高等教育改革做出了政策上的贡献。1972年8月,教育开发院设立,旨在加强教育科学研究和教育发展战略计划研究。

国家政策方面,朴正熙在位期间先后推出了《科学技术教育振兴五年计划》《长期综合教育计划(1972—1986)》和《汉城大学综合化方案》等文件,将教育发展列入国家发展计划,使"教育立国"成为国家发展战略目标。为解决初中升学免试带来的高中升学考试竞争激烈的问题,韩国政府于1974年开始分阶段实施高中招生推荐入学制度,同时加强试点大学学生按能力毕业和分专业招生的教育改革。

财政预算方面,1962年至1971年,韩国人口增长率超2.88%,年均出生

---

① 서울대학교교육연구소:《하우동설교육학용어사전》, 77 页, 1995。

人口达到70万，初等教育教学设备与教师需求量上涨。为此，朴正熙政府实施了两期《义务教育设施扩充五年计划》，给初等教育以财政支持，消除教育基础设施不足的局面。朴正熙当政期间教育经费不断增加。据统计，"1961年韩国教育经费占政府预算的15.2%，1979年达到20%"[①]。"通过推广小学义务制教育，基本扫除了文盲。到1980年，小升初的升学率为96%，初中到高中为85%，高中升大学为27%，大学升研究生达到12%。"[②]各级学校升学率的提高无疑得益于韩国政府持续而充足的经费保障。

2. 发展职业教育

为了适应外向型经济发展需求，朴正熙政府十分重视职业教育，颁布了为职业教育发展提供法律保障的《产业教育振兴法》和提高职业技术学校社会地位的《国家技术资格法》，创办了新型具有大专水平的职业技术学校。韩国政府为高年级小学生和全体初中生提供技能培训，技能考试成绩优秀者在学费、升学和就业方面获得优待。同时，不断提升职业高中和大学的教育质量，推广外语教学，请外籍专家在高校授课，以接轨国际化的目标，对学生进行职业培训，鼓励优秀学生出国学习。每年选拔公务员时以学历为主要依据，韩国国内知名高校或美国知名大学毕业的博士或留学生是经济企划院等重要决策机构的人才来源。[③]

3. 促进教育公平

朴正熙政府解决教育公平问题，主要从以下三个方面入手。

一是对偏远地区进行教育倾斜。1967年1月，朴正熙政府颁布《岛屿、偏僻地区教育振兴法》，规定在偏远地区实行免费义务教育。1970年4月，朴正熙提出了"建设新村运动"的构想。教育方面的具体内容有：大学以区域划定

---

① 丁越：《韩国现代化发展及对中国的借鉴意义》，硕士学位论文，南京大学，2017。
② 郭定平：《韩国政治转型研究》，23页，北京，中国社会科学出版社，2000。
③ 朴钟锦：《韩国政治经济与外交》，72页，北京，知识产权出版社，2014。

招生名额，优先照顾农业高中毕业生升学，农渔村高中生学费减免比例从当前的 15% 提高到 30%。到 1997 年，韩国完善了农渔村小学的各项办学条件，并对农渔村学校的教师给予优厚待遇。[①] 目前韩国地区教育差距虽然依然存在，但不显著。韩国成功地从源头上建立起覆盖全社会的教育网络。由于效果良好，此政策一直持续到现在。

二是扩大义务教育范围。1972 年，韩国政府制定了第三个义务教育五年计划，进一步巩固义务教育成果，提高初等义务教育的质量，扩大实施免费义务教育的范围。1976 年，韩国政府在企业和事业单位内为早期就业青少年劳动者设立初中与高中，在普通学校里设立夜校，增加青少年的学习机会，继续提高初等义务教育的质量，扩大免费义务教育的范围。1979 年，韩国政府开始无偿为全国公立学校供给教科书。

三是增加国民受教育的途径。1973 年开始在公立中学开设广播函授教育课程。1974 年公布《函授高中设置基准令》，并于 12 月成立广播函授初、高中学校。同时，将两至三年制的高等教育机构改为专科大学，成立放送通信大学以满足国民的教育需求。1986 年 11 月，朴正熙政府又决定在国立大学设立广播函授学院。

4. 规范幼儿教育

1963 年，韩国开始实施《幼儿园设施基准令》，对幼儿园的位置、设施设备等方面内容做了要求，因此该法规成为韩国改善幼儿园教育环境、限制之前无秩序地设置并运营幼儿园的行为的重要法律依据。1963 年以后，为了整顿幼儿园教师队伍中的无资格教师，改变之前松散管理的状况，韩国政府开始强力推进全员有教师资格政策。[②] 1968 年，韩国首次制定幼儿教育课程，并对幼儿园教育的目标、领域、运营、教育方法等多方面进行了具体的规定，

---

① 丁越：《韩国现代化发展及对中国的借鉴意义》，硕士学位论文，南京大学，2017。
② 李珉廷：《韩国幼儿教育研究》，硕士学位论文，南京师范大学，2015。

指导幼儿园教育课程的开展，此举对幼儿园教育发展产生了实质性影响。

从1960年到1979年，韩国国内的小学生数量增长了近千倍，初、高中生增长了约40倍，大学(含专科)生增长了近50倍。这些成就的取得离不开韩国政府鼓励教育发展、不断改良教育制度与教育质量的"制度因素"。巨大投入也为经济发展提供了强有力的人力、智力支持。初、中等职业教育培养了大批熟练的劳动力，源源不断地为出口企业提供劳动力资源。高等职业教育的发展又为企业提供了高素质的科技、管理人才，很好地满足了韩国出口导向生产的需求以及不断深化工业化的需要。韩国教育的超前发展为经济提供了人才和技术支持，经济的发展又带来更多教育资本，进而形成一个良性循环。且普及式的开放教育对韩国社会的价值观念改变产生了重大影响，国民素质的提升引发了大众对威权政体的反思及越发强烈的抗议。①

(三)全人教育和终身教育阶段

1979年朴正熙遇刺，同年12月，全斗焕发动"肃军政变"，抓捕了稳健派核心人物，激起了社会民主人士的强烈反抗，学生运动、工人运动大范围爆发。1980年5月，全斗焕发布"非常戒严令"，使冲突升级，最终酿成光州惨案。同年8月，全斗焕当选总统。全斗焕上台后，执政党内部逐渐出现以卢泰愚为首的改革派。在卢泰愚的斡旋和美国的施压下，全斗焕逐渐让步。1987年6月，卢泰愚发表了"6·29宣言"，表示将实行直接选举总统制并修改宪法以保障人权。第二年，韩国国会通过新宪法修正案。该宣言和新宪法的通过标志着韩国威权政体的退场。1992年，金泳三当选总统，标志着威权主义政权彻底终结。

这一阶段韩国继续进行教育改革，着力提高教育质量。韩国政府明确表示支持教育终身化，将国家的重点放在改革公民教育上，并通过教育塑造和培养公民健全的人格(全人教育)，同时强调科学与终身教育。

---

① 丁越:《韩国现代化发展及对中国的借鉴意义》，硕士学位论文，南京大学，2017。

1. 全人教育

在全人教育方面，韩国政府主要采取了以下措施。

(1)改革应试教育。

20世纪60年代至80年代，韩国学生承受的学业压力和升学压力非常大，有学生甚至因考试压力太大而自杀。为解决课外辅导过热和应试教育问题，韩国政府于1980年7月30日颁布《教育正常化及消除过热课外补习的方案》，力求学校教育能够从以升学考试为中心的教育中解脱出来，走上正常发展道路。"关心学生的教师们支持学生应有的权利，教师和家长通过各种文体活动努力提高孩子们的自信意识、自尊意识。"[1]这些举措一定程度上缓解了学生的教育压力。

(2)继续开展教育改革。

一是增设咨询机构，促进教育发展。1988年12月27日，卢泰愚政府设立教育政策咨询会议。此机构作为总统的教育政策咨询机构，意在促进韩国教育发展的生产性和效率性。教育政策咨询会议提出培养有道德的21世纪韩国公民的教育方针，并细化为提高教育质量、保障教育体制的合理性、提高教师专业化水平、健全教育环境及保证教育行政与财政支援的效率化和专门化五个基本教育政策方向。为落实这些政策，韩国政府又将教育改革分为6个不同的领域，分别是尊敬个人和个性的差别、分阶段改善教育体制、加强教育国际竞争力、营造舒适的教学环境、提高教员质量、补充教育资源。

二是颁布地方教育自主的法规，下放韩国中央权力。根据1990年的《教育法》，韩国教育部将自己控制的某些权力，比如资助学校、聘用教师和学校职员、编制和实施教育预算等，委托给省市教育委员会和某些其他机构。"确保教育的独立、专业化和政治上的中立，鼓励社区参与教育管理，发展与实

---

① 陈光春:《韩国教育民主化历程的概述》，载《外国中小学教育》，2003(9)。

施适应地方实际需要的教育政策。"①

(3)持续开展课程修订。

韩国政府向来重视课程的修订工作。1987年至1992年，韩国政府进行了第五次教育课程修订。此次修订增加了小学民主主义教育的相关内容，融合了中学的技术和家庭教育科目，修订了高中训练课程，删除了军训课程。

1992年韩国颁布的第六次教育课程改革方案，在教育内容和方法上都侧重如何应对21世纪的挑战。同年，韩国进行第六次教育课程修订，持续到1997年。此次修订主要将学历考试更改为大学高考，促进地方教育自主权的发挥，注重培养全面发展的复合型创新人才。此外，韩国还修订了地区课程和学校课程，增加小学英文科目，将算术科目和自然科目分别更改为数学科目和科学科目。

(4)继续加强幼儿教育。

1986年，全斗焕政府颁布《幼儿教育振兴法》，该法令从制度、法规、政策上为幼儿教育事业发展提供了基础保障。1987年，韩国政府对幼儿教育课程进行第三次修订，此次修订强调幼儿教育与初等教育的衔接问题。韩国行为科学研究所负责开发并向韩国幼儿教育机构提供相关资料，提高幼儿教育水平。

2. 终身教育

在终身教育方面，韩国政府采取的措施主要有以下两个方面。

(1)增设教育税。

为保证全民教育所需的经费，全斗焕政府制定了《教育税法》，增设教育税，以改善学校设施和教员待遇。此后的1982年至1986年，根据《第五次社会经济开发五年计划》要求，韩国政府扩充了学校设施，缓解了班级超量并减少了超规模学校。

---

① 陈光春：《韩国教育民主化历程的概述》，载《外国中小学教育》，2003(9)。

(2)拓展多元教育途径。

韩国政府于1982年制定的《成人继续教育法案》提出了拓展多元化的终身教育活动,是韩国历史上的第一次尝试。同年颁布的《社会教育促进法》明确规定韩国政府有为国民发展终身教育的责任。80年代末期新修订的宪法首次明确韩国政府应推广终身教育。为此,针对在职青年和社会青年,韩国政府主要借助广播函授大学对其开展继续教育。义务教育方面,1984年8月2日,韩国政府新修订的《教育法》规定了全体国民拥有接受9年义务教育的权利。该年度接受高等教育的人数急速上升,韩国教育进入史无前例的急剧发展期。1985年,韩国将初中纳入义务教育阶段,成人学校学生人数开始下降。

20世纪80年代,提高教育质量成为韩国教育的焦点。终身教育被纳入宪法条文,并成为韩国四大国政目标之一。这一阶段的韩国政府一方面继续按照原教育改革的基本方向进行教育改革,另一方面通过改革中小学教育课程,改善大学入学制度,保证大学的多样化和特性化,宣传私立教育的公共性、透明化和价值职能等,为21世纪教育做准备,特别是为信息化和经济全球化时代的教育做准备。

(四)人性化、信息化、国际化教育阶段

1992年,金泳三当选韩国总统,新的文人政权正式开始。金泳三在位期间,一方面试图消除腐败,建设清明廉政的政府机构;另一方面在经济上继续向民间主导型市场经济迈进。1997年亚洲金融危机爆发后,韩国政府意识到,在经济衰退之际不可继续偏重发展速度与产业扩张,而要把重心放在科技和文化上。因此,韩国政府及时调整了发展方向,让"科技立国"战略取代之前的"重化工业"战略。为加速产业结构的升级调整,韩国政府又提出"头脑强国""头脑兴国"的口号,大力发展高科技产业。[1] 为此,20世纪90年代,韩国教育把培养具备全球意识、良好素质和领导能力的人才作为基本目标,

---

① 朱灏:《韩国经济的复苏及其启示》,载《亚太经济》,2007(5)。

把培养国际化人才作为教育改革的战略方针，并将教育开放视为"教育国际化及保证国家竞争力的契机"。这一阶段的举措主要有四个方面。

1. 增强学校自主权

20世纪90年代，韩国教育取得了积极进展。1993年被解雇的韩国教师联盟成员重返工作岗位，并积极推动韩国教育的发展。家长也更加关注孩子的人权问题，而且教师、家长和社区三方构建了"学校共同体"来管理学校。①后经多年实践，不少专家提出，这一方式阻碍了教师自主选定课程、教材和对学生进行指导。由"学校共同体"推选当地教育长和教育委员会委员的做法也阻碍了韩国教育的自治和自主，违背了教育规律，因此这一改革举措逐渐丧失了存在意义。

2. 制定"5·31教育改革"方案

为迎接21世纪的挑战，韩国总统顾问机构教育改革委员会于1995年5月31日公布了"主导世界化、信息化时代的新教育体制改革"方案，即"5·31教育改革"方案。该方案的核心内容是开展以学生为中心的教育，关注教育的信息化和多样化，着重提高学校的自主性和责任感，促进学校开展个性化、创意化和多样化的教育。"5·31教育改革"方案不仅在小学、中学实施，大学和终身教育领域也有所涉及。该方案是为适应韩国社会经济不断发展的要求而扩大教育规模的应急措施，还未能全面提高教育质量。

3. 实施"韩国脑力21工程"

为了培养专业的科技人才，韩国政府实施了"韩国脑力21工程"（Brain Korea 21）。该工程主要针对高等教育，旨在进一步改革和完善高等教育体制，充分发挥高等教育的特点和优势，通过政府与社会在人力、财力和物力等方面的投入，有重点地把一部分韩国高校建设成为世界一流的研究生院和地方优秀大学，培养21世纪知识经济与信息化时代所需的新型高级人才和国家栋

① 陈光春：《韩国教育民主化历程的概述》，载《外国中小学教育》，2003(9)。

梁，迎接 21 世纪的挑战。这一工程有 3 个主要的目标：一是有重点地培养一批具有世界水平的大学院，即研究生院，为社会发展提供优良的技术和创意；二是有重点地建设一批地方优秀大学，加强地方高校的竞争力；三是提倡和鼓励大学教育机构广泛培养社会所需要的专门人才，创造一个公平的竞争机制，即在高校之间的竞争中，评价某所大学不能以"是不是名牌学校"为标准，而要看学校科研成果的数量和质量以及学生的实际能力。以此为核心，韩国还提出了加强国际教育交流与合作，建立严格的高校管理制度和大学教授业绩评价制度，以及到 2002 年建立一套比较完善的大学入学制度等任务。[1] 该工程自 1999 年起连续实施 6 年，每年投资 2000 亿韩币设立以计算机、信息通信为主的大学和研究生院，同时对高校的课程设置与专业分布进行改革。[2]

4. 改革高校录取办法

1980 年以来，韩国高校新生录取主要取决于全国性入学考试(SAECE)成绩、高中学业成绩、高校自考成绩。从 1994 年开始，韩国政府对上述成绩的参考权重做了改变。三者的比例依次为 80%、10% 和 10%。同时，高中学业成绩在录取时的比例从 30% 提高到 40%，并在学业成绩中增设特别活动、行为发展状况及校内服务活动成绩，且各高校有权自行决定测试科目，并最终决定录取与否。[3]上述改革有利于预防高中学生偏科现象，保障韩国高中教育的自主权和正常化。

三、韩国教育发展的基本经验和存在的问题

(一)基本经验

1. 注重教育和经济协调发展

首先，韩国政府在公共资金有限的情况下，力保在教育方面的高投入。

---

① 李水山：《韩国教育的重大改革进程与效益评价》，载《职业技术教育》，2003(31)。
② 丁越：《韩国现代化发展及对中国的借鉴意义》，硕士学位论文，南京大学，2017。
③ 陈光春：《韩国教育民主化历程的概述》，载《外国中小学教育》，2003(9)。

1950 年，韩国公共教育经费占国民生产总值（GNP）的比例为 2%；1969—1975 年，年均为 2.8% 左右①；1984 年，公共教育经费占 GNP 的比例达 13.3%，是日本 5.7% 的近 2 倍，创当年世界的最高纪录。韩国 20 世纪 90 年代的公共教育经费在 GNP 中的年均占比超过 10%（见表 4-1）。

表 4-1　20 世纪 90 年代韩国与部分国家公共教育经费年均增长率比较

国别	韩国	美国	英国	日本	法国	德国	新加坡	泰国
增长率/%	10.4	3.6	1.4	1.4	2.0	0.4	8.7	5.3

数据来源于联合国教科文组织：《世界教育报告》，1991。

与 GDP 相比，20 世纪 90 年代，韩国教育经费占比基本保持在 7% 左右（其中韩国政府各年投入为 3.5%~4.2%），是新兴工业化国家中最高的，且教育经费增长率从 20 世纪 60 年代开始就持续超过 GNP 的增长率。在教育预算方面，1965 年到 2000 年，韩国中央政府的教育预算一直保持较高水平，20 世纪 90 年代基本在 20% 以上（见表 4-2）。

表 4-2　1965—2000 年韩国中央政府教育预算占中央政府预算的比例

年份	韩国中央政府教育预算比例/%	年份	韩国中央政府教育预算比例/%
1965	16.2	1996	24.0
1970	17.6	1997	23.9
1980	18.9	1998	23.3
1985	19.9	1999	19.8
1990	22.3	2000	20.4
1995	22.8	—	—

数据来源于 MOE & HRD Republic of Korea：2001 *Brief Statistics of Korea Education*，2002，p. 51。

同时，韩国政府还根据不同地区、不同发展阶段的经济情况，采取相应

① 田以麟：《今日韩国教育》，102 页，广州，广东教育出版社，1996。

的资金投入政策。20世纪50年代，在农村条件相对不利的地区实行免费的教育政策，并将该政策逐步扩展到城市。随着经济的发展，1965年韩国开始在全国范围内实施6年免费义务教育。当经济实力进一步增强后，1985年韩国开始在偏远地区实施9年免费义务教育，在其他经济状况相对较好的地区继续保持原有的初等教育制度，由家庭承担学生中学和大学的全部教育费用。这样的教育政策有利于实现了教育公平和教育的均衡发展，使韩国社会中的弱势群体能够享受到教育的优惠政策。近年来，实现教育公平已经成为韩国教育工作的重点目标，但最重要的还是发展农村的基础教育，保证农民能接受良好教育。

2. 注重教育与生产实际相结合

韩国政府强调，大学不能成为纯理论教育部门，而要成为社会开发的工具，要在经济开发中起带头作用，产学研要紧密结合。因此，韩国的高等院校成立了许多科研机构，且在机构研发资金投入上，基础研究投资占比逐年下降，试验开发等应用科学方面的投资比例逐步提高。如今，首尔大学、延世大学、高丽大学、韩国科技大学、浦项科技大学等大学的科研能力广受认可。①

3. 注重发展职业教育

发展高校科研创新能力的同时，韩国政府还注意发展职业教育。20世纪70年代后期，韩国企业受日企管理方式启发，开始重视发展企业文化和员工培训体系。韩国大企业纷纷设置企业文化部，创办职业技术学校，举办各种交流会，以充分发挥员工的潜力，提高企业的经营力。1984年，韩国成立了职业教育发展基金。资金由企业承担，用于对月薪低于1000韩元的工人进行技能培训。韩国的技术工人受重视程度较高，被看作经济发展和社会进步的

---

① 丁越：《韩国现代化发展及对中国的借鉴意义》，硕士学位论文，南京大学，2017。

中坚力量，在企业里可以评定职称，这使韩国的职业培训事业有了很大的进步。①

纵观韩国从"二战"结束后到 2000 年间采取的教育措施，其最大的特点就是优先发展教育，通过发展教育为经济的发展提供技术支持和后备人才。同时，韩国政府重视提高全民的文化素质，积极为国民提供良好的受教育环境。韩国还根据经济发展的实际情况，积极调整教育发展策略，推行一系列促进教育发展的教育改革措施，积极发展教育事业，保证必要的教育和科研资金，即使在经济发展落后、国民财政资源短缺时期，仍然采取一系列措施使教育投资维持在一个相对较高的水平上。

(二)存在的问题

20 世纪后半期，韩国教育存在的问题主要表现在以下两方面。

一是终身教育方面。虽然韩国政府的目标是建立一个开放教育及终身学习社会，但在现今的韩国大学教育制度中，转学及转系是非常严格的，学生无法在学校间做更自由的选择，有无学历认证的学校的学生间更显示出学术上的差异性，且大学入学测试也非常严格，因此相当多高中毕业生还是难以通过开放式的学习考入大学。而且在这之后，高中毕业生不管是在学术水平上还是在就业时，与大学毕业生也存在一定的差距。

二是教育分权和自治方面。韩国政府的管理原则为分权、自治、公民参与以及支持地方教育分权。由于教师想继续保持其公务员地位以及地方对韩国中央政府财政的高度依赖，教育分权的道路还存在很多困难。同时高级管理人员的权力并没有被下放到韩国地方教育委员会和学校校长身上，也导致地方教育自治权不足。

---

① 辛欣：《韩国科技发展战略述要》，载《当代韩国》，1997(1)。

第三节　新加坡的教育

20 世纪后半期，新加坡经历了从英属殖民地到马来西亚联邦成员，再到独立成为共和国的变化，是亚洲经济发展最快的国家之一。新加坡基础教育阶段实行分流教育体制；职业教育方面形成了独具特色的教学工厂模式；高等教育规模扩展，20 世纪 90 年代以后高等教育还进行了自治改革。新加坡实行双语教育政策，重视公民和道德教育。《天才教育计划》为新加坡经济和社会发展培养了许多优秀人才。

一、新加坡教育发展的政治与经济背景

1945 年日本投降后，英国恢复对新加坡的统治。1946 年，新加坡再次成为英国直属殖民地。20 世纪 50 年代，新加坡积极争取自治。1958 年，英国国会通过了《新加坡国家法令》，新加坡从此实现了自治，但英国仍保留国防、外交、修改宪法、宣布紧急状态等权力。翌年，新加坡自治邦成立，李光耀出任新加坡首任总理。1963 年 9 月，新加坡脱离英国的统治正式加入马来西亚联邦。其后新加坡与马来西亚联邦中央政府的政治和经济冲突不断。1965 年 8 月，新加坡脱离马来西亚，同年 12 月成立新加坡共和国。新加坡单独立国后，各种族之间存在较明显的隔阂和冲突，社会失业率高。新加坡在积极引入英国、美国、日本等国的外资和企业的同时，努力发展本国的制造业，并且充分发挥马六甲海峡独特的地缘优势，使新加坡港成为当时亚太地区最大的转口港和世界最大的集装箱港口之一。新加坡在 20 世纪 60—70 年代开始经济腾飞，成为发达富裕的"亚洲四小龙"之一。新加坡历史上长期是英国殖民地，独立后建立起了资产阶级民主政体，人民行动党长期执政，以新威权体制治国。随着新加坡社会结构和经济状况的变化，从 20 世纪 80 年代开

始，新加坡开始放宽社会管制，体现民主协商，90年代进一步增加了多元性。

二、新加坡教育发展的主要内容与特点

（一）主要内容

1. 基础教育

建国初期新加坡基础教育阶段实行的是小学6年、中学4年和大学预科2年的"6-4-2"学制。这种学制实施后，新加坡政府却发现6年制小学的辍学率一度达到11%，中学达到19%。[①] 为了改变这种状况，新加坡于1979年推出了新学制，即分流教育体制。新加坡小学1~4年级有4门主课，包括英语、数学、科学和母语，其中母语为华文、马来文、泰米尔文等，其他课程有音乐、美术、公民教育、健康教育、社会与体育等。中学分为自主中学、自治中学和政府中学三种。自主中学可以自定学费，学费较高，教育质量比较好。

新加坡基础教育实行分流教育体制，从小学开始就对学生进行分流和筛选。小学6年级通过小学离校会考（Primary School Leaving Examination，PSLE）后分流。根据考试成绩，学生分别去学习不同的中学课程。分流有三个层次：一是成绩排名前10%的学生将进入顶级中学开启6年制的直通车课程学习，之后参加剑桥"A"水准考试（Cambridge General Certificate of Education Advanced Level Examinations，GCE "A" Level）。该考试由新加坡教育部、剑桥大学国际考试委员会联合组织，是新加坡国立大学和理工学院的入学资格考试，考试成绩也为英联邦各个国家的大学所承认和接受。二是成绩处于中间层次的80%的学生进入4年制的中学学习快捷课程，然后参加剑桥"O"水准考试（Cambridge General Certificate of Education Ordinary Level Examinations，GCE "O" Level）。考生可以以获得的成绩为标准申请进入新加坡初级学院、理工学院或工艺教育学院，或者是海外英联邦国家的初级学院或大学预备班。

---

① 陈德勇：《新加坡的"分流教育"》，光明网，2003-08-21。

初级学院两年的学习结束后，学生可参加剑桥"A"水准考试，以此成绩申请入读大学。在理工学院完成三年的技术课程学习后，学生可直接参加工作，也可凭平时积累的成绩申请入读大学。从工艺教育学院毕业后，学生可以直接工作，也可继续去理工学院修读，然后申请入读大学。三是成绩最落后的10%的学生将进入5年制的中学学习普通课程。这部分学生将在中学4年级时参加剑桥"N"(non-grade)水准考试，通过后再继续修读第五年的课程，然后参加剑桥"O"水准考试。大多数学生在"N"水准考试后不再修读第五年的课程，而是直接进入技术学院。

2. 职业教育

新加坡职业教育的发展与"二战"后其国家工业化进程密切相关。1965年建国前，新加坡以制造业和外资开办的劳动密集型加工业为主，建国后其航空、医药、精密机械、计算机、集成电路等产业发展起来，需要一支高素质的技工队伍。20世纪70年代末到80年代，德新学院、法新学院、日新学院三所新的职业培训学院建立起来，主要提供工业自动化、计算机和机器人领域的技能人才培训。1992年，新加坡南洋理工学院建立。

新加坡高等职业教育主要由新加坡国立理工学院实施，而中等职业教育则由工艺教育学院承担。职业技术学院在办学过程中，形成了独具新加坡特色的教学工厂模式。教学工厂模式是在吸纳了德国双元制职业教育模式的思想元素的基础上，根据新加坡国情创造出来的一种职业教育模式。它具有以下几个特点：其一是学校与企业密切合作，与企业共同制订教学计划，让学生接受实际训练，同时还与企业合作开展科技研发。其二是师资设备一流，新加坡从事职业教育的教师很多是既具有国内外大学学历又有企业工作经历的工程师。他们入职前要接受教育学、心理学和教学法等培训，入职后每隔几年就要被派往企业研修，以便能够了解最新科技和工艺。学校实验室引入工业上先进的教学器材和设备让学生操作，紧跟工业发展动态。其三是培养学生的职业综合素养，要求学生不仅具备职业技能，还要具有合作精神、责任感、灵活应变能力和创新能力等职业素质。

新加坡是一个自然资源贫乏的岛国，要发展经济和增强国力必须依赖人力资源的开发，而职业教育对此做出了积极贡献。新加坡教育体系中职业教育所占的比例很大，不少中学后分流的学生都选择接受职业教育。到20世纪末，新加坡已拥有4所理工学院和11所工艺教育学院。职业教育为新加坡培养了大批高技能人才，助力新加坡经济的腾飞。

3. 高等教育

1959年新加坡自治邦成立后，新加坡开始逐渐调整殖民地时期的经济体制。20世纪60—70年代，新加坡经济快速发展，急需大量高级专门人才，于是新加坡的高等教育在新加坡政府主导下发展起来。新加坡的两所综合大学——新加坡国立大学和南洋理工大学设有本科生和研究生课程，可授予学士、硕士和博士学位。4所工艺教育学院颁发专科毕业证书，工艺教育学院学生的数量占大学生总数的60%以上。新加坡的大学所开设的专业重点放在和国计民生直接相关的实用领域上，如电子工程、机械、石油化工、国际贸易、旅游管理等，培养国家现代化急需的实用型人才。1968年，新加坡成立人力资源规划委员会，对新加坡所需高级专门人才的数量和规格进行预测。新加坡高校据此来制订规划、培养人才，以使大学生毕业后能很快找到学有所用的工作，保证高等教育资源的充分利用。

新加坡高等教育经费的80%来自新加坡政府。20世纪80年代至90年代是新加坡高等教育由精英教育向大众教育转变的时期，大学和理工学院的招生数及经费都有了较大幅度的增长，"其中理工学院的学生数大约平均每年增长10%，而政府拨款每年增长21%"[1]。20世纪90年代，新加坡新建了淡马

---

① 黄建如：《20世纪90年代以来新加坡高等教育的改革与发展》，载《南洋问题研究》，2010(1)。

锡理工学院、南洋工学院等几所大学；对南洋理工学院进行重组，将国立教育学院并入，更名为南洋理工大学。大学招生规模有了大幅增加，1995 年高校在校生达到 73939 人，比 1985 年增长了 3 万余人，增长率为 185.25%。[①] 20 世纪 90 年代以后，新加坡高等教育还进行了自治改革，改革后的大学拥有了更多的自主权。改革包括大学企业化，即大学变为企业型的非营利机构，大学在招生、资金使用等方面的自主权得以扩大。同时新加坡教育部与大学签署战略性发展、绩效、质量保障等一系列协议，明确大学责任。

(二)特点

1. 华文教育

新加坡聚集了很多华人移民。1947 年，新加坡的华人已达 72.95 万人，约占新加坡总人口的 77.8%。20 世纪后半期来自中国的移民很少，新的华人移民主要来自马来亚(1963 年后称马来西亚)。华人在新加坡的政治、经济方面居于主导地位，这是新加坡华文教育发展的社会基础。

20 世纪后半期，新加坡的华文教育经历了几个阶段。第一阶段是在英国殖民统治期间，英国在新加坡大力发展英文教育，以国民教育取代民族母语教育，主要目的是巩固和加强新加坡新生代对宗主国的认同，削弱华人的民族意识。1950 年的教育报告书指出英文学校才最符合新加坡的社会利益，母语只能作为学生的第二语言，由此华人学校遭遇严格限制。殖民政府一旦发现华人学校进行政治活动就入校搜查和关闭学校。1951 年，殖民政府修改华文学校学制，将华文中学分为初中和高中两部分，初、高中各三年。学生初中毕业需参加殖民政府教育部的统一考试方能升入高中，这减少了华人高中的学生数量。华人学生对此感到强烈不满，从而引发了大罢考事件，殖民政府教育部因此开除了百余名学生。第二阶段是 60 年代中期新加坡独立后，新加坡政府依然沿袭了英国殖民时期对华文教育的压制政策，导致 60—70 年代

---

① 黄建如：《新加坡高等教育大众化评析》，载《高等教育研究》，2001(2)。

华文教育呈现衰退局面。第三阶段是 70 年代末至 80 年代初，新加坡政府采取了一系列措施对过去华文教育政策的偏差做了调整，如 1979 年，新加坡政府选了 9 所办学好的华文学校作为开展华文教育的试点，时任总理李光耀还发起了"讲华语运动"。新加坡政府开始重视用儒家思想治国，1979 年发表《道德教育报告书》，80 年代初期还成立了东亚哲学研究所，由此传播儒家文化和对学生进行儒家伦理教育成为新加坡学校教育的重要内容。

2. 天才教育

1984 年，新加坡开始实施《天才教育计划》(Gifted Education Program)。新加坡设立这项计划的原因有二：一是教育因素。每个儿童的禀赋都不一样，能力也各不相同。如果让智力超常的儿童按部就班接受普通课程的教育，可能满足不了他们的学习愿望，所以从因材施教的角度，应该给予他们特殊的教育。二是社会政治因素。新加坡是一个小国，它的进步和繁荣主要依靠人力资源。天才儿童如果能得到帮助和培养，则是对人力资源的充分开发，对国家有利。新加坡教育部提出："天才教育计划的使命是在智慧型人才的教育方面发挥领导作用。我们致力于培养有天赋的人，让他们充分发挥自我实现和促进社会进步的潜力。"①

天才儿童的甄选在小学 3 年级和 6 年级进行。每年 8 月，新加坡教育部门在小学 3 年级学生中举行甄别测试，测试内容为英语和数学。成绩前 5% 的学生可参加 10 月举行的入选测试(Selection Test)，内容包括英语、数学和综合能力，通过入选测试的学生则进入 4 年级的天才班学习。小学 6 年级毕业时，学生参加小学离校会考，有三科获得 A 级的学生有资格参加面向 6 年级学生的入选测试，这项测试的内容包括英语、数学和综合能力，通过入选测试的学生被编入普通学校的特别班(一般 25 人左右)。《天才教育计划》每年招收约 500 人。该计划对天才儿童的培养主要采用"丰富计划和活动"(Enrichment

---

① 新加坡教育部：《天才教育计划》，新加坡教育部网站，2018-10-16。

Programmes and Activities)的方式进行，即天才儿童在学习常规课程的基础上，继续学习加宽、加深的知识。值得一提的是，《天才教育计划》的目标不仅仅是促进天才儿童认知的发展，还包括促进社会责任心、社会良知、社会情感、创造性思维、终身学习的态度、道德品质和价值观等的发展。为了培养天才儿童健全的人格，该计划还鼓励天才儿童和普通儿童通过各种途径交往、融合，如共同参加班级活动、课程辅助活动和社区服务等。总之，新加坡对天才儿童的培养是全面的，"这些学习者(天才儿童)应该接受全面的教育，他们的认知发展不应以社会情感和身体领域的欠发展为代价"①。

20 世纪 80 年代，新加坡开始实施的《天才教育计划》强调对天才儿童的认知、情感、道德等方面的全面培养，在天才儿童的甄别、筛选、培养目标、培养方式等方面都积累了丰富经验，充分开发了天才儿童的潜质，为新加坡社会经济发展储备了人力资源。

但与此同时，《天才教育计划》也引发了新加坡社会普遍的教育焦虑，给学生带来了更大的学习压力，导致学校教育过早分层，不利于学生的健康成长。

三、新加坡教育发展的基本经验和存在的问题

(一)基本经验

1. 推行双语教育政策

1949—1965 年，新加坡总人口增长较快，人口增长率为 28‰～48.8‰，总人口从 1950 年的 102.2 万人增长到 1965 年的 188 万人。② 新加坡的人口构成以华人居多，约占 2/3，其次是马来人和印度人。人口的多种族构成和新加坡国际港口的地缘因素，使新加坡成为一个多元文化社会。为维持国家的繁荣稳定，新加坡独立后开始奉行双语教育政策，旨在促进民众以英语为谋生

---

① 新加坡教育部：《天才教育计划》，新加坡教育部网站，2018-10-16。
② 张莹莹：《新加坡人口变动及其成因分析》，载《人口与经济》，2013(3)。

工具，同时通过学习母语了解本族传统文化。但 1975 年的一项调查却发现新加坡人的英文水平非常有限，"能够真正应付日常英文的人仅有 11%"；此外另一项英文程度测验发现，英文源流学生的及格率为 64%，非英文源流学生的及格率却只有 4%。① 在这样的背景下，新加坡政府开始进行教育改革。

1979 年《吴庆瑞教育报告书》②的发表成为新加坡教育史上的分水岭，此后以英语为主、以母语为辅成为新加坡教育的基本理念。报告书指出："今后几年将演化出来的新教育制度，将是一个英文占显著地位而母语程度（华文、马来文、泰米尔语）稍有降低的制度。"③新加坡教育部于 1984 年宣布 1987 年后除特选学校外，全国学校皆要以英语为第一语言，以母语为第二语言。1979 年，时任新加坡总理李光耀还发起了一场"讲华语运动"，旨在扭转当时华人以方言为家庭和社会交流用语的状况，改用华语（北方官话）为共同交流的语言。通过这项运动，20 世纪八九十年代后，越来越多的新加坡人可以用华语进行日常交流。经过几十年的努力，双语教育政策已成为新加坡建构国家教育体系的政策基石。

2. 重视公民与道德教育

新加坡学校非常重视公民与道德教育，将道德教育列为学校正式科目。1967 年，新加坡刚建国两年就在小学开设了公民课。1974 年设立的生活教育课用母语讲授，其中就包含了公民教育的内容。新加坡的公民与道德教育的教材包括小学的《生活教育》和中学的《公民》。学校在新加坡政府的引导下全面实施英语教学。20 世纪六七十年代是新加坡战后经济发展最迅速的时期，同时也是传统价值观念和文化丢失最严重的时期。新加坡政府意识到了这是一个迫切需要解决的问题，于是专门成立了一个道德教育委员会对这个问题

---

① 石淑琴：《李光耀的毕生挑战：新加坡双语之路》，载《文史天地》，2015(6)。
② 该报告因由时任副总理兼教育部部长的吴庆瑞组团研究起草而得名。
③ 石淑琴：《李光耀的毕生挑战：新加坡双语之路》，载《文史天地》，2015(6)。

展开调研。该委员会于 1979 年向新加坡政府提交了一份报告书。该报告书分析了原有生活教育课和公民课程的不足，建议将这两门课取消，然后设立一门新的单一课程来对学生进行公民和道德教育。在此基础上，道德教育新课程——生活与成长于 1982 年在新加坡的一些中小学开始试点教学。

除了生活与成长课程外，20 世纪 80 年代，宗教课程也被纳入新加坡中学的道德教育中。新加坡政府规定中学 3 年级和 4 年级要修读一门宗教知识课，这门课程的内容包括佛教、基督教、伊斯兰教、印度教的教义以及有关世界宗教的基本知识，后来又将儒家思想加入这门课程中，旨在"为年轻的新加坡人在抗拒西方文化中不可取的影响时提供一个文化的镇基之物"①。公民与道德教育除了在课堂上进行外，还特别注重通过创设良好环境陶冶学生情操。"新加坡中小学普遍开展了五项辅助活动：榜样(Example)，阐释(Explanation)，规劝(Exhortation)，环境(Environment)，经验(Experience)"，即 5E 活动。② 新加坡学校的公民与道德教育注重学生个人道德操守以及对家庭、社会和国家责任感的养成，对社会稳定和国家长治久安起到了积极作用。

(二)存在的问题

新加坡崇尚精英治国。为了培养和选拔精英人才，分流教育体制应运而生。新加坡的学生从小学开始就进入分流教育体制中，这个过程表面看为学生提供了多种选择，但实际上非常复杂。学生在每个阶段都面临考试和筛选，心理压力很大。此外，过早分流难以发现一些孩子的发展潜力，影响了他们的人生规划。新加坡是一个重文凭的国度，学历层次和薪酬、职位等密切相关，从不同学校毕业的学生的薪酬待遇相差很大，这使得很多人把追求学历作为核心目标，从而加剧了学校的考试竞争。为了帮助孩子取得更好的成绩，

---

① 梁秉赋：《儒家伦理与新加坡公民道德教育：提供一个文化的镇基之物》，载《北京日报》，2014-11-13。

② 王大龙：《新加坡教育的特色》，载《教育研究》，1996(6)。

获得更高的学历，不少家庭将孩子送入各种校外补习班或请来家教辅导，形成了课外补习热潮，挤占了孩子们的休息时间。剑桥"A"水准考试等虽然有助于遴选英才，但也产生出一个社会特权阶层。

第四节　马来西亚的教育

马来西亚位于东南亚，面积约 33 万平方千米。马来西亚国土由西马和东马两部分组成，包括 13 个州和 3 个联邦直辖区。西马位于马来半岛南部，北与泰国接壤，南与新加坡隔柔佛海峡相望，东临中国南海，西濒马六甲海峡，下辖柔佛、吉打、吉兰丹、马六甲、森美兰、彭亨、槟榔屿、霹雳、玻璃市、雪兰莪、登嘉楼 11 个州和吉隆坡、布城两个联邦直辖区。东马位于加里曼丹岛北部，与印尼、菲律宾、文莱相邻，包括沙巴、沙捞越两州和联邦直辖区纳闽。马来西亚属热带雨林气候。

在马来西亚，马来语为国语，通用英语，华语、泰米尔语也是主要语言。伊斯兰教为国教，其他宗教有佛教、印度教和基督教等。由于各族都有自己独特的文化，因此，马来西亚政府努力塑造以马来文化为基础的国家文化，推行"国民教育政策"，重视马来语的普及教育。此外，由于华裔族群在马来人口中所占比例较大，华文教育在马来西亚比较普遍，且形成了较为完整的华文教育体系。[①]

一、马来西亚教育发展的政治与经济背景

马来半岛早期文明可以追溯到公元初年的羯荼、狼牙修等古国。15 世纪初，以马六甲为中心的满剌加国统一了马来半岛的大部分，史称马六甲王朝。

---

① 中华人民共和国外交部：《马来西亚国家概况》，中华人民共和国外交部网站，2019-01-16。

16 世纪，马来半岛先后被葡萄牙、荷兰、英国殖民者占领，20 世纪初成为英国"海峡殖民地"。位于加里曼丹岛的沙捞越和沙巴历史上属文莱古国，19 世纪中期成为独立王国，1888 年与文莱一同沦为英国保护地。"二战"时，马来半岛、沙捞越、沙巴均被日军占领。"二战"后英国意欲恢复"海峡殖民地"，但马来半岛的人民已不愿再屈就于英国政府的殖民统治，相继组成民族性的政党并积极争取独立。1955 年，由巫统、马华公会和印度人国大党组成的联盟政党在马来西亚国会首届选举中囊括 51 议席的 50 席。随后，联盟主席东姑阿都拉曼率领代表团赴英谈判。最终，由马来半岛各州(不包括新加坡)组成的马来亚联合邦在 1957 年 8 月 31 日宣布独立。1963 年 7 月 9 日，英国、马来亚、新加坡、沙捞越和沙巴在伦敦签署关于成立马来西亚的协定(1965 年 8 月，新加坡退出马来西亚成立了新加坡共和国)，同年 9 月 16 日马来西亚宣告成立。

(一)"二战"后马来西亚教育发展的政治背景

马来西亚独立后的首要目标就是团结各族人民，塑造一个和平、繁荣的现代国家。由于人口构成的多样性，不同种族、文化间的冲突与融合使马来西亚造就了独特的多元种族社会生态，但这种族群间的文化差异却对建立统一的民族国家形成了巨大的挑战。马来西亚在 1957 年首次颁布宪法。考虑到各族群和阶层的利益，马来西亚宪法规定国家实行君主立宪联邦制，国家的最高元首由统治者会议①从九个世袭苏丹中选举产生。马来西亚最高元首同时也是伊斯兰宗教领袖和武装部队最高司令，代表了马来西亚最高的立法、行政与司法权。不过，马来西亚的政体基本参照了英国议会制，国会由上、下议院组成，上院议员由最高元首直接任命，下院议员则由选民直接选举产生。赢得选举的下院议席多数党领袖将成为内阁总理，即政府的最高行政长官，任期五年。可见，当选的内阁总理才是掌握国家实际权力的人。

————————

① 统治者会议是马来西亚的最高权力机关，由马来西亚 9 个州的世袭苏丹及马六甲、槟榔屿、沙巴和沙捞越四个州的州长组成，但只有苏丹拥有选举和被选举权。

确立宪政体制仅仅是马来西亚迈向民族国家的第一步，马来社会各族群间的文化差异和较低的国家认同感并未消除。尽管马来西亚宪法在一定程度上兼顾了各族群和阶层的政治诉求及经济利益，但英国在殖民统治时期对马、华、印三大种族采取的"分而治之"的策略阻碍了不同群体之间的交流与融合。"土著人比较高的政治地位与移民的比较优越的经济状况，表面上构成了某种均势，实际上包藏着彼此之间的严重的不满和对立。"①华人群体对政治地位的要求与马来族群对经济状况的不满之间的矛盾日渐激化，在 1969 年 5 月的马来西亚大选中爆发，演化成严重的种族流血冲突事件。这一事件使马来西亚当局认识到种族之间的隔阂是马来西亚稳定与发展的最大隐患，弥补这一裂痕、形成统一的国家认同感是马来西亚走向繁荣的重要前提。因此，马来西亚政府在 1970 年提出"国家原则"，强调每个国民都应该"信奉上苍、忠于君国、维护宪法、尊崇法治、培养德行"。"国家原则"遂成为马来西亚统一意识形态、铸造民族国家的指导，其主要内容为：马来西亚是一个为使它所有的民众都凝成一种更伟大的整体而奋斗的国家；它将创造一个公正的社会，在这个社会中，全民族的财富将能够被平等地分享；这个国家能够保证它的人民过上自由富裕的生活，也能够保持其丰富多彩的文化传统；它也将努力在这块土地上建立一个进步的社会以便能够朝着现代科学技术的方向发展。②

进入 20 世纪 70 年代以来，以巫统为首的执政党联盟国民阵线（简称"国阵"）长期执政，马来西亚政局总体稳定。马来西亚致力于经济建设，旨在通过"新经济政策"使全体国民摆脱贫困，同时缩小不同种族间经济发展的差距，进而实现社会重组。至 20 世纪 80 年代中后期，马来西亚已经成为新兴的工业化国家。

（二）"二战"后马来西亚教育发展的经济背景

马来西亚是东南亚经济较为发达的国家之一。这不仅得益于马来西亚得

---

① 庄兆声：《马来西亚基础教育》，16 页，广州，广东教育出版社，2004。
② 陈晓律、王成、陆艳等：《马来西亚》，158 页，成都，四川人民出版社，2000。

天独厚的地理位置和自然环境，而且有赖于其丰富的物产资源。19世纪中期以来，马来西亚锡的产量和出口量长期居于世界首位，它的橡胶、棕油的产量和出口量也居于世界前列，所以马来西亚被称为"锡胶之国"。不过，由于采矿和种植都需要大批劳动力，而马来半岛原住民又较少，因此英国殖民政府从19世纪末起不断从中国、印度和斯里兰卡等地引入大量移民，并按种族进行了社会分工。马来半岛原住民受到殖民政府"保护"，拥有土地的使用权，也可以进入政府工作，但仍需遵循马来传统社会的等级制度。而华人和印度人则被安排成为产业工人，尽管他们处于较低的政治地位，却保留了开设本民族语言学校、组织协会、管理本邦族内部事务的权利。正如英国学者黛安·K. 莫齐(Diane K. Mauzy)所言，保护的效果与给予移民社会的自治结合起来，造就了一个多语言、多文化、多宗教的社会，这也成为马来西亚种族关系问题产生的根源。①

独立后在巫统的带领下，马来西亚的经济在20世纪50—60年代持续发展。马来西亚经济以农业为主，依赖初级产品出口。但由于多民族之间的矛盾没有完全解决，马来西亚在60年代末产生了严重的社会问题。马来西亚统治阶层认识到，必须采取新的经济政策来实现社会资源在各族群间的均衡分配，缩小不同族群间的经济差距，消除民族隔阂。于是，马来西亚政府自70年代起开始推行"新经济政策"，其核心思想是马来民族和原住民优先，通过"种族配额制"来提高马来人的收入水平，大力推行出口导向型经济，集中力量发展电子业、制造业、建筑业和服务业，形成以马来人为主体的工商业阶层，重塑多种族国家的经济结构。经过20年的努力，90年代初马来西亚国内生产总值年均增长率连续10年保持在8%以上，居东盟之首，标志着马来西亚已经成功迈入新兴的工业化国家的行列。

由于20世纪80年代以来相对稳定的国内政局和"新经济政策"的顺利实

---

① [英]黛安·K. 莫齐:《东盟国家政治》，季国兴等译，177页，北京，中国社会科学出版社，1990。

施，马来人的家庭收入和经济地位都得到了显著提升，马来西亚绝大多数地区摆脱了贫困，种族之间的差距已经明显缩小，社会重组的目标也基本实现。步入90年代后，马来西亚经济工作的重心开始由调节种族间的利益分配转向以经济腾飞带动马来西亚各个领域实现新的发展。马来西亚政府于1991年提出跨世纪发展战略——"2020宏愿"，强调重视高新科技，启动了"多媒体超级走廊""生物谷"等一系列项目，力争将马来西亚建设成为发达国家。尽管受到1997年亚洲金融危机的影响，马来西亚经济曾出现短暂的负增长，但马来西亚政府采取稳定汇率、重组银行企业债务、扩大内需和出口等政策，使马来西亚经济在20世纪末逐步恢复并保持了中速增长。可见，马来西亚不仅是东盟重要的成员国，而且是亚洲经济奇迹的主要缔造者之一，在东方传统价值观与西方工业技能的共同影响下，在不到半个世纪的时间内就实现了由落后的农业社会到现代化工业国家的巨大转变，取得了举世瞩目的发展成就。

二、马来西亚教育发展的主要内容与特点

马来西亚社会经济发展取得的成就推动了其教育的高速发展。自独立以来，马来西亚不断推出新的教育改革政策和发展计划，建立了适应多元种族社会文化的国民教育体系。马来西亚20世纪后半期的学制基本沿袭了殖民地时期英制学校"6+3+2+2"的模式，即小学6年、初中3年、高中2年和预科2年。学生在小学和初中阶段接受普通教育，在高中阶段则分别进入学术中学、技术中学、职业中学和宗教中学进行学习，之后还要再进行2年预科学习才能升入国内大学或学院。

(一)学前教育

马来西亚最早的学前教育机构是在"二战"后由私人、董事会、社团、教会组织开办的，不仅学费昂贵，而且都设置在市区，故普通家庭的经济条件尚不足以让子女接受学前教育。马来西亚独立之初，学前教育并未被纳入马

来西亚的国家教育体系，但由于社会对学前教育的需求十分迫切，马来西亚各地纷纷建立起诸多民办幼儿园。随后，马来西亚政府的半官方机构，如社会发展局(KEMAS)、联邦土地发展局(FELDA)、乡村工业发展局(RIDA)、伊斯兰教团体(TASKI)等组织，也先后在各地区设立幼儿园，提供学费低廉的学前教育。[①] 据统计，从 1971 年至 1981 年，仅由社会发展局在马来西亚各地开办的幼儿园就已达到 1694 所。[②] 为了规范学前教育办学行为，马来西亚政府于 1972 年出台了《幼儿园注册法令》，规定所有幼儿园都要达到场所、卫生、设备、安全设施等方面的要求。20 世纪 80 年代，马来西亚的学前教育发展得更为蓬勃。从 1980 年至 1984 年，马来西亚幼儿园的数目从 2794 所增至 5657 所，在学人数从 17100 名增至 27900 名，其中约 80% 的幼儿园都是由马来西亚政府的半官方机构在非城镇地区开设的。[③] 尽管学前教育在 20 世纪 80 年代尚未被纳入马来西亚的国家教育体系，但考虑到学前教育的重要性，马来西亚教育部在 1986 年编订了《马来西亚幼儿教育课程指南》手册，作为马来西亚各地幼儿园开设课程的依据。该课程指南不仅对儿童潜能发展提出了 9 个方面的建议，而且在相关领域写明了教学内容、技能要求和实现策略，对马来西亚的学前教育发挥了重要的指导作用。

为了解决城乡教育不均衡的问题，马来西亚教育部从 1992 年开始在部分经济落后地区开设幼儿园。尤其是 1995 年马来西亚教育部重组之后，成立了学前、小学、中学教育局，并在随后出台的教育法中明确规定将学前教育纳入马来西亚国家教育体系。在马来西亚第七个五年计划期间(1996 年至 2000 年)，马来西亚政府不断加大对学前教育的资金投入，主要用于加强幼儿园硬

---

① 莫顺生：《马来西亚教育史 1400—1999》，223 页，吉隆坡，马来西亚华校教师会总会，2000。

② Mok Soon Sang, *Pendidikan Di Malaysia*, Kuala Lumpur, Utusan Publication, 1993, p.95.

③ Mok Soon Sang, *Pendidikan Di Malaysia*, Kuala Lumpur, Utusan Publication, 1993, p.111.

件建设和开展学前教育师资培训。据统计，2000年时，马来西亚幼儿接受学前教育的比例已达到64%。①

(二)初等教育

马来西亚初等教育机构的历史可以追溯到早期宗教司向马来子弟提供伊斯兰教教育的茅舍学校和殖民地时期英国殖民政府兴办的马来小学。同时，由于华裔和印裔族群不断壮大，19世纪初，马来半岛多地出现了分别以本民族语言为教学媒介语的华文小学和泰米尔文小学。20世纪30年代，马来半岛就已经形成了马来文、华文、泰米尔文和英文四种源流的教育制度。"二战"期间，在日本军国主义政府的统治下，马来半岛绝大多数学校被作为行政中心或集中营，仅有少数学校被用来开办日文班，以日文教学。直到1945年日本投降后，英国殖民政府重新接管马来半岛，各地的学校才纷纷复办。

自"二战"结束后至马来亚独立的10多年间，英国殖民政府曾多次组织教育委员会对马来半岛的国民教育状况进行调查，其目的在于通过教育改革建构多元种族为基础的新马来亚体制。其中的一系列报告文件包括《芝士曼计划》(1946年)、《荷格报告书》(1950年)、《巴恩报告书》(1951年)、《芬吴报告书》(1951年)、《荷根报告书》(1952年)、《教育白皮书》(1954年)。除1951年的《芬吴报告书》外，其他报告的建议都突出强调了要统一各源流小学的教学媒介语为英语或马来语，这引起了华人群体的强烈反对。此外，由于"二战"后马来西亚内外政治环境的变化和重建过程中的经费问题，上述文件所提出的建议往往难以同时获得各族群的支持，因此许多改革措施并未得到顺利实施。

1957年8月马来亚新政府执政后，新任教育部部长阿都·拉萨迅速成立了教育调查委员会，其最大的亮点在于15名代表分别来自构成马来亚社会的马、华、印三大民族。经过反复研讨并多次与教育团体、民间社团开展对话，

———————
① 庄兆声：《马来西亚基础教育》，57页，广州，广东教育出版社，2004。

教育调查委员会最终公布了《拉萨报告书》。该报告提出将"一种语文,一个源流"作为教育改革的"最终目标",强调:马来亚应建立包括各族儿童在内的统一的国家教育制度,国语(马来语)应成为主要的教学媒介语。新政府颁布的《1961 年教育法》基本采纳了《拉萨报告书》的建议,将英文小学与马来文小学合并为"国民小学",将华文小学和泰米尔文小学统称为"国民型小学"。所有原本以英文为主要教学媒介语的英文学校,其主要课程均逐步改为以马来语教学。至此,马来文、华文和泰米尔文三种源流的学校共同构成了马来西亚初等教育的基本格局。

"国民小学"的教学媒介语为马来语,"国民型小学"的教学媒介语为本族语言,即国民型华文小学以华文教学,国民型泰米尔小学以泰米尔文教学。不过,马来语是国民型华文小学和国民型泰米尔小学的必修科目,而英语则是所有学校必修的第二语言。三类小学均实行免费教育。学龄儿童 6 岁入学,在小学学习结束时参加全国统一的小六评估考试(UPSR),科目包括马来语、英语、数学、科学和汉语(仅针对国民型华文小学)、泰米尔语(仅针对国民型泰米尔小学)。考试成绩以 A~E 进行评分。马来学生无论考试结果如何都可以升入中学,但华裔学生和印裔学生则需在马来语科目中取得 C 以上分数才能顺利升学,不及格的学生可以选择接受一年的马来语教育或者升入华文私立中学进行学习。① 据统计,2001 年马来西亚共有国民小学 5466 所,在校生 2209736 人;国民型华文小学 1285 所,在校生 616402 人;国民型泰米尔小学 526 所,在校生 88810 人。另有 28 所特殊教育小学,有 1893 名特殊学生就读。②

(三)中等教育

马来半岛的英文教育和华文教育在"二战"前就已经发展至中等教育,尤其是

---

① [日]冈本义辉:《马来西亚的教育制度》,载《南洋资料译丛》,2013(1)。

② 庄兆声:《马来西亚基础教育》,59 页,广州,广东教育出版社,2004。

英文学校，由于得到政府的支持，不仅在当时具有较好的教学条件，而且学生毕业后可以参加海外剑桥文凭考试，因此会获得更好的升学和就业机会。华文中学虽未得到政府拨款，但一直受到华人社团的资助。最早的华文中学筹建于20世纪初，但直到1923年，槟城钟灵中学才真正开设初中课程。[1] 8 年后，这所中学成为首先开设高中课程的华文学校。至20世纪30年代，马来半岛各地已有多所华文学校开设了中学班，其中许多学校成为日后华文独立中学的前身。"二战"前的泰米尔文教育仅有小学阶段，故其学生毕业后只能就业，无法升入中学。

20 世纪50 年代之前，马来半岛的中等教育学校包括英文中学、华文中学和附设在英文中学以马来语进行教学的班级。马来亚独立后，新政府在《1961年教育法》中规定"国民中学必须统一使用马来语为教学媒介语"，目的在于通过推广马来文增进民族团结，建立单一源流学校系统。因此，除私立中学外，马来西亚原有的各族中学在20 世纪80 年代初已全部改制为国民中学。

马来西亚中学教育共有五年，其中初中三年，高中两年。对于从国民型小学毕业的学生，如果在小六评估考试中其马来文成绩未达到及格标准，则需要再多学习一年马来语，这类学生的初中实际上是四年。国民中学统一采用马来西亚教育部在20 世纪80 年代制定的一体化课程(ICSS)，即以个人的均衡发展为核心，采用一体化设计的思路，实现传授知识、培养技能、形成观念三者相统一。课程目的在于"培养团结和谐、有素养、有技能、热爱祖国的马来西亚公民"[2]。在课程设置方面，除了马来语、英语等常规课程外，学校还针对马来西亚多元文化特点分别为马来学生和非马来学生开设了伊斯兰宗教教育课程和道德教育课程。学生在完成三年的学习后将参加初中评估考试(PMR)，但考试成绩高低都不影响他们升入高中。从第四学年起，学生开

① 郑良树：《马来西亚华文教育发展简史》，48 页，北京，外语教学与研究出版社，2007。

② Zamrus Bin A, Rahman & Mokelas Bin Ahmad, Globalization and Living Together：The Challenges for Educational Content in Asia, UNSECO, 2000, p.88.

始高中阶段的学习。他们可以根据个人意愿进入学术中学、技术中学、职业中学或宗教中学,经过两年的学习后参加全国统一的马来西亚教育文凭考试(SPM),通过考试就可顺利毕业。如果希望升入大学继续深造,学生就必须再进行两年预科的学习,然后参加全国统一考试(STPM),考试及格才有资格升入大学。但是,由于政府奉行"马来人优先"的政策,在教育文凭考试中成绩优秀的马来学生只需进行一年的预科学习就可以直接升入大学。2001年统计数据显示,马来西亚共有普通中学1573所,在校生1943953人;职业中学4所,在校生648人;技术中学80所,在校生5772人;宗教中学53所,在校生35816人;特殊教育中学3所,在校生490人。①

(四)高等教育

在殖民地时期,新加坡已建有两所提供专科教育的高校,分别是成立于1905年的爱德华七世王学院和成立于1929年的莱佛士学院。爱德华七世王学院本质上是一所医学院,而莱佛士学院则是马来半岛最早的师范学院,为当时的马来亚和新加坡培养了大量高级人才。1949年,这两所学院合并成立了马来亚大学,并于1956年在新加坡和吉隆坡分别设立了分校。吉隆坡马来亚大学分校开始建立时,只有工程、文学和理科课程,而新加坡马来亚大学分校则有医学、法律、哲学、社会研究和华文研究的课程。② 新加坡独立后,位于吉隆坡的分校被接纳为国家大学。于是,从1962年1月1日起,马来亚大学位于吉隆坡的总校成为现今的马来亚大学,而马来亚大学在新加坡的分校则独立为新加坡大学,即日后的新加坡国立大学。

除了马来亚大学外,为了解决师资匮乏的问题,从20世纪30年代起,殖民政府就在马来半岛开展师范教育,开办了位于丹绒马林的苏丹伊德里斯

---

① 庄兆声:《马来西亚基础教育》,63页,广州,广东教育出版社,2004。

② 莫顺生:《马来西亚教育史1400—1999》,76页,吉隆坡,马来西亚华校教师会总会,2000。

师范学院和马六甲女子师范学院。20 世纪 50 年代初，殖民政府还多次组织资质优异的高中毕业生前往英国师范学院深造学习。马来亚联邦成立后，新政府高度重视师范教育，不但继承了前述师范院校，而且积极兴建"日间师训中心"和师范学院，并且首次实现了为各源流学校培训以本族语言为教学媒介语的教师。20 世纪 60 年代末至 70 年代初，马来西亚政府兴办的大学还有位于槟城的理工大学和吉隆坡的国民大学及农科大学。在专科教育方面，马来西亚政府先后扩建了一批职业技能训练中心，后将其改制为职技学院。这类学院包括玛拉工艺学院、翁姑奥玛工艺学院和拉曼学院，而 1972 年建立的吉隆坡工艺学院则升格为马来西亚工艺大学。

随着高等教育规模的扩大，马来西亚教育部在 1972 年成立了高等教育局，专门负责处理高等教育及留学生事务。尽管 20 世纪 80 年代新增了北方大学、国际伊斯兰大学和诸多专科学院，但马来西亚政府能够提供的高等教育名额仍然十分有限，能够就读国内大学的学生总数仍然较少。于是，马来西亚政府在 90 年代出台了大专法案，同时加速国立大学企业化。一方面旨在提供更多高等教育的机会，扩大高等教育办学规模；另一方面也有利于加强马来西亚国立大学的竞争力，提高高校的办学质量，以吸引更多的留学生。截至 1999 年，马来西亚共有 11 所公立大学、6 所私立大学、3 所国外大学的分校。据统计，1999 年马来西亚国内大学在读学生为 357523 人，其中就读于公办高校的有 132785 人，就读于私立高校的有 224738 人。[1] 在马来西亚就读的留学生约有 17200 人。[2]

---

[1] 莫顺生：《马来西亚教育史 1400—1999》，268 页，吉隆坡，马来西亚华校教师会总会，2000。

[2] 莫顺生：《马来西亚教育史 1400—1999》，274 页，吉隆坡，马来西亚华校教师会总会，2000。

三、马来西亚教育发展的基本经验和存在的问题

从20世纪中期独立以来,马来西亚不仅建立了主权国家,实现了经济腾飞,走上了工业化发展道路,而且建立了完整的国家教育体系,形成了独具特色的多元教育制度。由于马来西亚社会特殊的多元文化背景,马来西亚政府在统一国民教育制度的过程中积累了不少成功经验,但改革进程中存在的一些问题也值得深思。

(一)基本经验

1. 以统一教育增进国家认同

自独立以来,马来西亚政府就意识到民族团结是实现国家发展的首要前提,必须以统一的国民意识来凝聚全国的各个民族,而铸造这种意识的重要途径就是推行统一的国民教育。早在1961年,独立不久的马来西亚政府就颁布了教育法,明确提出应建立有利于促进国家政治、经济和文化发展的国民教育制度。尤其是在1969年种族冲突事件之后,马来西亚政府以加速推行马来语为唯一教学媒介语的方式,进一步加强了对国民小学、国民中学以及公办高校的支持。经过近半个世纪的努力,作为马来西亚社会构成主体的马来人,其受教育程度已经显著提高。而华裔、印裔等族群的教育机构通过改制的形式得以保留下来,并得到了一定的发展,也在一定程度上保持了马来西亚社会构成的多元性优势。马来西亚政府通过一系列教育改革,有效地增强了各族民众的国家认同感,初步形成了以马来文化为中心的共同价值观。

2. 以教育改革实现社会重组

马来西亚20世纪后半期的许多教育改革举措,与其同时期推出的"新经济政策"存在密切联系。这些改革举措在本质上是为了缩小马来族群与其他民族在教育水平方面的差距,进而提高马来人的经济地位,实现经济领域的社会重组。由此不难发现,马来西亚教育改革的步伐往往与其国家发展规划步调一致,尤其是经济发展与教育发展两者相辅相成。无论是"新经济政策"中

国民学校不按成绩而是按配额招生，还是"新发展时期"在小学和初中推行一体化课程改革，马来西亚教育在调整社会分工方面都发挥着重要的作用。马来西亚半个世纪的实践证明，发展教育不仅是凝聚多民族国家的重要手段，而且是培养人力资源、促进经济增长、推动社会发展的有效途径。到20世纪90年代初，马来西亚经济高速发展，产业结构日趋合理，政府所塑造的"新马来人"国民价值观得到认同，基本实现了社会重组的目标。

(二) 存在的问题

1. 统一价值观与多元社会的矛盾尚未解决

马来西亚的文化多元性是其殖民地时期遗留的社会遗产，这既是其发展多元文化教育的优势，也是其建立国民教育体系必须面对的问题。马来西亚自独立以来，就致力于塑造一种统一的国民价值观，目的在于维系国家统一和民族团结。尽管马来西亚政府先后提出"国家理想""国家教育哲学"等概念，强调民主与公正是实现民族团结、国家富强的基石，但在教育改革的某些领域，却一再传递出"马来人优先"的信号。尤其是在各种族学生接受教育的机会方面，所谓"固打制"(种族招生配额制)极大地限制了其他种族学生继续接受教育的权利，有悖教育公平的基本原则。不过，随着马来西亚经济水平的提升，国民接受高层次教育的需求显著增加，华裔、印裔族群要求教育机会均等的呼声不断高涨。到20世纪90年代初，马来西亚政府已经着手对"新经济时期"的教育政策进行调整，旨在制定符合21世纪要求的人才战略，为国民教育规划出更为长远的发展蓝图。

2. 集权管理与教育灵活性的矛盾还需调和

马来西亚在政治上实行联邦制，各州有权制定辖区范围内的法律，但由于独立前各州经济发展极端不均衡，各地教育水平差别巨大。为了能够建立统一的国家教育制度，马来西亚联邦政府采取了集权式的教育管理模式。这虽然在一定程度上有利于保证马来西亚国家教育政策的统一性，客观上提高了教育行政效率，但由于各州之间、城乡之间、种族之间的教育状况存在差异，一些改革政策脱离基层教育实际，反而成为持续提升教育水平的阻力，体现为教育管理缺乏灵活性。20 世纪 90 年代中期，马来西亚政府首先对高等教育管理机制进行了改革，允许私立学院与国外大学联合办学。随后，华人兴办的私立学院和国外大学分校在马来西亚各地剧增，在 20 世纪末呈现出蓬勃发展的态势，同时也极大地提升了马来西亚高等教育的入学率，有效地缓解了马来西亚教育领域的国内民族矛盾。20 世纪末，多元统一的国民教育制度与开放包容的高等教育体系正在促使马来西亚向区域高水平教育国家的目标迈进。

第五节　以色列的教育

1948 年建国后至 20 世纪末，以色列战火不断，经历了一系列中东战争，但以色列以科技和教育立国，经济、社会取得长足发展。以色列教育经费投入多，义务教育年限长，高等教育国际化水平高，在人才培养和科技创新方面成绩斐然。以色列重视移民教育，犹太复国主义教育贯穿于学校教育之中。

一、以色列教育发展的政治与经济背景

以色列地处欧亚非大陆交会处，是一个以犹太民族为主体的国家。历史上犹太民族颠沛流离。1948 年 5 月 14 日，以色列宣布建国。次日，埃及、约旦、伊拉克、叙利亚和黎巴嫩就联合向以色列宣战，于是以色列独立战争爆发。1949 年，双方达成停火协议并划出暂时的边界——绿线（Green Line）。由于以色列与周边国家在领土、主权、宗教和资源问题上存在纷争，20 世纪 50 年代至 70 年代，以色列先后历经了西奈半岛战役、六日战争、赎罪日战争等一系列中东战争。其间，边界间的冲突不断，直到 1979 年，《埃及-以色列和

平条约》签订，以色列才有了短暂的和平局面。20 世纪 80 年代初期，以色列采取"巴比伦行动"对伊拉克的核反应堆进行轰炸，对黎巴嫩发动攻势。80 年代末，被占领土的巴勒斯坦民众爆发抗议活动，与以色列当局展开了持续数年的对抗，直至 1993 年巴以双方签署《临时自治安排原则宣言》《奥斯陆协议》。但这份协议签署后仅仅两年，中东和平进程的积极推动者、以色列总理伊扎克·拉宾就被犹太激进分子刺杀身亡。随后巴勒斯坦极端势力针对以色列的袭击事件连续发生，巴以冲突演变为双方的武装对抗。

以色列自然资源贫乏，且 20 世纪后半期局部战争和冲突不断，但经济一直持续发展，成为中东地区的发达国家。这主要有几个原因：一是以色列独特的经济体制。以色列实行的是国家干预的混合经济体制，国有企业占主导地位，垄断了大部分重要行业。1985 年以来，以色列又进行了经济机构改革。20 世纪 90 年代以后，原苏联高素质犹太移民的涌入带来了经济增长。二是美国和欧洲的经济支持和军事援助。三是高科技产业的推动。以色列依靠科技创新，发展现代工业和农业，促进经济增长。除上述原因外，最重要的是以色列长期以来高度重视教育。教育为以色列国家和社会发展培养了高科技人才和高素质公民，这是以色列经济发展的不竭源泉。

二、以色列教育发展的主要内容与特点

（一）主要内容

1. 基础教育

以色列在建国后的第二年就颁布了《义务教育法》。该法规定所有以色列 5~14 岁的儿童都必须接受义务教育，国家为适龄儿童和年满 16 岁或 17 岁未完成 11 年级学习的青少年提供免费义务教育，且家长有责任保证子女接受义务教育，否则将会被处以罚款或入狱拘禁。以色列学前教育主要面向 0~6 岁的儿童。以色列鼓励适龄儿童尽早进入学前教育体系，为 5 岁以上进入幼儿

园的儿童提供免费教育。以色列中小学曾实行"8-4"制，即小学 8 年，中学 4 年。1968 年，以色列开始进行"6-3-3"制试点，即小学 6 年，初中 3 年，高中 3 年。

经过近 50 年的发展，以色列中小学生数量有了大幅增长，从 1949 年的 9.79 万人增长到 1998 年的 117.1 万人。[①]

天才教育是以色列的一项国策和重要人才战略。20 世纪 70 年代，天才培养计划在以色列开始实施。以色列教育部组织选拔天才儿童，然后利用多种方式对他们进行培养。如设立天才儿童中心，根据天才儿童的智力水平、学习能力和学习兴趣，开设自然科学、人文科学和艺术方面的课程；在小学、初中和高中各阶段开设天才儿童特殊班，实行小班制教学；设立导师项目，聘请各领域的专家做天才儿童的导师等；通过虚拟学校、艺术学校和在高中设立大学先修课程等方式对天才儿童进行培养。

2. 高等教育

以色列建国之初，高等教育机构比较少，仅有希伯来大学、以色列理工学院、魏茨曼科学研究院，以及少量专业学院。20 世纪 50 年代中期到 60 年代中期以色列高等教育发展迅速，巴伊兰大学、特拉维夫大学、海法大学和内盖夫本-古里安大学相继建立，这 4 所大学连同 50 年代以前就有的 3 所大学成为以色列的精英型大学，其科研水平和办学条件都名列前茅。由于终身教育理念的提出，以及对高等教育需求的增加，70 年代以色列以远程教育为主的开放大学也建立起来。开放大学入学条件低，授课方式以远程教育为主，课程设置多样，吸引了不少人来参加学习，为普及高等教育做出了贡献。20 世纪 90 年代，随着以色列人口的增加和高等教育大众化趋势的出现，一批地区学院、专业学院和教师进修学院在以色列建立起来，同时海外高等教育机

---

① 陈腾华：《为了一个民族的中兴：以色列教育概览》，42 页，上海，华东师范大学出版社，2005。

构也开始在以色列办学。在这样的背景下，以色列高等教育规模显著增长。各类高等教育机构中，受教育者 1949 年仅为 1635 人，1960 年达到 9275 人，1970 年达到 35374 人，1980 年达到 54480 人，1990 年达到 67770 人，1995 年达到 15.4 万人，2000 年已达到 20.1 万人。[①] 从上述数字的变化中可以发现，20 世纪最后 10 年以色列高等教育受教育人数增长最快，平均每年增长 1.3 万人。

以色列大学本科的入学条件首先是要参加全国统一的高中毕业考试，取得高中毕业文凭。其次是要参加全国高等学校入学统考。这项考试题多，时间长，综合考查学生的心理和智力状况。最后是要按所申请学校要求提供希伯来文水平证书。由于以色列战事频繁，人口少，实行义务兵役制度，凡年满 18 岁的国民都应进行兵役注册，因此很多高中生毕业后去服兵役，以色列大学生的入学年龄一般为 22~29 岁。以色列本科阶段学制为 3~4 年，硕士阶段学制通常为 2 年，博士阶段学制为 4~6 年。大学的教学语言为希伯来语。

1958 年，以色列颁布《高等教育理事会法》，由此高等教育理事会成为以色列高等教育的最高管理机构。以色列教育部部长任理事会主席，教育部部长提名理事会成员，然后报以色列政府内阁批准。高等教育理事会的常设机构是计划与预算委员会，负责高等教育的常规和发展预算等事务。以色列的高校实行董事会制度，董事会由学者、社会人士、政府代表、校友代表和学生会代表等组成。以色列高校的最高学术机构是校学术委员会。

以色列大学的专业设置与本国的自然环境、政治局势、历史文化等密切相关，充分体现了本国国情，特色鲜明。例如，希伯来语、犹太文化和宗教是以色列大学设立的重点学科；以色列战火不断，故国防科学研究(包括反恐研究、军事医学等)成为以色列理工大学的重点学科；基于以色列的地缘和政

---

① 陈腾华：《为了一个民族的中兴：以色列教育概览》，99 页，上海，华东师范大学出版社，2005。

治因素，中东问题研究、非洲研究以及美国政治研究等也成为以色列大学的重点学科。以色列境内分为海岸平原、中部丘陵、约旦大裂谷和内盖夫沙漠四个区域。其中，海岸平原是以色列的主要耕作区，农业发达，而内盖夫沙漠占了以色列国土面积的一半，地广人稀，是以色列国策规划的重点发展区域。因此，以色列大学开设了与农业科学研究、环境科学研究相关的专业，如水利、农业气象、农产品储存加工、沙漠科学、遥感、湍流动力学等。此外，随着以色列政府在 1950 年宣布承认中华人民共和国，1992 年与我国正式建立外交关系，希伯来大学、特拉维夫大学等开始教授中文并建立东亚系，研究东亚国家的语言、文化、政治、军事、经济、外交等。

3. 成人教育和移民教育

终身教育理念的提出影响了 20 世纪后半期以色列的教育走向。以色列成人教育围绕成年人的希伯来语言和文化水平的提高、职业技能的提升、家庭生活知识的增长等方面展开。以色列成人教育的层次丰富多样，既有小学、中学层次的，也有大学层次的；内容包括阅读、写作、算术、历史、文化、家政、职业技能等。1994 年，以色列针对失业者还发起了一项名为"转变机遇"（希伯来文称为 Mifne）的成人教育计划，在以色列高失业率城镇设立成人教育中心，为学员提供希伯来语口语和阅读、职业技能培训等。学员学习结束后参加以色列全国统一考试可获得相应文凭，以便顺利就业。

以色列是一个移民国家，其建国后的前三年就涌入了 70 万移民①。这个数字超过了当时以色列原有的 65 万人。移民中一半的人来自亚洲和非洲，还有一半来自欧洲和世界其他地区。由于犹太复国主义思想的感召，以及 20 世纪 50 年代以色列颁布了《回归法》和《国籍法》，流散在世界各地的犹太人纷纷回归。新移民在以色列面临语言、就业等种种问题。20 世纪 90 年代苏联解体，以色列迎来了新的移民潮。约有 100 万犹太人先后从苏联移居到了以色

---

① 艾仁贵：《以色列多元社会的由来、特征及困境》，载《世界民族》，2015(3)。

列，这些移民多是受过高等教育的专业技术人才，但存在语言和环境适应的问题。"以色列接纳来自世界各地的犹太人，要使新移民融入国家，成为可雇用的公民，做到这一点的最好办法是为青少年移民和成年移民提供良好的教育。"①针对不同类型的移民，以色列开展了多种形式的成人教育，如为新移民提供免费的希伯来语培训课程，为已具备一定的希伯来语基础和专业技能的移民提供就业模拟培训等。

(二)特点

1. 犹太复国主义教育

犹太人的历史就是一部流散史。19世纪中后期欧洲产生了犹太复国主义思想和运动。以色列建国后，"历届政府一直在竭力运用各种策略与手段延续和强化着建国前的犹太复国主义夙愿及目标的'责任感'"②，这种思想也体现在教育中。以色列建国后，以色列政府一直将犹太复国主义贯穿在国民教育中，使其成为以色列教育不变的主题。犹太复国主义教育的内容包括希伯来语，以及犹太的历史、地理、文化、宗教等方面。教育形式包括开设课程、参观访问、组织主题活动等。除此之外，以色列各学科的教学中也渗透了犹太复国主义思想。犹太复国主义教育"不断唤起和强化犹太人悲剧性的历史记忆，激发犹太人的民族凝聚力，最终促使深埋于犹太人心中的重建犹太国这一沉睡观念得以苏醒"③，这虽然培养了学生的爱国主义精神和国防安全意识，但也具有一定的偏狭性。以色列学校在注重犹太复国主义教育的同时，却忽略了国内占人口20%的其他民族的历史文化教育。

2. 犹太宗教教育

以色列约有2/3的人信仰犹太教，犹太宗教教育是以色列国民教育的重

---

① Judith A.Cochran，"Israel：Divided by Religion and Education," *Digest of Middle East Studie*，2017(1).

② 王铁铮：《从犹太复国主义到后犹太复国主义》，载《世界历史》，2012(2)。

③ 王铁铮：《从犹太复国主义到后犹太复国主义》，载《世界历史》，2012(2)。

要组成部分。以色列教育体系分为国家教育体系和非国家教育体系两个部分：国家教育体系中有国立普通学校(世俗性质)和国立宗教学校(宗教性质)；非国家教育体系中包含传统教派学校等。国立普通学校的教学中有犹太教的历史和传统文化的内容，国立宗教学校进行的是犹太教教育。犹太教传统教派学校属于非国家教育体系，拥有较大的自主管理权。这些学校里宗教基础课程占了很大比例。

以色列在建国后颁布了一系列教育法，形成了世俗教育与宗教教育并存的局面。1949年以色列颁布的《义务教育法》规定，家长有责任保证适龄儿童在国家认可的教育机构接受义务教育，而国家认可的教育机构既包括国家教育体系中的国立普通学校和国立宗教学校，又包括非国家教育体系中的传统教派学校。1953年以色列通过的《国家教育法》则明确指出，国家宗教教育"其教学是宗教的，课程、教师、校监(包括托拉教育者)均依照宗教传统以及宗教犹太复国主义精神开展"①。犹太宗教教育为以色列青少年道德品质的培养、犹太文化的传承和以色列社会的稳定起到了积极作用。

三、以色列教育发展的基本经验和存在的问题

(一)基本经验

1. 高度重视教育发展

犹太民族有重视教育的优良传统。以色列开国总理本-古里安曾指出："犹太历史的基本内容只有一条，即没有教育就没有未来。"②以色列在建国后将教育立国作为一项基本国策，在教育立法、财政拨款和行政管理方面为教育发展提供了有力保障。

---

① 陈腾华：《为了一个民族的中兴：以色列教育概览》，246页，上海，华东师范大学出版社，2005。

② 陈腾华：《为了一个民族的中兴：以色列教育概览》，11页，上海，华东师范大学出版社，2005。

以色列在建国后颁布了一系列教育法律。1949年颁布的《义务教育法》规定了义务教育的对象、受教育年限、家长的职责和义务，以及不接受义务教育的处罚细则等；1953年颁布的《国家教育法》明确规定了国家对教育的管理；1958年颁布的《高等教育理事会法》规定了高等教育理事会为以色列负责高等教育的国家机构，使以色列高等教育走上了法治轨道；1969年颁布的《学校督导法》对学校的开办与运营、学校工作者的录用以及国家对学校的督导做了规定；1988年颁布的《特殊教育法》规定以色列3~21岁的行为能力受限或有其他适应障碍的人都可接受免费的特殊教育，还对有特殊教育需求孩子的诊断和安置、学校对特殊儿童教育的职责、特殊教育教师的从业要求等做了规定；1997年颁布的《长学习日与加强学习法》对教育机构的教学时间做了规定。这些法律规范了以色列各级各类学校的运作，为教育发展提供了法律保障。

20世纪后半期，以色列对教育的财政拨款连年上升。1962年以色列教育经费占国民生产总值的6%，1975年达到8%，1985年达到8.5%。[1] "1998年教育经费占国民生产总值的百分比甚至达到了10.6%"[2]。以色列政府长期以来优先保证教育经费，教育预算仅次于国防预算。

在以色列，不仅是教育部，其他政府行政部门在教育发展中也发挥了重要作用。以色列中央统计局负责编制教育统计资料并向公众公布；以色列科技部为科技教育提供支持服务；以色列劳动和福利部设立了职业培训和人力资源开发局；以色列国防局为青年提供国防教育；以色列卫生部设有卫生教育委员会等。以色列的行政管理部门相互配合，通力合作，支持教育事业。

2. 高等教育的国际化

20世纪后半期以色列高等教育卓有成效：一方面恪守传统，将希伯来语

---

① 张倩红：《论以色列教育的特点》，载《西北大学学报(哲学社会科学版)》，2000(1)。

② 孙二丽、郑立：《论以色列教育的主体形式及其特点》，载《科学·经济·社会》，2015(4)。

和犹太历史文化列为重点学科发展；另一方面又实行面向世界的开放办学模式，在大学筹资办学、师资招聘、学术交流、学科建设等方面凸显国际化特征。

以色列的大学筹集国际资金办学。以色列大学办学经费的来源除了政府拨款和学费外，有相当部分来自世界各地的犹太人组织和欧美基金会。

以色列的大学面向全球招聘教师，聘请诺贝尔奖获得者、国际知名学者、国际组织领导人、有影响力的政治家等为学校的教授或客座教授，或邀请他们来短期讲学、做讲座，授予其名誉教授、名誉博士，以此来提高学校的教育水平和提升学校的国际知名度。

以色列的大学密切追踪国际科学研究前沿信息，常年举办各类国际学术会议。以色列鼓励大学教师和科技人员与国外高校及科研机构合作交流。不少大学教师利用学术年假和暑假与国外一流大学的学者进行合作研究，取得了一系列具有国际先进水平的科研成果。以色列大学还一直招收国际留学生和访问进修学者。早在 1955 年，希伯来大学就设立了留学生课程。1971 年，该校又设立了罗斯伯格国际学院。

以色列的大学以国际水准建设高水平学科和优势专业，国防科学、航天工程、沙漠科学、农业经济、脑神经医学、纳米科技、希伯来语、犹太宗教、中东研究等在世界上很有影响力。

(二)存在的问题

从 1948 年建国到 1982 年，短短 30 余年，以色列经历了 5 次中东战争。连绵不断的战火和动荡的局势给以色列青少年的成长带来了许多负面影响，形成了不少教育难题。一些以色列青少年缺少安全感，心理焦虑，对未来不抱希望。他们采取酗酒、吸毒、斗殴、校园暴力、逃学等方式来宣泄，有的青少年甚至走上了犯罪道路。如何教育和帮助这些青少年，使他们健康成长、成为合格公民，是以色列教育面临的棘手问题。

从 20 世纪 90 年代开始，英国等国的大学就开始在以色列设点办学。经过 10 年的发展后，有 20 多所外国高校在以色列设了分校，这虽然为以色列国民提供了更多接受高等教育的机会，但由于当时以色列缺少立法规范，行政部门也疏于监管，这些学校的办学质量参差不齐，甚至出现了滥发文凭和文凭买卖的情况。1998 年，以色列通过《高等教育理事会法》修正案，强调对从海外来以色列的高等教育办学机构实施监督管理，自此海外高等教育机构来以色列办学才逐步走向规范化。

第五章

20 世纪后半期澳大利亚的教育

　　澳大利亚地处南半球，自然条件独特，"二战"后经历了经济的恢复、振兴和改革创新时期。澳大利亚实行君主立宪制，工党、自由党等交替执政。20 世纪后半期，澳大利亚进行了一系列教育改革：重视公民教育，培养认同自身与国家、坚持民主与公平、关心生态与世界的全球公民；修正"白澳政策"（White Australia Policy），推动教育机会均等，实行多元文化教育政策，促进原住民及移民群体的教育发展；实施《科伦坡计划》（Colombo Plan），推进融入亚洲的进程，扩大国际影响力，形成较为完备的国家职业教育与培训体系等。

第一节　"二战"后澳大利亚教育改革与发展的社会背景

　　20 世纪后半期，澳大利亚经历了战后经济复苏与振兴的黄金时代，随后又进入了社会改革和创新时期。在这个过程中，澳大利亚虽经历了经济危机，但总的来说经济繁荣、社会稳定。澳大利亚独特的地理位置和历史背景，使它与亚太地区的国家有天然联系，与英美等西方国家形成同盟。作为一个由移民型殖民地发展而来的国家，澳大利亚的原住民和移民问题是社会的焦点。

一、经济复苏与振兴

"二战"时期，澳大利亚作为英美同盟国，派兵参加了北非战场、太平洋战场等战场的战争。战时澳大利亚工党政府通过扩大战时生产、减少投资、压缩开支、征税等措施来支撑战时财政。1942年，战争还未结束，澳大利亚政府就设立了战后重建部，规划战后国家的恢复与重建工作。如果说20世纪40年代战争年代是澳大利亚的"铁器时代"，那么战后恢复和建设的50年代就是"白银时代"，60年代至70年代初则是"黄金时代"。①

20世纪50年代，澳大利亚政府在经济发展方面加强了国家干预，采取了多种措施振兴经济。例如，大力建设基础设施，1949年启动雪山调水工程，这项大型水利工程将澳大利亚东部充沛的水调至西部干旱地区；军工企业转为民用企业；安置退伍军人；提高就业率，为失业者发放救济金等。1950年朝鲜战争爆发，澳大利亚的出口贸易显著增长。50年代后期以后，澳大利亚的贸易重点由欧洲转到东亚，与日本等国的贸易往来增多。铝土矿和巴斯海峡大油田的发现，增强了澳大利亚矿产出口和能源自给自足的能力，刺激了澳大利亚贸易业和工业的发展，国内经济呈现出活力。"二战"后至1965年，澳大利亚人"实际平均收入增加了50%以上"②。同时，这一时期也是澳大利亚人口增长最快的时期，"1947年仅757.94万人，1966年就达到了1150.82万人"③。澳大利亚政府认为人口的增长可以带来更多的劳动力，而扩大教育规模是一种人力资本投资。特别是1957年苏联发射人造地球卫星后，澳大利

---

① [澳]斯图亚特·麦金泰尔：《澳大利亚史》，潘兴明译，182页，上海，东方出版中心，2009。

② [澳]斯图亚特·麦金泰尔：《澳大利亚史》，潘兴明译，199页，上海，东方出版中心，2009。

③ Adam Jamrozik, *Social Change and Cultural Transformation in Australia*, Cambs, Cambridge University Press, 1995, p.44.

亚和其他西方国家一样感到非常震惊，于是加大了对教育的投资，中小学和大学的规模得以扩大。

1973年，第四次中东战争(赎罪日战争)爆发。由于美国在战争中支持以色列，阿拉伯国家为了报复美国，对西方国家实施石油禁运，导致国际油价飙升。澳大利亚的石油虽然基本能够自给，没有受到直接影响，但石油危机引发的通货膨胀给世界经济带来了重创。澳大利亚的经济也受到冲击，产业不景气，生产疲软，通货膨胀，失业率上升，持续十多年的"黄金时代"宣告结束。与西方国家相反，此时的东亚经济却进入了高速增长阶段，澳大利亚的经济贸易重心转向了亚洲。

"黄金时代"结束后，面对社会出现的种种问题，澳大利亚政府致力于经济的恢复和国家目标的实现——鼓励私人投资和企业参与市场竞争，削减政府开支，基础设施建设领域实行公私合作。随着经济政策的调整，澳大利亚能源和矿产的出口也大幅增加，经济得到恢复。但好景不长，20世纪80年代初期澳大利亚遭遇特大干旱，农业生产受到严重影响。加之由于西方国家经济普遍萧条，国际市场需求不振，澳大利亚经济衰退，再次出现通货膨胀和失业率上升的境况。1983年澳大利亚工党执政后，积极增加就业机会，改善工人社会福利，重振钢铁业和汽车制造业，放开金融管制，降低关税，使澳大利亚工商业更多参与国际竞争。但在1992年，澳大利亚的失业率再次上升，贸易赤字和外债负担也成了摆在政府面前的棘手问题。总理基廷(P. J. Keating)在任期间对外主张澳大利亚与亚太地区的经济一体化，对内积极解决通货膨胀和失业问题，促进经济复苏。1996年，新上台的霍华德(J. W. Howard)政府推行经济改革，放松金融管制，重启贸易自由化，改革税制，进一步削减公共开支，重整劳动力市场，推出"以工代赈"项目来代替原有的失业培训项目，让失业者更多地参与工作并提高职业技能，使之工作效率更高并更有竞争力。

二、地缘政治与多边外交

澳大利亚地处澳洲大陆，位于南太平洋和印度洋之间，与亚太地区有着天然联系，历史上先后成为英国的殖民地、自治领，后又成为英联邦内的独立国家。"二战"后澳大利亚继续与美英保持密切同盟关系，保持其西方国家成员国地位。与此同时，它从自身的地缘条件和生存发展考虑，着眼于减少对美英的依赖，与亚太地区诸国尤其是亚洲国家加强联系，发挥对国际事务更大的影响力，这是冷战开始后澳大利亚外交政策的主要特征。

为了应对冷战，加强南亚和东南亚英联邦成员国之间的经济合作，扩大西方国家的影响，1950 年科伦坡计划开始实施。该计划通过资金和技术援助、教育培训等方式展开。澳大利亚接收亚洲学生来澳学习，为他们提供资助，但由于"白澳政策"以及社会文化背景的差异，亚洲学生与当地人之间容易出现隔阂和矛盾。总体来说，该计划加强了澳大利亚与亚洲国家的文化交流，扩大了澳大利亚的国际影响力。

1965 年，美国实施"滚雷行动"（Operation Rolling Thunder），对越南民主共和国进行狂轰滥炸，深度卷入越南战争。与此同时，美国国内也掀起了声势浩大的反战运动。8 年的战争使美国耗资巨大，陷入财政赤字。越南战争后美国不得不调整其亚太策略。1972 年尼克松访华，中美之间打破了相互隔绝的状态，开始外交接触。1968 年，英国宣布三年内从新加坡、马来西亚等地区撤军，减少了对亚洲的军事干预。1973 年至 1975 年世界经济危机爆发，澳大利亚国内出现通货膨胀、失业率攀升、产业萧条的局面。面对国内外形势的变化，澳大利亚在继续保持和美英传统关系的同时，也开始调整外交策略，加强和亚洲国家的联系。

1975 年至 1991 年是澳大利亚政局相对稳定的时期。1975 年至 1983 年由自由党—国家党联合政府执政，时任总理弗雷泽（J. M. Fraser）主张澳大利亚应减少对美英的依赖，发展同亚洲国家的关系。他本人也来华访问，积极加强和中国的联系。澳大利亚虽然和英国一直保持同盟关系,但"二战"后英国对英联邦国家的影响日渐式微。20 世纪八九十年代,澳大利亚国内和英国脱离联系、实行共和制的呼声很高,但直到 20 世纪末澳大利亚实行的依然是君主立宪制。

1983 年至 1991 年工党执政期间,总理霍克(B. Hawke)继续保持和亚太地区国家密切的贸易往来,使澳大利亚与亚洲的贸易额增长迅速,但同时,霍克政府也加强和巩固了同美国的关系。

20 世纪 90 年代初,基廷政府加强与东盟各国和太平洋岛国的防务合作,以发挥澳大利亚在地区事务中的作用。1996 年澳大利亚大选中自由党领袖霍华德获胜。他上台后强调澳大利亚国家的独特性,外交政策更加务实。1997 年亚洲金融危机爆发后,澳大利亚积极参与了国际货币基金组织制订的救援计划。

20 世纪后半期在民族独立和进步运动中,一些亚洲和非洲殖民地国家纷纷同宗主国脱离联系,实现了国家和民族的自主独立。而澳大利亚虽然早在 1931 年已获得内政外交独立自主权,成为一个独立国家,但它仍然是英联邦的成员国。在推行多边外交的同时,它一直和美英等西方国家保持同盟关系。

三、原住民与移民问题

1947 年,澳大利亚"二战"后第一次人口普查的数据显示,其人口仅为 750 万,而澳大利亚的国土面积是 760 多万平方千米,可谓地广人稀。"二战"后经济的恢复需要大量劳动力,于是澳大利亚专门成立了移民部,确定了通过输入新移民以保持人口持续增长的目标,并与欧洲国家达成了移民协议。"二战"后至 20 世纪 60 年代中期,西欧、南欧和东欧的移民纷至沓来,其中大部分人来自非英语国家。为了让新移民尽快融入澳大利亚,澳大利亚政府采取了"同化政策"，提出了"新澳大利亚人"（New Australian）概念，鼓励不同族裔的移民以"澳大利亚式的生活方式"来生活。正如澳移民部部长所言，澳大利亚应当拥有单一的文化，所有人保持同样的生活方式，相互理解，共享相同的抱负。

20世纪50—60年代，澳大利亚政府对原住民实行的同样是"同化政策"，要求原住民能像澳大利亚白种人那样生活，延续了从20世纪初就开始的做法，将原住民儿童带离家庭，送到白人区接受教育。这造成了原住民家庭的分离和原住民儿童心灵的创伤，这些儿童被称为"被偷走的一代"①。时隔几十年后，有关这段历史的调查报告《将他们送返家园》（Bring Them Home）公之于众，舆论哗然。原住民不堪忍受社会歧视，争取权利的斗争不断。在社会要求变革的浪潮中，1967年，澳大利亚《联邦宪法》废除了对原住民的歧视性条款。1972年，澳大利亚工党上台后，"白澳政策"被废除，取而代之的是多元文化政策。

澳大利亚种族和解进程中的一个焦点是原住民土地所有权问题。1976年，澳大利亚颁布《原住民土地权法》，为原住民土地权利问题的解决奠定了法律基础。1984年，澳大利亚默里岛（Murray Island）的埃迪·玛波（Eddy Mabo）和几位托雷斯海峡（Torres Strait）的岛民要求从法律上承认他们对其世代栖居土地的所有权。1992年，澳大利亚最高法院对此案做出裁决，认定在国有土地范围内的原住民土地所有权有效。虽然这项裁决激起了农场主和矿业主的不满及反对，但使原住民土地权利问题的解决有了实质性进展。另一个焦点是原住民自决问题。20世纪80年代末，原住民与托雷斯海峡岛民委员会（Abo-

---

① "被偷走的一代"（Stolen Generation）是澳大利亚历史上一群充满悲剧色彩的人，是20世纪初澳大利亚政府推行的"白澳政策"的牺牲品。澳大利亚政府为了对原住民实施"同化政策"，在1910年通过了一项政策，以改善原住民儿童生活为由，规定当局可以随意从原住民家庭中带走混血原住民儿童，把他们集中在保育所等处实施白人文化教育。他们稍大一点就被送到女童和男童收养营；另一些肤色较浅的孩子则被送到白人家中。从1910年到1970年，全澳大利亚有近10万名原住民儿童被政府从家人身边强行带走，这些人后来被称为"被偷走的一代"。

riginal and Torres Strait Islander Commission)成立。该委员会作为一个原住民自治机构，标志着原住民向着实现自决的目标前进了一步。1995年，澳大利亚在《原住民权利宣言》的起草过程中，对原住民自治权做出的解读是：原住民不但控制决策进程，而且在包括政治地位、经济和社会发展等广泛事务方面有最终的决定权。①

20世纪90年代中期，澳大利亚自由党领袖霍华德在大选中提出自由党—国家党联盟为"我们所有人"执政，即为所有澳大利亚人服务，而不受女权主义者、环保主义者、原住民等少数群体左右。1996年，霍华德任澳大利亚总理后倡导"广泛的社会价值观"，摆脱政治正确性的约束，注重社会治理的实效。在这样的背景下，多元文化政策被中止，一些多元文化机构也被撤销。澳大利亚政府不仅削减了原住民相关项目的拨款，也对原住民要求的土地权利加以限制。澳大利亚政府对过去给原住民造成的伤害和原住民受到的不公待遇只予以了象征性道歉，而没有采取实质性的补偿行动。不管如何，原住民是澳大利亚最古老的居民，他们的历史和文化是澳大利亚历史和文化不可分割的一部分。20世纪90年代以后，澳大利亚社会上出现了原住民文化复兴的潮流，原住民的语言和风俗得到保护与恢复。澳大利亚历史和社会的一个鲜明特点是在英国殖民者到达以前，原住民就已经在这里生活了很长时间。澳大利亚建国的历史也是一部原住民被侵略、驱散的历史。如何重建和原住民的关系，实现种族和解成为20世纪后半期澳大利亚重要的社会问题之一。

澳大利亚20世纪后半期的移民中有一部分是难民，包括来自印度尼西亚、东帝汶、越南、柬埔寨、老挝等国的难民。20世纪70年代澳大利亚实施多元文化政策后，移民政策去种族化趋势明显，难民和非技术移民的涌入进一步带来了就业市场的压力。70年代中期，弗雷泽在任期间缩小了移民计划

---

① 汪诗明：《澳大利亚种族和解进程中的焦点问题》，载《人民论坛·学术前沿》，2016(19)。

规模，并对专业技术人才给予移民优先权。80年代初期至90年代初期，霍克政府执政期间为满足澳大利亚经济发展对专业技术人才的需求，加大了技术移民引进的力度。霍克在任的8年间，澳洲一共从海外引进技术移民约28万人①。澳大利亚东南部是全国人口最密集的地方，大部分移民也集中在这里。例如，墨尔本居住了很多"二战"后来澳的南欧和东欧移民，以及70年代以来的越南移民，而悉尼有很多来自亚洲、拉丁美洲、太平洋岛国和中东地区的移民。虽然澳大利亚在20世纪70年代至90年代初期实行多元文化政策，但澳大利亚政界和学界一直存在对多元文化政策的争议。例如，单一民族党党魁波林·汉森（Pauline Hanson）就反对多元文化政策，以及澳大利亚的亚洲移民政策和原住民政策。杰弗里·布莱尼（Geoffrey Blaney）认为以多元文化主义为基础的移民政策牺牲了多数澳大利亚人的利益，"政府正在执行'出卖澳大利亚'政策，多元文化主义正在将澳大利亚变为一个部落之国"②。多元文化政策的反对者认为该政策给澳大利亚带来了过多的移民，而支持者则认为正是多元文化政策使澳大利亚富有包容性并充满活力。1990年澳大利亚颁布的《移民法》（《合法移民改革法案》）扩大了合法移民的限额，"从原来的每年27万人增加到67.5万人，从而使每年移民的限额达到了20世纪的最高水平"③。20世纪后半期是澳大利亚移民增长较快的时期，来自不同国家、不同语言、不同种族的人汇聚在这块土地上，族裔的多样性取代了过去的单一民族性。移民在这里开始了自己的新生活，为这个国家带来了新的活力。

---

① 颜廷：《移入与回流：澳大利亚香港移民迁移趋势的转向与启示》，载《华侨华人历史研究》，2017(4)。

② [澳]斯图亚特·麦金泰尔：《澳大利亚史》，潘兴明译，250页，上海，东方出版中心，2009。

③ 张荣苏、张秋生：《20世纪后期美国与澳大利亚移民政策差异性的政治理论分析》，载《华侨华人历史研究》，2014(2)。

第二节　澳大利亚教育政策的历史变迁

第二次世界大战期间，澳大利亚的学校教育主要由公立学校、天主教及其他非政府办学机构提供。当时公立学校的在校生大约占全澳在读学生的四分之三。大部分的学生在年满 14 岁后完成并脱离学校教育。澳大利亚各州教育局的工作重心主要是运行和管理数量庞大及广泛分布的小学教育系统。教师的大量短缺是澳大利亚战时及战后很长一段时间的主要问题。

第二次世界大战不仅加剧了大萧条时期澳大利亚社会各方面的资源短缺，更增长了整个澳大利亚社会对教育改革的呼声。战后人们要求有更好的教育系统，旨在建立更公正的国家、更强大的社区和更和平的世界。这一时期，教育改革的目的主要是通过学校教育实现社会重构和公民教育，包括保证均等的教育机会、提高完成学校教育的年龄、拓宽中等学校教育的课程以服务所有学生、提供更好的职业教育指导、实行教育管理的集权化、提升教师的社会地位及废除一系列的外部考试等。战后澳大利亚各州与联邦政府的关系进一步增强。"统一税务协定"(Uniform Tax Agreement)有效地将绝大多数公司及个人税收归于联邦政府管理之下，这也使得澳大利亚在 20 世纪后半叶的教育经费得以重新分配。

20 世纪 50 年代以来，澳大利亚逐步进入一个良性发展的时期，这为澳大利亚全社会带来了普遍乐观的情绪，同时在学校教育领域迎来了新篇章。

一、1951—1975 年"机会均等"的教育政策变迁

1951 年到 1975 年的 20 余年间，世界上大部分的国家都处于战后复苏和社会重构中，澳大利亚也不例外。尽管当时的社会面临战后婴儿潮带来的学校危机、冷战危机及 60 年代后期年青一代的叛逆问题等，但与世界其他国家

相比，澳大利亚在 20 世纪的发展却显得更加自信从容。

　　20 世纪后半叶，澳大利亚的教育变革主要还是受英国和美国的影响。在与英国的关系上，澳大利亚政府采取了更为独立的外交政策，逐步脱离了对英国政府的完全依赖。澳大利亚政府通过积极参与国际事务，包括通过支持联合国和其他国际机构的运行来提高澳大利亚在世界各国中的影响力。虽然澳大利亚仍然是英联邦成员国之一，但反观战后的国际关系变化，我们不难看出美澳之间日益紧密的国家关系正逐步取代英澳之间长久以来的密切从属关系。

　　太平洋战争爆发后，澳大利亚出于保护自身安全的目的开始依附美国，而且直到"二战"结束后澳大利亚与美国的关系一直被澳大利亚政府作为其实行外交政策的出发点。澳大利亚、新西兰和美国于 1951 年签署了《澳新美安全条约》(Australia, New Zealand and the United States Pacific Security Treaty)，这是澳美两国结为联盟的基础。① 在"二战"结束后的整个 20 世纪 50—60 年代，澳大利亚的制造业取得了飞速发展。尤其是在采矿业方面，澳大利亚重新表现出极大活力，并成为世界上主要的采矿国。

　　"二战"后冷战格局的形成，世界两大政治军事阵营的对立，使得澳大利亚政府从 20 世纪 60 年代开始加强与亚洲国家的关系。1972 年澳大利亚与中国建交，在外交与国防政策方面逐渐变得独立和成熟，不再单独依附美国。

　　20 世纪 60 年代和 70 年代早期，增加社会流动及自我提升的机会、尊重教育消费中的个人选择、重视生活质量和生活方式，成为澳大利亚教育领域的三大主题。

　　1973 年，澳大利亚政府逐步转变了历史上的"白澳政策"，颁布了新移民法。它当时的移民政策没有人种、肤色或者国籍的歧视，这使得澳大利亚在"二战"后吸引了大批来自世界各地的技术移民。同时，澳大利亚经济结构有

---

① 沈永兴、张秋生、高国荣：《澳大利亚》，93 页，北京，社会科学文献出版社，2014。

了大幅度的调整，第三产业的发展态势迅猛。澳大利亚社会的发展急需大量知识水平较高、技术成熟的劳动力，这对教育提出了新的要求。这一时期，澳大利亚国内学校教育的需求大增，教育改革势在必行，澳大利亚的教育进入了快速发展的时期。

澳大利亚的学校体系一直面临办学经费不足的问题。虽然在 20 世纪上半叶，澳大利亚政府通过 1946 年的宪法修正案、1951 年的联邦议会等增加教育经费拨款，但收效甚微。进入 20 世纪下半叶，澳大利亚政府颁布和实施了一系列教育相关政策。

(一)《默里报告》①

1957 年，澳大利亚大学委员会由凯斯·默里(Keith Murray)主导的研究报告《默里报告》(Murray Report)的发布标志着澳大利亚政府逐渐开始影响高等教育。澳大利亚尽管在 19 世纪中叶就已经建成大学，但其政府对大学的管理和影响却乏善可陈。1957 年，澳大利亚第一个国家级和全国范围内的大学教育调查正式实施，揭露了当时大学教育存在的许多问题，比如适龄青年的大学入学率低、条件设施简陋、辍学率较高、科研水平低等。

该报告的主要内容有：大学在社区及社会中的角色；澳大利亚社会经济、教育背景等方面的特点；大学在本科生、研究生教育及科研方面的问题；教学设施的配置，包括人员雇佣及薪酬、奖学金和研究经费等；科技教育的质量监管；在某些地区大学的扩张需求等。报告提出，澳大利亚政府需要加大对教育的投资以扩大大学的规模，并且成立了大学拨款委员会以帮助做一些评估方面的工作，以此确定对各个高校的拨款金额。

但是，随着 1964 年《马丁报告》(Martin Report)的出台，《默里报告》中的目标计划被延迟，并导致后来澳大利亚高等教育体系中职业应用院校与大学

---

① Australia Committee on Australian Universities，"Report of the Committee on Australian Universities,"Canberra, Australian Capital Territory：Government Printer，1957.

被创立为两大平行却又相对独立的系统。

(二)《马丁报告》①

1964 年 8 月 27 日，时任澳大利亚联邦政府教育与研究部部长约翰·戈顿(John Gorton)收到了专门委员会关于未来高等教育发展趋势的报告。该报告由委员会主席雷斯林·马丁(Leslie Martin)负责，因而被称为《马丁报告》。

该报告共有三卷。第一卷包含八个章节：(1)国家和高等教育；(2)澳大利亚的教育景象；(3)澳大利亚的大学；(4)教师培训；(5)技术型教育；(6)澳大利亚高等教育的发展规划；(7)学生的财政资助；(8)财政预算。第二卷是调研的结论及对一些特殊学科的建议。第三卷则主要是对高等教育中多个学科的发展提出的建言。报告最重要的结论在于"二元系统"的建立，这使得澳大利亚本来相互独立的职业应用院校成为与大学相平行的教育系统。

这份报告强调高等教育与经济增长的重要联系以及多样性的重要性。报告建议应该根据澳大利亚的需求和资源来考虑高等教育的模式，应当成立高等教育学院、应用技术学院、教师培训机构来缓解大学的压力。

澳大利亚政府采纳了这个建议并且对这类学校进行了大量的资金投入，高等教育学院和应用技术与进修学院的大量出现也达到了预期的效果。

(三)《科伦坡计划》②

在"二战"后的数十年间，澳大利亚社会对"白澳政策"的质疑越发激烈。由于政治因素的影响，1950 年出台的《科伦坡计划》(Colombo Plan)作为澳大利亚的一项外交政策，意在增强与亚洲国家的关系。同时期，澳大利亚的教育实力有所提升，且逐步增加了国际教育输出。按照《科伦坡计划》，澳大利亚政府主要对东南亚地区原英联邦国家进行援助。

---

① Committee on the Future of Tertiary Education in Australia, "Tertiary education in Australia," Canberra, Australian Capital Territory: Government Printer, 1964.

② David Lowe, Australia's Colombo Plans, "Old and New: International Students as Foreign Relations," *International Journal of Cultural Policy*, 2015(12), p.21.

在这一段历史时期内,澳大利亚在政治、经济及对外关系方面都发生了许多变化,经历了一个快速发展的过程。这一系列因素对 21 世纪澳大利亚的国际教育政策产生了极大的影响。

(四)《原住民学习拨款计划》

澳大利亚政府早期对原住民族群主要采取的是隔离、同化和歧视的政策。这样的政策起始于 1926 年,终于 1971 年。20 世纪 50 年代以来,随着美国、加拿大等地少数族裔平权运动的兴起,澳大利亚政府逐步修正了长久以来存在的"白澳政策",开始逐步接受和公平地对待其他族裔。1969 年澳大利亚政府颁布的《原住民学习拨款计划》(Aboriginal and Torres Study Funding Scheme),就是解决该问题的体现。

澳大利亚政府为了使原住民族群的教育水平和其他族裔的教育水平一致,在政策制定上不断加强对原住民族群的教育支持。澳大利亚政府于 1969 年开始进行联邦教育体制改革,提出了一些关于原住民教育的措施。从 1970 年开始,澳大利亚政府允许原住民学生进入中学学习,并制订了一些特别的支持计划来鼓励原住民学生读完中学,例如《原住民家庭助教计划》。原住民教育计划在联邦政府主导和支持下不断取得进展。澳大利亚政府还于 1972 年废除了教师手册中有关学校和教师拒绝接收原住民儿童上学的相关条款。

总的来说,在 1951 年到 1975 年这段时期内,澳大利亚社会冲破了战争带来的压抑和萧条,各级各类学校在数量和规模上有了较大的增长。教师、学生、管理者和政策制定者都以更开放的态度去思考学校发展的问题,学校教育的重要性得到了前所未有的认同,为各族裔创造和提供平等的受教育机会也逐渐成为澳大利亚学校教育发展的共同价值取向。

二、1976—2000 年"市场化导向"的教育政策变迁

(一)澳大利亚国内教育政策的变迁

20 世纪 70 年代至 20 世纪末,澳大利亚教育发生了前所未有的变化,学

校教育无论对于青年一代还是对于他们的家庭而言都越来越重要。这一时期，经济全球化中的经济竞争也使得澳大利亚的发展迎来了新的定位。

20世纪70年代末，澳大利亚社会对全职青年劳动力需求的急剧减少使得通过多样化教育途径培训更具有专业能力的劳动力成为主旨目标。尽管从1976年到2000年，澳大利亚高中1年级到3年级的入学率从42.6%上升至74.4%①，但是政策制定者仍然认为目标值应当远高于此。

这一时期，人们普遍认为澳大利亚的公共服务体系昂贵而低效，这使得越来越多的私人企业进入自由市场为民众提供有竞争力的服务。在澳大利亚教育领域，公共服务与私人服务的合作越来越普遍。

20世纪80年代，《针对15、16岁学生的学校教育》(Schooling for 15 and 16 Year-Olds)报告出台。受此影响，高级中学对职业性的训练变得更为重要，人们对"学校—工作的转化"的关注由此兴起。整个90年代，澳大利亚联邦政府的教育政策都受"新职业主义"的主导。

1990年，澳大利亚联邦政府颁布了名为《机会公平——全民高等教育》(Fair Chance for All：National and Institutional Planning for Equity in Higher Education)的政策性文件。该文件把澳大利亚高等教育中的弱势群体分为了六类：家庭社会经济地位较低的学生、原住民学生、女性学生、残疾学生、农村和偏远地区学生以及非英语语言背景的学生。此后，澳大利亚联邦政府和社会对澳大利亚高等教育弱势群体就有了统一的界定。

(二)澳大利亚国际教育政策的变迁

20世纪80年代末至90年代初，随着国际军事和战争形势渐缓，世界各主要国家均着力于发展经济，并在各领域开展广泛的交流与合作。这一时期，澳大利亚外交政策明显向亚洲倾斜，工党提出"全面融入"的亚洲政策。从弗

---

① Craig Campbell & Helen Proctor, *A History of Australian Schooling*, Sydney, Allen & Unwin, 2014, p.105.

雷泽、霍克到基廷,澳大利亚政府都在不断推进澳大利亚融入亚洲的进程。在教育领域,澳大利亚政府积极应对国际形势变化,在维持原有的与欧美发达国家的教育交流与合作外,开始重新思考和定位其在亚太地区的发展愿景。澳大利亚的高等教育更加重视培养面向亚洲的人才,出台各项政策和措施鼓励学生前往亚太地区进行交流学习,其中要提到的是《新科伦坡计划》。

《新科伦坡计划》(New Colombo Plan)由澳大利亚外事与贸易部主导和制定。该计划有两个主要的项目,即流动项目和奖学金项目。

流动项目主要资助澳大利亚本科生在亚太地区进行短期的学习或实习,主要是让学生对这一地区有大概的了解和体验。流动项目的学分普遍获得澳大利亚各所大学的认可,并已经成为澳大利亚大学要求的课程的一部分。流动项目包括一个学期的学习、短期学习、实习和指导、临床实习以及短期研究。流动项目所提供的资助包括短期资助和学期资助。

给学生提供实习机会是《新科伦坡计划》的一个重要特点。奖学金项目通过选拔资助优秀学生在亚太地区进行长期的学习,这类学生后来成为澳大利亚与亚太地区沟通的桥梁。奖学金项目面向年龄为18~28岁的澳大利亚本科生,为其提供在亚太地区学习、实习的机会,也鼓励学生积极参与当地的社会活动。该项目要求奖学金获得者必须作为全日制学生参与学习项目,因为在国外获得的学分将计入学生在本国就读的大学所要求的学分,这是他们获得学位的条件。

在高等教育领域,澳大利亚政府通过制定相关优惠政策鼓励外国学生来澳大利亚学习。澳大利亚的院校以及其他机构也积极配合政府的相关政策,用各种方式吸引留学生。自20世纪90年代以来,澳大利亚留学生数量大幅增加,国际留学生教育逐渐成为澳大利亚重要的经济产业之一。

(三)原住民教育政策的变迁

1973年,澳大利亚政府成立了专门处理原住民事务的官方机构,"一体化"成为这一时期的政策主导。澳大利亚政府设立专项基金，为原住民事务发展提供一些经费上和法律上的援助。

原住民事务机构主要处理原住民群体的地权、教育、住房、法律、商业、行政等方面的问题。20世纪80年代，原住民群体的平权意识逐步苏醒，他们呼吁原住民工人应当享有平等的社会福利，抗议白人政府私自将原住民孩子与其家庭分离。因此，澳大利亚联邦政府和州政府在其辖区内修订了关于儿童的福利方案，来弥补过去的错误。

1988年10月，澳大利亚政府正式颁布了《国家原住民和托雷斯海峡岛民教育政策》（The National Aboriginaland Torres Strait Islander Education Policy）。该政策旨在促进原住民群体教育的发展，并强调澳大利亚联邦政府与各地政府一起努力实施。

该政策的目标包括：鼓励原住民参与教育相关政策的制定和实施；原住民与非原住民在教育服务上享有相同的权利；教育机会平等；教育结果公正。与此目标相对应的政府措施包括：（1）制定保障原住民群体参与到相关教育政策制定和实施工作中的措施；（2）确保原住民群体在学校等教育机构中享有平等的学习权利；（3）针对原住民在具体学科上的学业绩效较低的问题提供支持方案。

1991年，原住民与托雷斯海峡岛民委员会得以成立，这代表着澳大利亚新的福利机构的建立，并取代了过去的原住民事务部。这也标志着在澳大利亚实行了45年的"同化政策"正式废止。但这并不代表对原住民的歧视完全消除，社会中仍然存在着白人族群与原住民群体的族群矛盾。

由于原住民整体的受教育水平较低，为了能让更多的原住民儿童接受教育，澳大利亚政府除了在一般公立和私立的学校招收原住民儿童外，还在原住民社区成立了一些专门招收原住民儿童的学校。在这种专门学校里，学校一般采用双语教学，学校里的基础设施、教学内容、教学方法都尽量适应原住民的传统文化、风俗习惯。在教育模式上,澳大利亚政府采用"原住民教学辅助员制"。原住民教学辅助员坐在有经验的非原住民教员上课时的教室里,以便有更多的时间与学生交流。在教学用语方面,教师进行"双语与双文化"教育,即用英语和原住民语言进行教学,从而帮助原住民保持自己民族的语言和文化,增强他们对自己民族文化的认识,提高他们的民族荣誉感。

20 世纪 70 年代末以来,澳大利亚政府还采取了一些措施支持、发展原住民的高等教育。从总体上讲,在过去的几十年里,接受高等教育的原住民学生逐年递增,进入高等学校学习的原住民学生从 1975 年的 223 人增加到 2001 年的 7342 人,取得了很大的进步。[1] 从 1996 年到 2001 年,原住民受雇高等教育部门的数量也在增加,但只是澳大利亚全体教职工总数的 0.7%。[2] 为了鼓励原住民进入高等学校接受高等教育,澳大利亚政府采取了灵活多变的政策。

(1)澳大利亚政府放宽入学条件,如果原住民愿意进入大学接受教育,大学就可以降低录取条件,对学生的年龄也没有限制。事实上,在悉尼理工大学,原住民学生的平均年龄已经达到了 38 岁。

(2)对于文化基础较差的原住民学生,大学专门指派教师为他们补习,帮助他们为接受大学教育做好知识储备。

(3)根据原住民的要求开设课程。纵览面向原住民学生开设的课程,可以发现其中有关经营中小企业和乡镇管理的课程居多,这和原住民的经济发展息息相关。这表明原住民已认识到,发展原住民经济才是原住民的根本出路,通过它可以最终获得经济独立和民族自尊。

---

[1] Pechenkina E., Kowal E.& Paradies Y., "Indigenous Australian students' participation rates in higher education: Exploring the role of universities," *Australian Journal of Indigenous Education*, 2011(1), pp.59-68.

[2] Department of Education, "2013 Indigenous students," 澳大利亚教育部网站,2014-04-06.

（4）原住民学生在学校的时间非常灵活，他们可以根据自己的实际需要安排学习时间。也就是说，原住民可以分段学习，在学校学习一段时间再回去工作或实习一段时间，然后再回到学校继续学习。

（5）大学在收费方面对原住民学生也给予了很大照顾。交不起学费者还可以申请澳大利亚政府贷款，学成后有了收入再偿还学费。

总体而言，从1976年到2000年，澳大利亚教育系统产生了巨变，而这些转变也切实体现在国家教育政策的转变上。这一时期，澳大利亚社会环境的变化使得澳大利亚政府对受教育群体及其需求进行了重新分类和认识。不论孩子健康还是残疾、从何种文化背景移民而来，甚至不论其肤色、种族、性别等成为这一时期教育政策制定者的主要参照因素。20世纪末，澳大利亚国家人权及机会平等委员会（HREOC）发布了关于澳大利亚农村及远程教育的报告，并提出了面向21世纪的基于新技术的教育形式及课程改革，这给予了澳大利亚身处偏远地区的青年人平等的受教育机会，也使得他们和城市的青年人一样拥有了相似的机会。

尽管澳大利亚社会中仍然存在着社会阶层与教育机会均等差异性的矛盾，但这种差异性通过恰当的教育政策转变正在得到遏止。这一时期澳大利亚教育政策对不公平性的纠正，使得更多样的学校类型得以出现，使得每一个家庭都更加关注教育机会的均衡性。而澳大利亚联邦政府及州政府政策和经费的支持策略也得以重新定位，减少了人们对教育市场暗箱操作的隐忧。

第三节　公民培养与澳大利亚教育改革

20世纪后半期是澳大利亚不断建设的时期，也是澳大利亚公民身份不断重建、公民教育飞速发展的时期。历经了澳大利亚人—白人—多人种的社会形态变迁，澳大利亚逐步意识到多民族、多文化环境下的公民教育问题，不仅包括澳大利亚人的身份属性问题和共存问题，更包括澳大利亚人的社会意识问题和民族认同、国家发展问题。尤其是20世纪末期，经济全球化进程加快，澳大利亚的多元文化形态日益凸显，培养认同自身与国家、坚持民主与公平、关心生态与世界的全球公民成为澳大利亚教育改革的重要议题。

一、"二战"后澳大利亚公民身份的转变

(一)从臣民到公民的身份独立

1901年1月1日，澳大利亚脱离英国独立，成立联邦政府。作为一个殖民地国家，澳大利亚并没有像其他殖民地国家那样以流血和战争获得独立，而是经历了一个较为和平的过程。作为英属殖民地，澳大利亚在独立之前一直从属于英国，在君主立宪制下，接受的是英国女王的治理。当时的宪法下，澳大利亚的居住者仍维持英国人的身份。独立之前的澳大利亚人皆为英国臣民。即便在独立之后的几十年中，澳大利亚人也一直具有英国臣民的属性。他们认同英国人的生活模式，认同英国人长久以来的地位和身份。不论是20世纪20—30年代的"白澳政策"，还是20世纪30—40年代的"同化政策"，都旨在维持独立之前澳大利亚作为英国殖民地时期的生活模式，争取"比英国人更像英国人"[1]。前英国臣民的身份在澳大利亚人心中根深蒂固。

澳大利亚作为独立国后，经济、政治各方面的发展，都需要更充足的人力作为后盾。从20世纪中期开始，澳大利亚移民来源地从英国扩展到荷兰、联邦德国、意大利和希腊等地。自此，新移民到达，澳大利亚民族多样性增加，文化变得多元。面对国内存在的文化多样性与民族多样性问题，澳大利

---

① Alastair Davidson, *From Subject to Citizen: Australian Citizenship in the Twentieth Century*, New York, Cambridge University Press, 1997, p.65.

亚人开始思考澳大利亚国家的意义及澳大利亚人真正的身份问题。1948 年，"公民"这个词语第一次在澳大利亚宪法和行政法里出现，用来描述澳大利亚的居住者。1949 年 1 月 26 日，澳大利亚《国籍和公民法案》(Nationality and Citizenship Act)生效。该法案的最终确定，创建了澳大利亚人新的公民地位。至此，澳大利亚人的公民身份开始摆脱对英国文化的依赖，逐步改变英国臣民的属性，走向澳大利亚公民。这种公民追求一种独立自主的意识，其属性开始由"澳大利亚英国人"向"澳大利亚人"转变。

20 世纪 60 年代，"白澳政策"和"同化政策"相继以失败而结束。由此，澳大利亚人彻底摒弃联邦政府早期对英国的盲目忠诚和尊崇，希望重新定义公民身份和公民权利，利用公民身份的变化重构澳大利亚国家社会秩序。此时，澳大利亚人的英国臣民角色逐渐被摆脱，澳大利亚人自身独有的澳大利亚公民身份开始形成，其独立的国家公民属性开始得到发展。

(二)多元文化公民的身份重建

1966 年，澳大利亚政府放宽获得澳大利亚合法居留身份的标准，包括非英语移民可以平等地申请成为澳大利亚公民。"白澳政策"和"同化政策"彻底失败。从此时开始，澳大利亚开始重建民族-国家身份，思考如何定义新移民的身份、如何平衡澳大利亚人与新移民的关系，以及如何在澳大利亚国内更好地发展多元文化的问题。

1971 年，20%的澳大利亚人出生于海外，19%的澳大利亚人的父母双方中至少有一方出生于海外。而这些在海外出生的人中有一半出生于非英语国家。① 1973 年，澳大利亚政府废除了 1901 年的《移民限制法案》(Immigration Restriction Act)、1901 年的《劳工法》(Labourers Act)及 1903 年的《归化法案》(Naturalisation Act)，开始致力于颁布允许其民族多样性发展的新的移民政策。

---

① Joan Geralyn DeJaeghere, " Citizenship and Citizenship Education in Australia: New Meanings in an Era of Globalization, "PhD diss., University of Minnesota, 2002, p.47.

政策更替和社会变化进一步促进了澳大利亚社会多元文化的形成，对其国内多元文化政策的发展有极大的促进和推动作用。在此基础上，1973 年，在惠特拉姆(Whitlam)政府的大力倡导下，澳大利亚开始明确了在全国范围内实施多元文化政策的政治走向。时隔不到一年，1974 年，澳大利亚联邦政府制定并颁布了澳大利亚历史上的第一个多元文化政策。政策明确规定："我们社会的所有成员必须拥有同样的机会去认识他们自身的潜力；必须拥有同样的权利去存在和服务；社会上每名成员都能不受偏见地保持自己的文化；并能够理解和认同他人的文化。"①

自此，澳大利亚开始公平接纳来自全世界的移民，开始正视国内的民族多样性与文化多样性，并致力于应对新时期本国存在的多民族、多文化问题，解决多元文化环境下原澳大利亚人与新移民的共处问题，思考多元文化环境下国家公民的身份建构问题。

随着经济全球化的进一步发展，以及各国之间经济关系的不断变化，澳大利亚政治、经济上的变化也不断促使澳大利亚人开始重构他们的公民身份，重建国际化形式下的国家理解。这些变化使澳大利亚在经济全球化视角下重新审视自己的政治、社会、文化及经济上的一些变化，使其清楚地认识到是这些变化加速了澳大利亚对其社会的理解和重建，促进了澳大利亚多元文化社会的建立，也奠定了澳大利亚多元文化公民发展的基础。

(三)经济全球化时代对多元文化公民身份的再思考

20 世纪 80 年代以后，经济全球化进程加快，澳大利亚经济逐步增长，亚洲移民不断增多。澳大利亚国内多元文化共存和经济全球化时代外部文化渗透对其国内的不断冲击，致使绝大多数澳大利亚人开始进一步思考澳大利亚人的身份问题及他们在全球事务中的角色问题。此外，澳大利亚国内的原住

---

① J.Jupp, *Immigration and national identity: Multiculturalism*, In *The Politics of Identity in Australia*, ed.S.Geoffrey, New York, Cambridge University Press, 1997, p.135.

民运动也促进了澳大利亚人对其身份的思考。

"1991年，23%的澳大利亚人出生于海外，而其中14%的人来自非英语国家。"①澳大利亚人口统计上的变化再一次印证了经济全球化背景下澳大利亚文化多元的现状。20世纪90年代，澳大利亚出台了3份议题以形成其关于公民的对话及理解，分别是"对本土权利与调和的认可""对共和政体的争论"与"选举和经济全球化对公民生活的影响"。可见，在经济全球化背景下，澳大利亚国内存在的民族多样、文化多元的现实情况，决定了其需要的是经济全球化时代的多元文化公民。这种公民既能掌握自身文化，也能尊重和理解其他民族的文化。这种公民需要以一种开阔的视野面对和处理世界文化、国内文化和自身文化的共存问题。1999年4月，《新世纪澳大利亚的多元文化主义：走向包容》(Australian Multiculturalism for a New Century：Towards Inclusiveness)的报告发表。该报告指出了澳大利亚社会所期望的并致力于培养的多元文化公民应坚持的几项原则，具体如下。

"公民责任：所有的澳大利亚人都必须了解澳大利亚国家宪法及其之下运行的民族制度，应该对国家的基本社会构成有正确的认识，尊重国家内各种形式的文化……有对自身文化和信仰的解释权，包括接受并认同他人拥有相同的权利的义务；社会平等……有平等的资格和机会为澳大利亚的政治和经济服务；机会平等……接受文化多元下的多样化生产方式；正确认识社会及经济的增长……应该为澳大利亚人谋取最大利益。(澳大利亚公民委员会，2000)"②

总的来说，经济全球化冲击下政治导向的调整、移民的增加、原住民的觉醒等一系列变化，让澳大利亚认识到其国内已存在的多元文化本质和世界

---

① J. Jupp, *Immigration and national identity*：*Multiculturalism*, In S. Geoffrey(Ed.) The politics of Identity in Australia, New York, Cambridge University Press, 1997, p.76.

② Joan Geralyn DeJaeghere, " Citizenship and Citizenship Education in Australia：New Meanings in an Era of Globalization," PhD diss., University of Minnesota, 2002, p.54.

文化对其国内文化产生的冲击，对其国内政策制定、文化政治走向和公民身份的含义都产生了极大的影响。在经济全球化时代，澳大利亚认识到应培养一种动态的、主动的多元文化公民。这种公民作为多元和包容的社会中的成员，能够以经济全球化视角认识到个人与国家、个人与世界的关系，接纳民族和文化的多样性，重视个人作为社会成员的权利，了解自己作为世界的一分子的义务。

二、培养融入社会和环境的公民

(一)社会科课程的初定位

1937年，澳大利亚新教育联谊会(New Education Fellowship)在澳大利亚举行。会议决定在澳大利亚全国范围内开设社会科课程，并将历史、地理和公民学课程纳入社会科中，旨在培养一种"好"的公民。同时指出，社会学习课程教师关注的重点应该是儿童的兴趣、需要、活动与经验；学科只是达到目的的手段，而不是目的本身。自此，澳大利亚开始将社会科逐步引入其全国大部分学校，也标志着澳大利亚公民学课程向社会科课程的转变，即澳大利亚开始关注公民的社会参与，课程开始了从知识教材到学生生活、学校文化、社会文化的转变。

从20世纪70年代开始，澳大利亚开始关注在国家事务中讨论将环境教育纳入教育领域。自那时起，一系列环境教育计划和课程计划开始在澳大利亚境内各州学校中陆续推行。

(二)社会与环境研究课程的出现

在历经了公民教育的改革、停滞以后，20世纪80年代，澳大利亚的公民教育在全世界公民教育浪潮下开始复兴。1989年，澳大利亚教育理事会发布《霍巴特宣言》(Hobart Declaration)，将澳大利亚社会科课程命名为社会与环境研究(Studies of Society and Environment)课程，提出环境教育的目标是培养学生对均衡发展和全球环境的理解与关心①。自此，社会与环境研究课程承担起澳大利亚公民教育的任务，也是澳大利亚全国范围内中小学八个关键学习领域之一。它要求学生：

● 理解澳大利亚过去和现在的文化及语言多样性；

● 理解种族多样性和文化多样性，了解他们对澳大利亚社会、文化和经济发展的贡献；

● 了解澳大利亚移民史，认识澳大利亚是由多文化公民组成的国家；

● 了解澳大利亚的语言和种族多样性背景，并为澳大利亚的多元文化氛围骄傲；

● 了解种族主义和歧视的存在，并反对歧视；

● 了解在社会公平的前提下，社会机构如何运行和发展；

● 了解异社会和文化对澳大利亚文化及公民的影响；

● 对当今澳大利亚社会问题的争论持自己的观点。②

1994 年，澳大利亚《社会与环境研究课程框架》(Studies of Society and Environment Curriculum Framework)颁布。框架将民主进程、社会公正和生态可持续性作为澳大利亚中小学社会与环境研究课程的三组核心价值观，认为这三点是新时期澳大利亚公民所必须了解的，同时将澳大利亚中小学社会与环境学习领域分为六个板块，分别是"时间、连续与变化，地点与空间，文化，资源，自然与社会系统，调查、交流与参与"③。相应地，框架也分别描述了针对上述六个板块，学生应取得的学习进展和每个板块的八个具体学习目标。表 5-1 是澳大利亚昆士兰州根据该文件，针对社会与环境研究课程六个学习领

① Joan Geralyn DeJaeghere, "Citizenship and Citizenship Education in Australia: New Meanings in an Era of Globalization," PhD diss., University of Minnesota, 2002, p.57.

② Australian Education Council, *Studies of Society and Environment-A Curriculum Profile for Australia Schools*, Canberra, Curriculum Corporation, 1994, p.5-7.

③ Joan Geralyn DeJaeghere, "Citizenship and Citizenship Education in Australia: New Meanings in an Era of Globalization," PhD diss., University of Minnesota, 2002, p.143.

域板块之一制定的课程大纲①。

表 5-1 昆士兰州中小学社会与环境研究课程大纲

单元目标:	核心知识点:	延伸知识点:
学生应该懂得澳大利亚历史发展的原因,并能够分析澳大利亚殖民和移民人口的影响。	学生应该懂得澳大利亚在特殊时期发展的主要原因,包括战争、殖民、移民和环境变化,并能够正确认识澳大利亚的社会发展、生态和经济可持续发展。	学生能够通过宗谱分析自身生活方式的文化、政策和社会原因。
学生应该对各个事件的发生持有不同的观点,能够通过个人及群体等的不同出发点分辨各个事件的利弊。	学生能够在小学和初中通过分析利弊(包括偏见)认识社区、地区和国家,包括原住民、托雷斯海峡岛民、妇女和移民的性质。	学生能够通过对过去不同种群的人的认识,分析特定时期的社会和环境发展。

环境问题也是澳大利亚社会与环境研究课程框架中的一部分。20 世纪 90 年代,澳大利亚政府提出了"国家生态可持续发展战略",其中包括社会和生态发展在内的四个国际化议题,进一步推动了澳大利亚环境教育在学校的顺利实施,要求学生作为公民在全球维度下认识生态系统中存在的问题,认识环境问题的重要性。例如,社会与环境研究课程的"地点与空间"领域要求学生认识澳大利亚和全球气候、气候及其变化的影响因素、澳大利亚农村土地的使用模式及其影响澳大利亚环境变化的因素和过程等。

社会与环境研究课程是综合的社会科课程。通过该课程,澳大利亚开始鼓励学生理解澳大利亚社会和环境的本质,认识自身所处的多元文化社会和环境的知识,参与社会事务,关心社会环境、生态平衡和全球发展,旨在培养融入澳大利亚多元文化的公民。

---

① Joan Geralyn DeJaeghere, "Citizenship and Citizenship Education in Australia: New Meanings in an Era of Globalization," PhD diss., University of Minnesota, 2002, pp.174-175.

三、培养具备全球视野的公民

(一)多元文化背景下新一代公民的培养

澳大利亚历史上五分之一以上的人口是早期的来自盎格鲁-凯尔特民族的移民,其奠定了澳大利亚民族、文化多样的本质属性。[①] 作为原住民的居住地,自 1788 年起,澳大利亚作为英属殖民地存在了一百多年。直至 1901 年,澳大利亚成为一个独立联邦,公民的权利才真正开始在澳大利亚全国范围内被讨论。为继承"白澳"种族主义,"二战"后,澳大利亚所接收的移民最初以欧洲难民和自由的英国移民为主,甚至对原住民进行屠杀与隔离。从 20 世纪 50 年代开始,由于人口所限,澳大利亚移民扩展到荷兰、联邦德国、意大利和希腊等地。

"二战"后,反对种族歧视开始在国际社会得到普遍认同,澳大利亚政府所坚持的"白澳政策"和"同化政策"也相继失败。在其国内自身状况的影响下,在国际社会联合争取少数民族权利的浪潮下,澳大利亚开始面对国内存在的文化多样性与民族多样性问题,认识到解决文化多元问题与澳大利亚公民身份问题的必要性与急迫性。

1949 年 1 月 26 日,澳大利亚《国籍和民族法案》生效,之前的称谓"英国人"被"澳大利亚人"取代。[②] 1973 年,惠特拉姆政府宣布开始实施多元文化政策,在澳大利亚范围内解决公民身份问题。惠特拉姆政府之后的弗雷泽政府认为,公民身份是维系澳大利亚多元社会团结与和谐的纽带,多元文化主义则作为一种公共政策来协调公民身份的普遍标准与特定需求之间的关系。[③] 经过几年的努力,在之后的霍克政府时期,多元文化政策被确立为澳大利亚的

---

① 黄骞:《多元文化主义与澳大利亚民族认同》,硕士学位论文,华东师范大学,2008。

② Department of Home Affairs, Immigration and Citizenship,澳大利亚内政部网站,2019-01-04.

③ Marginson, S., *Educating Australia: Government, Economy and Citizen since 1960*, Cambridge, Cambridge University Press, 1997, p.252.

基本国策。① 霍克政府认为："公民身份包括公民的政治、社会和文化权利；多元文化主义是一种权利与自由系统，包括履行奉献于国家的义务，接受宪法与法规赋予的职责，对基本原则如宽容与平等的坚持等。"②

原住民和移民是澳大利亚政府不可忽视的社会组成部分。在澳大利亚，多元文化主义强调"认同国内民族、文化多元的存在现状"③。在多元文化环境下，如何利用教育培养新一代的公民，使他们理解并认同其在澳大利亚社会中的公民角色，适应并融入国家多元文化环境下的生活，一直是澳大利亚政府努力解决的问题。

(二) 从 20 世纪末起澳大利亚培养世界公民的具体措施

伴随着经济全球化进程中民族文化的不断融合，20 世纪末，多元文化公民身份成为澳大利亚公民身份的重要特征。国际移民的不断涌入使澳大利亚文化进一步多元化。世界文化与国内文化的不断交融使澳大利亚人进一步认识到其在经济全球化时代公民身份的扩展问题，即澳大利亚需开始思考在其国家利益之下的内部文化多元化与经济全球化、国际化趋势之间如何平衡的问题，以及在国际化视野下的民族—国家公民身份问题。自 20 世纪末以来，澳大利亚先后颁布了多个文件，以促进其国内多元文化的发展及其具备全球视野的公民的培养。

1999 年，澳大利亚就业训练与青少年事务部颁布的《阿德莱德宣言》(Adelaide Declaration)明确指出，要培养能够承认并理解文化多样性的世界公民。这样的公民应具备必要的知识、技能和价值观，正确认识世界的发展，习得英语以外的其他语言，在本土和全球双重视角下为澳大利亚国家和社会的发

---

① 杨洪贵：《澳大利亚多元文化主义研究》，153 页，成都，西南交通大学出版社，2007。

② Castles, S., *Ethnicity and Globalization: From Migrant worker to Transnational Citizen*, London, SAGE Publication, 2000, pp.145-146.

③ David Bennett, *Multicultural States: Rethinking Difference and Identity*, London, Routledge, 1998, p.135.

展服务。① 在此之后，澳大利亚先后出台了相关政策，以促进澳大利亚多元文化环境下世界公民的培养。

经济全球化时代的澳大利亚公民身份已然突破国家界限，走向世界公民身份。目前，经济全球化时代澳大利亚的多元文化公民教育旨在培养具有全球视野的公民。这种身份的公民需具备经济全球化的知识和理解能力，对经济全球化、民主和多元文化主义有正确的认识，认同文化多元化；坚持社会民主和社会正义；能够正确对待自己并尊重他人的公民身份和权利；积极参与公共生活，参与对公共事务的讨论；了解国际事务；关心全球环境和生态可持续性。

四、培养担当责任的公民

（一）塑造国家意识和历史观

经济全球化时代，具备国际化意识已成为全世界公民所需的能力之一。公民应认识国际关系并理解各国文化，即公民不仅是单一民族或国家的一员，更是世界的一员。

1997 年 5 月 8 日，时任澳大利亚教育部部长大卫·坎普（David Kemp）提出："应在澳大利亚公民教育的基础上加强并聚焦历史教育。学校学习中历史科目的重要性有助于人们了解当前社会，甚至影响人们对未来的抉择。"②历史教育有助于公民历史观的形成，有助于公民形成对国家的正确认识，并在此基础上认同国家、认识世界。

澳大利亚新南威尔士州为了更好地进行公民历史教育，通过社会与环境研究课程开发了一系列课程材料，如《1901 年以来澳大利亚的历史》（A History

---

① 资料来源于澳大利亚学校教育与幼儿教育党务委员会网站，2018-11-12。

② Joan Holt, "Learning to Live Together: Discovering Democracy in Australia," *Prospects*, 2001(3).

of Australia since 1901，Darlington & Hospodaryk，1999）、《联邦政府：对内和对外》（Federation：Inclusion and Exclusion，NSW Centenary of Federation，2000）、《澳大利亚公民学和公民教育》（Civics and Citizenship in Australia，Bereson & McDonald，1997）和"基于'发现民主'计划整合的课程大纲材料"（materials designed to integrate Discovering Democracy into the syllabi，NSW Department of Educating and Training，2000）等。

同时，在具体的历史课程方面，新南威尔士州社会与环境研究课程下的历史课程大纲展示了经济全球化维度下多元文化公民所需的特质，并做了具体阐释。该大纲指出"历史的学习是发展有学识的积极公民的关键和必需的内容"。历史科目的学习，可以使学生的洞察力和理解力得到改变，并促进他们对其身处的社会中自身权利、责任和社会发展的认识与思考，帮助其进行批判性思考，开发其对当代国家和国际事务的看法。

历史学习对学生正确形成民族认同和国家认识有十分重要的作用。澳大利亚在学校教育阶段重视学生公民历史观的培养，以引导学生了解社会发展、认识公民身份、培养国家意识，并在此基础上帮助学生形成全球意识。

(二)认识资产阶级人权和法律

历经了从原住民到移民、从单一民族国家到多元文化国家的不断转变，一系列多元文化政策使澳大利亚人被赋予了获得平等对待的权利。随着尊重差异、尊重文化、保障各族人民平等的国家理念的形成，澳大利亚人开始真正认识其作为公民的责任与义务，产生了对澳大利亚的忠诚和认同，新的资产阶级民主国家开始形成。

历经二百余年的发展，澳大利亚人的属性从开始的英国臣民逐步转变为独立的国家公民。随着之后移民的不断增加，各民族的到来改变了澳大利亚人的单一民族意识，种族主义逐渐消退，不同肤色的人作为相同的"澳大利亚人"的公民身份和权利意识开始盛行，资产阶级人权教育在其国家学校教育中也逐步显现出来。

1994 年 10 月，澳大利亚基廷政府成立公民学专家小组（Civics Expert Group），对全国公民教育状况进行调查，对 2500 个 15 岁以上的人进行了 25～45 分钟的有关公民学知识的访谈。

这项调查表明，澳大利亚人对权利和政体的认识匮乏。基于此，1997—2004 年的公民教育课程改革计划——"发现民主"（Discovering Democracy）计划将资产阶级人权教育作为重要的一部分，着重使澳大利亚年轻人为成为未来的公民做准备，明白自己作为公民的权利与义务，尤其是在多元文化环境下，人们应该尊重差异，将公民权利作为平等的起点。

法律是民主社会和国家的基石，人权是国家公民的保障。法律公平、人权明晰才有助于公民平等和国家公正，因此澳大利亚注重公民权利和公民法律意识的培养。

（三）构建正确的价值观

20 世纪初，在英国传统文化的影响下，澳大利亚公民身份和品格的培养都围绕忠诚、爱国主义和英雄主义展开。20 世纪 30 年代，澳大利亚引入集历史、地理和公民教育为一体的社会科研究。公民教育开始关注政治结构、公民的权利和义务，以及社会生活中的公民参与。尤其是"二战"后，移民的涌入迅速改变了澳大利亚的民族构成，也影响着澳大利亚公民教育的内容和开展。直至 20 世纪 80 年代，澳大利亚开始统一学校价值观教育，以期望在 21 世纪形成一种积极、正向的价值观。

1989 年，澳大利亚教育委员会发表了全国统一培养学生的价值观的声明，声明中的价值观包括："提高学生的道德判断能力，保证其践行社会正义；提高学生的社会参与能力，保证其具备相当的知识与能力；提高学生的环境意识，确保学生的价值观走向；为学生提供一个了解和尊重包括原住民和少数民族的特殊文化背景在内的文化遗产的机会。"①

20世纪末期是澳大利亚价值观教育的核心发展时期。1994年成立的公民学专家小组在澳大利亚的社会与环境研究声明中,整合了学校公民教育中的公民价值观,包括:确保个人自由和民主参与;尊重法律权威;尊重不同的选择、观点和生活方式;规范自身道德行为;拥护社会公平和正义;改变歧视和暴力;保护生态的可持续性,关注环境治理与保护。1997年的"发现民主"计划在此基础上,将价值观融入澳大利亚公民课程资料编写中,使之成为一个重要话题,以便教师在课堂上能有目的地将其带入教学。这一时期的价值观体现了多元化背景下的澳大利亚的社会本质,具体包括关心民主和自由、了解政府、尊重法律、尊重他人、坚持社会正义和接受文化多样性。②

同时,声明也具体提出了澳大利亚核心价值观的九项具体内容,分别是关心与同情、做最好的自己、公平、自由、诚信、正直、尊重、责任、理解宽容和包容。这九项内容是基于学生成为一个合格公民所需要的品质和能力设计的,始终围绕澳大利亚公民培养的客观需求,是澳大利亚人共同认可的社会价值。

澳大利亚的多元文化环境本身促进了其价值观的不断融合和发展,决定了其价值观的本质是资产阶级民主道德和社会正义,即让新一代的澳大利亚学生认识到他们所处的经济全球化时代与多元文化环境,了解差异、承认差异、相互尊重、相互包容,培养真正的多元文化公民,实现社会民主和平等。

(四)积极参与公共生活

从20世纪80年代末起,澳大利亚政府的相关机构开始对全国范围内公民教育的实施情况进行广泛的调查。1988年3月,澳大利亚政府要求就业、

---

① Murray Print, Mary Gray, "*Civics and Citizenship Education: An Australian Perspective*," 澳大利亚广播公司网站,2006-06-12.

② Murray Print, Mary Gray, "*Civics and Citizenship Education: An Australian Perspective*," 澳大利亚广播公司网站,2006-06-12.

教育与培训执行委员会(Senate Standing Committee on Employment, Education and Training)对"澳大利亚中小学和青年掌握的公民教育知识"进行调查。调查结果显示，澳大利亚的公民教育存在极大的缺陷，公众缺乏参与公共生活所必备的知识和认识。基于调查的情况，澳大利亚政府开始关注学校积极公民的培养问题。

1988年，澳大利亚联邦政府发布了一项名为"加强澳大利亚的学校"(Strengthening Australia's Schools)的声明，鼓励联邦教育部与学校联合以加强澳大利亚学校的教与学，为澳大利亚国家与社会发展服务。作为合作的结果，澳大利亚于1989年颁布了《霍巴特宣言》。其中，目标的第七条明确提出了澳大利亚教育在发展积极公民上的作用："为了使学生在国际化环境下能够作为一个积极的、具备较高能力的公民参与到澳大利亚的公共生活中，能够真正成为其社会中的一员，学校应该注重发展学生的知识、技能、态度和价值观。"[1]

澳大利亚在1989年的《积极公民教育》(Active Citizenship Education)报告中声明将严厉监控国内公民教育的实施，且加强公民学和公民教育，以弥补学生的公民知识和对政策的了解，保证学生掌握能够积极参与公共事务的知识和能力，并将报告实施的反馈意见写在了1991年的《再论积极公民身份》(Active Citizenship Revisited)中。

1997年澳大利亚的"发现民主"计划也将"公民与公共生活"作为最终教材编写的四个主题之一(其他三个主题分别是："谁在治国?"——聚焦国家主权、公民和权利；"法律和权利"——探讨法治、立法程序、法律的重要原则、高等法院和人权；"澳大利亚国家"——了解澳大利亚联邦政府的基本制度，以及澳大利亚公民身份)。该计划明确要求澳大利亚公民应理解社会中个人和群

① Joan Geralyn DeJaeghere, "Citizenship and Citizenship Education in Australia: New Meanings in an Era of Globalization," PhD diss., University of Minnesota, 2002, p.54.

体的不同作用，认识社会变革中人的作用，以及公民在公共生活中的角色与作用。1999 年 4 月，《阿德莱德宣言》也指出了 21 世纪澳大利亚中小学价值观教育旨在培养积极的社会公民，培养理解社会并积极参与社会生活的公民。

20 世纪是澳大利亚公民教育改革发展的重要时期。"二战"后，国际社会反对种族歧视运动加速了澳大利亚公民教育对国家文化多样性与民族多样性问题的认识，自此澳大利亚开始了基于国内民族和文化多元的公民身份问题和公共生活问题的研究。伴随着澳大利亚多元文化政策的实施，澳大利亚的公民教育在文化认同的理念下不断发展。至 20 世纪末期，在经济全球化浪潮中，澳大利亚公民教育将公民培养的内涵逐步扩大。作为典型的全球多元文化共存的国家，澳大利亚关注经济全球化环境下公民身份的变化，始终致力于一种能够在全球视角下坚持公平和正义、关心生态环境、积极参与公共生活、尊重他人和异文化的世界公民的培养。

第四节　国家职业资格制度体系与职业教育发展

20 世纪 70 年代以来，澳大利亚职业教育发生了重大变化，取得了令人瞩目的成就。澳大利亚职业教育的发展大致经历了四个阶段：国家职业教育与培训体系的提出；国家职业教育与培训体系的建立；国家职业教育与培训体系的改革；面向未来的职业教育体系的建立。

一、国家职业教育与培训体系的提出

20 世纪 60 年代以来，澳大利亚社会迎来了新一轮的产业转型，传统的支柱行业，如矿业、农牧业等在国家经济中的比例逐渐下降。而一些新兴行业，如信息技术、通信、金融等兴起，从业人员的职业流动明显增加。新兴行业的发展也对劳动力市场提出了新的技能要求。

20 世纪 70 年代是澳大利亚的成人教育、职业教育及相关教师培训的繁盛期。这一时期的教育发展变革伴随着终身教育的思潮而来。这种变革既受到了联合国教科文组织 70 年代早期教育工作的影响，同时也受到了 1972 年《富尔报告》(Faure Report)提到的"在今后的许多年，终身教育将作为教育政策的主要理念"的影响。[1]

1974 年，在职业教育领域，澳大利亚技术及未来教育委员会(ACOTAFE)发布了《坎甘报告》(Kangan Report)，这份报告改变了澳大利亚职业教育的面貌。该报告由迈尔·坎甘(Myer Kangan)负责执行，因而被称为《坎甘报告》。报告绘就了澳大利亚职业教育的新画卷，以及技术及未来教育(Technical and Further Education，TAFE)的新的地位、概念、特点和指导思想。

该报告指出："职前和职后教师培训质量将决定技术及未来教育如何发展。"[2]报告向委员会提出教师组织正在呼吁澳大利亚政府能够对所有技术及未来教育教师开展充分的教师教育，尤其是针对技术型教师的培训。其他一些报告还指出在当时的职业教育中，教师太过于关注技术与知识的传授，却忘记了成年人教育的一些基本需要，并且学校对技术型教师培训的认知也不足。

委员会经过调查发现，澳大利亚国内各州针对技术型教师的早期培训并没有形成普遍模式，而这是决定技术及未来教育质量的最重要因素，并且在职业院校的教师培训中非常迫切。

《坎甘报告》的出台在一定程度上促成了 1978 年《弗莱明报告》(Fleming

---

① UNESCO, *Learning to Be: The World of Education Today and Tomorrow*, London, 1972, pp.182-184.

② Australian Committee on Technical and Further Education (ACOTAFE), *TAFE in Australia: Report on Needs in Technical and Further Education*, *Kangan Report*, Canberra, Australian Capital Territory: Government Printer, 1973.

Report)——《澳大利亚技术及未来教育的正规准备》(Formal Preparation of TAFE Teachers in Australia)的生成。毫无疑问,澳大利亚技术及未来教育委员会的以上观点重申了职业教育领域教育学背景的重要性,也奠定了《弗莱明报告》的基础。

二、国家职业教育与培训体系的建立

20 世纪 80 年代以来,随着澳大利亚国内产业结构的进一步调整和转型,传统的职业技术培训行业持续萎缩,新兴第三产业的规模继续扩大,培训逐渐被一些私人机构承担。这对澳大利亚在职业教育与培训体系的标准和认证方面的管理提出了新的要求,改革模式、效果完善、质量管控等问题亟待解决。

(一)《德沃森报告》(Deveson Report)

1990 年 5 月,澳大利亚联邦政府和州劳动部部长会议对澳大利亚联邦政府/州政府培训建议委员会(Commonwealth/State Training Advisory Committee, COSTAC)的咨询报告(COSTAC Consultancy Report, 1990),尤其是对政府增加职业培训经费等相关问题进行了研讨。主题涉及提高公共培训的效率和适应性,增强公共培训领域与产业之间的合作和相互联系,扩展产业的直接训练效果,通过个体和企业向公共培训行业付费的形式解决经费问题等。会后,培训费用审查委员会(Training Costs Review Committee)作为一个新的独立机构成立,意在审查澳大利亚未来的培训费用。

1990 年 9 月,培训费用审查委员会发布了《重构奖励的培训成本:培训费用审查委员会的报告》(Training Costs of Award Restructuring: Report of the Training Costs Review Committee),也就是人们熟知的《德沃森报告》。

报告的主要观点包括:

(1)在未来五年内逐步调整裁定额度,虽然公共培训费用会受到影响,但培训应该通过向内部协调、产业资助、高水平方向调整和继续发展，这样的调整会增加人们对技术及未来教育的需求。

（2）澳大利亚政府通过采取有效行动，鼓励行业加大自己的培训力度，提升培训质量，使行业提供的培训能够得到社会的广泛认可和接受。

（3）倡议筹备和建立澳大利亚全国统一的认证及管理课程。这不仅有利于个体的培训技能得到行业及社会的认可，更有利于各行业和领域的继续培训。

（4）澳大利亚政府需要稳定地增加对技术及未来教育的资助经费。在下一个五年计划中，每年增加 5%。在全面覆盖培训成本的基础上，技术及未来教育也应增加为行业服务的比例。

（5）关于培训费用，应增加行业和个人的支付配比。

（6）由于技术及未来教育毕业生的收入比高校毕业生低，工人自己支付大量的技术及未来教育费用缺乏有说服力的依据，并可能导致教育不公平。

（二）《费恩报告》（Finn Report）

《费恩报告》发表于 1991 年 7 月。这份报告由布莱恩·费恩（Brian Finn）主持，经由澳大利亚贸易联盟会、商业人员、州政府及联邦政府官员共同组成的委员会来开展工作。

《费恩报告》指出，随着澳大利亚社会经济的发展，教育行业中正在形成工作和教育融为一体的趋势，无论是普通教育还是职业教育。这意味着之前泾渭分明的普通教育与职业教育、工作和学习迫切需要改变。因此，学校应该更关注为学生未来的职业做准备，技术及未来教育要进一步拓宽学生进入职业教育的路径，生产企业应该承担更多的培训任务。

《费恩报告》提出了一个教育和培训要求，指出未满 20 岁的年轻人在完成 10 年级的学校教育之前，需在学校或技术及未来教育学院获得两年全日制或三年非全日制的教育培训学位，这被作为统一的义务教育要求。同时，报告还提出了一个新的准入水平培训系统，这个系统与其他教育路径相联系。年轻人将获得更广泛的进入不同教育体系的路径,多样的路径将使学生在进入下一个新的教育体系时获得对其已有技能和知识的最大限度的认可。

报告还提出无论学生参与何种教育和培训,他们都必须掌握的核心能力应该包括:语言和交流能力,数学、科学和技术理解力,文化理解力,解决问题能力,人际能力。报告中的核心能力是与澳大利亚标准框架中的前三个等级相关联的,这对澳大利亚的国家课程标准产生了影响,包括将普通教育和职业教育进行恰当的交叉、学习方式的广泛化、学生选择的最大化,以及聚焦清晰的教育成果。

报告还就与改革相适应的教师培训课程、评估、组织安排等做了说明。同时,在教育与培训的具体实施上,报告对残障学生及其他弱势群体学生的公平准入制度、职业指导、教育经费资助等方面做了详细说明。

报告还提出了指向"参与和竞争力"的澳大利亚国家目标:到2001年,所有19岁的年轻人中应有95%完成12年的学校教育,或在完成初等学校学业之后进一步接受职业技能培训,以及正式的、受到承认的教育和培训;所有20岁的青年应该拥有二级水平的培训证书或者进入更高阶段学习;至少一半22岁的青年应该拥有澳大利亚国家培训董事会(National Training Board,NTB)认证的三级及以上的职业培训证书。

《费恩报告》在不同教育路径的衔接方面,强调在不同的教育系统和学校间,澳大利亚所有州和领地都能进行学分转换和对接,以及能进行普通学校和技术及未来教育学院的学分与学历转换。1991年召开的澳大利亚教育委员会会议普遍接受了以上建议,这对澳大利亚技术及未来教育的发展起到了积极的作用。

(三)《卡迈克尔报告》(Carmichael Report)

20世纪90年代年发布的《卡迈克尔报告》提出建立一种新的结构化入门水平培训体系。与《费恩报告》的相似之处在于,两份报告都提出了建立以能力为本的澳大利亚国家职业证书体系。《卡迈克尔报告》强调将学徒制与受培训者制度结合起来，建立更重视技能教育的培训体系。报告建议将年轻人的裁定工资率改为受训者工资率。在此基础上，培训的费用支付将考虑这些受训者所获得的能力、受训者在培训或生产工作中花费的时间和受训者在工作中所表现出来的能力。

报告提出了以下目标：

（1）到 2001 年，完成了 12 年基础教育的年轻人应该获得更多、更灵活的培训课程服务，他们中至少应该有 90% 的人接受培训并获得澳大利亚国家培训委员会颁发的二级职业证书，其中 60% 的人应该获得三级或更高级的证书。

（2）建议澳大利亚的中学能够在 11 年级和 12 年级提供更多的职业指导课程，让学生能够有更多机会获得情境化的学习方法，并充分了解不同的职业类型。通过发展澳大利亚全国范围内的公立和私立高等学院，提供更多样的学习环境，促进年轻人职业生涯的发展。

（3）技术及未来教育学院在下一阶段的发展重点是高等职业教育，提供从澳大利亚标准框架二级证书到学历证书的教育与培训，并且让高等教育机构、技术及未来教育学院和社区培训机构形成紧密联系，保证学校间入学渠道畅通，灵活地开展职业教育与培训。

在教育的费用方面，澳大利亚各州将给予此框架协议支持。学生在受教育的 12 年间，在职业课程中所发生的费用，都由澳大利亚的州或领地政府支付。同时，报告还建议在技术及未来教育学院或高等学院开展第 13 年职业年的学习。

1992 年，澳大利亚成立了由行业领导的全国培训机构——澳大利亚国家培训局（Australian National Training Authority，ANTA），标志着一个合作的全国职业教育与培训体系开始形成。

三、国家职业教育与培训体系的改革

澳大利亚职业教育的发展与政府的统一管理和宏观调控有密切的关系。

1992 年以来，国家职业教育与培训改革的焦点主要是改革培训市场。澳大利亚政府给予职业教育充分的自主权和发展空间，以及健全的法制保障。

1994 年，艾伦咨询公司(Allen Consulting Group)递交了针对澳大利亚职业教育现状的报告《成功的改革》(Successful Reform)。报告的主要观点包括：(1)职业教育的改革得到了社会的普遍支持，但是改革的目标有待进一步明确，且在改革过程中澳大利亚企业应该更多参与和支持。(2)改革要从供应的角度出发，采用自上而下的方法。(3)改革内容仍缺乏整体性，培训的市场化概念还需要加强。(4)改革需要建立一个培训市场，关注来自需求方的诉求，市场的中心是培训机构与企业、个人等多方的关系，逐步形成"使用者购买"的观念和方法。

在改革过程中，澳大利亚职业教育形成了由澳大利亚教育与科技部统一管理的体制，形成了宏观和中观并行的职业教育管理网。在经费、课程、师资、就业等方面，澳大利亚政府充分协调政府、学校和企业间的合作与互动，使职业教育有序发展。

同时，澳大利亚国家职业教育中心(National Centre for Vocational Education Research，NCVER)在另一份相关报告《开发一个未来的培训市场》(Developing the Training Market of the Future)中，提出了如何建立培训市场的具体操作方式，包括：在公私立培训机构之间鼓励竞争，以顾客需求、企业需求和行业需求推动和激励机构的培训；进一步提高公共经费培训的效率；促进培训行业中私人经费、行业及企业经费的投入；促进更加一体化的连贯的国家培训体系的发展等。

人们对国家统一培训体系和标准的诉求，使得澳大利亚成为比较早形成国家职业资格框架的国家之一。

1995 年 1 月，澳大利亚资格框架(Australian Qualification Framework，AQF)建立，取代了 1991 年 5 月发布的澳大利亚高等教育注册资格体系。

在澳大利亚资格框架的推动下，澳大利亚形成了独特的现代职业教育体系，它与美国的社区学院体系、德国的双元制职业教育模式共同成为世界上具有代表性的三大职业教育模式。

澳大利亚资格框架的建立标志着澳大利亚国家职业教育证书体系的正式形成。框架内容包括：每一资格级别及其对应的资格类型所应实现的学习成效；资格认证和开发中的应用规范；颁发各级资格的政策要求；各级资格之间的过渡和联系及学生具备各级资格的学习路径要求；资格认证、颁发、组织注册的政策要求；增加或取消资格类型的政策要求；政策使用的术语的定义。① 澳大利亚资格框架的建立是为了适应澳大利亚现在及未来教育和培训的多样性；形成相互联系的、全国一致的资格成果，为澳大利亚的经济增长做出贡献；提供培训资格准入的途径，帮助人们在不同的教育和培训部门及在这些部门和劳动力市场之间顺畅流动；支持终身学习的目标，先前的学习和经验都可以被评估，为个人进一步接受教育和培训提供基础；提升澳大利亚和国际对澳大利亚资格的价值及可比性的认可，促进毕业生和在职员工在澳大利亚国内和国际的自由流动；推动澳大利亚资格框架与国际资格框架保持一致。②

澳大利亚职业教育的质量主要由国家职业资格框架、国家质量培训框架来保障。在国家质量培训框架中，不同层级的培训包由各行业参与设计，每个培训包都对相关层级和与层级相关的具体职业资格能力进行详细的说明和解释。在国家质量培训框架中，不同等级的证书标准与职业岗位要求的能力是对应的。学员通过评估达到了证书要求的全部能力标准后，就可以获得相应的职业资格证书，然后才能获得资格去申请相关的岗位技术工作（见表5-2）。

澳大利亚资格框架建立之初，设有 12 个资格层级。在随后的资格框架修

---

① Australian Qualifications Framework Council, "Australian Qualifications Framework," 澳大利亚资格框架网站，2013-01-01.

② Australian Qualifications Framework Council, "Australian Qualifications Framework," 澳大利亚资格框架网站，2013-01-01.

订中，1995年框架实现了从"一级证书"到"高级专科文凭"的晋级。在澳大利亚国家资格框架中，高中证书包括普通高中证书和职业教育资格证书。并非所有的高中都可以授予职业教育资格证书，只有有注册培训组织(Registered Training Organization，RTO)资质的高中才能颁发。职业教育包括两个层次的教育，即高中教育和高等教育。不同的资格证书有不同的能力导向，并通过培训包或国家认证机构、注册培训组织等相关机构的认证课程来建立。澳大利亚职业教育的证书培训由技术及未来教育学院和部分大学承担，其他取得政府资格的机构，包括普通高中、私立职业教育和培训机构及企业等也可以提供。

表5-2 澳大利亚国家质量培训框架中的资格类型①

资格层级	高中证书	职业教育和培训资格(VET)	高等教育资格
10			博士学位(Doctoral Degree)
9			硕士学位(Master's Degree)
8	高级中等教育资格证书(Senior Secondary Certificates of Education)	职业教育和培训研究生文凭(VET Graduate Diploma) 职业教育和培训研究生证书(VET Graduate Certificate)	研究生文凭(Graduate Diploma) 研究生证书(Graduate Certificate) 荣誉学士学位(Bachelor Honours Degree)
7			学士学位(Bachelor Degree)
6		高级专科文凭	高级专科文凭 副学士学位(Advanced Degree)
5		专科文凭	专科文凭
4		四级证书(Certificate Ⅳ)	
3		三级证书(Certificate Ⅲ)	
2		二级证书(Certificate Ⅱ)	
1		一级证书(Certificate Ⅰ)	

① Australian Qualifications Framework Council, "Australian Qualifications Framework,"澳大利亚资格框架网站, 2013-01-01.

　　澳大利亚资格框架的确立，使得澳大利亚各级教育系统与职业教育培训系统形成了一个多阶可转换的体系，这也为澳大利亚终身教育型社会的构建提供了保障。在资格框架的建立过程中，行业需求始终是核心依据。框架整合了各类行业所需要的技能技术要求，并且在同一行业中设置了不同层级的标准及对应的证书，同时不同层级的证书内容又与职业岗位的不同要求是对应的。在框架的体系建构、内容设置、层级分类等方面，澳大利亚政府鼓励和强调行业协会的积极参与，而社会经济的发展、各产业的需求是框架建立的基准，行业组织所制定的能力标准体系是构建澳大利亚质量培训框架的依据。

　　在管理上，澳大利亚资格框架委员会对框架的实施进行整体管理。认证机构和行业组织等相关利益主体则对框架执行进行协助管理，并且各主体有明确的职责分工。严格的资格证书认证是体系质量的保证。认证机构分为三大类：高中教育认证机构、职业教育与培训认证机构及高等教育认证机构。澳大利亚各州和领地授权的法定机构负责各自教育管辖区的高中教育证书认证。职业教育与培训部门的资格认证则由行业协会根据行业发展的动态来进行，而各州教育培训机构要按照统一的标准进行考核，这样授予的资格才会被各行业认可。行业技能委员会需要协调大小企业，协调政府与企业、企业与学院之间的关系，为政府和学院提供企业的需求信息，把学院的教育与培训推荐给企业等。行业技能委员会在职业教育与培训适应就业形势、满足行业需求、争取经费投入以及真正为企业发展服务等重大问题的宏观决策上产生了重要影响，充分体现了行业的主导作用。①

　　澳大利亚资格层级的内容依照行业的国家能力标准确定，课程的设计也由行业培训资格机构指定，并以澳大利亚国家培训局批准后颁布的培训报告为依据。澳大利亚资格证书的准入制度和学习过程都有非常灵活的考试制度，

　　① 邓志军：《澳大利亚行业协会参与职业教育的主要举措》，载《职教通讯》，2010(8)。

几乎可以贯穿学习者的一生。在任何一个学习阶段,学习者都可以通过已有的知识、经验获得权威部门的鉴定,从而对接系统中适合自己的资格层级,找到进一步学习的起点。

澳大利亚资格证书的另一大特点是学习时间的灵活性。由于澳大利亚是一个劳动力缺乏的国家,所以资格证书的学制安排充分考虑了对在职工作人员进行再培训的多种可能途径。学习者可以根据自己的时间安排来选择全日制学习、分时段学习、远程学习、网络授课学习以及在职学习等多种方式,这在最大程度上解决了已就业人群通过资格体系提升或者改变职业技能的可能性。

澳大利亚资格证书体系的内容由多个自由组织的课程模块组成,各模块学分可以累计。证书等级设置由低级向高级转换和过渡。职业教育与培训系统中有 4 级证书体系。学习者通过对证书体系中任何一门课程的学习都会获得相对等的一份学习证明。如果学习者由于个人原因中断了课程学习,只要拥有了相应证明就可以在以后继续学习。学习合格的课程将获得认证机构的认可,故学习者在以后的相关模块学习中不用再重复修选课程。澳大利亚资格证书体系灵活变通、多级分类衔接的管理模式,为各类学习者提供了便利,使得学习者在不同类型的学习机构间、在不同层级的教育部门间都具备了接受良好教育的可能性。这在很大程度上增强了职业教育与市场劳动力的适应能力。同时,澳大利亚充分利用社会中的已有劳动力资源,为劳动力在行业间的培训、转换、更新做好了充分的准备,增强了行业间劳动力的流动性。

四、面向未来的职业教育体系的建立

进入 20 世纪后半叶,随着澳大利亚社会由以农业、矿业为主要经济支柱产业向现代工业型社会转变,澳大利亚社会对于新兴行业技能人才的需求进一步加大。为了满足各行业的用人需求,澳大利亚联邦政府开始探索面向未

来的普通教育和职业教育的融通之路，并发布和实施了一系列新的措施。其
中尤其是以 1999 年颁布的《阿德莱德宣言》为转折点。在这个宣言中，澳大利
亚政府提出普通高中的职业教育也应该纳入国家资格框架开展，学生应积极
参加职业教育课程，重视培养学生未来所需的工作技能，使其成为具有较高
创造能力和生产能力的社会人才。①

　　澳大利亚作为现代资本主义国家中的后生力量，其经济发展名列前茅。
这在一定程度上和澳大利亚职业教育与培训的多次改革、灵活多变的管理体
系、充分与市场需求对接密切相关，而强调"能力为本"的澳大利亚资格框架
体系也为世界各国所效仿。

第五节　移民与多元文化教育

　　第二次世界大战深刻地改变了世界政治、经济格局。战时无数人流离失
所，无家可归。很多人为了躲避战争，纷纷逃离原居住国。由于澳大利亚所
处的地理位置，其受战争的影响较小，一时成为难民涌入的国家。难民中除
了部分欧洲人之外，更多的是亚洲人和非洲人。他们的到来不仅使澳大利亚
的民族成份更加多元，而且带来了各自的民族文化传统、风俗习惯、价值观
念等。这在一定程度上冲击了澳大利亚的一元价值观，是战后澳大利亚价值
观发生转变的一个重要原因。

　　第二次世界大战以及之后约 30 年的移民潮，可被视为澳大利亚多元文化
主义产生及发展的起因。随着来自世界各民族移民数量的增加，澳大利亚文
化的多元化程度也在不断增加，人口中的族群文化也在不断变化。

　　从 20 世纪 70 年代初开始，多元文化教育逐步引起澳大利亚各界人士的

---

① 高桂霞：《澳大利亚普通高中职业教育实施的研究》，硕士学位论文，辽宁师范大学，2015。

重视。70 年代后期，澳大利亚结束了逆世界潮流的"白澳政策"，开始推行多元文化政策，主张"种族融合"，强调文化多样性，尊重和容纳多元价值观，实行无歧视的移民政策。与此同时，澳政府开始制定和实行多元文化教育政策，主张在"公正、平等、正义、宽容"的原则下，各种族和平共处，各民族都获得受宪法保护的受教育权利。到了 20 世纪末，澳政府已经制定出多元文化教育新政策，多元文化教育格局基本形成。

一、澳大利亚社会从"白澳政策"到多元文化政策的变迁

(一)"白澳政策"的成因

1901 年，澳大利亚正式脱离英联邦，成为一个独立国家，在地理上属于亚太地区，然而在文化和历史上都有着浓重的英国及很多其他欧洲国家的烙印。同年，澳大利亚联邦政府颁布制定了《移民限制法案》，使"白人澳大利亚政策"获得了法律的形式和意义。所谓"白澳政策"是指"通过限制和禁止以亚洲人为主的有色人种移居澳洲，驱赶男性劳工出境以及歧视居住在澳洲的亚洲人和太平洋岛屿居民等办法来建立一个纯白种人的国家，以维持欧洲人在澳洲社会中的绝对优势的政策"。这一政策带有强烈的种族歧视和民族主义色彩，并在之后的许多年一直影响着澳大利亚社会的政策和发展。

澳大利亚"白澳政策"的提出有多方面的原因，其中，对欧洲裔人群的保护是主要的原因。自 19 世纪以来，欧洲及澳大利亚白人常以达尔文主义为理论托词，宣称白种人的优越性，并以民族的优等性不容挑战为由排挤和贬低其他民族。同时，当时英国领先世界的经济优势，更是让白种人产生了一种强大的种族优越感。

此外，20 世纪初期，大量亚洲难民涌入澳大利亚。由于其中大部分的移民都是为生活所迫而迁徙到一个新的国度，他们非常勤奋，且能忍受低工资带来的各种困难，因此这样的难民群体受到了大部分雇主的欢迎，但这也在

很大程度上排挤了白人劳动力，使白人在竞争中处于劣势，使得白人的经济利益受到了损害。久而久之，白人反对雇主雇佣亚洲移民做工，并逐渐在澳大利亚社会中形成一股势力，进而要求澳大利亚政府反对非欧洲裔移民。

澳大利亚虽地处南太平洋地区，但其文化和价值观趋同于欧洲，在与人口众多的亚洲邻国的交往间，难免会产生一种隔离感，这在一定程度上造成了澳大利亚对其亚洲邻居们的恐惧感。加之日本和印度尼西亚等国与澳大利亚的一些争端和矛盾，使得澳大利亚长期对亚洲国家持有一种敌对、警惕的情绪，这也是"白澳政策"产生的一大历史根源。

(二)"同化政策"的实施和演变

从第二次世界大战到20世纪60年代，澳大利亚政府不断修改移民政策，主要是为了维持白人种族的优势和文化同质的社会形态。澳大利亚政府通过一系列政策的实施对原住民和非英语移民实行了"同化政策"。这一系列政策要求非英语移民在文化、语言、价值观方面快速英语化，成为典型的澳大利亚人。外来移民被要求放弃自己的语言、文化传统、仪式习俗等，要顺应澳大利亚民风，遵从澳大利亚的生活方式，从文化、习俗、经济、道德等方面融合进一个同质化的统一的澳大利亚社会中。

在澳大利亚政府"同化政策"的规定下，为了实现道德同化目标，澳大利亚政府建立了一些相应的政府机构和社会团体，并且铺设了两条同化的渠道：一是教育，二是族际通婚。可以看出，种族主义是澳大利亚"同化政策"的根本特征，也是一种文化灭绝政策。

20世纪60年代后期，随着美国、加拿大等国家少数族裔民权运动的兴起，澳大利亚社会也受到外来社会思潮的影响，逐渐改变和废止了"白澳政策"。1973年，惠特拉姆政府正式声明多元文化主义将作为新的移民政策取代已实行多年的"白澳政策"。

(三)多元文化主义的形成

20世纪70年代以后，澳大利亚政府开始采用多元文化主义来处理移民和民族文化多样性的问题。1989年，澳大利亚政府将多元文化主义确立为国家的基本国策，颁布了《一个多元文化的澳大利亚的国家议程》(National Agenda for a Multicultural Australia)，特别强调实行多元文化政策的重要意义，并使得之后的历届政府都积极推行。

多元文化政策和项目的实施起始于澳大利亚医院为少数民族和外来族裔提供的语言翻译服务。"传译员卡"就是当时非常行之有效的一个项目，移民到澳大利亚政府及公务部门办事时若有语言障碍可以通过拨打免费译员服务电话，获得免费翻译服务。1987年，澳大利亚正式成立了播送多种语言的广播服务电台SBS，向澳大利亚全国观众播送从600多个国家和地区选出的用60多种不同语言广播的节目，同时教授移民英语。

在同一时期，澳大利亚原住民的民权意识也在不断提升。作为在澳洲最早定居的民族，他们要求澳大利亚政府承认原住民独特的地位，以及原住民的权利，包括平等的福利、自治权和所失土地的所有权等。在多元文化政策的推动下，原住民问题获得了澳大利亚社会极大的关注。例如，1993年《原住民产权法案》(Native Title Act)的颁布，标志着澳大利亚原住民对所失土地的所有权获得法律保障。①

多年来，多元文化政策的实践使澳大利亚吸收到了移民的智慧和技术，使澳大利亚的人力资源得到了补充。这项政策成为澳大利亚社会稳定、和谐发展的基础。

二、澳大利亚多元文化主义的内涵与多元文化政策的发展

多元文化政策是澳大利亚政府处理移民及民族文化多样性问题的基本策略。了解多元文化政策就非常有必要了解其根本指导思想——多元文化主义

---

① 吴金光：《澳大利亚多元文化主义的启示》，载《广西民族学院学报(哲学社会科学版)》，2001(6)。

在澳大利亚社会语境下的内涵和意义。

(一)澳大利亚多元文化主义的内涵

多元文化主义是20世纪60年代以来活跃于西方学术界、教育界和政治界的一种政治与社会理论。

澳大利亚学者詹姆斯·贾普(James Jupp)提出多元文化主义是描述西方现代社会文化和民族多样性的术语。作为一项国家政策,它要求澳大利亚政府对这种多样性采取适当的措施。① 在澳大利亚政府颁布的《澳大利亚多元文化新议程》中,"多元文化"是一个承认和赞同澳大利亚民族文化多样性的术语。它被定义为在承认对澳大利亚及其根本的社会制度和价值观念承担一切义务和责任的前提下,认可和尊重所有澳大利亚人表达和享有自己独特文化传统的权利。同时,它也指为了达到相关策略、政策和计划的目标,使澳大利亚的政治、经济和社会基础设施更好地对多元文化人口的权利、义务和需要做出恰当的反应;在澳大利亚社会促进拥有不同文化的人们和谐共处;使澳大利亚的文化多样性给所有澳大利亚人带来利益最大化。②

总体而言,澳大利亚多元文化主义的核心要义可以概括为:(1)国家利益至上,公民的权利和义务是相辅相成的;(2)承认澳大利亚各民族的不同文化差异,反对种族和民族歧视,提倡相互尊重;(3)澳大利亚各民族都有权参与国家的政治、经济生活,同时发展自己的文化传统。③

(二)澳大利亚多元文化政策的发展

1973年,时任澳大利亚移民部部长的艾尔伯特·格拉斯比(Albert Grassby)出访加拿大,回国后发表了一份名为《一个未来的多元文化社会》(A Multi-

---

① James Jupp, *The Challenge of Diversity Policy Options for a Multicultural Australia*, Canberra, Australian Government Publishing Service, 1993, p.48.

② Commonwealth of Australia, "A New Agenda for Multicultural Australia," Canberra, Australian Capital Territory: Government Printer, 1999.

③ 刘有发:《从"白澳政策"到"多元文化政策"——浅谈澳大利亚国策的演变》,载《江西财经大学学报》,2009(5)。

Cultural Society for the Future)的声明，正式将多元文化主义的概念引入澳大利亚，这也是澳大利亚多元文化政策产生的标志。① 1977 年，澳大利亚民族事务委员会(Australia Ethnic Affairs Council, AEAC)草拟了题为《作为一个多元文化社会的澳大利亚》(Australia as a Multicultural Society)的报告，提出了建立多元文化社会的三条原则：社会和谐、平等、文化认同。② 1977 年 8 月，弗雷泽政府发布了题为《移民到达后的计划与服务评论》(Review of Post-Arrival Programs and Services to Migrants)的报告，确立了移民计划和服务的四条原则，建议澳大利亚政府建立多元文化事务研究院(AIMA)和特别广播电视系统。这两个报告成为澳大利亚多元文化政策正式形成的标志。1982 年，澳大利亚人口和移民委员会(Australian Population and Immigration Council)完成题为《所有澳大利亚人的多元文化主义：我们形成中的民族》(Multiculturalism for All Australians：Our Developing Nationhood)的报告，进一步发展和充实了多元文化主义，同时在社会和谐、平等、文化认同之外又加上新的一条，即对澳大利亚社会平等的责任、义务和参与。③

1987 年，霍克政府关闭多元文化事务研究院，建立多元文化事务办公室，让其隶属于总理和内阁，直接受总理领导；同时组建多元文化事务咨询理事会进行政策研究。1989 年，多元文化事务咨询理事会形成《一个多元文化的澳大利亚的国家议程》(简称《1989 年国家议程》)，得到一致认可，成为"澳大利亚多元文化社会发展的一块里程碑，标志着多元文化政策成为澳大利亚的基

① Adam Jamrozik, Cathy Boland & Robert Urqhart, *Social Change and Cultural Transformation in Australia*, Melbourne, Cambridge University Press, 1995, p.154.

② Adam Jamrozik, Cathy Boland & Robert Urqhart, *Social Change and Cultural Transformation in Australia*, Melbourne, Cambridge University Press, 1995, p.106.

③ Anthony H.Richmond, *Immigration and the Ethnic Conflict*, Hampshire England, Macmillan Press, 1998, p.16.

本国策"①。

1997 年 6 月，澳大利亚联邦政府任命了多元文化事务咨询理事会的新成员，要求理事会审视多元文化政策的发展状况，研究下一个十年的多元文化政策的发展方向及其框架。

1999 年 5 月，霍华德总理签署并公布了多元文化事务咨询理事会完成的报告《新世纪澳大利亚的多元文化主义：走向包容》。报告系统地分析了澳大利亚多元文化政策的发展和成就，并就如何完善多元文化政策向澳大利亚政府提出了 32 条政策建议。②

1999 年 12 月，澳大利亚政府公布了多元文化政策声明《新议程》（New Agenda）。《新议程》重新确立了多元文化政策的几项基本原则：（1）履行公民义务，即所有澳大利亚人都应支持那些保证自由和平等、确保多样性得以繁荣发展的澳大利亚社会的根本制度和原则；（2）文化尊重，即根据法律给予所有澳大利亚人表达他们自己的文化和信仰的权利，同时要求他们尊重其他人享有的同样的权利；（3）确保社会公平，即给予所有澳大利亚人平等的待遇和机会，以使他们都为澳大利亚社会、政治和经济做出贡献，免受源于种族、文化、宗教、语言、地域、性别和出生地差别的歧视；（4）多样性，即使源于多样化人口的文化、社会和经济利益最大化，确保所有澳大利亚人都从中获益。③

1989 年，澳大利亚政府将多元文化政策确定为基本国策，其后历届政府一直坚持这一国策并不断加以完善。

---

① Adam Jamrozik, Cathy Boland & Robert Urqhart, *Social Change and Cultural Transformation in Australia*, Melbourne, Cambridge University Press, 1995, p.102.

② National Multicultural Advisory Council, "Multicultural Australia for a New Century: Towards inclusiveness,"Canberra, Commonwealth of Australia, 1999.

③ Commonwealth of Australia, "Multicultural Australia: United In Diversity,"Canberra, Commonwealth of Australia, 2003.

三、澳大利亚多元文化教育体系的建立

（一）多元文化教育的产生

在澳大利亚并不算长的独立建国历史上，多元文化主义和多元文化教育的出现仅有不到半个世纪的时间。20 世纪 60 年代，最早在一些学术论文中，有学者主张在澳大利亚移民人口密集的社区中，学校应该采用多种文化素材和多元化的模式进行相关的教学及培训实践工作。加之受到美国、加拿大多元文化教育思想的影响，这样的观点逐渐引起了澳大利亚移民部的注意和重视。

20 世纪 70 年代初期，位于悉尼的麦考瑞大学（Macquarie University）组织了题为"多元文化社会"的澳大利亚师范教育工作者研讨会，但对多元文化教育的设计和实施所产生的影响甚微。但这带动了 70 年代末关于多元文化教育研究的学术热潮，使研讨会、调查研究报告和其他各种委员会不断涌现，促使了多元文化教育的快速发展。

1975 年，澳大利亚移民成人教育服务和移民儿童教育计划都转交给澳大利亚教育部负责。澳大利亚成立了学校委员会，还在堪培拉特别成立了一个独立的法人实体机构——课程开发中心（Curriculum Development Centre，CDC），并于 1977—1978 年为参与移民教育的学校或社区团体制订了一个小额拨款计划。1970 年成立于堪培拉的教育研究与发展委员会于 1975—1976 年设立了四个重点领域咨询小组，其中一个小组为多元文化教育观察小组。该委员会提交了一系列调查报告并产生了重大的影响力。但由于时常谴责澳大利亚政府在教育上的一些做法，1981 年该委员会和课程开发中心一起停止了相关工作。

澳大利亚民族事务委员会于 1977 年 1 月成立，作为移民和民族事务部，处理与移民问题有关的顾问事务。该委员会常设三个下属委员会开展具体工作，其中多元文化教育委员会是重要的一个部分。

(二) 多元文化教育的发展

澳大利亚理论家乔治·莫里茨 (Georges Molicz) 把"稳定的多元文化" (Stable Multiculturalism) 看作澳大利亚社会的理想状态，并建议学校应该教授澳大利亚文化中共同的核心价值观和英语，以及少数民族的价值观。少数民族的价值观包括不同民族的文化、语言、文学、历史和人们的情感等。他还提出"少数民族基本能力"是对一个民族深层次文化的理解。

在多元文化教育的相关研究中，20世纪80年代，澳大利亚社会产生了许多重要的组织和学术思想。如澳大利亚每一个州都有一个关于多元文化教育的政府顾问委员会或者相关机构，这些实体组织在澳大利亚联邦政府的层级上是与国家顾问团——多元文化教育委员会同等的。

澳大利亚学校委员会作为澳大利亚多元文化教育思想的先驱和领军机构，在多元文化教育的系统设计、经费资助和实施操作方面发挥了重要的作用。学校委员会在 1982—1984 年的三年规划报告中指出"澳大利亚所有人，包括少数民族，获得平等机会所需要的条件的详细说明书尚待制定"。在 1985 年计划报告《联邦政府在澳大利亚学校教育质量提升中的角色》(Commonwealth Role in Improving the Quality of Australian Schooling) 中，学校委员会提出对"教育需要"进行考察，提交了有关原住民儿童的教育成果和通过政府投资提高教育质量的几个考察计划。1984 年制订的《参与和公平计划》(Participation and Equality Program, PEP) 包含了针对澳大利亚原住民的教育措施，并强调课程开发中心应在学校委员会中进一步发挥原有的作用，并开发更多基础领域的研究，比如数学研究、计算机研究、原住民研究和女童教育研究等，这些研究都具有划时代的意义。

1989 年，澳大利亚政府发布的《1989 年国家议程》提出多元文化教育是今后澳大利亚教育的重点之一。另外，澳大利亚联邦政府还制定了发展原住民教育的政策，以增加原住民的教育、就业机会。从此，澳大利亚由多民族、多种族人口形成的多元文化社会教育事业开始得到全面发展。在多元文化政策的指引下，澳大利亚联邦政府和各州都制定了保障澳大利亚各民族儿童都能享受同等义务教育权利的政策。

澳大利亚设有英语作为第二语言培训项目，由澳大利亚联邦政府提供经费。自1987年以来，此项目的经费不断增加，到1990年已增至4800万美元。英语作为第二语言培训项目已经扩大到小学1年级学生中。1988年，澳大利亚联邦政府还推出了第二语言学习项目，该项目旨在改善英语以外的其他语言的教育项目的质量。

关于原住民语言的保护和研究，从20世纪70年代开始逐渐受到澳大利亚联邦政府的重视。它具体包括三个方面的工作：（1）尊重、保护原住民语言的使用和发展；（2）记录、挽救濒临灭绝的原住民语言；（3）在原住民中开展原住民语言和英语的双语教学。为此，首先要保证学生学好原住民语言，然后循序渐进地引入澳大利亚标准英语教学，同时要重视培训原住民出身的语言教师。

1997年颁布的澳大利亚《语言问题国家政策》（National Policy on Languages）要求所有澳大利亚学生除学习英语以外，至少要学习一门其他语言，并且最好贯穿于义务教育全过程。英语以外其他语言的教学十分注重在不同时期对各种语言的选择，因此澳大利亚学校开设的外语课程因时期不同而变化较大。

20世纪中期以来，随着世界经济格局的变化，澳大利亚与亚洲各国的关系越来越密切，大量的技术移民从相邻的亚洲国家及其他地区纷至沓来。澳大利亚在经济上与这些移民来源国有频繁往来，因此澳大利亚的学校开设了一个专门项目——少数民族教育项目，来帮助那些不讲英语或背景不同的学生学习各种文化和语言，增加澳大利亚学生的多元文化和语言敏感性。这一系列多元文化教育措施确保了澳大利亚在21世纪依然能够保持较好的经济增长趋势。

第六章

20 世纪后半期非洲国家的教育

　　第二次世界大战结束后，非洲各国人民反对殖民统治、争取民族独立的斗争蓬勃发展。到 20 世纪 50 年代末 60 年代初，大多数非洲国家已走上了独立的道路，非洲国家在世界政治舞台上发挥的作用日益增大，成为推动世界和平与发展不可忽视的力量。非洲国家在独立后，积极建立和发展符合本国、本民族利益的国民教育体系。但由于原有经济基础薄弱，严重依赖西方国家的教育援助，非洲国家接受其援助或贷款时，不得不同时接受其严苛的限制性条件，在政治、经济上受到西方国家的直接或间接的控制，从而影响了教育发展的进程。可以说，20 世纪后半期非洲教育的发展史是非洲国家建立民族主义教育与西方实施新殖民主义政策两者间的相互斗争史。

第一节　20 世纪后半期非洲教育发展的概况与特点

　　撒哈拉沙漠位于非洲北部，横贯整个非洲大陆，是非洲大陆自然环境和人文环境的分界线。史学家通常将非洲分为北非和撒哈拉以南的非洲地区。这两个地区在历史发展进程中具有自己的特点，其政治、经济和文化的发展存在一定差异。因此，本章在论述国别教育时，选择南非作为撒哈拉以南国家的代表，选择埃及作为北非国家的代表。

一、20 世纪后半期非洲国家政治与经济发展的状况

"二战"后，非洲掀起了民族解放运动的高潮。大批昔日的殖民地或通过和平方式或通过武装斗争摆脱了西方殖民统治，建立了独立主权国家。独立后的几十年中，非洲政治动荡，经济发展缓慢，在国际上仍处于依附地位。

（一）政治的动荡与国家的联合自强

独立后的非洲国家努力塑造自己的民族认同感，并试图建立行之有效的政治和经济体系。这一时期非洲政治的特点体现为：政局普遍不稳，政权更迭频繁，政变层出不穷，军政权大量出现。[①] 政变频繁的原因通常是各部族之间的矛盾和外部势力的插手。

西方列强对非洲的瓜分造成非洲国家的边界划分极不合理，如一个民族常被划分在几个国家之内。正如加纳学者奎西·克瓦·普拉（Kwesi Kwaa Prah）所言，"所谓非洲各民族，是 19 世纪后期被人武断地草拟而成的。这些形态及形式以前从未存在过"。因此，虽然非洲各国已经独立，但它们之间在经济、政治、社会及文化方面的障碍增大了。[②] 这些历史遗留问题成为引发一系列内战或地区冲突的导火索。同时，西方列强还会不时地以直接或间接的方式干预这些国家的发展。

独立后的非洲各国纷纷谋求非洲国家的区域合作，以应对国内外的各种挑战。1963 年，埃塞俄比亚首都亚的斯亚贝巴举行了非洲独立国家首脑会议，共有 31 国参加。该会议通过了《非洲统一组织宪章》，旨在促进非洲统一和团

---

① 彭树智：《世界史·当代卷》，341 页，北京，高等教育出版社，2006。
② ［加纳］奎西·克瓦·普拉：《非洲民族：该民族的国家》，姜德顺译，37 页，北京，民族出版社，2014。

结，以及协调各方面的合作。1999 年 9 月，非洲统一组织第四届特别首脑会议通过了《苏尔特宣言》，以非洲联盟取代了非洲统一组织。

(二)经济的艰难发展

作为古老的大陆，非洲拥有丰富的战略性矿产，但是在非洲国家相继独立和自由之后，随之而来的并不是民族主义领导人许诺的经济繁荣，后殖民主义时期非洲许多国家的贫困反而迅速加剧。20 世纪 90 年代早期，非洲人的许多梦想都破灭了：他们的经济状况比独立初期更加糟糕。[1] 直到 20 世纪 90 年代中后期，非洲经济发展状况才开始好转。

20 世纪 60 年代非洲国家独立后，由于没有历史经验可以继承，而且由于在"二战"后的两极格局下，苏美为争夺世界霸权都竭力向非洲国家渗透，非洲国家自主探索的空间十分窄小。非洲国家为了尽快建立独立的民族经济，只能仿效外部发展，或借鉴原宗主国的经济发展模式，走资本主义市场经济的道路，或模仿苏联和其他社会主义国家，走非资本主义道路。[2] 在刚独立的一段时间内，非洲经济发展取得了明显的进步和成效。

进入 20 世纪 70 年代中期后，非洲国家政府经济发展政策失误的后果日益显现，经济发展趋缓。此时非洲国家又遭遇了世界市场上的石油二次提价以及自然灾害，经济更加恶化。

到了 20 世纪 80 年代，面对经济危机的巨大压力，为了得到世界银行和国际货币基金组织的财政援助，大部分非洲国家只能接受他们提出的"结构调整计划"。结构调整的主要内容是：实行经济市场化，反对政府的行政干预；推行贸易自由化，反对政府对贸易的垄断；鼓励产业私有化，反对国有化。世界银行和国际货币基金组织试图用西方成熟的市场运作规律解决非洲不成

---

[1] [加纳]乔治·B.N. 阿耶提：《解放后的非洲：非洲未来发展的蓝图》，周蕾蕾译，2~4 页，北京，民主与建设出版社，2015。

[2] 舒运国：《试析 20 世纪非洲经济的两次转型》，载《史学集刊》，2015(4)。

熟市场产生的问题，这与非洲国家的国情矛盾，因此出现了明显的冲突。一时非洲国家经济更加困难，债台高筑，外债额已从1980年的500亿美元上升到1989年的2570亿美元。[①]

进入20世纪90年代后，非洲国家在总结历史经验的基础上，提出了非洲复兴的思想。非洲复兴思想被国际社会看作当代非洲政治、经济发展的全新探索，反映了非洲人自主追求发展并探寻非洲大陆发展道路所做的特殊努力。在非洲复兴思想的指导下，非洲国家提出了"联合自强、自主发展"的发展战略。1997年，《非洲经济共同体条约》正式启动，为非洲的经济合作提供了保障。20世纪90年代中期以后，非洲经济增长速度明显加快。从20世纪80年代的停滞不前到90年代后期，非洲国家国民生产总值增速(1995—1999年)达3.4%，超过了发达国家和拉美国家，仅次于亚洲地区。[②]

二、20世纪后半期非洲教育发展的概况

"二战"后，非洲国家通过民族解放运动纷纷取得独立。各国对教育投入极大的热忱，把发展教育作为立国之本，试图以教育的发展带动经济的长足增长和政权的长期稳固。值得注意的是，非洲各地区的独立运动进程是参差不齐的。当然，因为非洲国家众多，独立后各国选择的教育发展道路各异，所以教育事业的发展不可能同步划一。因此，本部分主要阐述的是20世纪后半期非洲教育的整体概况，以展示其共性。

(一)20世纪50年代：独立前非洲教育的缓慢发展

20世纪前半期，绝大多数的殖民当局对非洲教育缺乏兴趣。[③] 当时非洲

---

① 葛佶：《简明非洲百科全书》，801页，北京，中国社会科学出版社，2000。

② African Center for Economic Transformation，*2014 African Transformation Report*: *Growth with Depth*，Accra and Washington D.C.，2017，p.2.

③ [澳]W·F·康内尔：《二十世纪世界教育史》，张法琨、方能达、李乐天等译，865页，北京，人民教育出版社，1990。

教育的发展水平较低，教育主要有三种类型：一是以非洲村社教育传统为特色的本土教育；二是伊斯兰教和基督教教育；三是帝国主义在非洲殖民地实施的殖民教育。殖民地学校以培养服务于殖民统治的人才为目的，课程大多仿效宗主国的模式，较少反映非洲本土的内容，其实质是殖民教育。

"二战"爆发后，非洲教育在客观上得以缓慢发展。这基于以下几个原因。首先，在战争期间，非洲是宗主国的粮食和矿物等的主要供应地。欧洲国家为了获得有效的物质保障，在经济上实行严格配给制，这使非洲经济得到长足的发展，而经济的发展需要经过技术训练的人，这刺激了非洲初等教育和中等教育的发展。宗主国开始重视为殖民地的教育提供发展资金。1940年，英国国会通过《殖民地发展和福利法案》，设立英国殖民部和福利基金。法国中央合作银行设立了海外经济及社会开发投资基金，用于发展殖民地教育。[①] 其次，战争期间，宗主国为了获得非洲人民的支持，对殖民地人民进行战争的宣传工作，客观上推动了非洲方言的广泛使用，促进了非洲本土文化的发展。最后，战时亚非拉各地的独立运动风起云涌，非洲出现了教育民族化和民主化思想的觉醒。[②]

20世纪50年代对于多数的非洲国家来说，是它们受殖民主义统治的最后十年。这一时期尼日利亚等小部分非洲国家的教育获得了一定程度的发展，但也存在诸多不足。第一，教育发展不平衡。这不仅表现为不同宗主国殖民地的教育发展水平不同，而且表现为即使在同一个殖民地，城乡之间、民族之间、男女之间的教育发展水平也是不均衡的。第二，各类教育的总体发展水平较低。学生接受教育的状况不稳定，升级率低，辍学率高。到了1960年，撒哈拉以南的非洲地区的小学毛入学率只有36%，大约只有同时期亚洲

---

① [澳]W·F·康内尔：《二十世纪世界教育史》，张法琨、方能达、李乐天等译，862~863页，北京，人民教育出版社，1990。

② 袁振国：《对峙与融合——20世纪的教育改革》，473页，济南，山东教育出版社，1995。

和拉丁美洲的一半；中等教育的毛入学率为3%。[1] 中等教育是具有高度选择性的教育，只有5%左右的小学生能接受。高等教育才刚萌芽，整个非洲地区只有4所高等学院，且学生人数极少。[2]

(二)20世纪60年代：建立本民族的国民教育体系，教育规模迅速扩大

20世纪50年代末60年代初，大多数非洲国家相继独立。1960年，非洲有17个国家独立，这一年被称为"非洲年"。在实现民族独立后，非洲国家在不同程度上对殖民教育体系进行了改造，以期建立符合本国和本民族发展需要的国民教育体系。

独立后的非洲国家选择了不同的发展道路，但所有非洲新兴国家都认识到，教育是打开现代国家之门的一把钥匙，都把教育作为优先考虑的发展对象。正是在这种认识的推动下，"在60年代，非洲学校已更加明显地开始进入现代教育的范围"[3]。非洲国家在改造殖民教育体系的基础上纷纷建立了适合本国的国民教育体系，这是一个从无到有的过程，因此教育发展速度较快，但总量并未达到高峰。1960—1970年，撒哈拉以南非洲国家的总入学人数每年平均以6.5%的比例增加。[4] 高等教育在这一时期也有了较快的发展。这一时期，非洲国家教育改革的主要措施包含以下几个方面。

首先，通过制定一系列教育法律法规和教育发展计划，努力建立本民族的国民教育体系，确立教育发展的方向。许多非洲国家在推行普及初等教育政策的同时，提出优先发展中等教育和高等教育。在联合国教科文组织和世界银行的支持下，非洲各国领导人普遍接受了人力资本理论和发展经济学理

① 李建忠：《战后非洲教育研究》，2~3页，南昌，江西教育出版社，1996。
② [澳]W·F·康内尔：《二十世纪世界教育史》，张法琨、方能达、李乐天等译，866页，北京，人民教育出版社，1990。
③ [澳]W·F·康内尔：《二十世纪世界教育史》，张法琨、方能达、李乐天等译，887页，北京，人民教育出版社，1990。
④ 世界银行政策研究：《撒哈拉以南的非洲教育政策——调整、复兴和扩充》，朱文武、皮维、张屹译，2页，杭州，浙江大学出版社，2008。

论，并以此为依据制订了包括教育发展规划在内的长期社会经济发展规划。他们高度重视教育，把发展教育尤其是发展高等教育和中等教育，视为社会经济发展的推动力和实现现代化的战略措施。

其次，投入大量资金，发展国家教育事业。虽然刚独立的非洲国家面临资金短缺的巨大困难，但非洲许多国家都意识到，国家在国际上的竞争能力和生存状态在很大程度上是由教育质量决定的，完备的教育设施和先进的教育方式对教育的发展至关重要。因此，非洲各国都争先恐后地扩充和发展教育事业。有些非洲国家对教育的投入较大，其教育经费占国民生产总值的比例甚至高于部分欧美国家。当然，由于非洲多数国家经济发展水平较低，各级教育的生均教育经费与欧美国家相比仍然低了很多。

再次，实施课程改革，培养民族认同感。独立不久的非洲各国急需国家凝聚力，于是在课程中充分体现本国和非洲文化成为这一阶段非洲课程改革的重要方向。许多非洲国家在课程设置和文化传承方面实施了大刀阔斧的改革。以坦桑尼亚为例，该国从根本上对原来殖民教育体系下的课程进行调整，从课程到教学都在非洲本土化方向上进行了改革，不仅将民族语言——斯瓦希里语设置为中小学核心课程，同时使用民族语言进行教学，重视非洲传统文化价值的复兴，建立和强化坦桑尼亚儿童及公民的归属感与民族认同感。民族史和非洲史也被纳入许多非洲国家的课程。

最后，重视教育的泛非性和国际化。这一时期，非洲各国组织和参加全非洲性及国际性教育工作会议的热情很高。这些会议既包括非洲国家自行组织的非洲地区区域间合作的会议，也包括国际机构倡导组织的会议。例如，1957年，埃及、叙利亚和约旦的教育部部长在大马士革签署了第一项阿拉伯地区各国文化合作协定，规定了阿拉伯各国在思想、文化和民族的要求上必须统一，并邀请所有阿拉伯国家都加入该协议。[1] 1961年，联合国教科文组

---

① 吴式颖、任钟印：《外国教育思想通史》第十卷，614页，长沙，湖南教育出版社，2002。

织和非洲经济委员会在亚的斯亚贝巴召开了讨论非洲教育发展问题的会议，肯尼亚、苏丹、加蓬等 30 多个非洲国家参会。会议制订了《亚的斯亚贝巴计划》。这次会议对非洲各国制定教育发展战略产生了重要影响。

(三)20 世纪 70 年代：课程多样化和发展职业教育，教育缓慢发展

非洲各国在 20 世纪 60 年代大力发展中等教育和高等教育以后，出现了大量中学毕业生失业的令人困惑的局面。70 年代，一些非洲国家开始考虑对从西方引进的国家现代化模式进行进一步的修正，探索适合非洲文化的社会和教育发展的新模式。

非洲各国开始调整教育发展战略，在注重普及初等教育的基础上，转向对中小学课程进行多样化改革，发展职业教育，以更好地促进教育与生产劳动的结合，推动农村社会经济的发展。课程多样化与发展职业教育成为非洲国家应对 20 世纪 60 年代后期出现的学校毕业生失业问题的政策。其中，课程多样化是指非洲国家普通学校在传统的学术性课程中增加一些与生产劳动有关的实用科目，使学生有可能获得这方面的基本知识、技能和意向，成为掌握一定技术的劳动者，进入以体力劳动为主的职业。[1]

课程多样化和发展职业教育的改革在一定程度上使非洲国家普通学校的课程尤其是中小学课程摆脱了殖民地时期遗留下来的纯学术化和单一化倾向，踏上了探索教育为农村社会经济发展服务的道路。

但是，课程多样化与发展职业教育的政策实施一段时间后，非洲国家学校毕业生仍旧面临严重的失业，非洲社会仍存在农村生产人均产值下降、工业发展停滞和长期不能摆脱贫困等问题，人们对课程多样化和发展职业教育的信心开始动摇。曾长期支持该政策的世界银行，1980 年在初步评估其资助的课程多样化项目的一份文件中指出，总的来看，多样化中学不适合培训大

---

① 丁邦平：《非洲各国课程多样化思潮述评》，载《比较教育研究》，1996(4)。

量掌握具体职业技能的人才。① 至 20 世纪 90 年代，课程多样化和发展职业教育的改革彻底被长期支持和资助这项政策的国际组织否定了。

虽然在 20 世纪 70 年代占主导的课程多样化和发展职业教育改革失败了，但是非洲教育在这一阶段仍取得了一定的成绩。这 10 年间，非洲在校生人数年增长率为 9%，是亚洲的 2 倍、拉丁美洲的 3 倍。② 20 世纪 70 年代早期，非洲国家扫除成人文盲等非正规教育呼之欲出。到 20 世纪 70 年代后期，大多数非洲国家的成人教育和培训活动不仅仅包括读写能力教学，还包括以下内容：非正规部门的校外训练，针对妇女的技能获得和收入获取的培训，对健康咨询师、营养师和农业技术人员的培训等。③

(四)20 世纪 80—90 年代：教育发展停滞与非洲教育区域合作的加强

到了 20 世纪 80 年代，由于教育外部环境恶化，加上多年的人口增长过快和中小学辍学率高等老问题，非洲教育形势逐步恶化，教育经费大为缩减，导致入学人数不稳定、教育质量明显下降，这极大地侵蚀了非洲教育业已取得的进步。

在西方新自由主义的影响下，20 世纪八九十年代的非洲按照西方自由经济的理念调整了改革策略，实施了"结构调整计划"。该计划是非洲这一时期社会许多领域改革的主要依据，包括教育领域的改革。"结构调整计划"在教育领域的改革主要体现为：进行教育分权和使教育私有化，通过取消政府对教育部门的资金补助、削减教育总支出、引入成本分担制度和减少教师工资等措施，试图实现教育的公平和效率等方面的目标。20 世纪 80 年代，大约有20 多个非洲国家按照"结构调整计划"实施改革。至 90 年代初，参加结构调

---

① 丁邦平：《非洲各国课程多样化思潮述评》，载《比较教育研究》，1996(4)。
② 世界银行政策研究：《撒哈拉以南的非洲教育政策——调整、复兴和扩充》，朱文武、皮维、张屹译，1 页，杭州，浙江大学出版社，2008。
③ 世界银行政策研究：《撒哈拉以南的非洲教育政策——调整、复兴和扩充》，朱文武、皮维、张屹译，36 页，杭州，浙江大学出版社，2008。

整的国家已达到30多个，撒哈拉以南的非洲地区有75%以上的国家参加了该计划。[①] 但这项改革总体而言在非洲并没有取得预期结果，"按照其原本设定的目标来评估是失败的"[②]。"结构调整计划"对非洲教育造成了一定的消极影响。例如，入学率没有显著提升，甚至出现了下降；公共教育支出和教师工资都明显减少；弱势群体接受教育的机会变得更少了。因此，从总体上看，20世纪80—90年代，非洲地区的教育发展水平与世界其他地区的差距不仅没有缩小，反而进一步拉大了。

非洲国家独立后，在非洲一体化思想的影响下，教育领域历来重视区域合作。20世纪八九十年代，这种合作趋向进一步加强。非洲各类区域组织在非洲主权国家的支持下，为了应对地区内外的各种教育挑战、促进区域内的教育改革和发展，从本区域整体的角度设计和推行了教育领域的制度性合作，包括加强利益相关者之间的联系、建立共同的标准、分享信息和经验、进行协调管理。[③] 1982年，非洲国家在津巴布韦首都哈拉雷召开了研讨非洲教育发展战略和地区教育合作问题的第五次部长级会议。会议发表的《哈拉雷宣言》规定了20世纪最后十几年非洲教育的发展方向。[④] 自1994年起，非洲国家政局逐渐趋于稳定，经济也开始复苏。非洲各国开始将发展教育作为改变非洲落后面貌的根本措施。1995年，非洲统一组织第62届部长理事会一致通过了将1996年设为"非洲教育年"的决议，强调非洲要实现"人人受教育"的目标。1996年，非洲统一组织第32届首脑会议通过了《开展非洲教育十年(1997—2006)的决议》，要求非洲各国调动各种力量开展区域合作，以促进教

---

① 周志发：《新自由主义的实质："新殖民理论"——兼论非洲"结构调整计划"》，载《学术界》，2015(12)。

② [美]M·A·吉奥-加加：《撒哈拉非洲国家的教育、贫困和发展》，楼世洲、於荣译校，38页，杭州，浙江大学出版社，2011。

③ 万秀兰：《非洲教育区域化发展战略及其对中非教育合作的政策意义》，载《比较教育研究》，2013(6)。

④ 邓明言：《哈拉雷会议：非洲教育发展的历史转折》，载《比较教育研究》，1992(1)。

育发展。

　　纵观 20 世纪后半期，非洲国家在独立之初的六七十年代，受人力资本理论和发展经济学理论的影响，大力发展本国教育，其教育经历了发展的黄金期，数量与质量都取得了很大进步，但在随后到来的八九十年代，教育受内外部因素的影响，发展速度趋缓。总体上，非洲教育获得了重大的发展：初等教育实现了数量的飞速增长；中等教育规模得到扩大，教育机会均等初步实现；高等教育在政策扶持下，数量和质量均有一定的发展。[①]

三、20 世纪后半期非洲教育的发展特点

　　国家的独立为非洲地区教育的发展和振兴创造了条件。非洲各国将教育视为巩固国家政权和发展国民经济的重要方式，高度重视教育，积极建立和发展符合本国发展需要的国民教育体系。在艰难的探索中，非洲教育表现出以下特点。

　　（一）民族性：努力建立和发展民族主义教育

　　所谓建立民族主义教育，是将发展民族教育、加强民族性教育作为保卫国家、促进民族和谐统一的基本要素。非洲国家在独立后首先面临的是教育民族化问题，"二战"后许多非洲国家的教育演变首先是在此背景下展开的。[②]非洲国家的领导人大多是民族主义者，具有强烈的民族意识，主张通过教育奋发图强，改变国家贫穷落后的面貌，给自己的国家在全球竞争中带来强大优势。

　　非洲国家根据本国实际情况，积极调整教育目标，培养服务本民族、本国社会发展的人才。正如有学者所言："民族主义在教育目的上，其终极愿

---

　　① 陈海燕、黄玲俐、杨豪杰：《独立后非洲各国教育改革历程及其存在的问题》，载《全球教育展望》，2007(3)。

　　② 吴式颖、任钟印：《外国教育思想通史》第十卷，613～614 页，长沙，湖南教育出版社，2002。

望,即在维护国家的统一与荣誉的保存上。""民族主义者认为教育乃是协助政府功能得以实现的有效工具……是国家维持其生存进而追求其国家理想的一种工具。"①1976年,非洲国家教育部部长会议在尼日利亚的拉各斯召开。会议宣言提出:"在现行教育制度中必须进行广泛的改革……为巩固他们的独立,弥补殖民主义造成的缺陷,促进一个真正的、现代化的非洲社会而赋予教育新的使命。"②该会议着重研究非洲教育的非殖民化问题,提倡教育应符合非洲社会发展的要求。

非洲国家努力建立符合本民族需求的国民教育体系。例如,高等教育领域出现了非洲高等教育本土化的思想和实践,旨在促使非洲高等教育摆脱西方高等教育模式的束缚,独立认识和自主建设符合非洲实际的高等教育组织结构和课程体系。③ 原为英属殖民地的非洲国家在独立后先后加入英联邦,各国一方面在英联邦平台下展开大学人员互访与交流、学历认证等内容的合作,另一方面致力于推动非洲高等教育的本土化进程。④ 民族主义实现的重要条件是文化样式的一体化,而语言是文化的要素,是民族之所以成为民族的必要条件,是民族获得承认和拥有建立自己的国家的权力所依据的最为重要的标准。非洲国家在独立后,纷纷将民族语言纳入课程内容,扩大民族语言的使用范围。

(二)依赖性:教育经费严重依赖外援,教育政策随之受到影响

受限于本国经济发展落后以及资源有限的实际情况,非洲国家的教育改革严重依赖外界的援助。据统计,非洲国家独立后,高等教育70%以上的研

---

① 转引自王兆璟、王春梅:《西方民族主义教育思想研究》,18页,北京,民族出版社,2006。
② 邓明言:《哈拉雷会议:非洲教育发展的历史转折》,载《比较教育研究》,1992(1)。
③ 徐辉、万秀兰:《全球化背景中的非洲高等教育本土化》,载《比较教育研究》,2007(12)。
④ 王英:《从依附走向合作:基于英联邦框架下的非洲高等教育历史演变研究》,硕士学位论文,浙江师范大学,2017。

究经费来自外部。①

　　非洲外部援助的主体包括外国政府、国际组织和会议等，如联合国教科文组织、联合国儿童基金会、世界银行等。其中，联合国教科文组织通过多种多样的方式提供援助。例如，精选一些教育问题，安排专题讨论会和工作会议；派遣专家为被邀请的国家提供建议并与它们的工作人员一起工作；出版研究报告、杂志和书籍等，为发展中国家教育家的教育改革提供指导。②

　　国际组织对非洲教育政策和改革实践的影响是广泛而全面的，这些影响包括以经济发展为导向的教育目标的制定、全民教育思想的传播、课程多样化、各级教育发展重点的调整等。各个提供援助的国际组织在不同历史时期援助非洲教育政策的重点不一，但总体上呈现出以下明显的趋势：从重视中等教育、职业教育和高等教育转向重视基础教育，再转向基础教育与高等教育、职业教育并重；从重视量的扩增转向重视质的提高；从硬件援助转向软件援助；从单一项目援助转向综合性部门援助。③

　　西方国家和国际组织对非洲教育的援助通常是有条件的，尤其是当合作双方意见出现分歧时，援助方常常在经济、政治和专业知识方面掌握更多话语权，并通过这种话语权使非洲国家改变政策和优先发展领域，有时还将这种对改变的期望作为援助条件提出。④ 比如，世界银行采用部门调整信用的方式对乌干达教育部门进行援助，这种方式规定了经费发放的明确条件，其中涉及预算分配方式和教育政策的调整。

　　国际援助一方面促进了非洲国家的教育改革和发展，但另一方面也造成

　　① ［美］丹条·特弗拉、［加拿大］简·奈特：《非洲高等教育国际化》，万秀兰、孙志远等译，37 页，杭州，浙江大学出版社，2013。

　　② ［澳］W·F·康内尔：《二十世纪世界教育史》，张法琨、方能达、李乐天等译，847~848 页，北京，人民教育出版社，1990。

　　③ 顾建新：《国际援助非洲教育发展及对我国的启示》，载《西亚非洲》，2008(3)。

　　④ 张玉婷：《国际社会对非洲教育援助发展态势分析》，载《比较教育研究》，2016(4)。

了非洲国家对外部援助的依赖，使得非洲国家不得不根据国际组织的要求实施相应的改革，这在一定程度上限制了非洲国家教育独立发展的实现。

(三)曲折性：迅速发展之后的艰难探索

教育民族化和自主发展对独立后的非洲国家而言尤为艰难，这在很大程度上受历史的制约。非洲国家基本上不是"重建"，而是"新建"。它们不是以历史上原有的政治共同体或民族为基础的，而是以西方殖民者依据自身利益分割而成的殖民地框架建立的，所以非洲这些新生国家所面临的发展任务比世界其他地区的发展中国家更加艰巨。① 殖民地历史还造成非洲社会经济的不发达和对发达国家援助的高度依赖，导致教育落后的状况难以改变。截止到 1995 年，在撒哈拉以南的非洲地区，小学生的生均教育经费仅为 87 美元，而北美洲是 5150 美元，欧洲是 4552 美元，拉丁美洲和加勒比地区则为 444 美元。② 因此，"对于千百万非洲人来说，接受教育仍然是一种特权而非权利"③。

总之，20 世纪后半期，非洲国家在独立之后的教育改革实践是一部致力于实现教育现代化的历史。非洲国家在教育体系的构建和入学人数的增加等方面都取得了显著的进步，尤其是 20 世纪六七十年代可以说是非洲国家教育发展的黄金时期。但由于原有的教育基础过于薄弱，非洲国家不得不学习甚至简单地搬用发达国家的教育模式，教育经费严重依靠外援，导致教育政策的制定和实施受到影响。这不仅给非洲国家的教育民族化带来了新的困境，而且由于脱离本国国情，还造成许多新的问题。④ 非洲国家教育发展面临的问

---

① 转引自刘艳：《后殖民时代非洲教育改革模式研究》，16~17 页，杭州，浙江人民出版社，2014。

② 转引自冯增俊、陈时见、项贤明：《当代比较教育学》，206 页，北京，人民教育出版社，2008。

③ [英]理查德·雷德：《现代非洲史》，王毅、王梦译，276 页，上海，上海人民出版社，2014。

④ 吴式颖、任钟印：《外国教育思想通史》第十卷，615 页，长沙，湖南教育出版社，2002。

题，有的是在教育改革过程的内部产生的，有的则是政治、经济和文化等外部因素带来的，如国家经济发展水平低、人口增长过快、民族国家尚未形成和没有统一的民族语言等。从某种意义上说，来自外部的因素对教育发展的制约作用比内部因素要大得多。非洲国家在探索适合本国特点的教育模式的道路上依然任重道远。

第二节 南非的教育

20 世纪后半期，南非成为非洲大陆教育事业发达、先进的国家。在种族隔离制度的制约下，南非的教育在"二战"结束后的一段时期内发展还比较迟缓。但随着新南非的建立以及种族隔离制度的废除，南非教育制度随着社会和政治力量的平衡变化而获得了长足的发展，并对其社会发展、经济建设和科技进步都起到了至关重要的作用。

一、南非教育发展的政治与经济背景

南非地处非洲大陆最南端，东临印度洋，西临大西洋，占地面积约为 120 万平方千米，拥有丰富的矿产，历来有"彩虹之国"的美誉，是非洲最发达的国家。南非设有三个首都，分别是行政首都比勒陀利亚、立法首都开普敦、司法首都布隆方丹。① 在南非定居的四大族群有黑人、白人、印裔和其他有色人种。这四大族群并不是四个民族，而是种族隔离时代南非白人政府人为划分的。在相当长的历史时期里，南非实施的是种族隔离制度。

---

① 顾建新、牛长松、王琳璞：《南非高等教育研究》，74 页，北京，中国社会科学出版社，2010。

（一）政治背景

17世纪之前，桑人、科伊人、班图尼格罗人等一直是南非土地的主人。1652年，欧洲殖民者开始入侵南非，南非先后沦为了荷兰和英国的殖民地。19世纪后期，南非发现了钻石和黄金，自此，欧洲移民开始纷纷涌入南非。1910年，英国将开普省、德兰士瓦省、纳塔尔省和奥兰治自由邦合并成"南非联邦"，使其成为英国的自治领。英国在南非全境建立了种族隔离制度，种族主义的统治开始形成。[1] 20世纪以来，荷兰阿非利加政府长期统治南非，非洲人被纳入了白人政治体制。[2]

1948年南非国民党执政后，南非开始推行阿非利加民族主义政策。为促进阿非利加人文化、语言的发展和经济利益的实现，阿非利加政府建立了维护少数人特权的强权政府，通过一系列法律法规的建立，进一步强化了种族隔离体系。

从20世纪中叶开始，南非白人和黑人之间的两极分化进一步加剧。白人可获得一等公民身份，而有色人种和印第安人只能沦为二等公民，非洲原住民则被视为三等公民。

20世纪50年代末，南非当局推行"班图斯坦"政策(后改称"黑人家园"政策)。该政策把占南非领土不到13%的"原住民保留地"分为10个班图斯坦，规定了黑人生活的区域范围，同时剥夺了黑人的政治权利。[3] 1948年以前，南非当局虽然实行了黑人与白人的分离政策，但还承认黑人与白人同属南非国家政治实体。而"黑人家园"政策的实施，不仅使南非白人和黑人进一步政治分离，而且否认了南非国家统一体的性质。南非由此被分成一个"白人的南

---

① 滕星：《多元文化教育——全球多元文化社会的政策与实践》，328页，北京，民族出版社，2010。

② S.Marks & S.Trapido, *The Politics of Race, Class, and Nationalism in Twentieth-Century South Africa*, London, Longman, 1987.

③ 杨立华：《南非的"黑人家园"政策》，载《西亚非洲》，1981(6)。

非"和若干个"黑人民族国家"。① "黑人家园"虽然政体上不属于南非，但是各部门的领导以及内政、外交大权依然由南非当局所派遣的官员控制。②

为制定一部不分种族的民主宪法，南非各界非洲人代表于1961年提出要举行代表南非所有成年人（不分男女）的全国大会，但这一要求遭到了南非当局的镇压。③ 20世纪70年代中期，南非的种族矛盾更加尖锐，黑人反抗情绪高涨。1976年南非爆发了"索韦托事件"，即索韦托城1.5万名学生上街进行示威游行，有100多名学生被警察打死。④ 这一事件激发了南非黑人的反抗情绪，白人政权的镇压也进一步加剧。之后有近4.4万人被南非当局以威胁国家安全罪监禁。⑤

20世纪80年代，南非白人种族主义虽然拥有政治、经济实力和镇压手段，但是由于南非社会经济的发展和黑人反抗运动的持续高涨，同时由于国际社会对南非当局的谴责，种族隔离制度已经很难再推行下去了。在国际社会的支持下，黑人加强了反抗，白人政权陷入了政治、经济困境，但是黑人反抗的力量还不足以完全摧垮白人政权，于是种族隔离制度走向双方谈判阶段。⑥ 1989年9月，白人改革者德克勒克（Frederik Willem de Klerk）上台执政，实行了种族和解政策，启动了各种族都能参与国家事务管理的进程。

1993年，南非议会通过了《南非共和国宪法法案》（Constitution of the Republic of South Africa Act），这标志着南非白人种族主义统治在法律上被废除了。1994年，第一次不分种族的全民大选会议召开，民主政府成立，新南非

---

① 杨立华：《南非》，175页，北京，社会科学文献出版社，2010。

② 杨立华：《南非的"黑人家园"政策》，载《西亚非洲》，1981（6）。

③ 杨立华：《南非》，174页，北京，社会科学文献出版社，2010。

④ Grundy K W, *South Africa: Time Running Out*, Berkeley, CA, University of California Press, 1981, p.113.

⑤ Ben Wisner, Apartheid: The Facts, International Defence and Aid Fund for Southern Africa, London, 1983, p.66.

⑥ 杨立华：《南非》，173页，北京，社会科学文献出版社，2010。

从此诞生。非洲人国民大会主席纳尔逊·罗利赫拉赫拉·曼德拉(Nelson Ro-lihlahla Mandela)当选为新南非第一任总统。这意味着南非联邦在南非所进行的长达 80 多年的种族主义统治被终结。1996 年,在南非临时宪法基础上起草的南非新宪法被正式批准。新宪法明确指出,南非是一个统一的、主权独立的国家,实行行政、立法、司法三权分立制度,中央、省级和地方政府相互依存且各行其权。从 1997 年开始,这些制度分阶段实施。

(二)经济背景

南非的经济发展影响着本国教育事业的发展。南非自然资源丰富,是世界五大矿产国之一。南非以矿产业和农牧业为主要经济支柱,主要依赖原产品的出口带动经济发展。在与非洲南部国家的贸易中,南非一直处于顺差状态,因为港口是南非主要对外通道,同时南非可从非洲南部国家引入廉价劳动力和原料,然后将产品以高价出口到这些国家。据统计,20 世纪 80 年代,非洲其他各国虽然在人口和领土面积总和上超过南非,但其国民生产总值却不足南非的三分之一。不过,由于实施种族隔离制度而遭受到国际方面的经济制裁,南非经济在 90 年代之前一直处于困难时期,教育投入不高。同时在种族隔离制度下,南非的经济结构严重畸形,各个种族间的发展极不平衡,即白人占据优先地位,黑人处于社会底层。当时占南非总人口四分之三的黑人只占据全国个人收入总额的 30%,而占总人口四分之一的白人却占据全国个人收入总额的 70%。南非的种族隔离政策造成了不同种族儿童在教育水平上的巨大差距,其结果是黑人族群和其他少数族裔接受的教育处于较低水平,大多数技术工人不能达到经济不断增长所提出的人才要求,导致南非高技能的工人缺乏,特别是技术工人缺乏。

1994 年新南非成立之后,经济发展被政府置于优先考虑的地位。新南非刚成立,政府就提出"重建和发展计划",通过创造就业机会、扶持贫困和改善基础设施等一系列规划,实现了经济年平均 3% 的递增率。随着国际社会对南非全面制裁的解除，南非良好的基础设施和投资环境不断吸引着境外投资。新南非成立之后，经济的迅速增长也带来了教育投入的增加。据统计，1997年，南非教育公共支出占国民生产总值的7.1%，而当时工业国家和撒哈拉以南非洲国家的这一比例分别为5.4%和5.5%。同时，南非这一阶段的教育投入占政府总支出的比例和在基础教育上投入的比例也超过了东南亚和拉美国家。①

二、南非教育发展的基本概况和特点

1994年之前，南非教育是南非当局保持白人至上、黑人低下的种族主义统治的重要手段。种族歧视和种族隔离制度不仅造成南非教育发展十分缓慢，而且使得南非教育陷入极为严重的不平等状态，形成了特有的教育体系双轨制。白人、有色人接受不同的教育，教育差距和贫富差距都极大。从20世纪50年代初开始，南非当局按照托管和种族隔离的思路首先把非洲人教育控制起来，于1953年颁布了《班图教育法》，把各省的非洲人教育统统置于原住民事务部管辖，不经批准，任何学校不准建立；以往教会办的非洲人学校，也不再享受政府补贴，并限期关闭或卖给原住民事务部。新办的非洲人中学须建在原住民保留地，造成大批城镇非洲人子女上学困难。由于很多地方没有学校，非洲儿童的失学率和辍学率都很高，能高中毕业的非洲学生极少。据统计，到80年代中期，20岁以上的非洲人中仅45%有文化（小学4年级以上），中等技校毕业的非洲学生约占学生总数的13%，高中毕业生仅为学生总数的2%。大部分非洲人只能找到非技术性工作，形成受教育程度低、工作差和收入低的恶性循环。②

---

① Jeremy Seekings, " Making an Informed Investment: Improving the Value of Public Expenditure in Primary and Secondary Schooling in South Africa, " Report for the Parliament of South Africa, 2001.

② 罗毅：《南非教育的改革与发展》，载《西亚非洲》，2007(9)。

1994年新南非政府成立，对国家的教育制度进行了重新规范和设计，从新政府组建到2000年，密集出台了一系列政策和法规，为南非新教育的后续发展奠定了基础。

1995年，南非政府签署了《儿童权利公约》(Convention on the Rights of the Child)，要求人人能享有社会经济权，包括基本的营养、住房、医疗保健和社会性服务权利等。同年，南非政府确立了《国家资格框架》(National Qualifications Framework)，要求将各级教育及培训整合起来，形成自上而下的国家学习系统。

1996年，曼德拉签署新宪法。新宪法规定南非建立国家、省、地方三级管理体系，要求所有儿童不分性别、种族、肤色均享有受教育权，教育改革要建立在人权、平等、自由、尊严、非种族主义和非性别歧视的基础上。教育的中期目标就是为所有学习者提供10年义务教育。

除宪法外，南非政府还在1996年发布了另外两个重要教育法令。一是《国家教育政策法》(National Education Policy Act)，规定了南非各省负有在教育政策和计划实施中实现教育目标的责任。二是《南非学校法》(South African School Act)，对学校的运行和发展做了基本规范，以促进学校教育体制改革，确保义务教育目标的实现。

随后，南非政府又颁布了《高等教育法》(High Education Act，1997)、《继续教育与培训法》(Further Education and Training Act，1998)、《教育工作者就业法》(Employment of Educators Act，1998)、《成人基本教育与培训法》(Adult Basic Education and Training Act，2000)。

1994—2000年，南非对各级各类教育都进行了大刀阔斧的改革，并取得了初步的成效。鉴于南非政府的教育新政策是从1994年之后才开始实施的，在展示学前教育、基础教育、高等教育和成人教育各领域1994年后发展的新状况和新格局前，下文对这些领域在20年代中期到1994年前的状况也略加陈述。

（一）学前教育

1994年之前，南非学前教育机构均由非政府组织、社区和家长所建，政府对学前教育干预较少，主要由行业组织和民间团体策划和推动学前教育的发展。如早在旧南非时期即成立的幼儿学校协会就较为活跃，该机构于1974年改名为南非学前教育协会后加入了世界学前教育协会。南非学前教育协会积极推动建立最低标准来规范南非学前教育的发展，呼吁南非政府要充分重视学前教育，增加对幼儿学校的投资。在其努力之下，南非学前教育在20世纪80年代之后受到南非政府的关注，学前教育开始被纳入政府的法律法规和权益保障范畴。1983年南非政府颁布的《国家教育法》和《健康、福利部手册》都对学前儿童接受保育和教育的权利做了明确的规定。1990—1994年是非洲人国民大会和非洲国民党艰苦谈判时期。这一时期，南非经济停滞，教育发展缓慢，但这一时期，南非的各项学前教育政策得以充分酝酿，为南非政府的一系列学前教育新政策的提出奠定了基础。1994—2000年，南非政府密集颁发了多个学前教育政策和法规，将学前教育的发展纳入法制化、规范化的轨道。

（1）《早期儿童发展过渡政策》（Interim ECD Policy，1996）。主要内容是实施国家学前班试点计划，即建立政府与非政府组织和社区的合作关系，以低成本模式来实施学前班课程。

（2）《国家早期儿童发展试点计划》（National ECD Policy Project，1996）。该计划主要是支持基于社区的学前教育，为适龄儿童提供高质量的学前班教育。

（3）《南非儿童国家行动计划》（National Programme of Action for Children in South Africa，1996）。该计划确定了儿童发展的若干优先发展领域，包括营养、儿童保健、水和卫生、儿童早期发展和基础教育、社会福利发展、休闲、文化活动及儿童保护措施等。

(4)《早期儿童发展过渡政策》(Interim Policy for Early Children Development, 1997)。该项政策对学前教育发展的各个方面都做了详细的规定和说明,包括学前教育机构的资质、课程、资格认证、教师培训、保育员招聘、资金等。

此外,1994—2000 年,为了保证学龄前儿童的健康发展,除出台专门的学前教育政策外,南非政府还颁布了其他一系列辅助性政策,以确保学前教育政策和法规的顺利实施,如 1995 年的《免费医疗政策》(Free Health Care Policy)、《免疫技术指南》(Technical Guidelines on Immunization)和 1998 年的《综合营养战略》(Integrated Nutrition Strategy)等。[1]

依据《国家早期儿童发展试点计划》,南非学前教育的主要目标是:为实现 10 年义务教育提供政策建议;为《国家资格框架》的完善和学前教育从业者的职业发展提供规范和标准;为学前教育从业者提供职业发展路径;建立学前教育认证标准;创建一种可持续的补贴制度,使私营部门参与到学前教育计划当中;加强南非各省和各社区的学前教育能力建设。

学前教育的一系列政策和法规的出台,大大推动了南非学前教育的发展。据统计,在 1996 年《国家早期儿童发展试点计划》颁发后不久,南非省级教育部门和欧盟就投入了 1.25 亿南非兰特资金来推进这一计划,建立了 2730 个学前教育机构,三年内共接收了 66000 名儿童进入学前班。[2] 其他政策的实施也逐步显示了各自的效果。这些都为南非学前教育的后续发展创造了条件。

(二)基础教育

基础教育改革是一个国家教育改革的根本,备受各个国家的重视,南非也不例外。1997 年,南非颁布了《课程 2005》。在新课程的基本框架下,南非

---

[1] 郭小晶:《新南非学前教育政策研究》,硕士学位论文,浙江师范大学,2016。

[2] Department of Education, *White Paper*, Government of South Africa, Clause, 2001.

的基础教育由普通教育与培训阶段(general education and training)和继续教育与培训阶段(further education and training)组成，相当于1～12年级。[①] 在基础教育阶段，学生除了学习阅读、写作和算术外，还学习健康、数学、环境(或地理)、科学、艺术、体育和语言(母语及英语)等科目。虽然南非基础教育受到了战争、种族冲突等暴力事件的影响，但是从整体上看仍然是在发展的。改革主要表现为以下几个方面。

1. 调整课程学习领域

南非传统科目强调学术知识和对理论、事实的描述与分析，而没有关注技能、情感、态度和价值观方面。南非新课程体系抛弃了传统的学科分类法，将所有课程分为八大学习领域，具体包括语言、数学、自然科学、社会科学、经济与管理科学、艺术与文化、技术学和生活指导。设置综合课程，加强了相关学科间的联系，使相关学科的知识、技能具有系统性，有利于培养学生综合应用多学科知识解决现实复杂问题的能力。

2. 改进教学方式

南非以结果为本位的教育采用整合性的教学方式来传授知识，鼓励教师之间的团队协作和学生的合作性学习。新课程实施以来，南非中小学教师不断调整教育观念，教育思想与教学行为发生明显变化：教学从以教师为中心转向以学生为中心，从内容导向型转向学生结果导向型。教育观念的变化推动了教学方式的转变。教师积极探索运用启发式、探究式、合作学习等手段开展教学活动，影响着学生学习方式的转变。新课程加强了学科间知识的联系，使学生开始在思考、合作、探究中学习，使学习方式由单一性转向多样化。

---

① 顾建新、牛长松、王琳璞：《南非高等教育研究》，13页，北京，中国社会科学出版社，2010。

3. 采用多种语言教学

在种族隔离时期，南非的官方语言为英语和阿非利加语。而南非本身是一个多语言、多种族、多民族的国家。新南非成立后，官方语言为 11 种。改革后的南非高中课程教学大纲将这 11 种语言定为母语、第一附加语或第二附加语来使用，并要求高中生至少必修两门官方语言，这有助于促进不同民族的相互融合和发展进步。①

(三)高等教育

"二战"后，南非的高等教育大致经历了两个阶段，第一阶段为 1948—1993 年的种族隔离制度下的高等教育分化时期，第二阶段为 1994—1999 年的高等教育变革过程中密集的基础性立法阶段。在第一阶段，南非高等教育的发展主要表现为三个方面。

1. 大学数量增多

1959 年颁布的《大学教育扩充法》对南非的高等教育产生了深远影响，使大学数量在一定程度上得以扩充，但是该法案规定建立非洲人、印度裔/亚裔、白人等不同种族的大学，种族隔离色彩严重。20 世纪 50 年代，种族隔离政府创办的白人大学有 1950 年在布隆方丹建立的奥兰治自由州大学和 1951 年在西德兰士瓦建立的波切斯卓姆大学。1961 年 5 月，南非共和国成立。在各种因素的推动下，南非黑人高等教育也取得了一定发展。南非政府先后于 1963 年和 1965 年颁布了《有色人教育法》(Colored People Education Act)和《印度人教育法》(Indian Education Act)，通过立法程序巩固种族主义教育制度，并在此基础上创办了若干所大学。到 20 世纪 70 年代后期，由于白人集团出现了经济、政治和意识形态的危机，急需培养一批技术熟练人员和管理人员，南非又相继创办了一批大学。例如，1976 年为训练黑人医务人员创办了南非医科大学；1979 年建立了博普塔茨瓦纳大学(后改名为南非西北大学)；1981

---

① 田腾飞、何茜:《南非高中课程改革的目标、内容及特色》,载《比较教育研究》,2011(5)。

年创办了维斯特大学，该大学包括在校和远程教育机构，在全国各地设有卫星校园，主要招收在职教师；1983年创建了文达大学。[①]

自20世纪60年代以来，南非各族裔大学入学人数都呈现上升趋势，但是从表6-1可以看出，各时期白人入学人数都远多于其他族裔。

表6-1　1960—1990年南非大学入学人数（按种族分）[②]

年份	非洲人/人	亚洲人/人	其他有色人/人	白人/人
1960	1817	1516	822	35095
1980	18289	10551	7762	114744
1990	100632	18324	18859	153846

"二战"以来，南非高等教育在一些领域也取得了一定发展。1967年，南非开普敦大学成功完成人类第一个心脏移植手术，轰动一时。除诺贝尔和平奖和文学奖外，南非在50年代和70年代还获得了诺贝尔医学奖。在种族纷乱时期，南非的高等教育仍然持续稳定发展。南非的大学多数以英语教学。至20世纪80年代，南非共有36个高等教育机构，大学生约55万人。[③]

2. 技术学院取得发展

种族隔离时期，南非高等院校按其功能可分为大学和技术学院两类。大学和技术学院是并行的两条线。在双轨制体系中，大学享有最高的自治权，其次是技术学院，最后是各种职业类院校。

1967年，南非议会通过了《高级技术教育法案》（Advanced Technical Education Act）。依据该法案，南非建立了高级技术教育学校（Colleges of Advanced Technical Education），专门为学生提供职业方面的训练。当时从中等技术学校发展而来的高级技术教育学校一共有6所。至1969年，这6所学校的在校生

① 柴旭东：《南非的大学教育》，载《外国高等教育资料》，1995(2)。

② Horrell, M., Gordon, L. & Cooper, C., et al., A Survey of Race Relations in South Africa, Cambridge University, 1975.

③ 黄德祥：《南非高等教育的发展与特色》，载《教育资料集刊第四十四辑》，2009(44)。

人数达到 23000 名。① 到 1979 年，高级技术教育学校正式改名为技术学院（Technikon）。但是在 1993 年之前，技术学院一直没有资格授予学位，直到 1993 年之后才有资格授予学位，享有独立地位，但是其课程、考试和证书依然受南非中央政府的严格控制。

在第二阶段（1994—1999 年），南非对高等教育的结构进行了改革。1996 年 8 月 22 日，南非国家高等教育委员会（National Commission on Higher Education，NCHE）在其发布的《高等教育变革新政策框架概述》（An Overview of a New Policy Framework for Higher Education Transformation）中建议将大量的教育学院、护理学院和农学院并入综合大学或理工学院，并在没有高等教育机构的省份建立新的高等教育机构。② 1997 年通过的《南非高等教育法》载明了南非公立高等教育机构的设置、关停与合并、院校治理的程序性规定。1998 年，南非教育部发布了《教育学院并入高等教育系统：实施框架》（Incorporation of Colleges of Education into the Higher Education System：A Framework for Implementation），对教育学院的合并条件做出了一系列规定。

3. 调整高等教育财政提款制度

除改革机构外，南非还对高等教育财政拨款制度进行了调整。新南非成立以后，建设国家质量保障体系成为南非政府打造公平、高效的高等教育系统的重要策略之一。1997 年，南非政府颁布了《教育白皮书之三——高等教育变革计划》，要求建立以目标为导向、与绩效相关联的拨款制度，把整合拨款（block grants）和专项资金（earmarked funds）有机结合起来。此外，这一阶段的南非高等教育还注重人才培养和国家资格框架的关系，注重建构高等教育的

---

① Davis，R.Hunt，"Apartheid no More：Case Studies of Southern African Universities in the Process of Transformation by Reitumetse Obakeng Mabokela；Kimberly Lenease King，" *International Journal of African Historical Studies*，2001，p.142.

② National Commission on Higher Education，An Overview of a New Policy Framework for Higher Education Transformation，南非教育部网站，1996-05-03.

质量保障体系。1997 年南非政府颁布的教育白皮书明确要求把高等教育项目纳入国家资格框架和质量保障体系。

(四)成人教育

南非的成人教育起步较晚,直到 20 世纪 60 年代才有了初步的发展,但是也饱受种族隔离制度的影响。80 年代,南非的黑人反抗运动进入高潮时期,成人教育也随之取得了较大发展。从"二战"后到 20 世纪末,南非成人教育的发展主要表现在以下两个方面。

1. 建立了成人和继续教育中心以及成人教育非政府组织

1984 年,纳塔尔大学成立了成人教育中心,该中心是南非最早研究和普及成人基础教育的中心之一。它向民间社会组织提供管理、教育和媒体技能方面的培训,并在 1987 年之后致力于其所在地区工会、人权组织和民主联盟附属机构等的管理现代化——通过计算机来管理日常事务。[1] 1985 年,西开普大学成立了成人和继续教育中心(Center of Adult and Continuing Education,CACE)。此外,由爱德华·弗伦奇(Edward French)领导的成人教育部门这一非政府组织于 1988 年成立,并且在 1993 年开始组织第一次成人基础教育考试。

2. 建立了成人教育课程体系

南非成人教育课程的建设在 20 世纪 80 年代取得了较大进展。1980 年,开普敦大学聘任克莱夫·米勒(Clive Millar)为南非第一位成人教育教授,并为成人教育工作者提供第一门研究生文凭课程。1983 年,南非教育和培训部设立并实施了自己的成人课程,名为"成人阅读和写作课程"。1988 年,西开普大学成人和继续教育中心为处于大学预科阶段的人们开设了第一门获得认证的成人教育培训课程。

---

① John Aitchison, "Struggle and compromise: A history of South African adult education from 1960 to 2001," *Journal of Education*, 2003(29), p.141.

三、南非教育发展的基本经验和存在的问题

(一)基本经验

南非被誉为"非洲明珠",虽然经历过政治运动、战乱、种族歧视等,但其教育总体来说是不断前行的,也是在与种族制度的斗争和抗衡中获得发展的。基本经验如下。

首先,南非教育的改革立足本国国情,与种族隔离制度和歧视文化做斗争。南非长期受战乱、殖民统治、种族歧视等影响,形成了黑人、白人和其他有色人种接受不同教育的教育模式。新南非成立以来,政府把教育放在重要位置。为了满足国民受教育的愿望,消除种族隔离制度和歧视文化,南非政府制定了教育政策,推出了系列改革举措,取得了良好的效果。

其次,在坚持教育公平的基础上注重教育质量的提升。一方面,南非政府努力消除种族隔离制度和种族歧视,使黑人和白人同等享受教育,保持教育公平。另一方面,随着教育公平的逐步推进,南非政府开始着手提供有质量的教育,在教育资源的配置上,尤其是在师资力量的提升上做了大量的工作,努力确保各阶段的学生都能得到高质量的教育。

最后,加大教育投入并尊重民族语言差异。为了推进教育的发展,南非立法先行,通过宪法保障教育经费的支出。与其他非洲国家相比,其教育投入的比例是很高的。尤其是在教育基础设施建设等方面,南非政府逐年加大投入,确保了南非教育发展的经费支撑。此外,由于历史的原因,南非国内存在着多种语言体系。南非政府秉承"语言文字平等"的观念,尊重各种语言文化在南非的生存权和发展权,大力发展双语教学,将双语教学作为尊重民族语言差异的重要手段,取得了较好的效果。

总之,经过几十年的努力,南非的教育取得了长足的发展与进步:教育体系逐步完善,政策和立法趋于合理。这不仅提高了南非的国民素质,也为南非社会经济发展提供了人才支持,推动了社会经济全面发展与进步。

（二）存在的问题

自 20 世纪 60 年代建国以来，南非的教育发展虽然取得了一定成就，但在诸多方面还存在着不少的问题，这些问题在一定程度上制约着南非教育向更高水平迈进。南非各阶段教育所面临的共同问题如下。

一是种族隔离及种族歧视并未被完全消除。虽然南非政府为消除种族隔离和种族歧视采取了种种措施，但这种由历史和文化因素造成的种族隔阂是难以在短期内被完全消除的。白人优先接受教育，并在教育资源和环境上远远优于有色人种的现象依然存在。

二是性别不平等问题严重。在南非，妇女被视为较弱的物种，特别是黑人妇女。该国的性别压迫源于本国的文化和种族背景下的重男轻女观。虽然南非政府部门中有一定的女性代表，但是平权问题依然严重。到 20 世纪末，南非依然有近 65% 的黑人妇女生活在赤贫之中，而约 35% 的黑人妇女的劳动价值仅限于在主要城市做家庭用人。严重的性别歧视造成了南非女孩受教育程度差，辍学问题严重。

三是卫生健康问题。南非教育发展的另一困扰就是卫生健康问题，尤其是艾滋病的传播。调查显示，南非艾滋病携带者居全球之最，不仅导致了南非劳动力质量严重受损，也对教育产生了很大的影响。

第三节　埃及的教育

埃及作为人类古代文明的发祥地之一，拥有悠久的教育文化传统。近代埃及经受了长达 200 多年的西方殖民统治时期。其中，从 1882 年起，埃及受英国殖民统治长达几十年，直至 1919 年埃及爆发反英运动，英国政府才被迫于1922年承认埃及"独立",但仍保留部分特权。[①] "二战"后,由于内外战争频发,埃及政权几经更迭,埃及的国家性质也发生了变化。1952年,纳赛尔领导革命,结束了埃及的封建君主王朝,掌握了国家政权。1953年,埃及共和国成立。在纳赛尔执政时期,教育始终被埃及视为实现民族独立和推动国家发展的关键,普及义务教育、延长义务教育年限是埃及政府的核心教育政策,埃及教育的统一化和国有化成为改革的主流趋势。与此同时,为适应埃及社会发展的需要,职业技术教育和师范教育也得到了一定的发展。20世纪七八十年代,萨达特以及穆巴拉克的上台执政更是打开了埃及的国门。他们采取开放政策,全面改革埃及教育政策,埃及的教育又迎来了新的发展阶段。"二战"后的半世纪以来,埃及教育所取得的进展和积累的经验为埃及教育现代化的发展奠定了良好的基础。

一、埃及教育发展的政治与经济背景

20世纪后半期,埃及政权几经更迭,导致埃及内政外交以及经济发展、宗教变革等方面都受到极大的冲击。巨大的冲击也直接影响到埃及教育事业的发展和改革。从20世纪50年代至20世纪末,埃及教育发展的政治与经济背景表现为以下几个方面的特点。

(一)政治背景

1. 政权的更迭

20世纪中叶至20世纪末,埃及政府的领导权共经历了三次变动。第一次为1952年"7·23"革命后,纳赛尔领导的"自由军官组织"推翻了封建君主王朝,成立了埃及共和国。纳赛尔于1956年就任埃及总统,埃及由此进入了"纳赛尔时期"。在非洲民族独立运动蓬勃发展以及社会主义思想的影响下,

---

① 李建忠:《战后非洲教育研究》,402页,南昌,江西教育出版社,1996。

纳赛尔宣布埃及走社会主义道路。① 由于纳赛尔建立和发展的社会主义具有鲜明的个人特色,这一时期埃及的社会主义也被称为"纳赛尔主义"。第二次为 1970 年纳赛尔逝世后,萨达特接任埃及总统。萨达特上台后,全盘否定了纳赛尔式的社会主义,对纳赛尔时期的发展战略进行了大刀阔斧的改革,埃及由此进入了改革开放期。萨达特提出了"和平与繁荣"的口号,以取代纳赛尔所提出的"统一、自由和社会主义"的口号。但由于改革进程遭遇强大阻力,埃及社会日趋动荡,社会矛盾不断激化,最终导致萨达特于 1981 年被极端宗教组织刺杀。第三次为穆巴拉克在萨达特遇害后的执政和改革。穆巴拉克上台后,一方面继承了萨达特所提出的民主社会主义思想,另一方面也吸取了萨达特执政时的教训,提出了"和平、发展、繁荣"的口号,对极端派别和恐怖组织进行打击,逐步稳定了埃及的局势,并在政局稳定后,稳步推进了民主化进程。

2. 外交政策的调整

"二战"后,纳赛尔执政。埃及政府对外采取中立的外交政策,并坚决反对殖民主义和帝国主义。同时,纳赛尔政府开始脱离西方发达国家,积极与苏联建立友好的合作关系。萨达特执政后,则全面调整了埃及的外交战略,虽表面上继续与苏联保持国际关系,但亲密程度大不如纳赛尔执政时期。同时,萨达特坚定促进埃以和平,以推动中东和平进程。此举虽遭到强烈批评和反对,但在萨达特的努力下,1979 年埃及和以色列正式签署《埃以和约》,结束了三十多年的战争,两国关系正常化,中东和平进程得到了有效推动。埃及第三任领导人穆巴拉克则提倡并开展了全方位的外交。在 1983 年颁布的新外交方针中,埃及政府明确表明"不与任何国家为敌、不与任何国家结盟"的外交立场。② 在此基础上,埃及积极与世界各国发展友好的合作关系。在穆

---

① 王素、袁桂林:《埃及教育》,84 页,长春,吉林教育出版社,2000。
② 郑已东:《埃及社会转型期的政治合法性研究》,博士学位论文,上海外国语大学,2014。

巴拉克政府的积极推动下，埃及于1989年重新回到了阿拉伯世界。和平稳定的外交环境为埃及的进一步发展创造了良好的机会和平台。

3. 宗教政策的变革

"二战"后，中东地区世俗化的思想得到进一步扩散。纳赛尔选择走阿拉伯式的社会主义道路，其目标是建立一个独立、统一的阿拉伯民族国家，并将伊斯兰教和阿拉伯民族主义作为"纳赛尔主义"的思想基础，但始终以民族主义为核心。在政教关系方面，纳赛尔要求宗教服从政治，严禁宗教介入政治，对"穆斯林兄弟会"采取镇压政策。不同于纳赛尔对宗教的严格管控，萨达特执政后，虽进一步强调民族主义，但为获取更多的支持，其采取了依靠和利用伊斯兰教的政策，从而导致"穆斯林兄弟会"的势力逐渐扩大且试图插手政治。这对当时埃及的改革形成了强大的阻力，并进一步加剧了埃及国内动荡的局势。穆巴拉克上台后，依旧将民族主义置于核心地位，坚定地走世俗化道路。同时，穆巴拉克政府要求并实行严格的宗教与政治分离、宗教与法律分离以及宗教与教育分离。穆巴拉克政府还积极吸取萨达特的教训，妥善处理与伊斯兰教及其组织的关系，并为"穆斯林兄弟会"等伊斯兰教组织制定了相关政策，以进行更好的管理。

(二)经济背景

纳赛尔执政时，从1956年苏伊士运河国有化之后，埃及政府加强经济管控，接管或没收外国在埃及的资产，实行国有化。1956年，埃及新宪法规定埃及私有部门的经济活动要受到限制。1961年至1973年，埃及国内掀起了国有化的浪潮。1962年，埃及颁布《民族宪章》，规定埃及经济发展不能依靠由私人利益支配的个人活动，必须依靠社会主义。纳赛尔此举确实促进了埃及国民经济的发展，提高了人民的生活水平，缩小了贫富差距，也推动了教育国有化的进程。但萨达特执政后，放弃了纳赛尔式的经济发展模式，并对埃及的经济进行了全面的改革和调整。这一时期，埃及经济改革的重点包括三个方面：吸引外国资本到埃投资、发展私有部门和调整公有部门。萨达特政府积极进行经济改革，鼓励私营企业发展并对国营企业进行调整。穆巴拉克执政后依旧坚持开放政策，但也调整了埃及的经济结构和经济成分：增加工农业投资，控制商业和服务业的增长，增加经济成分中的私人比例，鼓励私人投资。除此之外，穆巴拉克政府还调整了埃及的进出口政策，以改变 70 年代以后埃及进口多、出口少的局面。① 在几任领导人的经济政策的影响下，埃及的经济也由国有化向多样化发展，同时随着萨达特政府开放政策的推动，埃及逐渐摆脱了近乎封闭的经济发展模式。

二、埃及教育发展的主要内容与特点

埃及独立后，埃及政府非常重视教育事业的发展，通过颁布宪法强调了每个公民均享有受教育的权利，在小学阶段实行免费义务教育。1952 年革命后，埃及政府更加重视建立统一的教育体制，以适应埃及政治、经济和社会的发展。20 世纪 80 年代以后，为提升埃及的教育质量以及解决埃及教育所面临的与社会经济发展相脱节等问题，埃及在教育方面进行了全面的改革。"二战"后，在埃及政府大力发展教育事业政策的推动下，埃及各级各类教育均取得了较显著的成效，其主要内容和特点如下。

（一）主要内容

1. 初等教育

这一阶段埃及的初等教育被认定为免费的义务教育，其改革和发展的侧重点在于：将学前教育纳入义务教育，并延长义务教育年限；统一学制，实现教育的国有化和统一化。埃及政府重视初等教育的目的：一方面是保障民众接受教育的权利，另一方面则是提高国民素质，为埃及的发展提供所需的各类人才。

---

① 王素、袁桂林：《埃及教育》，192 页，长春，吉林教育出版社，2000。

(1)将学前教育纳入义务教育。20 世纪 50 年代以前，学前教育是埃及教育发展进程中的薄弱环节，埃及政府并没有给予其足够的重视，且学前教育的入学率极低。1951 年，埃及政府颁布 143 号法令，将幼儿教育纳入儿童的初期教育。此法令的颁布使学前教育逐步受到政府的关注且被纳入正规教育体系，推动了埃及学前教育的发展。1953 年，埃及政府又在初等教育的 210 号法令中规定，幼儿教育是非义务性教育，且幼儿学校的学费需各家庭自理。此举使得幼儿教育的入学率和学校的数量锐减。为缓解学前教育不受重视且入学率低的问题并突出学前教育的重要性，埃及教育部于 1970 年设立了小学教育司幼儿教育处，专门负责学前教育工作。至 1986 年，埃及幼儿园的数量发展至 3000 多所，入园儿童也达到 15 万人。[1] 从 90 年代开始，埃及政府将 4~6 岁幼儿的教育正式作为义务教育的一部分。[2] 至此，埃及的学前教育不仅被纳入正规教育体系，而且还成为义务教育的重要部分，其地位得到进一步提高。

(2)统一初等教育的学制。埃及独立后，埃及政府颁布新宪法，规定所有 6~12 岁儿童应接受免费和义务的初等教育，学制为 4 年。同时，埃及政府增加教育投入以建立足够数量的学校。但由于教育经费有限，普及义务教育的工作受到了制约。埃及遂建立了初级学校和初等学校这两种受教育对象与教育质量存在明显差异的初等教育学校。埃及也逐渐形成了大众教育和精英教育的"双轨制"教育体制。后来，为了缩小初级学校和初等学校之间的差别，促使两者合并，1943 年，埃及政府决定取消小学学费。1953 年，埃及政府颁布 210 号法令，决定建立统一的小学，以促进初级学校和初等学校的合并。1956 年，埃及政府颁布 213 号法令，调整了初等教育的年限，将年限由 4 年

---

[1] 李乾正、陈克勤:《当今埃及教育概览》，45 页，郑州，河南教育出版社，1994。

[2] 王素:《埃及 90 年代的教育改革》，载《外国教育研究》，1997(6)。

延长到6年。最终，埃及于1970年完成了统一学制的工作。①

（3）改革初等教育的升级制度。"二战"后，埃及初等教育的升级制度经历了以自动升级制取代考试升级制又逐渐回归到考试升级制的过程。埃及不断调整考试评价方式，使其更加科学有效。1956年，埃及颁布的213号法令规定以自动升级制代替一直实行的考试升级制，即学生在校上课的课时数达到75%，则可以自动升级。1963年，埃及教育部对自动升级制进行了补充规定，即对学生要做定期的全面评估。学生每个阶段的评估达到标准后，才能升级。1968年，埃及颁布了新的文件，对小学阶段的考试制度进行了调整，规定小学从3年级开始，每年举行期中和期末考试，由学校统一命题，6年级则实行全省统考。② 初等教育的自动升级制又逐渐向考试升级制过渡。80年代，埃及在进行教育改革的过程中，又对初等教育的考试评价方式进行了改革。1988年，埃及教育部部长颁布部长第84号关于修改基础教育阶段初等教育升学考试中的学生鉴定法令，明确规定了初等教育中1~5年级学生的鉴定标准。初等教育的自动升级制彻底被考试升级制取而代之。从90年代开始，为使教育评价方式更加科学有效，埃及政府决定取消标准答案，并以评价学生的能力和采用形成性测试为主。③

2. 中等教育

统一学制后，埃及的中等教育在纵向上分为初中和高中两个阶段，在横向上则包括普通中学、专门中学、职业技术中学以及师范学校等类型。"二战"后，埃及中等教育的发展和改革主要侧重于：创办预备学校，将义务教育延长至中等教育阶段；重视职业技术教育，以培养国家发展所需的各类技术人才。

---

① 李建忠：《战后非洲教育研究》，416页，南昌，江西教育出版社，1996。
② 李乾正、陈克勤：《当今埃及教育概览》，51页，郑州，河南教育出版社，1994。
③ 王素：《埃及90年代的教育改革》，载《外国教育研究》，1997(6)。

(1)创办预备学校。为适应社会发展的需要，1953 年，埃及政府根据 2 号法令创办了预备学校，学制为 3 年。预备学校作为介于初等学校和中等学校之间的免费学校，其课程兼顾基础课和职业课。因此，预备学校具有"为有能力继续接受中等或技术教育的学生做预备，同时为能力较低的学生做好参加实际工作的准备"的双重功能。① 此类学校自创办之后，便得到了很好的发展，入学的学生人数也迅速增加。但由于预备学校的毕业生并未掌握足够的生产技能，因此无法满足劳动力市场的需求，培养效果并不理想。1962 年，埃及教育部颁布法令，取消了预备学校中的职业技术教育内容，并将预备学校归为普通教育学校。1988 年，埃及颁布部长第 209 号通令，以埃及的国情为基础，为加强教育与社会经济发展的联系，在埃及的初中阶段建立职业预备学校，学制为 3 年。职业预备学校的设立更加彰显埃及政府对提升学生的专业技能和就业能力的重视程度，也更加强调了学校所培养的学生应能够适应社会经济发展的需要、为就业做好充分准备的要求。

(2)调整学制，延长义务教育年限。1953 年，埃及政府颁布 211 号法令，把中等教育阶段划分为初中和高中两个阶段。其中，初中的学制为 4 年，入学年龄为 10~12 岁；高中的学制为 3 年，入学年龄不能超过 17 岁。随着预备学校的创办，1957 年，埃及教育部颁布 55 号文件，将初中作为独立的教育阶段，学制由 4 年改为 3 年。② 随后，埃及政府在第三个五年教育计划(1970—1975 年)中提出将义务教育的年限从 6 年延长到 9 年。1981 年，埃及教育部又在 139 号法令中进一步确定埃及义务教育年限为 9 年，其中初等教育 6 年，预备教育 3 年。③ 由于义务教育年限的延长，加之允许未通过预备学校考试的学生再重读一年，埃及部分义务教育阶段最高年级学生的最高年龄达到或超

① 瞿葆奎:《印度、埃及、巴西教育改革》，493 页，北京，人民教育出版社，1991。
② 李乾正、陈克勤:《当今埃及教育概览》，54 页，郑州，河南教育出版社，1994。
③ 王素、袁桂林:《埃及教育》，200 页，长春，吉林教育出版社，2000。

过 18 岁。为了解决义务教育阶段学生超龄的问题，埃及教育部推出了 8 年制的实验学校，以减少义务教育中超龄儿童的比例。

（3）完善技术教育体系。1961 年以前，埃及的中等技术教育分为两个阶段，即初级技术教育和中级技术教育。1970 年，埃及专门成立了中央技术教育委员会以领导埃及全国的职业技术教育，并负责制订各类技术教育的长期发展计划，以及在普通中学开设技术课程。同年，埃及出台了一项新的技术教育法案。为培养高级技术人才，1975 年，埃及确定组建哈拉旺技术大学，并希望其成为阿拉伯世界技术教育的中心。[1] 1980—1981 年，埃及中等技术教育可分为三类两层，三类是指工业学校、农业学校和商业学校三种类型，两层则是指培养熟练工人的 3 年制学校和培养技师的 5 年制学校两个层次水平。[2] 80 年代后，埃及的技术教育主要有 4 种类型，包括 3 年制和 5 年制的中等技术学校、2 年制的技术院校、5 年制的大学工程系。为进一步改善技术教育社会地位低、缺乏继续深造的途径的状况，在 1987—1992 年的计划中，埃及政府大力发展技术院校和工业专科院校，为技术院校的优秀毕业生提供上大学的机会。[3] 在穆巴拉克的推动下，埃及在基础教育阶段也开始引入职业技术教育，以使学生更好地适应劳动力市场的需求。埃及的职业教育体系也因涵盖基础教育、中等教育和高等教育而得到进一步完善。

3. 高等教育

英国占领时期，英国统治者为了维护自身的利益，在埃及实行愚民政策，仅仅推行基础教育。1923 年以前，埃及仅存在一所国立大学，即埃及大学。埃及独立后，随着埃及民众呼吁民族独立呼声的高涨，发展高等教育被视为推动民族独立的重要环节。埃及统治者也深刻意识到发展高等教育和培养本

① 王素、袁桂林：《埃及教育》，146 页，长春，吉林教育出版社，2000。
② Judith Cochran, *Education in Egypt*, London, Routledge, 2013, p.81.
③ 王素、袁桂林：《埃及教育》，204 页，长春，吉林教育出版社，2000。

国人才的重要性，因此，高等教育被埃及政府置于优先发展的位置。

自1950年起，埃及政府为适应国家发展的需要，不断扩充高等教育的规模和在校人数，并大幅度增加高等教育预算。从1953年起，埃及还实施了"校外生"制度。这一举措在增加高等教育人数的同时，也为未考上大学的广大青年提供了更多接受高等教育的机会，缓解了升学和就业的压力。1952—1963年，埃及高等教育的在校生由42485人增加至98537人，高等教育预算也由354.1万埃及镑上升到1450万埃及镑。① 为推动高等教育的发展，从1963年起，埃及废除了各级各类教育的费用，实行全部免费教育。1964年，埃及政府规定为所有大学毕业生提供就业保障，此举进一步推动了高等教育入学人数的增加。1952—1970年，埃及高等教育的在校生由5万多人激增至超过16万人。② 1976年，据埃及教育部统计，埃及60%的高中毕业生可升入综合性大学。至1981年，埃及高等教育在校生增长至56万多人。③ 这一阶段的高等教育规模虽然得到迅速扩充，但劳动力市场却无法吸纳与日俱增的大学毕业生，使大量的大学毕业生面临严重的失业问题。80年代以后，为解决埃及高等教育所面临的严峻问题，提升高等教育的质量，穆巴拉克采取了控制高等教育的规模、限制招生人数等措施，然而成效不佳。埃及的高等教育规模虽然依旧继续扩充，但发展步伐逐渐变缓。至80年代中后期，埃及高等教育逐渐进入大众化阶段。

4. 宗教教育

埃及一向重视宗教教育。独立前，埃及虽没有完整的现代教育体系，却拥有伊斯兰宗教教育体系。在伊斯兰宗教教育体系中，第一阶段为爱资哈尔小学，第二阶段为爱资哈尔在各地设立的中学，第三阶段为爱资哈尔大学。

① 李建忠：《战后非洲教育研究》，438页，南昌，江西教育出版社，1996。
② Alan Richards, *Higher Education in Egypt*, Washington, The World Bank, 1992, p.8.
③ 李建忠：《战后非洲教育研究》，442页，南昌，江西教育出版社，1996。

这一类教育体系的教育思想、教学内容和教学方法均深受伊斯兰教的影响。[①]
此类学校要求入学对象必须是穆斯林。同时，此类教育体系中的中小学均由
爱资哈尔大学管理，由宗教基金会拨款。[②] 在埃及的现代化进程中，教育主要
受到传统的宗教教育和英、法、美等西方国家的现代教育的影响。因此，埃
及面临传统与现代化的冲突，即宗教教育和世俗教育的冲突。为妥善解决两
者之间的冲突，埃及政府一方面让国家相关政府部门直接介入大学的管理，
从而使宗教服从国家政治；另一方面又努力使宗教教育培养的人才也能满足
现代化的需要，从而推动埃及的教育进一步走向现代化。穆巴拉克执政后，
埃及正逢知识经济和国际化发展之际。埃及政府依旧重视宗教教育的改革和
发展，但将现代文化与知识置于教育发展的核心位置，使宗教教育更多地融
入现代先进的文化知识和科学方法，以使宗教教育更加适应时代发展的
需要。[③]

（二）特点

"二战"后，埃及政权虽更迭频繁，但埃及政府及各届领导人均十分重视
教育的发展，大力发展教育事业和培养本国人才是当时埃及教育政策的重中
之重。为使教育能够与埃及社会、政治、经济发展相适应，埃及政府对各级
各类教育进行了全面的改革，促进了义务教育的普及，扩充了高等教育的规
模，形成了统一的学校教育体制，推动了教育的埃及化和现代化，也加强了
教育的国际化。这一阶段埃及教育的改革与发展主要呈现以下特点。

1. 大力完善教育体制

随着学前教育被纳入义务教育体系、初等教育学制的统一、预备学校的
创设和调整、中等教育和高等教育规模的扩充及类型的拓展，埃及形成了贯

---

① 王素、袁桂林：《埃及教育》，70 页，长春，吉林教育出版社，2000。
② 李乾正、陈克勤：《当今埃及教育概览》，58 页，郑州，河南教育出版社，1994。
③ 季诚钧、徐少君：《埃及教育世俗化的历史考察》，载《浙江师范大学学报（社会科学版）》，
2009(6)。

穿学前教育至高等教育的学校教育体制。同时，随着终身教育理念的提出，埃及也开始重视发展各级成人教育，于 1970 年和 1982 年颁布了成人教育方面的相关政策。① 埃及成人教育的领域也得到不断拓宽，其主要类型包括扫盲班、各种业余课程、职业技术夜校、校外大学课程以及各种培训项目和培训课程等。② 成人教育的推广，使得埃及教育体制得到进一步完善。

2. 努力提高民众素质

普及义务教育一直是埃及教育事业发展过程中的重中之重。为了加快推动义务教育的普及，埃及政府在 1955—1960 年的全国重点发展项目计划中提出 10 年内普及小学教育的任务。③ 1952—1966 年，埃及初等教育的规模由 100 万人增长至 350 万人，每年的入学人数增长率仅略低于 9%。④ 1971 年，埃及又制订了全国行动计划，规定到 1980 年所有法定年龄的儿童都应接受基础教育。⑤ 至 1987 年，埃及各类小学所招收的小学新生达到埃及适龄儿童的 96%。⑥ 在随后的 1987—1992 年教育五年规划中，埃及政府提出让全部适龄儿童入学的要求。此外，埃及在扫盲教育和妇女教育方面也取得了显著的成就。总之，"二战"后，埃及政府一直致力于推动义务教育的普及，尽管受到经济等因素的影响，完成时间不断延后，但其取得的成效仍然十分显著。义务教育的普及保障了埃及学龄儿童接受教育的权利，扫盲运动的大力开展使得埃及民众能够享有接受教育的机会，妇女地位的提升则在促进性别平等的同时也保障了妇女接受正规教育的权利。随着政策的推广以及一系列教育活

① 国家教委教育发展与政策研究中心：《七十国教育发展概况(1981—1984)》，182 页，天津，天津教育出版社，1986。
② 王素、袁桂林：《埃及教育》，181 页，长春，吉林教育出版社，2000。
③ 瞿葆奎：《印度、埃及、巴西教育改革》，467 页，北京，人民教育出版社，1991。
④ Alan Richards, *Higher Education in Egypt*, Washington, The World Bank, 1992, p.8.
⑤ Judith Cochran, *Education in Egypt*, London, Routledge, 2013, p.79.
⑥ 国家教育发展研究中心、中国联合国教科文组织全国委员会：《三十五国教育发展(1986—1988)》，5 页，北京，人民教育出版社，1990。

动的开展，埃及人口中的文盲比例显著下降，埃及国民素质得以提高。

3. 注重加强国际交流

纳赛尔在其执政时期，提出让所有阿拉伯人和穆斯林都可以到埃及接受教育，且费用由埃及政府负担，即进行教育输出。教育输出的提出，使得1959—1960年在埃及学习的外国学生增长至14349人。这些学生共来自57个国家，其中2259名学生由埃及政府为其负担各项费用，同时埃及政府还向亚洲和非洲约14个国家派遣教师。埃及向国外派遣的留学生也由1960年的349人上升为1961年的20878人。[①] 除了引进留学生、派遣教师和学生之外，埃及还输出其大学的教育模式，并传播伊斯兰教。教育输出的实施无疑加强了埃及和非洲、亚洲尤其是阿拉伯诸国的交流与合作，但也耗费了埃及大量的教育经费。

萨达特和穆巴拉克执政后，埃及进入了历史上的改革开放时期，实行对外开放政策，在教育领域得到了英国、美国和德国等发达国家，以及联合国儿童基金会、联合国教科文组织和世界银行等国际组织的大量的财政和技术资助。同时，埃及政府也通过非洲统一组织向非洲国家提供技术支持。在打开国门推行"引进来"和"走出去"的政策过程中，将发达国家的先进经验和技术以及丰厚的资金引进来，不仅有利于埃及教育的发展，也加强了埃及与世界各国的交流和合作，提升了埃及的国际影响力。

三、埃及教育发展的基本经验和存在的问题

"二战"后，为实现民族独立和国家发展，埃及政府十分重视教育的发展。这一时期，埃及在扫除文盲、普及义务教育、发展普通中等教育和高等教育、重视职业技术教育和女子教育以及协调宗教教育和世俗教育等方面均取得了较大的进步。各级各类教育均发展迅速，尤其是在数量方面，但人口的激增

---

① Judith Cochran, *Education in Egypt*, London, Routledge, 2013, p.45.

和经济方面的问题等使得埃及教育的发展进程也存在一些问题。

(一)基本经验

自埃及独立后,发展教育始终被埃及政府视为重中之重。一方面,埃及政府认为教育独立有利于提高国民素质,实现国民思想独立,为促进政治和经济独立奠定坚实的基础;另一方面,它认为推动各级各类教育的发展,有利于培养和储备各类人才,以满足埃及发展对人才的需要。

1. 高度重视教育事业的发展

自埃及独立后,教育一直被埃及政府及其领导人置于核心位置。埃及政府投入了大量人力、物力、财力,推动各级各类教育的发展,其改革努力体现在教育的多个领域:在初等教育领域,将学前教育纳入义务教育,大力普及义务教育,延长义务教育年限;在中等教育领域,创办预备学校,重视职业技术教育,完善职业技术教育体系;在高等教育领域,注重扩充规模,增加预算;在宗教教育领域,注重缓解宗教教育与世俗教育的冲突;在师范教育领域,注重提升教育质量和教师地位。

2. 促进宗教教育与世俗教育的互融互通

随着教育现代化进程的不断推进,为培养世俗人才,埃及大力发展世俗教育。世俗学校日益增多,世俗科目所占比例也逐渐增大。同时,埃及也一直重视宗教教育,尤其是重视宗教教育在传授传统价值观念以及道德教育方面的重要作用。因此,在这一历史阶段如何使伊斯兰教的传统价值观念与现代文明融合,也是埃及面临的现实问题。面对宗教教育和世俗教育的矛盾,埃及政府一方面继续保留并改革传统宗教教育,传播传统宗教文化,保持宗教信仰,以提升学生的道德文化水平;另一方面注重将现代先进文化、科学知识与传统宗教联系并融合起来,将自然科学纳入倡导"温和、宽容和理性"的伊斯兰教传统权威体系——爱资哈尔系统,通过促进宗教教育与现代世俗教育的相互渗透,在培养学生科学和理性精神的同时,培养学生的民族情结和自豪感，使培养出的人才能满足现代化的需要，推动埃及教育进一步走向现代化。

（二）存在的问题

"二战"后，频发的战争对埃及造成了巨大破坏，加剧了埃及政府的财政困难，也阻碍了埃及教育事业的发展，尤其是对埃及基础教育的普及和各类教育的协调发展产生了极大的负面影响。埃及教育在数量方面的迅速增长，对各级各类教育的办学条件提出了更高的要求，而教育经费的不足则导致埃及教育的发展现状与期望的发展水平之间存在较大差异，从而致使埃及在推进教育发展的过程中存在诸多问题。

1. 教育质量问题

埃及教育在数量方面的增长引发了一系列教育质量问题：一方面，入学人数激增而师范教育所培养的教师数量以及质量有限，导致教师无法满足教育规模不断扩大的需求；另一方面，师范教育的生源质量欠佳，加之师资严重缺乏，导致埃及教师的入职门槛普遍较低。如此一来，埃及学校教师的质量问题普遍存在，在初等教育、高等教育与职业技术教育领域所产生的负面影响尤为突出。

2. 教育资源浪费问题

教育资源浪费被认为是国家花费大量的财力和精力去发展教育，却没有产生较好的结果的现象。埃及教育部对教育资源浪费现象十分重视，定期进行调查研究。埃及教育资源浪费的现象主要发生于小学教育和高等教育中。究其原因，主要是埃及的教育结构不合理，教育制度侧重于发展能够通向大学的普通教育，教学内容又过分强调学术而较少涉及生产实践领域，致使人才的培养不能满足劳动力市场的需求，更无法满足经济发展的需求，从而致使教育资源浪费问题严重。

"二战"后，埃及政府高度重视教育事业的发展，大力发展各级各类教育，形成了相对统一、较为完善的教育体系。随着教育事业的发展,埃及国民素质也得到了提高。埃及国门的打开,更加推动了教育"引进来"和"走出去"的进程,也为埃及教育的发展迎来了新的机遇。20世纪后半期,埃及教育的规模和数量都有了质的飞跃,但埃及人口的激增,加之战争所带来的沉重的财政负担,以及教育经费的投入十分有限,导致埃及学校的数量和设施设备、教师的人数和质量无法满足学生人数激增的需求。这使得埃及教育的规模在扩大的同时,其质量并未得到保障,既造成了教育资源的浪费,又不能满足经济发展的需要,这也是这一时期埃及教育发展进程所面临的重要难题。对此,埃及政府及其领导人均积极谋求解决方法,如拓宽经费来源渠道、加强国际合作等,进行全面的教育改革,切切实实地推动了埃及教育的发展,也推动了埃及的现代化进程。

第四节 塔哈·侯赛因的教育思想

塔哈·侯赛因(Taha Hussein,1889—1973)是埃及现代文学家、作家、文艺批评家、进步教育家、思想家和社会哲学家,也是阿拉伯世界的大文豪,被誉为"阿拉伯文学泰斗"。他一生笔耕不辍,留下70余部文学作品,内容涉及文学、艺术、历史、哲学、宗教、政治和教育等领域。其中,文学领域的成就影响最大。教育上,塔哈·侯赛因的思想和实践在埃及也有着重要的影响。虽然他一生中并没有写过教育专著,但他长期从事教育及其管理工作,有着丰富的教育经验。在《埃及文化的未来》这本书中,他相对集中地阐述了自己的教育主张。任大学校长和教育部部长期间,他推行过自己的教育改革计划,加快了埃及教育改革的进程,是埃及20世纪教育史上重要的思想家和改革家。

一、塔哈·侯赛因的生平与教育实践活动

塔哈·侯赛因从小家境贫寒。3 岁患眼疾，导致视力严重下降。经庸医治疗后，6 岁双眼彻底失明。但他博闻强记、聪明好学，在热心老师的帮助下，熟读了《古兰经》。聪颖的塔哈·侯赛因 13 岁便就读于开罗的爱资哈尔大学预备班。埃及曾是英、法殖民地，而爱资哈尔大学则是埃及教育界反对侵略、争取民族独立和思想解放的宣传阵地。在预备班，塔哈·侯赛因除了学习各种宗教课程和语言课程之外，也接受了思想和政治意识方面的熏陶。

不过，爱资哈尔大学枯燥的课程和老套的教学机制使塔哈·侯赛因备感窒息。1908 年，高中课程结束后，他毅然选择了当时新创办的埃及大学（开罗大学的前身）。在埃及大学学习期间，他积极上夜校补习法语，如饥似渴地学习法语课堂中的知识，接受了很多新思想。欧洲学者讲授的现代教育思想和研究方法及文学评论等课程，都对他产生了不小的影响。

1914 年，塔哈·侯赛因获得了埃及大学授予的第一个博士学位①，并被该校派遣到法国蒙彼利埃大学攻读古典文学和哲学。1915 年，他转入巴黎索尔本学院和法兰西学院学习古希腊史、罗马史、哲学、欧洲现代文学和法国现代文学，同时还学习了希腊语和拉丁语。1917 年，塔哈·侯赛因获得索尔本学院硕士学位，次年又获得巴黎大学哲学博士学位，成为埃及历史上首位获得国外大学博士学位的人。1919 年，塔哈·侯赛因回到埃及大学任文学院教授，主讲古希腊史、罗马史和法国近代文学。

塔哈·侯赛因是位具有强烈爱国主义和民主倾向的思想家及社会活动家。1919 年，当时正值埃及独立运动风起云涌，从法国归国后的塔哈·侯赛因立即投身于埃及独立运动的浪潮中，并积极为埃及的文艺复兴运动奔走。在埃及大学任教期间，他翻译了大量书籍，介绍了希腊、罗马的文学艺术和欧洲

① 当时埃及大学的博士学位并不要求先获得学士学位和硕士学位，也没有导师制度，主要依据学生的论文水平来认定和授予。

文艺复兴以来的丰硕成果。1928年，塔哈·侯赛因任埃及大学文学院院长，但后因西德基政府上台，他被迫离开埃及大学文学院。直到1934年西德基政府倒台，他才重新回到埃及大学文学院任教并重任文学院院长。

1940年，塔哈·侯赛因担任阿拉伯语言学会委员，并致力于推广阿拉伯语教学。其间，他主张将阿拉伯语纳入基础教育教学，并建议埃及15年内不进行外语教学——以确保阿拉伯语的推广。1942年，他转任亚历山大大学第一任校长，这使得他能够在自己的管辖范围内，努力实现自己的高等教育理想——建立自由民主的大学。1956年，塔哈·侯赛因担任埃及作家协会主席。他发起了"埃及文化前途"运动，是埃及文学艺术委员会的奠基人。

塔哈·侯赛因除了担任过大学校长外，他的另一段领导教育改革的经历是在20世纪50年代早期。1950年至1952年，塔哈·侯赛因任埃及教育部部长。其间，他制订各级各类的教育改革计划，主持了各项教育改革，例如，扩大埃及国立学校的规模，设立各阶段的新型学校等。1952年，塔哈·侯赛因离开公职，一心一意从事文学创作和学术研究，终成"阿拉伯文学之父"和"学界宗师"。1972年，他被联合国授予人权方面最杰出成就名人，次年逝世，享年84岁。

二、塔哈·侯赛因教育思想的主要内容

社会的发展离不开教育的支撑。社会的转型变革更需要通过教育来造就适应新型社会的公民。20世纪以来，社会的深刻变革使得埃及各界日益深刻地意识到"教育乃一切之本"。[①] 大力开展普及义务教育运动和教育改革，努力提高各教育阶段的教育质量，成为20世纪下半叶埃及教育改革与发展的重要使命。塔哈·侯赛因作为埃及20世纪重要的教育家，敏锐地意识到了这种社会进步与发展的需求。他提出了有关教育重要性的两个基本判断：教育是

---

① 王海利：《埃及通史》，315页，上海，上海社会科学院出版社，2014。

摆脱民族落后与愚昧的途径；教育是民族精神的力量之源。基于上述认识，他对人的受教育权十分重视，认为受教育是每一个公民的自然权利，就像每个人都有权享用空气和水一样。① 塔哈·侯赛因还提出"限制教育就是在民族生活中制造愚昧"的观点。② 为此，他对教育问题进行了广泛的思考，内容涉及民族教育、宗教教育、特殊教育、改革学校等多个方面。

(一)论教育作用

塔哈·侯赛因认为西方殖民统治者以教育为手段，对埃及进行文化入侵和奴化教育，是导致埃及社会落后的根本。因此，独立后的埃及要想建立民主、公正、自由的政治体制，就必须让教育与社会紧密联系，通过教育培养思想道德高尚、文化素养良好、觉悟性较高、独立意识较强的公民，从而营造稳定的社会人文环境。塔哈·侯赛因因此特别强调教育的重要性。第一，他指出，教育是复兴社会的有效途径，是民族独立的必要前提，是社会文明程度的标杆，是实现文艺复兴的最佳途径。第二，他把教育与社会发展紧密联系起来，认为教育是促进社会和谐稳定的最佳途径，是促进社会民主的基本方法，是社会进步的关键；教育决定着个人和社会的文明程度，关系着埃及民族的生死存亡。③ 第三，他呼吁教育公平，把教育看作公民获得平等机会的重要途径，并且认为公民受教育权的平等是社会民主的最佳体现。第四，他主张用科学理性的眼光看待宗教教育，提倡宗教教育是民族精神力量的源泉。第五，他指出教育向人类揭示了自然现象、自然规律和宇宙奥秘，使他们热爱真理，思想得以升华；教育让他们不仅能获取生活之资，还能获得精神和身体上的满足感与愉悦感。④

① 冯怀信：《塔哈·侯赛因教育思想述评》，载《阿拉伯世界》，1997(4)。
② 冯怀信：《塔哈·侯赛因教育思想述评》，载《阿拉伯世界》，1997(4)。
③ 毕昆鹏：《阿拉伯文化复兴的旗手——塔哈·侯赛因》，博士学位论文，上海外国语大学，2008。
④ 李意：《重温塔哈·侯赛因的教育思想》，载《阿拉伯世界》，2003(3)。

(二)论民族教育

塔哈·侯赛因有关民族教育的思想是在埃及反殖民文化这一特殊历史背景下形成的。自拿破仑率军入侵以来,入侵国在对埃及殖民地进行经济掠夺的同时,也不断地进行文化侵略。入侵国在埃及教授西方哲学、律法、政治、科学和文化,试图培养具有西方思想的埃及知识分子。西方殖民者在埃及实行的教育具有两个鲜明的特点:一是轻视甚至否定埃及民族的历史文化和传统,抑制埃及民族文化和教育的发展;二是为殖民统治培养人才,并分层次地对埃及人民进行奴化教育。① 以塔哈·侯赛因为代表的一批思想先进的爱国分子意识到了这一问题。他们高举民族教育的大旗,认为民族教育是培养埃及民族精神、培养爱国主义情感和唤起民族觉悟性的最佳途径,应该把民族历史、宗教、文学、地理等纳入埃及的教育制度,培养具有民族意识、民族精神、民族思想、民族情感的知识分子。②

塔哈·侯赛因将语言教学作为民族教育改革的突破点。他认为,阿拉伯语不仅是祖先一代一代传承下来的语言,而且承载着埃及人民的民族责任和信仰。埃及人民只有先学好本民族语言(阿拉伯语),才能借助这个载体传播民族精神、民族信仰、民族文化等。因此,推广阿拉伯语是埃及支撑民族生活的基础,是唤起民族意识的关键。

不过,作为接受过西方教育的学者,塔哈·侯赛因并没有全盘否定西方文化和西方教育。相反,他认为,民族教育倘若能借鉴西方教育,则更有助于自己的发展。③ 塔哈·侯赛因推崇欧洲文艺复兴以来的文化,认为学习西方文化对埃及人民的思想启蒙来说是必不可少的。只有广泛了解世界文明,埃及人才能形成良好的大局观,才能更好地理解和接受本民族文化。因此,他

---

① 冯怀信:《塔哈·侯赛因教育思想述评》,载《阿拉伯世界》,1997(4)。
② 张秉民:《近代伊斯兰思潮》,188~193 页,银川,宁夏人民出版社,1998。
③ Abdel Fattah Galal, "The Quarterly Review of Comparative Education," *International Bureau of Education*, vol. XXIII, 1993.

先后翻译了大量古希腊、古罗马文学以及欧洲文艺复兴的思想成果，传播古希腊、古罗马文学和法国文学。他指出，学习世界文学与学习本民族文学并不冲突，但需在学习外国文学的同时，规定好民族文学的教学比例，从而使本民族文学占据较大份额。①

对于殖民统治者在埃及创办的西式学校，塔哈·侯赛因认可这些学校的某些先进的教学内容、教学方式和教学设施，但他也清楚地看到这些学校的奴化教育倾向，认为埃及政府应该加强对西式学校的管理和引导，并强调最好的学校是本民族自己承办的兼有西式学校的先进性和本民族特色的学校。

总之，塔哈·侯赛因是民族教育的倡导者，但他同时也不完全反对西方的文化和教育，而是强调两者的融合，要求在两者融合的基础上，培养出既富有现代气息又拥有传统文化底蕴的埃及人。

（三）论民主教育与特殊教育

埃及早期民族与民主主义思想家认为，必须培养公民，使其具有与独立后埃及的社会政治制度相匹配的民主自由观念。只有这样，良好的社会政治制度才能建立起来。② 这些民族与民主主义思想家把教育看作增强国民民主意识的主要途径。他们创办各类学校，为"开民智，倡民主"做出贡献。塔哈·侯赛因在《迷失的一代》（Lost Generation）一文中说，民主是进步的核心，而教育是学习民主的基本方法。民主使人民获得生活之需的同时，更使他们生活得高尚有品位。成功的人生只属于文明的智者，当人无知愚昧时，不可能达到这样的境界。只有借助教育向公众灌输独立意识，人民才可以达到这样的境界，国家才能获得复兴，才能为独立国家和民族的社会稳定建立深厚的文化基础。③

---

① John J. Donohue & John L. Esposito, *Islam in Transition*, New York, Oxford University Press, 1982, p.73.
② 李意:《重温塔哈·侯赛因的教育思想》，载《阿拉伯世界》，2003(3)。
③ 李意:《重温塔哈·侯赛因的教育思想》，载《阿拉伯世界》，2003(3)。

由此，塔哈·侯赛因在政治上希望通过普及教育向每一位埃及人传播民主自由思想。任埃及教育部部长期间，他高举"教育对公民如空气和水一样应该被免费提供"的大旗，大声疾呼公民教育机会均等。① 实际上，在塔哈·侯赛因任教育部部长前，埃及的等级制度和贫富悬殊的社会现状严重制约了埃及人民普遍接受教育的机会。埃及教育部前部长艾哈迈德·纳吉布(Ahmed Najib Al-Hilali)曾主张"通过取消学费来使教育民主化"，但这一尝试失败了。② 塔哈·侯赛因上任后，他顶住了来自各方的压力，改革埃及教育制度，普及国民教育，颁布《中小学义务教育法》，免除公立中小学和职业中学的所有教育费用，并为成绩优异的贫困子弟提供免费的高等教育。③

作为盲人，塔哈·侯赛因十分关心残疾人的教育事业。他呼吁残疾人享有与普通人一样的受教育权；要求埃及亚历山大图书馆为视障人士提供盲文书籍和阅读技术支持；倡导用教育手段来恢复特殊群体的智力，并采用医疗手段尽力为他们医治残疾。④ 塔哈·侯赛因在他的教育方案中提出了特殊教育的主要目标，主要包括七个方面的内容：(1)通过教育，唤起弱势群体的尊严，培养公民的社会与生活技能，使他们有机会参与社会生活，为社会做出贡献；(2)注重因材施教，要为不同类型的特殊群体制订特殊教育计划；(3)为每一类型的特殊教育制定教学方法，以便实施教育计划和实现教育目标；(4)为每一类型的特殊教育准备教育技术手段；(5)用适用于全部特殊教育类型的测量诊断工具进行个人识别，使教学更具有针对性；(6)使用科学研究手段，引导特殊群体能力的开发，并给予他们在自己的优势领域里发挥才能的机会；(7)制订残疾预防方案，降低残疾的发生率。

塔哈·侯赛因还提倡加强高校教育领域里的民主气氛。塔哈·侯赛因主

---

① Taha Hussein and the Democratisation Education in Egypt，埃及教育部网站，2018-08-11.
② Taha Hussein and the Democratisation Education in Egypt，埃及教育部网站，2018-08-11.
③ 李乾正、陈克勤：《当今埃及教育概览》，64~65 页，郑州，河南教育出版社，1994。
④ Taha Hussein and the Democratisation Education in Egypt，埃及教育部网站，2018-08-11.

张高校教育自由，同时又竭力主张保持埃及的民族性。他主张学习国外先进的思想成果，力推在高校营造自由且理性的学术研究氛围，同时又不失去对埃及自身文化的保有和尊重，并在开罗大学进行试点。塔哈·侯赛因和开罗大学所表现出来的破除封建迷信、主张民主自由的勇气，对埃及当时高等教育的民主思想启蒙起到了破冰的作用。

（四）论宗教教育

西方有学者认为塔哈·侯赛因是彻底的理性主义者，因为他曾对《古兰经》和《圣经》的历史表示过怀疑。[1] 不过，塔哈·侯赛因虽然曾经对传统的伊斯兰教教义提出过疑问和挑战，但后来他改变了自己的观点。[2] 塔哈·侯赛因儿童时期在教堂靠背诵《古兰经》挣钱糊口；少年时期在爱资哈尔大学亲身体验了陈旧的宗教教育对人的桎梏；青年时期又受过西方理性主义启蒙思潮的影响。这种独特的心路历程及其熔东西方文化于一炉的内在素养，为他从对宗教的虔诚到反对宗教迷信再到对宗教文化的深入了解的思想转变，以及后期对宗教持较为科学的态度奠定了思想基础。总的来说，塔哈·侯赛因对伊斯兰教的态度主要经历了两个阶段的变化，即由早期彻底基于理性主义的宗教态度转向基于将理性主义和民主自由主义两者结合起来的宗教态度。[3] 作为一个在伊斯兰宗教文化氛围中成长起来的思想家，塔哈·侯赛因的思想深受伊斯兰传统宗教文化的熏陶，他的教育哲学观也深受伊斯兰教信仰和伊斯兰教历史的影响，这是塔哈·侯赛因重视宗教教育和人的精神塑造的重要原因。塔哈·侯赛因指出："宗教能够为民族提供思想内容，加强民族联系。"[4]在《埃及文化的未来》一书中，他从精神决定论的角度，对宗教在社会文明中的

---

[1] Akbar S. Ahmad & Hastings Donnan, *Islam, Globalization and Postmodernity*, London and New York, The Free Press, 1994, p.117.

[2] Iar M. Lapidus, *A History of Islamic Societies*, New York, The Cambridge Press, 1988, p.623.

[3] 蔡德贵、仲跻昆：《阿拉伯近现代哲学》，101页，济南，山东人民出版社，1996。

[4] 冯怀信：《塔哈·侯赛因宗教思想初探》，载《阿拉伯世界》，1997（4）。

地位和作用做了规范，并以动态发展的眼光看待宗教，正因如此，塔哈·侯赛因认为，尽管振兴埃及教育需要学习现代西方文明和自然科学，但宗教教育对振兴埃及民族精神和传承传统文化也具有重大意义。

但塔哈·侯赛因主张的宗教教育并不是传统的宗教教育。他认为教育的内容和形式都应随时代的变化而变化，特别是宗教教育。① 首先，他认为人类早期受宗教支配，后来理性从宗教中分离，理性的发展标志着社会文明的进步，但社会文明的最高阶段是理性与宗教达到平衡状态，所以理性与宗教相辅相成，宗教中也有理性的成分。然后，他提出宗教教育的内容必须能反映埃及社会物质与精神生活的发展，反映埃及人民对进步、文明精神的渴望与追求。由此，他以科学的态度对宗教中迷信封建的内容加以筛除，筛选出以现代科学和理性精神为底蕴、用新的思想观念做指导的"科学和理性"的宗教教学内容。②

塔哈·侯赛因合理地利用了宗教对人精神思想的教育作用，通过这种新的宗教教育来激发埃及人民的民族精神，使人的心灵和情感得到满足，提高人的幸福感，并增强民族自信心和国家凝聚力。

(五)论基础教育与扫盲教育

塔哈·侯赛因被任命为埃及教育部部长的当年，即1950年，埃及政府颁布了108号法令，将埃及各省教育委员会划归教育部领导，增加各省建立新学校的投资。③ 在埃及政府政策的支持下，塔哈·侯赛因为埃及各阶段教育制订了较为具体的改革计划。首先，他认为基础教育是民族生活和个人成长的基础，因此必须在全国普及教育，消除文盲。塔哈·侯赛因上任后便颁布了《中小学义务教育法》，并扩建学校，以此达到普及教育的目的。其次，他认

---

① Taha Hussein, Preface to Four Soliloquies with Allah and the Religious Debate，1984。

② 冯怀信：《塔哈·侯赛因宗教思想初探》，载《阿拉伯世界》，1997(4)。

③ 李乾正、陈克勤：《当今埃及教育概览》，63页，郑州，河南教育出版社，1994。

为小学教育应该起到提高民族素质的作用，应该以埃及的民族教育为本，将阿拉伯语、历史、地理、宗教作为教学的主要内容。最后，为缩小初级学校和初等学校之间的差距，1950 年，塔哈·侯赛因取消了初等学校的学费，并规定初级学校的学生也可参加初等学校的考试，力图通过消除埃及小学教育双轨制①达到普及教育和实施民主教育的目的。② 由于 1950 年埃及开始实行义务教育，第二年入学儿童人数大大增加，由此带来教育经费、师资力量、校园设施等不足的问题。这种教育质量和教育数量之间的矛盾，加剧了社会资源配置的紧张，并成为导致 1952 年埃及"7·23"革命③的要素之一。革命成功后，以塔哈·侯赛因为首的教育人士共同研究制订了一份充分考虑埃及国家状况、人口状况、教育历史和物质条件的埃及教育复兴计划，特别是针对基础教育阶段，采取的主要方针如下：(1)尽快普及基础教育，支持基础教育的多样化；(2)基础教育及其他各阶段教育实行教育机会均等；(3)教育要建立在国家需求的基础上；(4)埃及教育要和世界各国的教育相协调；(5)与世界友好国家，特别是阿拉伯国家建立文化教育的合作关系，增加相互交流。④

埃及的教育体系大体可分为两类：一般教育体系和宗教教育体系。其中一般教育体系的初中和高中原为一个阶段，即中学教育，于 1953 年被划分为初中和高中两个阶段；初级技术教育和中级技术教育原为两个阶段，于 1961 年被合并为一个阶段，即中等技术教育。而宗教教育体系主要是指爱资哈尔

---

① 埃及初等教育实行双轨制，一种是为富裕家庭提供的收费的 6 年制初等学校 (Primary School)，另一种是为普通家庭提供的免费的 4 年制初级学校 (Elementary School)。1943 年，埃及政府决定一律取消学费，但之后又反弹，直到 1953 年颁布统一小学的 210 号法令后，才正式统一。

② 瞿葆奎：《印度、埃及、巴西教育改革》，582 页，北京，人民教育出版社，1991。

③ 1952 年 7 月 23 日，贾迈勒·阿卜杜勒·纳赛尔(1918—1970)与 89 名自由军官发动了一场政变，推翻帝制，成立埃及共和国。之后，以贾迈勒·阿卜杜勒·纳赛尔为首的 11 名军官组成革命指挥委员会，推举穆罕默德·纳吉布(1901—1984)为共和国首位总统。

④ 李乾正、陈克勤：《当今埃及教育概览》，53~57 页，郑州，河南教育出版社，1994。

教育系统，包括爱资哈尔小学、爱资哈尔中学和爱资哈尔大学。① 因此，塔哈·侯赛因任埃及教育部部长期间的中等教育包括中学教育、初级技术教育、中级技术教育和中等宗教学校教育四部分。塔哈·侯赛因主张中等教育的教育形式和办学途径要多样化。为此，他要求埃及政府和教育部门要扩大中等教育的规模，突破狭隘的民族传统教育界限，学习各类外语和西方科学文化知识，为所有人敞开学校大门，实现中等教育的免费化(爱资哈尔学校生源为穆斯林，且历来为免费教育)。同时，塔哈·侯赛因强调，埃及政府要加强对中等教育的统一管理，防止教育过度散乱。塔哈·侯赛因为此还亲自组织了中学课程的编制，首次将公民教育纳入埃及中学课程。此外，他还提倡通过公民教育，让学生了解埃及及其他国家的法律法规，懂得公民的权利与义务，熟悉《联合国宪章》中的重要条款，掌握反恐与维和的知识。

英国殖民统治时期，埃及实施的是精英教育，导致多数普通民众被排斥在教育之外。独立后的埃及所面临的一大现实是绝大数农村人口为文盲。而埃及的民族主义者充分认识到埃及要想获得真正的独立，必须培养本国人才，消除文盲，以提高人民的受教育水平。塔哈·侯赛因任埃及教育部部长期间提倡扫盲教育，并把扫盲的关注点落实在青少年教育上。他颁布《中小学义务教育法》，为埃及青少年提供受教育的机会，以此扫除文盲。随着"7·23"革命的兴起，埃及政府和教育人士将扫盲目光更多地投向了成人教育，在全文盲和半文盲中开设扫盲班，使他们在读、写、算方面达到小学6年级水平。②

（六）论高等教育

殖民统治者在埃及实行愚民政策，散布"埃及只需基础教育""埃及没有能力办大学"等言论，这导致埃及的高等教育落后，全国没有一所高等院校。20世纪初期，埃及民族运动高涨。为了顺应形势发展，埃及一批先进知识分子

---

① 李乾正、陈克勤：《当今埃及教育概览》，58~59页，郑州，河南教育出版社，1994。
② 李乾正、陈克勤：《当今埃及教育概览》，58~59页，郑州，河南教育出版社，1994。

主张建立大学，埃及第一所民办大学——埃及大学便是在这种形势下诞生的。埃及大学不仅培养出大批反帝反封建、捍卫民族独立的爱国青年，还培育出大批社会学家、教育家。塔哈·侯赛因便是他们当中的代表。在塔哈·侯赛因任教育部部长的两年里，埃及高等教育发展势头良好，高等院校朝着以"爱、友谊、合作、团结"为基础的智能社会的方向发展。①

塔哈·侯赛因认为大学应该拥有更多的自主权，拥有政府许可的财政自由权、学术自由权、行政权、教学管理权等权利。因此，他建立起了大学最高委员会来执行大学的各项职能，并试图将大学改造为具有更多自主权的文化研究基地。塔哈·侯赛因还主张培养学生的大学精神，他认为大学精神的生命在于不断发展和变化，但其实质是热爱真理、热爱知识、热爱科学、热爱自由、热爱平等、热爱合作。大学教授是大学精神的主要传承者和保持者。因此，大学教授要集美德与学识于一身，不仅要教导学生用科学的方法进行科研，还要监督学生在科研中坚守大学精神。

为解决埃及高等教育学生基数膨胀、学生密度过大和高等教育融资问题，塔哈·侯赛因提出了一项双管齐下的建议：第一，设置考核，无法通过考核的学生不被给予高等教育入学资格；第二，富人子女缴纳更多的学杂费。在大学课程设置上，塔哈·侯赛因提倡让每个受高等教育的学生都掌握外语，并鼓励高等院校开设语言学院。

三、塔哈·侯赛因教育思想的影响

塔哈·侯赛因的教育思想具有丰富的内涵。他的教育思想不仅对埃及教育改革和阿拉伯世界的教育变革产生了重要的影响，还在埃及和阿拉伯世界的社会、政治、宗教等的发展过程中起到了积极的启蒙作用。

---

① 冯怀信：《塔哈·侯赛因教育思想述评》，载《阿拉伯世界》，1997(4)。

（一）观念层面上的影响

塔哈·侯赛因以文学闻名于阿拉伯世界。在文化观上，他认为："埃及新文化不能隔断与传统文化的联系，新文化必须建立在古老的传统文化的基础上。"①塔哈·侯赛因的文化观折射到了他的教育观上。首先，他提倡新教育，认为教育的内容和形式要随时代的变化而变化。其次，他认为要用发展变化的眼光看待民族教育，认为民族教育是埃及教育发展的基础。因此，塔哈·侯赛因主张在埃及实行以民族教育为主、以借鉴西方优秀教育经验为辅的新型教育。他的这一主张冲击了当时埃及社会存在的两种极端教育观念，打破了一味崇尚西式教育和一味主张传统民族教育的固执观念，为埃及文化复兴、教育复兴和社会发展指明了方向。

在宗教观上，塔哈·侯赛因主张以"自由、科学和理性"的态度看待传统宗教。首先，他承认伊斯兰宗教文化是埃及民族生活之源。其次，他承认宗教文化中也存在知识。最后，他承认伊斯兰宗教教育对激发埃及人民爱国精神和民族精神起到了积极作用。塔哈·侯赛因所提倡的宗教观对打破埃及传统宗教观对人们思想观念的束缚起到了"举足轻重"的作用。

塔哈·侯赛因不仅是埃及伟大的文学家，也是有名的社会活动家。他的社会观与教育观相结合，使"民主平等、自由独立、科学理性"等思想观念不断深入人心。他呼吁实施民主教育、公民教育和普及教育，要求传播民主平等的教育理念，打破了埃及封建专制制度对人性的桎梏，为埃及民主社会的建立奠定了思想基础。同时，他倡导的充满辩证色彩的宗教教育和新型教育，为埃及的教育发展指明了方向。

（二）实践层面上的影响

塔哈·侯赛因利用自己担任埃及教育官员的身份，将自己的教育思想付

① John J.Donohue & John L.Esposito, *Islam in Transition*, New York, Oxford University Press, 1982, p.73.

诸实践，推动了埃及教育从传统到现代的转变。在担任埃及教育部顾问和亚历山大大学校长期间，塔哈·侯赛因将亚历山大大学建成为埃及第一所综合性大学，并将其打造为具有人文主义精神的文化中心，吸引了国内外大批优秀青年。任开罗大学教授期间，塔哈·侯赛因也为争取大学自由、维护大学精神而拒绝埃及教育部的调任。任埃及教育部部长期间，塔哈·侯赛因实施了一系列教育改革。例如，设立了新的大学和高等院校；建立了不同类型、不同阶段的新型中小学；将民族教育、公民教育和宗教教育纳入初等教育；扩大中等教育规模；免除中等教育学杂费；建立自由的中等教育体制；改革中等教育课程等。这不仅将埃及教育推进到一个新的阶段，而且还加速了阿拉伯世界的教育现代化进程。

（三）价值层面上的影响

塔哈·侯赛因提倡的民族教育和宗教教育，唤起了埃及人的民族精神和爱国主义精神，有力地荡涤了埃及殖民统治时期残留的奴化教育，对强化埃及民族自信和民族独立意识具有重要意义。塔哈·侯赛因注重民主教育和特殊教育，既维护了埃及的公民权利，又推动了埃及社会公益事业的发展和社会文明程度的提升。他强调学习科学文化知识，要求打破落后的宗教思想和封建观念对人的思想的禁锢，同时又不否认宗教里的理性和科学知识以及宗教的精神作用，这种辩证思维为埃及人打开了看待世界的新视角。此外，在教育与社会发展的关系问题上，塔哈·侯赛因将教育与社会发展两者紧密结合起来，强调教育对社会发展的积极作用，使教育的社会价值得到了进一步的彰显。

塔哈·侯赛因的教育思想轨迹表明他的教育思想和态度也存在矛盾。首先，由早期为推广阿拉伯语而建议埃及15年内不教外语，到后期主张在中等教育课程中加入外语，并于1951年重建埃及近代复兴时期翻译家雷法阿·塔哈塔威（1801—1873）创办的外国语学校（原为业余性质的夜校，1958年并入爱资哈尔大学，开始招收高中毕业生，并开设中文专业)，以此鼓励埃及全民学习外语。其次，由早期抵制伊斯兰宗教教育，到后期主张科学宗教教育。最后，由早期抵制殖民教育，到后期接纳殖民者创办的西式教育。① 塔哈·侯赛因所有思想和态度的矛盾都可以用他自己的话来总结："我发誓拥护，但我也怀疑。"他的所有矛盾都没有脱离他的个人经历、科学、社会、民族和文化人格。因此，塔哈·侯赛因可以让这种思想矛盾存在，但唯一不变的是他的价值观，即他把学习科学文化知识和真理规定为教育的第一目的。

塔哈·侯赛因主张以民族教育为本，借鉴西方教育思想，探索埃及教育改革道路；倡导以科学的态度看待宗教教育，唤起埃及人民的精神信仰；批判封建专制教育，以民主教育为刃，启蒙埃及人民的思想观念；呼吁各级教育改革，推动社会转型。塔哈·侯赛因将他的教育思想付诸他的社会政治活动。改革路程是漫长的，是充满荆棘的，但无论如何，塔哈·侯赛因都以他的实践表明自己对埃及教育事业的重视，对埃及先进教育思想的引领。

总而言之，塔哈·侯赛因的教育思想和教育改革具有先进性及开创性，对推动埃及乃至阿拉伯世界的教育改革和社会变革起到了积极的作用，为埃及民族独立和社会现代化奠定了基础。

---

① 李乾正、陈克勤：《当今埃及教育概览》，110 页，郑州，河南教育出版社，1994。

第七章

20 世纪后半期拉丁美洲国家的教育

20 世纪后半期，随着第三世界的崛起，拉丁美洲掀起了教育改革的浪潮。例如，墨西哥 20 世纪 70 年代初的教育改革和 80 年代末的教育现代化运动，巴西 60 年代末的高等教育改革和 80 年代初的初、中等教育改革，以及智利、阿根廷、秘鲁、委内瑞拉等国 60—70 年代的教育改革等，都是其中非常有影响力的教育改革运动。拉美国家"二战"后的教育发展史是一部丰富多彩、曲折沉浮的教育改革史。

第一节　拉丁美洲国家的民族民主化与现代化教育发展进程

第二次世界大战后，拉丁美洲国家在第三世界国家阵营中逐步凸显，成为一个经济高速增长、地位较高、实力较强的地区。发展民族经济、巩固政治独立、争取民主和平等权利，是该地区推进社会经济发展的主要历史潮流。在教育领域与之相适应的，是其为教育的民族化、现代化和民主化而做出的努力。

一、拉丁美洲国家民族民主化与现代化教育发展的社会背景

(一)国际教育民主化潮流的推动

从世界范围来看，20世纪50年代，教育民主化的趋势带动了世界大部分国家整体教育需求的增长。教育民主化要求教育不应再是一项稀缺产品，而应该是人人都享有的权利。欧洲国家先后进行的教育改革，基本普及了初等教育，并在中等教育和高等教育改革中取得了引人瞩目的成就。到了60年代，教育越来越受到重视，并被认为是国家经济进步和社会和谐的有效手段。这种教育模式得到了联合国教科文组织、世界银行和经济合作与发展组织等国际组织的认可和支持。尤其是20世纪50年代末60年代初，随着人力资本理论的兴起，投资教育和经济发展对民主政治的发展和现代化具有重要影响的观点被越来越多的国家接受。拉美国家顺应趋势，将教育发展和人才培养作为首要任务。

20世纪70年代以来，经济全球化成为一种显著的时代特征。经济全球化使得民主、平等、自由、人权等政治观念广泛传播，教育被看作国家改革发展的关键所在。需要指出的是，国际组织对拉美国家教育改革的作用不可忽视。20世纪90年代的世界教育大会确定了拉美国家优先发展教育的战略。1992年，联合国拉美经委会和教科文组织联合发布报告《教育与知识：实现生产转型与公平相结合的关键》。报告指出，只有发展高水平的教育，才能在知识和信息的基础上建立有竞争力的经济；强调人才培养和经济发展的关系，指出拉美国家要提高竞争力，必须同时实现教育体系的效率提升与公平最大化。[①]

(二)民主社会生活的发展与社会问题的挑战

第二次世界大战后，拉丁美洲国家渴望民主、争取民族独立、谋求经济

[①] 张红颖：《对全球化挑战下拉美教育改革与发展的审视》，载《拉丁美洲研究》，2015(1)。

发展成为拉美社会发展的一个总趋势。然而，拉美国家民主社会生活的发展
并非一帆风顺，而是曲折更迭的。从"二战"后到70年代，拉美国家交替出现
了军人统治和文人执政的现象，军事政变不断发生。民主社会生活虽有发展，
但仍不稳定。60年代中期是拉美民族民主运动的高涨时期，军事独裁政权相
继垮台。原有的军人执政的14个国家，60年代初只剩下4个。① 而到70年代
中期，不少拉美国家发生了军事政变，建立了大批军人政府，出现了拉美军
政府统治的高潮。从70年代后半期开始，拉美国家又出现了大批军人政府将
政权"还政于民"的政治变革。至80年代末，拉美国家基本上恢复了民选政
府，进入了一个相对稳定发展的时期。

此外，拉丁美洲存在着严重的社会不公平、贫富悬殊以及失业等社会问
题，这对拉美教育的发展与变革提出了挑战。拉丁美洲是世界上收入和财富
分配很不公平的地区，10%的高收入人群占有国民收入的50%，而50%的低
收入人群仅占有国民收入的不到10%。② 贫富差距导致了受教育的差距。富
裕的上、中层子弟可就读于条件好、质量高的私立学校，而条件差、质量低
的公立学校却成为接收大多数贫困家庭子女的场所，尤其是城市贫困者、农
民以及印第安原住民。低质的教育与低下的学历导致拉美国家下层民众的雇
佣与社会流动受到极大限制。③ 在此背景下，教育促进政治、经济和文化发展
等方面的作用得到了拉美国家的广泛认可。通过促进教育发展增强经济实力、
巩固政治稳定以及促进社会公正成为共识。

(三)拉美各国经济的发展

拉丁美洲是第三世界经济比较发达、发展速度较快的地区，同时拉丁美
洲也是一个开放的地区。拉美的经济具有外向型的特征，如吸收外资、引进

---

① 黄志成：《促进拉美教育发展的若干因素分析》，载《外国教育资料》，1995(3)。
② 邬志辉、安晓敏：《拉丁美洲教育公平指标的发展及启示》，载《外国教育研究》，2007
(12)。
③ 陆兴发、斯日古楞：《拉丁美洲教育改革与发展展望》，载《外国中小学教育》，2001(6)。

先进技术、建立自由贸易区和出口加工区等。1950—1980 年，拉美国家国内生产总值年均增长率达 5.6%，高于其他发展中国家(5.3%)和发达国家(3.2%)。1980 年，拉美地区的人均产值达 1928 美元，几乎比 1960 年增加了1 倍。①

但拉美经济是在旧的国际经济格局的制约下发展起来的，这种经济发展战略也存在很多问题，如只重视经济的增长而忽视社会的协调发展、贫富悬殊和国内市场不足等问题。② 进入 20 世纪 80 年代以后，由于发达国家转嫁经济危机，拉美国家也爆发了经济危机。经济危机严重地影响了拉美地区的经济、社会和文化教育事业的发展，因此，20 世纪 80 年代对于拉美地区而言是一个"失去的 10 年"。③ 为了促进经济的复苏，拉美各国在 90 年代实行了贸易自由化、降低关税等政策。新的发展模式给拉美经济增添了活力，促进了拉美经济的复苏。整个地区的经济增长率从 80 年代的 1.1%上升到 1991 年的近3%，人均国内生产总值也由 80 年代的负增长转向回升。因此，拉美的 90 年代被称为"有希望的 10 年"。④ 随着拉美国家民族经济的发展，教育在国民经济中的作用不断增强。拉美各国把开拓人力资源、发展教育和科学技术作为促进民族经济独立、实现国民经济现代化的重要措施之一，把教育置于"治国"的重要战略地位。

二、拉丁美洲国家民族民主化与现代化教育发展的内容与特点

"二战"后，拉美各国的国民经济迅速发展，社会财富增加，人民生活相应改善，这为教育事业的发展提供了物质基础。许多拉美国家在制订全国社

---

① 黄志成：《促进拉美教育发展的若干因素分析》，载《外国教育资料》，1995(3)。
② 陈作彬、石瑞元等：《拉丁美洲国家的教育》，205 页，北京，人民教育出版社，1985。
③ 陆兴发、斯日古楞：《拉丁美洲教育改革与发展展望》，载《外国中小学教育》，2001(6)。
④ 曾昭耀、石瑞元、焦震衡：《战后拉丁美洲教育研究》，218 页，南昌，江西教育出版社，1994。

会经济发展规划和实施全国一体化计划时，都把教育列为重要的投资内容之一。拉美各国政府还对教育体制进行了重大改革，采取了一系列有效措施，从而有力地促进了现代国民教育的发展。

(一)实施学制改革，促进教育普及

自 20 世纪 50 年代末以来，拉美各国先后制定了新的教育法，并且普遍实施了教育改革，使教育体制灵活多样并富有弹性。教育改革的重要内容之一是改革学制，降低入学年龄，延长义务教育的年限，将初等教育和中等教育的学龄期上下延伸。一部分国家将小学入学年龄由 7 岁提前至 6 岁，初等教育和中等教育的学制由原来的 5-3-3 学制或 6-3-2 学制改为 6-3-3 学制和 4-4-4 学制。改革学制的目的在于扩大义务教育范围，向更多的儿童提供就学机会，加速普及义务教育。有些国家已经将义务教育范围扩大到初中。扩大义务教育范围，是拉美国家教育事业得以迅速发展的前提条件。

阿根廷的初等义务教育年限原为 6 年，从 1970 年起延长为 7 年，将小学入学年龄提前至 5 岁，并把 3~4 岁幼儿的两年学前教育列为前义务教育范围，将中等教育列为后义务教育范围。巴西于 1961 年颁布《教育方针与基础法》，规定对 7~15 岁儿童实行 8 年免费义务教育，1965 年把 4-4-3 学制改为 6-4-3 学制。玻利维亚 1961 年的教育改革，将小学入学年龄由 6 岁提前至 5 岁，将义务教育年限由 6 年增加到 8 年。①

20 世纪 90 年代以来，拉美国家更加关注弱势群体，注重发挥教育促进社会公平的功能，希望通过教育改变社会分层和社会不公平。1990 年，智利政府对社会边缘群体实施补偿性政策，为其子女提供更多的教育资源，包括提供成本低廉的或免费的优质学前教育等。目前，许多拉美国家在实施补偿性政策方面取得了一定成效。例如，哥伦比亚的"新学校"教育改革，以及巴西

---

① 曾昭耀、石瑞元、焦震衡:《战后拉丁美洲教育研究》，236 页，南昌，江西教育出版社，1994。

的"唤醒巴西""人人受教育计划"等，都为社会下层贫困儿童就读的学校提供了更多的教育资源。[1]

(二)发展职业技术教育

随着拉美各国工业化进程向技术密集型阶段推进，拉美各国把加强职业技术教育、使教育结构多样化，列为教育改革的内容之一。拉美各国的职业技术教育通过两个途径得到加强。一个途径是在正规教育系统中建立了完整的职业技术教育体系；另一个途径是开辟非正规职业技术教育，在成人补习教育、扫盲教育中贯穿从初等到高等的职业技术教育内容。在阿根廷、巴西、墨西哥、委内瑞拉、哥伦比亚等国的小学、中学直至大学的三级正规教育中，职业技术教育占重要地位。尤其是阿根廷建立了从小学到大学前后衔接、上下对口的职业技术教育网，使职业技术教育网成为正规教育体系的一个重要组成部分。

非正规职业技术教育的途径广阔，形式多样。巴西、墨西哥、哥伦比亚、委内瑞拉等国已建立起较为完整的职业技术教育系统。例如，巴西于1942年建立了全国工业人员进修管理局，旨在组建和管理正规教育以外的工业职业学校，培训学徒工，对在职成年职工进行职业技术培训。1959年，巴西颁布了《职业教育法》，规定建立各行业的职业教育体系，随后建立了商业、农业、服务业以及师范、高级职员等职业教育系统，从而形成了一个完整的全国性职业教育网。巴西制订了全国中、长期计划，由文化教育部与各职业教育中心签署协定，并由各职业教育中心加以实施。

这种职业教育中心的培训范围很广，内容涉及轻重工业、农林牧业、交通通信、工艺美术、医疗卫生、银行保险等。学习方式灵活多样，学制可长

---

[1] D. Winkler, "Educating the Poor in Latin America and the Caribbean: Examples of Compensatory Education," Paper Presented at the Conference on Education, Poverty and Inequality in the Americas, Cambrige, M.A., June.

可短，可以集中学习、业余授课、半工半读。有些学校就开办在工厂企业里，与社会实践联系密切，教学及实验设备比较完善和现代化。培训目标为培养具有中等以上水平的人员。主要培训对象是学徒工、在职成年职工，包括技术人员，以及各行各业的管理人员、服务人员等。这是一个在大学毕业生和普通工人之间的极为广泛的阶层。因此，这类学校基础广泛，具有很强的生命力。①

(三)重视扫盲教育和成人教育

扫盲教育与成人教育是拉美各国民族民主解放运动的重要组成部分。"二战"后，拉美各国政府在扫盲教育与成人教育方面做出了不懈的努力，主要通过以下途径进行。

1. 立法保障

有的拉美国家在法律法规中设立了扫盲专用基金，有的拉美国家在宪法中规定了成人教育的发展方针与原则，还有的拉美国家单独颁布了成人教育法。巴西于1967年颁布了《青少年和成年人实用读写能力训练及终身教育法》，确定了扫盲教育应成为巴西政府的重点工作。墨西哥在1975年首次颁布了《全国成人教育法》，指出教育成人是国家的职责，其教育水平必定会影响国家的发展。

2. 国际组织的援助

联合国教科文组织和美洲国家组织对拉美成人教育产生了巨大的影响。联合国教科文组织以及美洲国家组织帮助墨西哥政府成立了拉美地区成人教育与扫盲中心，向拉美地区所有国家提供服务。美洲国家组织在1968年美洲文化委员会第五次会议上，制订了拉美地区教育发展计划，其中就包括扫盲

---

① 陈作彬、石瑞元等：《拉丁美洲国家的教育》，18页，北京，人民教育出版社，1985。

训练和成人教育计划。①

3. 开展扫盲运动

古巴政府于 1960 年开始扫盲运动。1961 年，古巴的文盲人数占古巴全国人口的百分比已由 23.6% 下降为 3.9%。墨西哥在 1974 年就有 16974 个扫盲中心，1970—1980 年文盲率从 23.8% 降至 15%。② 巴西 15 岁以上人口的文盲率从 1970 年的 33% 下降至 1980 年的 25%。③

(四)改革高等教育

"二战"后，拉美国家民族经济获得迅速发展。为了争取经济独立和技术独立，许多拉美国家对外国企业实行国有化，对引进的国外技术进行"民族化"并由本国技术专家掌握，发展适合本国需要的应用科学和尖端科学技术。大学是发展现代科学、传播知识、培养科技人才的园地。因此，拉美国家极为重视高等教育，采取多种措施促进其发展，使高等教育在国民经济现代化进程中发挥"先行作用"。"二战"后，拉美的高等教育具有以下特点。

1. 教育类型多样化

拉美的高等教育历来偏重法律和医学两个专业，而科技专业的发展却非常缓慢。从 20 世纪 60 年代开始，拉美国家的社会经济得到迅速发展，高等教育的原有结构已完全不适应时代发展的要求。在这种形势下，许多拉美国家大刀阔斧地进行了高等教育的结构改革。它们在原有大学中增设新的专业，同时兴办大批专科技术院校。例如，秘鲁在 1960 年共有 11 所大学，只包括 35 个专业，而到 1988 年大学增加到 46 所，专业扩大到 96 个。墨西哥为了发展本国的现代农业，到 1982 年建立了 54 所培养农业技术专家的农科类高等

---

① 曾昭耀、石瑞元、焦震衡：《战后拉丁美洲教育研究》，352 页，南昌，江西教育出版社，1994。

② 曾昭耀、石瑞元、焦震衡：《战后拉丁美洲教育研究》，364 页，南昌，江西教育出版社，1994。

③ 张红颖：《对全球化挑战下拉美教育改革与发展的审视》，载《拉丁美洲研究》，2015(1)。

院校。①

不仅老大学增设了理工科系，而且拉美各国先后创建了综合性理工科大学和单科专业院校，创办了核能、电子、石化、航天技术、经济管理与统计学等现代科学专业和新型科系。巴西大学改革后，建立了专科大学和专科院系，使学生能从事高深的专业科学研究。墨西哥蒙特雷理工学院加强了专业科学研究，培养了高水平的科学家和高级工程师。②

2. 公私立高等教育相结合

20世纪初，拉丁美洲还不存在私立高等院校。到50年代末，公立学校仍具有压倒性优势。从60年代初起，许多拉美国家为了减轻财政负担，促进教育事业的发展，实行了公私结合的办学方针，高等教育私有化的趋势逐渐加强。有些拉美国家还采取向私立学校提供补贴、支付私立学校教师工资、提供器材和教材等措施，鼓励私立学校的发展。1960年，拉丁美洲的私立综合性大学共有50所，占全部综合性大学的31.1%；1970年私立综合性大学共有124所，占全部综合性大学的45.6%；1985年私立综合性大学已达193所，占全部综合性大学的45.7%。③

3. 教学与科研并举，教育与社会实践相结合

"二战"后，拉美国家增加了对高等院校科研活动的投入，以适应世界科技革命的潮流，促进工农业的发展。拉美各国高等院校在培养高级人才的同时，加强基础科学、应用科学和尖端科学的研究，注意教育同社会发展、经济建设紧密结合。拉美各国纷纷在高等院校中成立各种学科的研究所或研究中心，这些机构与公司企业及厂矿部门挂钩。高校教师和科研人员在承担科研项目的同时，帮助公司企业或厂矿部门解决生产中的实际问题。

---

① 曾昭耀、石瑞元、焦震衡：《战后拉丁美洲教育研究》，307页，南昌，江西教育出版社，1994。

② 陈作彬、石瑞元等：《拉丁美洲国家的教育》，30页，北京，人民教育出版社，1985。

③ 张玲：《略论拉丁美洲的法学教育》，硕士学位论文，华东政法大学，2007。

20 世纪 70 年代以来，拉丁美洲高等学校中的研究机构不断增多。墨西哥蒙特雷理工学院于 90 年代初建立了先进技术中心，并向这个中心投资 2000 万美元。该中心与生产部门联系，负责发明、转移和推广制造业新技术。蒙特雷理工学院还制订了培训程控统计技术人员的计划，并向需要程控统计技术的公司企业提供咨询服务。巴西高等院校的教师和科研人员积极参加核能、航天技术、电子通信技术现代化等方面的研究，承担了大批巴西科技发展项目。墨西哥和巴西创办了"农民大学"。[1] 秘鲁国立奥蒂波拉诺大学通过 5 个实验中心与社区合作，改良农作物和家畜的品种，寻找使农民的产品更好地适应市场需要的途径。[2]

(五)加强国际合作与交流

"二战"后，拉美各国的对外合作与交流日趋频繁，范围不断扩大，项目越来越多，对推进拉美地区的教育发展起着积极的作用。联合国教科文组织、美洲开发银行等国际组织以及美国、苏联等国均向拉美对象国提供教育贷款和教育培训计划，并派员协助受援国进行教育评估、制订教育改革方案等。20 世纪 70 年代仅联合国教科文组织就向拉美地区提供了 10 多亿美元的教育贷款，开展了包括加强基础教育、技术教育和成人教育在内的几十项计划。拉美国家还向其他国家派遣了大批留学生。仅委内瑞拉一国在 8 年间就向其他国家派遣近 2 万名留学生。这些活动客观上推动了拉美教育的发展。

拉美各国之间的教育合作与交流也有了新的起色。随着地区政治与经济一体化的不断发展，拉美的教育一体化事业也有了突破。1971 年年底，拉美 24 国教育部部长在加拉加斯会议上通过了 70 年代拉美教育的两大任务——教

---

① 陈作彬、石瑞元等：《拉丁美洲国家的教育》，31 页，北京，人民教育出版社，1985。

② 曾昭耀、石瑞元、焦震衡：《战后拉丁美洲教育研究》，313 页，南昌，江西教育出版社，1994。

育民主化和教育革新，拉开了拉美教育改革运动的序幕。拉美各地区共同体（一体化组织）也采取了较为一致的行动，比较突出的有安第斯集团、亚马孙合作条约组织等。1970年，安第斯集团成员方签署了《安德烈斯·贝略协议》，呼吁加强各成员方的文化交流，促进各方教育、科学、文化的共同发展，保护以拉美民族文化遗产为基础的民族文化特性，利用科技提高拉美各国人民的生活水平。这些国际性的会议和协定对拉美的教育改革和发展起了一定的指导和促进作用。①

20世纪80年代后半期，拉美的高等院校重视加强与欧洲高等院校的联系并开展学术交流。拉美40多所大学和欧洲的20所大学制订了促进双方交流的"哥伦布计划"，该计划得到欧洲大学校长常务会议的支持和赞助。90年代，拉美和欧洲的大学校长、教师和科研人员多次进行互访，交流办学、教学经验并进行学术探讨。拉美国家积极开展同世界各国的文化合作与科技交流，每年选派大批留学生出国深造，同时接纳许多外国留学生。

三、拉丁美洲国家民族民主化与现代化教育发展的意义、问题与展望

拉丁美洲国家的民族民主化与现代化教育发展，其目的是提高教育质量，加强教育对社会经济发展进程的适应性，迎接世界政治与经济新格局提出的挑战。"二战"后的教育改革，是拉美国家在新形势下谋求调整或革新传统教育体制，创造适合本国或本地区特点的教育体制的尝试。

（一）发展的意义

1. 推动了教育的现代化进程

"二战"后，教育改革是拉美国家现代化进程的重要组成部分，既要提升

---

① 曾昭耀、石瑞元、焦震衡：《战后拉丁美洲教育研究》，164页，南昌，江西教育出版社，1994。

劳动力的专业技术素质,满足公民对各级教育的需求,同时还要服务于不同类型政府的统治需要。拉美各国高度重视教育对于促进经济和社会发展的作用,通过增加教育经费、改革传统教育体制与增强教育的服务功能,推动传统教育向现代教育转变。拉美各国的教育改革从转变教育职能、使教育适应社会和经济发展要求这一基本点入手,实施了教育管理体制改革和学制与课程改革,大力开展职业技术教育和非正规教育,同时加强了国际教育交流与合作。具体而言,即从精英型(为上层贵族服务)、文化型(偏重学术和思辨课程,忽视应用)、消费型(为社会培养脱离生产劳动的阶层,政府和社会对教育的投入很大,收益却很小)的传统教育,转向大众型(教育面向社会各阶层,特别是穷人和印第安人)、经济型(使教育的投入产出达到平衡,甚至使产出大于投入,提高教育质量)、生产型(人才能够满足劳动力市场的需要)的现代教育。通过一系列教育改革,拉美国家教育体系获得了扩展,人民教育水平显著提高,专业人员数量明显增加。拉美国家的教育发展和改革一方面满足了拉美国家经济发展、现代化进程加速的需要,另一方面满足了拉美人民享有受教育权利的诉求,实现了国家发展和个人发展这两种价值取向的较好结合。[①]

2. 推动了教育的民主化进程

教育是培养社会经济发展所需人力资源的主要途径,改革学制、延长义务教育年限是拉美教育发展的基本任务。在学制方面,不少拉美国家把初等教育和中等教育的初级阶段合并为基础教育阶段,改革后的学制更适合拉美各国的情况。在义务教育方面,许多拉美国家延长义务教育年限,有利于提高学生的入学率。据统计,从 1960 年到 1990 年,拉美国家 6~11 岁儿童的在学率从 57.7% 攀升到 88%。[②] 义务教育的普及、儿童在学率的增加,对于提

---

① 张红颖:《对全球化挑战下拉美教育改革与发展的审视》,载《拉丁美洲研究》,2015(1)。
② 张红颖:《对全球化挑战下拉美教育改革与发展的审视》,载《拉丁美洲研究》,2015(1)。

高拉美国家的国民素质、促进个体与社会的发展具有深远的意义。

在职业技术教育方面，很多拉美国家把职业技术教育与正规教育结合起来，建立了专门化的正规职业教育体系，适应了本国经济发展的需要。拉美各国扫盲教育与成人教育的开展，降低了各国的文盲率，为全面提高拉美民族文化素质打下了良好的基础，有助于拉美各国国民素质的提升。在高等教育方面，大学系科的调整、大学开放政策的实施等，有助于解决拉美国家经济建设中的实际问题，培养社会所需的理论联系实际的人才。这些改革举措都推动了拉美国家教育的民主化进程。

3. 推动了教育的一体化进程

拉美国家具有团结合作的传统，也十分重视加强与国际组织及外国的多边和双边教育合作与交流，如各种教育贷款和教育培训计划，对拉美各国的教育发展起到了指导作用。此外，拉美各国之间的教育合作与交流也推动了拉美教育的一体化进程。例如，定期召开的拉美国家教育部部长会议、国际性会议与协定等加强了拉美各国的文化交流，促进了拉美各国教育、科学、文化的共同发展。拉美国家也能积极寻求国际援助，以发展本地区的教育。在各种会议中，拉美国家积极行动，扩大影响，争取资助。因此，拉美国家制订的多项计划，都得到了联合国教科文组织、美洲国家组织、世界银行、联合国拉美经委会等组织的支持与援助，从而推动了拉美各国教育的发展。①

(二)存在的问题及展望

1. 完全意义上的教育民主化、普及化还未真正实现

"二战"后，拉美国家教育民主化与普及化的呼声日益高涨。拉美国家在独立后面临的一项非常紧迫的任务，就是对昔日帝国主义殖民体系遗留下来的传统教育制度进行改造并推进教育制度的现代化，使其适应本国政治独立与经济发展的需要，并尽快满足拉美人民群众所提出的教育民主化与普及化

---

① 张红颖：《对全球化挑战下拉美教育改革与发展的审视》，载《拉丁美洲研究》，2015(1)。

的要求。"二战"后,拉美各国视普及初等教育为走向民主化的基础、体现教育机会均等的一个方面,将发展初等教育、延长义务教育年限放在优先发展的项目中。在教育民主化的过程中,拉美国家教育现代化的一个重要目标就是满足拉美人民大众提出的教育民主化与普及化的要求。①

但是拉美国家国民收入分配不公、贫富分化的问题仍然非常严重,这也影响了教育的发展。据统计,20 世纪 80 年代末,拉美 15 岁以上人口的文盲率仍高达 15.3%,6 ~ 11 岁儿童入学率只有 87.3%,中等教育的入学率不到 5%。② 20 世纪 90 年代,拉美劳动者的平均学历还不足 5 年。③ 拉美各国基础教育阶段的留级率和辍学率仍然比较高。从这个角度上说,拉美国家距离完全意义上的教育民主化与普及化还很远。④

2. 教育的"两极化"造成的教育不公平

教育的"两极化"是"二战"前拉美教育存在的一个严重问题。"二战"后,拉美各国虽然大兴教育民主化、大众化的改革运动,但未从根本上解决这一难题。战后拉美国家教育结构的"两极化"表现为基础教育的边缘化和中、高等教育的大众化。农村工业和城市中小工业对熟练劳动力的需求得不到满足,而现代化工业部门所需的中高等熟练劳动力又绰绰有余。种种迹象表明,在相当长的一段时期内,拉美各国的教育发展依然难以完全摆脱"两极化"的干扰。⑤ 穷人可能享有了受教育的机会,但所接受教育的质量却与富有阶层存在很大差异。换言之,各个阶层所接受的教育并非质量相近的教育,教育不公

---

① 杜钢:《战后发展中国家教育现代化的比较研究——共性、个性与失误分析》,载《比较教育研究》,2000(S1)。

② 墨西哥教育部:《墨西哥教育现代化纲要(1989—1994)》,1989。

③ 陆兴发、斯日古楞:《拉丁美洲教育改革与发展展望》,载《外国中小学教育》,2001(6)。

④ 杜钢:《战后发展中国家教育现代化的比较研究——共性、个性与失误分析》,载《比较教育研究》,2000 年(S1)。

⑤ 杜钢:《战后发展中国家教育现代化的比较研究——共性、个性与失误分析》,载《比较教育研究》,2000 年(S1)。

现象普遍存在。① 寻找摆脱"两极化"干扰的合理途径、促进教育公平必然成为拉美国家在下一个时期教育改革与发展的必然选择。

3. 经济发展中的教育错位

"二战"后，面对发达国家咄咄逼人的经济攻势和日趋白热化的国际竞争，加之西方人力资本理论的影响，包括拉美国家在内的许多发展中国家均希望通过大力发展教育事业来促进民族经济的振兴和腾飞。因此，"二战"后，许多发展中国家的教育现代化在启动阶段便带有明显的以经济发展为导向的急功近利的色彩。多国在一定程度上存在忽视教育内部发展规律的问题，这便导致了教育在经济发展中的功能错位。这种情况积累到一定程度，必然会产生新的教育危机。

"二战"后，拉美国家的教育在经济发展中的功能定位也出现了类似的失误。如"二战"后传入拉美的西方人力资本理论，与当时盛行的发展主义理论相结合，使拉美人民相信，人力投资有可能带来更多的产出、更合理的收入分配和更幸福的生活。在这种信念的推动下，拉美各国进行了大规模的教育改革。但结果并不如人们所期望的那样美好，例如，发展的目标落空，40%的居民依旧生活在贫困线以下，人力投资与其收益之间几乎没有一种确定的关系。② 由于高等教育没有考虑到拉美国家的经济形势而过度发展，很多高校毕业生面临毕业即失业的困境。如阿根廷失业工人中接受过高等教育的人口比例，由 1990 年的 29% 上升至 1999 年的 38%。③ 拉美国家在经济发展中的教育功能定位上出现的失误使之为此付出了沉重的代价。如何正确处理教育发展与经济发展之间的关系并形成良性互动，依然是拉美各国亟待解决的难题。

纵观"二战"后半个世纪拉美教育的发展进程，我们看到，在争取民族独

---

① 张红颖：《20 世纪 50—70 年代拉美教育改革解析》，载《教育现代化》，2018(38)。
② 张红颖：《20 世纪 50—70 年代拉美教育改革解析》，载《教育现代化》，2018(38)。
③ EIU, *Country Profile 2001: Argentina*, London, EIU, p.25.

立、发展民族经济与政治的过程中，拉美各国为实现教育的民族民主化和现代化做出了不懈努力。面对"二战"后激烈的国际竞争与新技术革命的挑战，几乎所有的拉美国家领导人和教育界都达成了一个共识，那就是把教育摆在优先发展的战略地位，这也确定了"二战"后拉美教育发展的主基调。"国家的主要任务，就是要保证教育的数量和覆盖面，达到社会和经济发展所要求的质量水平。没有教育改革，国家不可能实现现代化，也不可能实现社会公正。"①"二战"后拉美各国波澜壮阔的教育改革大潮，对拉美国家普及教育、促进社会公平、提高国民素质与发展国民经济等方面均产生了深远的影响。但由于一些历史原因与现实问题，拉美国家教育的民族民主化与现代化进程仍然任重道远。如何在普及教育的基础上全面提升教育质量、实现真正的社会公平以增强综合国力等问题，仍是拉美国家跨入 21 世纪发展教育必须要考虑的长远议题。

第二节　墨西哥的教育改革

墨西哥作为古老美洲文明的发源地之一，其古代玛雅文化和阿兹特克文化曾盛极一时。墨西哥领土总面积为 196.44 万平方千米，全国共划分为 32 个州，2020 年统计人口为 1.26 亿，其中 90% 以上的人口为印欧混血人和印第安人。官方语言为西班牙语。② "二战"以来，墨西哥国内资本主义经济发展稳定。尤其是 20 世纪 70 年代以来，墨西哥历届政府始终将文教事业纳入政府优先发展的项目之一，为墨西哥的经济发展、政治巩固奠定了重要基础。

---

① 墨西哥教育部：《墨西哥教育现代化纲要(1989—1994)》，1989。
② 中华人民共和国外交部：《墨西哥国家概况》，中华人民共和国外交部网站，2022-06-07。

一、墨西哥教育发展的政治与经济背景

作为美洲文明的发源地之一，古代墨西哥人很早就开始尝试"驯化"玉米，积极推动农业革命，逐渐形成了以奥尔梅克、提奥提华坎、阿兹特克以及玛雅文明为代表的发达文明，达到美洲印第安人经济、文化发展的高峰，对世界文明发展做出了重要贡献。① 1519 年，西班牙人开始闯入墨西哥进行殖民活动，对墨西哥政治、经济、文化、教育等各方面产生了巨大影响。西班牙语也因此成为墨西哥的官方语言。长期的殖民统治使得墨西哥原有的民族文化更加多元。除当地原始的古印第安族群外，印欧混血人逐渐发展成墨西哥族群中的重要群体。1821 年，西班牙政府正式承认墨西哥独立。1824 年，墨西哥颁布宪法，正式宣告成立联邦共和国。"二战"期间，墨西哥政府宣告中立，战争因素的远离使得墨西哥在战时基本维持了一个相对稳定的政治环境，给墨西哥经济的持续发展奠定了良好的环境基础。

（一）"二战"后墨西哥教育发展的政治背景

1. 墨西哥政府强烈的创造国家认同感的愿望

创造国家认同感是独立后的墨西哥历届政府在国家建设中努力追求的重要目标。历史上长期的殖民统治使得独立之初的墨西哥历届政府在国家建设中致力于发展独立的文化体系，摆脱欧洲殖民文化给墨西哥留下的深刻印迹。然而，美墨战争中的失败、法国的入侵、《瓜达卢佩-伊达尔戈条约》的签订等一系列事件的发生，使得墨西哥国内政治局势一度跌宕，国家民族矛盾重重，于是打造全新国家认同的文化体系对墨西哥政府而言变得更为迫切。虽早在1824 年就颁布的《墨西哥联邦宪法》指出"墨西哥只有一个民族即墨西哥民族"，但作为拉丁美洲印第安文化的摇篮之一，墨西哥本土的印第安文化在国家形成的过程中却长期充当着国家文化根基的主要角色，并逐渐成为墨西哥国家象征的重要来源。殖民时期遗留的种族政策的"茶毒"，使得印第安文化

---

① 刘文龙：《墨西哥通史》，314 页，上海，上海社会科学院出版社，2014。

始终难以摆脱野蛮、落后的标签,成为构建全新的墨西哥统一民族国家的"阻碍"。1948年,墨西哥政府成立国家印第安事务署,并颁布印第安语禁令,试图"强制"切断印第安文化的传承纽带,将作为少数族群的印第安人纳入墨西哥主导的生活方式。

2. 国内印第安种族的多样化特征

多元族群是墨西哥民族构成的重要特征。墨西哥是一个民族大熔炉,印欧混血人和印第安人占总人口的90%以上。即使是印第安人,对于当地人来说,也是一个包含若干当地原住民族群的概念。据2017年人口统计,墨西哥全国总人口约为1.29亿,其中印第安后裔约占10%。[1] 按照族群人数,阿兹特克族(纳瓦特尔族)是人口最大的印第安族。种族众多与各族群之间的不均衡使得墨西哥政府在推行教育政策时必须考虑"既要形成国家认同,又要保持民族特性",国家认同感的创造与民族矛盾的化解成为"二战"后墨西哥政府面临的重要挑战。

3. "二战"后墨西哥联邦政体出现了中央集权的倾向

联邦共和国政体是墨西哥的基本政体,即由墨西哥联邦各州制定本州宪法,但州政府权力必须受国家宪法制约。自1824年成立联邦共和国,正式颁布第一部墨西哥宪法起,至1917年修订的《墨西哥合众国宪法》出台,墨西哥宪法虽历经200余次修订,但联邦共和国制度始终被墨西哥宪法规定为墨西哥最基本的国家制度,并成为墨西哥的根本政治制度。

1929年,墨西哥国民革命党(革命制度党的前身)成立,在墨西哥政治发展的进程中具有标志性意义。现代政党制度的确立,标志着墨西哥由军人政治向文官政治过渡,开始步入现代政治时期。1946年,卡马乔总统开始执政。执政伊始,卡马乔总统就积极推动墨西哥国民革命党改革,建立权力高度集中的政党体制和制度化的文官体制。传统的墨西哥联邦共和国政体在现代政

---

① 中华人民共和国商务部:《墨西哥人口分布》,中华人民共和国商务部网站,2022-03-31。

党体制的推动下，逐渐形成职团结构和以总统制为特色的一党主导型体制。①转型后的墨西哥国民革命党逐渐显现出执政党与总统权威结合的政治特征，这种一党主导的宪政体制在统一联邦政府行为与市场形成方面起到了重要作用，在"二战"后相当长的历史时期里保持了墨西哥的政治稳定，推动了经济发展，但也不可避免地出现了政府效率低下、党内官僚主义盛行等政治弊端。

(二)"二战"后墨西哥教育发展的经济背景

1. 社会结构的转型对劳动者技能水平提出了新要求

相较于其他国家深陷战争的"泥潭"，免受战争影响的墨西哥很快发展成经济发展速度较快的拉美地区。得益于"二战"期间国内稳定的政治局面和积极的进口化战略，战后初期，墨西哥经济保持了稳定增长的态势，基本完成了由传统农业国向工业国的过渡。有统计资料表明，墨西哥20世纪50年代、60年代、70年代的国内生产总值的年均增长率分别达到5.6%、7.0%、5.7%。尤其是70年代后期，墨西哥经济的高速增长使得就业岗位的增长率达到5.4%，远超人口的自然增长率。② 这种"逆额"差距对墨西哥劳动者劳动的变换、职能的变动和流动频率提出了更高要求。如何通过教育使所有社会成员都具备一定的文化和技术基础，将培养结果即时转化为生产力成为墨西哥政府面临的新的挑战。

2. 稳定发展背后的经济裂痕日渐显现

20世纪70年代初期，墨西哥传统稳定的经济发展模式开始向新的模式转换。雄心勃勃的埃切维里亚政府提出以"均衡发展"取代先前"稳定发展"的经济模式，努力纠正过去经济产生的不平衡，以实现在世界经济遭遇通货膨胀

---

① ［美］霍华德·弗·克莱因：《墨西哥现代史》，天津外国语学院、天津师范学院《墨西哥现代史》翻译组译评，149页，天津，天津人民出版社，1978。

② 刘文龙：《墨西哥通史》，315页，上海，上海社会科学院出版社，2014。

与衰退的双重影响下保持墨西哥经济的稳定发展。然而，这种经济发展模式转换的主张在国际"滞胀"的环境下呈现出"激进"的一面。一方面，1971 年至 1975 年，墨西哥联邦开支持续激增，国际贸易支付差额赤字从 1971 年的 9.06 亿比索升至 40 亿比索，过分依赖石油和外国资本的进口化经济发展模式使得墨西哥的外汇储备进一步降低；另一方面，墨西哥经济的过热增长超出了本国经济实力的许可限度。1976 年，墨西哥人口净增长率为 3.5%，超过国内总产值的 2% 的增长速度。相较于 70 年代国内生产总值的快速增长，整个 80 年代，墨西哥国内生产总值呈现 0.2% 的下降趋势。这些情况给墨西哥教育等公共领域造成了不良影响。

二、墨西哥教育发展的主要内容与特点

(一)主要内容

"二战"后的墨西哥教育在其社会生活中的地位进一步提升，并逐渐发展成墨西哥各项事业的"影响的轴心"。在科学技术革命浪潮的推动下，"二战"后墨西哥的经济结构和就业结构发生了很多变化，国家机构日益呈现出多样化趋势，文化思想日趋现代化。为了对新时期的社会变革进行回应，墨西哥政府积极主动地对教育进行改革，使教育更好地适应国家政治、经济发展的需求，尤其是 20 世纪 70 年代的一系列教育改革措施与决策的出台，深刻影响了墨西哥现代教育的发展进程。

1.《全国教育计划》与系统的全国教育改革

1970 年埃切维里亚总统执政之后，墨西哥教育"暗礁潜藏"。教育普及率低、辍学率高成为困扰墨西哥政府的首要难题。面对此种窘境，墨西哥政府结合国情，开始系统地推行全国范围内的教育改革，以从根本上解决教育的"顽疾"。其中首屈一指的是《全国教育计划》的出台与实施。该计划确定了多项目标：(1)为墨西哥所有人提供基础教育；(2)各级各类教育应该和教育生

产相结合；（3）提高教育质量，使受教育者既能获得文凭，又能掌握与生产相关的文化知识和技能；（4）提高墨西哥人民的科学文化与生活水平；（5）提高教育系统的工作效率，合理安排人力和物质资源。与之相对应，该计划鼓励采取多项措施以保证目标的实现，例如，增加教育经费，发展各种类型的教育，推行教育均等和扶助政策，调动社会各界力量支持教育工作，鼓励调查研究和教育实验等。

20世纪70年代的经济危机造成教育经费短缺，墨西哥政府在教育改革中扮演的角色日渐衰弱。进入80年代之后，主张减少政府对教育的干预和调解成为这一时期墨西哥教育措施的重要特征。培养具有民主、团结、公正与参与意识的公民，使之通过竞争获得现代化的福利和服务是这一时期墨西哥教育的主要培养目标。为此，墨西哥出台了制定新的教育模式的《教育现代化计划》，以求改革传统的教育体制，发挥教育新的职能。该计划规定：（1）革新教育观念，发挥学校的开放性功能；（2）发挥地方兴办教育的积极性与主动性；（3）教学内容要与社会现实相联系，与世界科技进步相结合；（4）重视培养教师；（5）学校应与家长相联系，重视发挥家长的作用；（6）强调各级教育的连贯性；（7）保证教育的公正性，注意保障农民、边远地区人们、印第安人以及城市贫民接受教育的机会。

2.《联邦教育法》的颁布和20世纪80年代后教育战略的改变

1973年，埃切维里亚总统颁布了全新的《联邦教育法》，重新明确墨西哥教育的基本精神。新教育法指出，墨西哥的教育遵循灵活、开放的原则，及时反映墨西哥经济与社会的变化，提出"教育目标必须与经济目标相结合"的方针。与此同时，该法案强调应大力发展职业教育，提倡教育与生产劳动相结合，有力配合实现"教育与社会结构变化相协调"的目标。在该法案中，所谓"灵活"就是指墨西哥正规的教育体制应该多样化，每一级教育都应该具有升学和就业的双向特征；"开放"是指除正规教育体制之外，应该拥有多样的非正规教育，为每一个有意愿接受教育的人提供受教育的机会，使墨西哥所有人都拥有提高文化素质和职业技能的机会，确定了各级各类教育应在兼顾文化知识学习的同时坚持支持学生就业的方针。① 新的《联邦教育法》的颁布正式掀开了墨西哥教育改革的序幕，标志着民族、多元、民主开始成为墨西哥教育改革的主要取向。

3. 基础教育的新发展

在新的《联邦教育法》的影响下，墨西哥基础教育领域出现了新的发展倾向。在学前教育领域，墨西哥联邦政府公共教育部开始执行"满5岁儿童必须接受学前教育"的方针，以保证所有儿童在接受初等教育之前都可以接受必要的预备教育，以提高初等教育质量。

在初等教育领域，墨西哥政府加大了对偏远地区、农村学校的扶持和投入，并按照新的法案精神实行"免费义务教育"的政策。规定儿童6岁入学，修业期为6年，共分三个阶段，每个阶段两年。各学校必须按照统一的教材和进度进行教学。

在中等教育领域，墨西哥教育部门首先明确了"中等教育应是大学准备阶段"的角色，强调中等教育应和高等教育紧密衔接。公立大学应设有自己的高中部，而中等技术学校也应依附于职业院校。普通中等教育分初中3年和大学预科2~3年，中等教育应和学生未来的职业及兴趣相结合，以满足社会需要。此外，电视中等教育、终端教育也开始在70年代大规模兴起。

在此期间，农村基础教育受到墨西哥政府的特别关注。墨西哥政府先后制定和实施了《所有儿童的小学教育计划》《印第安人的西班牙语化计划》等法案。前者要求为6~14岁儿童提供受教育的机会，并努力使所有学生都有机会完成小学课程。后者要求为每一位5~7岁的印第安儿童提供学习西班牙语的机会，并为学校培养可以进行西班牙语、印第安语双重语言教育的教师和学

---

① 陈作彬、石瑞元等：《拉丁美洲国家的教育》，64页，北京，人民教育出版社，1985。

校领导人员。

4. 高等教育的大众化与现代化

"二战"后，墨西哥的高等教育获得快速发展。1950 年，墨西哥高等教育的入学率仅为 1%。随着工业化步伐的加快，尤其是随着人口增长、城市化推进的加速，墨西哥社会对优质人力资源的渴求与接受过高等教育人口比例不高的矛盾日益凸显。高等教育是"二战"后受到墨西哥政府重视的重要一环。[①]尤其是自 1970 年埃切维里亚政府执政始，墨西哥国内的不稳定及民众对政府的失望更是迫使高等教育成为墨西哥政府改变教育政策的首要领域。历届墨西哥政府也寄希望于通过高等教育改革，重新获得知识分子对政府的信任与支持。

在这种背景下，一方面，墨西哥联邦政府针对高等院校的财政预算节节攀升。1976 年，墨西哥政府针对高等院校的财政预算仅为 60 亿比索，而 1981 年墨西哥联邦政府针对高校的财政补助增加至 300 亿比索[②]；另一方面，墨西哥联邦政府先后推出的一系列教育法规、改革，使高等教育呈现出不同于传统的新变化。在 1973 年《联邦教育法》"提供正规和非正规的基础教育、中等教育以及高等教育"政策的指引下，私立高等教育机构开始大规模兴起，成为高等教育的重要类型。

伴随着《全国高等教育纲要》(1983 年)、《发展高等教育一体化纲要》(1986 年)、《1983—1988 年国家发展纲要》的颁布和实施，墨西哥高等教育的规模日益扩大。截至 1985 年，墨西哥公立学校长期以来独霸天下的格局开始被打破：在墨西哥 307 所高校中，有 161 所高校为私立院校，首次在数量上超过公立院校。1985 年，墨西哥全国高等教育机构在校生达 120.77 万人，为当时世界上高校在校生超过百万人的 17 个国家之一，高等教育毛入学率达到

① 王留栓：《拉美四国高等教育评估概述》，载《拉丁美洲研究》，1998(4)。
② 陈作彬、石瑞元等：《拉丁美洲国家的教育》，79 页，北京，人民教育出版社，1985。

15.9%，标志着墨西哥高等教育开始正式进入大众化阶段。[①] 在这之中，私立高等院校对墨西哥高等教育的大众化做出了积极贡献。

5. 职业教育、师范教育与成人教育

作为对激烈的国际竞争与扭转民众落后科技教育观念的回应，墨西哥政府十分重视科技人才的培养。1982 年，墨西哥政府颁布《全国科学技术计划》，并拨款 30 亿比索支持制订全新的人才培训方案，以对科学技术教育进行指导。与此同时，鼓励兴建农业技术学校，举办各种培训班，推动和普及农民教育，以闭路电视的形式对农村居民进行技术教育，学业结束颁发相应的毕业证书。[②]

自 20 世纪 60 年代起，墨西哥政府就开始重视师范教育，兴建师范学校。至 1978 年，墨西哥国内师范学校总数增至 361 所，相较于 1960 年的 116 所，增长率达到 211%，在校生也从 4.5 万人增加至 15.9 万人。[③] 师范生人数的增加有力促进了墨西哥师资质量的提高。1978 年，墨西哥政府创办国立师范大学，开设了学前教育、学校管理、心理学、中小学教育等专业，进一步推动了教师教育的专业化进程。同时，进修班、训练班、教育中心等多种形式的教师教育先后出现，有力地配合教师质量的提升。

为了帮助"二战"后第三世界国家发展教育，自 20 世纪 50 年代起，联合国教科文组织积极帮助拉美国家开展扫盲工作。出于改善经济、摆脱贫困进而实现现代化的需要，墨西哥政府也积极推进教育的普及工作。1975 年，墨西哥政府颁布的《全国成人教育法》明确规定："教育成人是国家的职责，而成人教育直接关系着国家发展。"在国家法律的保障下，墨西哥政府先后成立成人教育总局和开发教育协调委员会负责成人教育管理工作；在各州区域内，

① 陈作彬、石瑞元等：《拉丁美洲国家的教育》，64 页，北京，人民教育出版社，1985。
② 陈作彬、石瑞元等：《拉丁美洲国家的教育》，68 页，北京，人民教育出版社，1985。
③ 陈作彬、石瑞元等：《拉丁美洲国家的教育》，70 页，北京，人民教育出版社，1985。

组织成立了负责成人教育的地方委员会，由上至下深入推进教育的普及。墨西哥国内的文盲率已从 50 年代初的 50% 下降至 1980 年的 14%。[①]

(二)特点

1. 强大的联邦政府干预

墨西哥虽是联邦共和国政体国家，但"二战"后政坛中具有集权特征政党的出现使得墨西哥呈现出了一定中央集权的特征，这一点对教育领域产生了深刻影响。这种强大的联邦政府干预在"二战"后墨西哥基础教育、高等教育、成人教育以及民族教育的改革方面均可见一斑。1948 年，墨西哥政府宣布成立国家印第安事务署，强制切断印第安文化的传承纽带，以将少数族群的印第安人纳入墨西哥主导的生活方式。在义务教育方面，新法案规定了"各学校必须按照统一的教材和进度进行教学，严格执行政府所制订的教学计划"；在高等教育方面，传统的公立大学除表现出一定的自治特征之外，总体仍要受墨西哥联邦政府公共教育部管制，接受联邦政府的监督；在成人教育领域，墨西哥政府更是建立了从中央至地方的由上至下的专职成人教育管理委员会负责对全国的成人教育工作进行监督，保障了普及教育的推行。可见，在战后创造国家认同感的强烈愿望的促使下，墨西哥更倾向于通过强化联邦政府在各州教育改革中的作用，打造符合社会生产发展的全新教育系统。

2. 教育改革体现全纳均衡的教育理念

公平作为墨西哥政府战后教育改革的追求有着深刻的历史缘由。墨西哥曾长期是西班牙的殖民地。在殖民政策的长期影响下，殖民者更关心如何将被殖民者训练成能为殖民当局服务的人，而对于殖民地各阶层人民的普遍教育却无暇关注。扫除大面积文盲、普及初等教育也就成为墨西哥独立后必须解决的教育难题。因此，新的《联邦教育法》在颁布伊始就将"普及义务教育，扩大教育覆盖面，将基础教育扩大至贫困、偏远地区"作为重点问题予以关

[①] 彭海民、黄志成：《墨西哥基础教育发展的目标与策略》，载《外国教育资料》，1998(6)。

注，墨西哥联邦政府公共教育部更是将"所有儿童都可以完成小学教育"作为
15 个重点发展的项目之首，并在农村居民点开办"寄宿学馆""生产学馆"，着
力提高农村教师待遇与素质。除此之外，扩大特殊教育规模，满足残疾儿童
要求也成为战后墨西哥政府推行普及教育的重要举措。可见，战后墨西哥的
教育改革体现了人民性与民主性的重要特征，增加特殊人群与贫困儿童的受
教育机会是墨西哥政府这一时期改革的重要取向。

3. 教育改革中的多元民族化倾向日益凸显

从殖民统治中独立的墨西哥拥有特殊的政治历史背景，其教育也具有多
元文化特色。在其国内，虽然有纳瓦特尔族、玛雅族、印第安族等民族，但
单一族群并未在人口、政治、经济或宗教信仰中占有绝对优势，即使是"墨西
哥人"也是一个包含若干当地原住民族群的概念，这就使得各项教育改革在实
施过程中必须考虑如何实现"既要形成国家认同感，又要保持民族特性"的目
标，教育的全面化和民族化矛盾就需要得到妥善处理。面对墨西哥政府的激
烈同化政策，印第安人群反应强烈，并普遍认为墨西哥政府的同化教育政策
是殖民时代种族歧视政策的遗留。它不仅没有解决印第安人少数族群的文化
权益问题，反而再一次巩固、强化了墨西哥既有种族关系的不平等，丧失了
本土文化的关怀，严重损害了印第安人对教育的兴趣。① 墨西哥政府从国内稳
定出发，对激烈的民众情绪做出了积极回应，进而更注重学生的国家观念教
育，以建立全新的国家认同体系，同时有针对性地实施双语教育、地方族群
教育放权等稍显"温和"的措施，有序地使各源流学生形成统一的民族价值观。
形成统一的国家认同感和多元的教育理念成为"二战"后墨西哥倡导的教育改
革的重要目标，尽管两者在一定程度上存在难以规避的悖论关系，但也反映
出墨西哥政府在制定教育改革措施时对国情的把握和对传统的继承。

---

① 张青仁：《墨西哥印第安人教育政策的变迁》，载《拉丁美洲研究》，2014(5)。

三、墨西哥教育发展的基本经验与存在的问题

历史上的墨西哥经历了较长的殖民地社会时期，在获得独立之初，面临着严峻的经济、政治和社会改革任务，即既要对以往殖民地的教育遗产和影响进行改革，又要通过教育来促成国家的真正独立，促进经济发展和社会进步。在上述改革中，墨西哥一方面获得了成就和经验，另一方面也遭遇了许多棘手的问题。

（一）基本经验

1. 将普及教育作为政府教育改革工作的重点

普及初等教育是"二战"后各发展中国家发展教育事业的重点任务。早在 20 世纪 50 年代末和 60 年代初，联合国教科文组织先后为亚洲、非洲、拉丁美洲制订教育发展计划，有计划地帮助发展中国家实现普及义务教育的目标。墨西哥作为拉丁美洲首个以法律形式确定实施免费普及义务教育的国家，早在 1867 年就出台《教育组织法》，确定了初等教育"基础、免费、义务"的原则。"二战"后墨西哥进行的教育改革对普及初等免费义务教育的目标予以重申与强调，并让其始终成为教育改革推进的重点；1973 年新的《联邦教育法》再次重申墨西哥初等教育免费、义务的原则，通过增加初等教育经费、新建小学、扩大初等学校规模、培养师资，尤其是实施双语教育，提高墨西哥学龄儿童的入学率。这对于墨西哥消除文盲、提高整体教育质量有着重要意义。

2. 将非正规教育作为教育的重要补充

墨西哥政府"二战"后充分发挥非正规教育在普及基础教育中的作用，使其成为教育系统不可或缺的重要组成部分。1973 年，《联邦教育法》指出，国家教育理念是满足全体墨西哥人接受教育的需求，实现这一目标需要墨西哥三级政府部门通力合作和全社会的努力。通过正规教育和非正规教育两种形式，使得墨西哥所有公民，哪怕是边远地区的墨西哥人都能得到平等和高质量的教育服务。在这一政策的指导下，提供非正规教育开始成为墨西哥中等

教育以及高等教育的重要类型。不仅如此，各种类型的终端教育成为墨西哥基础教育和职业教育的主要方式，尤其是在职业教育领域，终端教育不仅考虑了成人学习者工作的现实特征，而且在一定程度上满足了学生的兴趣和学习要求，同时节约了教育经费。有统计表明，截至1981年，墨西哥有2200个电视教育中心，累计招收学生11万人①，在很大程度上改善了墨西哥农村教育普及率低与入学率不高的状况。可见，非正规教育成为墨西哥减少学生辍学现象、为国民提供多样化的各级教育的重要方式。

(二)存在的问题

1. 教育改革在现代化与传统性之间出现了失衡

墨西哥在独立之初为了建立全新独立的文化体系，将西班牙语作为官方语言，积极引进西方文化和教育，这对了解和吸取西方的进步文明有积极的意义。但从墨西哥当局采取的改革措施看，墨西哥政府在战后之初的教育改革措施却呈现出明显的激进倾向，给原本国内印第安民族文化的多元性带来一系列问题。20世纪70年代初，墨西哥政府对印第安适龄儿童入学率的统计显示，墨西哥印第安儿童的入学率仅有15.33%②，几乎没有印第安儿童完整地完成4年小学计划。因此，墨西哥必须重视民族教育在这方面所造成的不良后果，注意教育体制、课程内容的民族性，努力将传统文化和现代社会很好地融合起来。

2. 教育改革的民族性与国际化的冲突不断

"二战"的结束终结了很多老牌殖民者对世界多数国家的殖民统治。这些国家独立后，如何破除欧美殖民者在殖民时期的深刻印迹，恢复本民族的教育文化传统，发展独立的教育文化体系就成为各个国家面临的最为棘手的难题。"二战"后，各个国家纷纷采取"改用本民族语言进行教学、编写民族课

---

① 陈作彬、石瑞元等：《拉丁美洲国家的教育》，77页，北京，人民教育出版社，1985。
② 张青仁：《墨西哥印第安人教育政策的变迁》，载《拉丁美洲研究》，2014(5)。

本"等措施。就墨西哥的特殊国情来看，相较于多数殖民地国家，墨西哥较早取得了民族独立地位。自 1824 年墨西哥新宪法规定成立墨西哥联邦共和国开始至"二战"爆发前夕，百余年间，墨西哥的世俗教育稳步发展。1867 年墨西哥颁布的《教育组织法》就明确宣布墨西哥"由国家领导的全国统一的世俗教育体系基本成型"。但迫于"二战"后国内经济转型与国际竞争的需要，墨西哥教育改革推进呈现明显的国际化倾向。与世界多数发展中国家战后的民族性改革措施不同，强制实施印第安语禁令曾一度成为战后墨西哥政府教育改革推行的重点。这种"操之过急"的改革措施引发了墨西哥国内民众激烈的反抗，游行等对抗活动此起彼伏。虽然墨西哥政府采取了"双语教学、培养双语教师"等后续措施，希望借此缓和国内尖锐的民族矛盾，但效果欠佳，并未从根本上解决国内印第安人教育的"顽疾"。这种在教育现代化过程中凸显的民族性与国际化的矛盾值得深思。

作为发展中国家里的人口大国，墨西哥的教育改革政策一直是国际社会关注的焦点。为提高教育质量，墨西哥政府推动过多次教育改革，涉及普及基础教育、改进办学条件、重视教学内容与实际生活联系等方面。这些改革措施针对特定时期的政策目标，取得了一定成效，但这些措施基本上只是对教育政策的"修补"及硬件的提升，较少触及教师管理体制等深层次的问题，这或许是墨西哥教育水平曾长期处于停滞状态的一个重要因素。这为我们今天探索通过教育促进现代化和社会公正提供了有益借鉴。

第三节　巴西的教育改革

巴西位于南美洲东南部，是拉丁美洲面积最大、人口最多的国家，人口数和国土面积都居世界第五。① 20世纪30—40年代，巴西曾因创造的经济奇迹轰动世界并被认为是"未来之国"。伴随着经济的发展，巴西的教育也取得了巨大的进步。尤其是"二战"后到90年代，巴西不断进行教育政策调整，在教育体制结构、管理组织、教学内容、课程设置等方面做了重大的改革。然而，巴西教育的总体水平不及阿根廷、智利等国。学校问题，如留级和辍学一直困扰着巴西的教育部门。为解决教育发展的水平与均衡问题，巴西政府进行了不懈努力。在这个过程中，巴西教育的发展既取得了许多成就，也留下了不少经验和教训。

一、巴西教育发展的政治与经济背景

古代巴西为印第安人的居住地。16世纪，葡萄牙航海家率领的船队到达巴西，成为首批到达的欧洲人，此后巴西成为葡萄牙的殖民地。"二战"期间，巴西和其他南美国家一样宣布中立，成为当时少数没有被卷入战争的大国。利用中立国的优势，巴西与其他国家开展贸易，使经济获得了快速发展，不仅摆脱了经济危机，而且在工业化和基础设施建设方面取得成效。"二战"结束后，巴西迅速成为南美洲当时最为强大和富有的国家。

(一)"二战"后巴西教育发展的政治背景

1. "二战"后民粹主义和民族主义逐渐显现

与大多数拉丁美洲国家一样，"二战"结束后的巴西在现代化进程中出现了持续的政治不稳定。巴西后来进入了民粹主义时期，其主要特征是政治不稳定和军方对平民活动家的施压。随着巴西经济增长的放缓及通货膨胀的出现，巴西的民粹主义和民族主义逐渐盛行。政治不稳定导致了民众对巴西政府的强烈不满。巴西主要政党失去了霸权，巴西的工会组织成为推进国家发

---

① 中华人民共和国外交部：《巴西国家概况》，中华人民共和国外交部网站，2018-12-11。

展的重要力量。① 民粹主义与民族主义思潮为"二战"后巴西政治的发展起到了重要的推动作用。

2. 社会在军事独裁统治中缓慢发展

"二战"后，巴西军人阶层始终是巴西政治的改变者和主导者。从瓦加斯时代到 20 世纪末，巴西的政治几乎避免不了军队直接或间接的干预。1964 年，巴西军人发动政变，推翻了古拉特政府，进行了长达 21 年的威权主义统治。② 巴西的政变成为此后拉美一连串军人上台的开端。在 60—80 年代拉美的军政权中，巴西军政权统治的时间最长，制度化的程度最高，最具代表性。1979 年，巴西军政府宣布改变政党和选举制度。此后，巴西政党政治开始重新活跃并日益成为巴西政治生活中的重要内容。③ 1985 年 1 月，反对党在总统间接选举中获胜，结束了巴西军人执政。此后，巴西政权多次平稳更迭，代议制政体基本稳固。

(二)"二战"后巴西教育发展的经济背景

1. 经济自由主义为巴西发展带来了机遇

在"二战"结束时，巴西经济遭到国际经济大危机的沉重打击，人们要求通过工业化取得经济独立的呼声日高。基于此，巴西重新引入了政治和经济自由主义。然而，巴西要转向发展工业，首先必须尽快解决如下两个问题：出口经济的局限性和国家功能的软弱性。前者不仅表现为巴西国内劳动力和资金的不足，而且表现为它严重受制于国外市场行情的变化。后者表现为必须削弱传统的寡头势力，特别是过于强大的地方势力。为改变出口经济的局限性，巴西新政府除了把国家财政资金、劳动力等由农业出口部门转移至城市工业部门外，还开始着手改组原有的政府结构，建立"国家经济行动新机

---

① 杜悦：《工会与国家的政治进程：巴西实例研究》，硕士学位论文，中国社会科学院，2008。

② 董经胜：《试析巴西1964年政变的军队内部原因》，载《拉丁美洲研究》，1990(3)。

③ 万秀兰：《巴西教育战略研究》，2 页，杭州，浙江教育出版社，2014。

构"，把经济领域的专家引入国家行政制度中，打破了由强人精英统治国家的政治传统。由此，巴西经济逐渐增长。

2. 经济态势在不稳定状态中艰难前行

巴西的经济经历了上下起伏的多个阶段。巴西陷入"危机—变革—变革失败—危机"的恶性循环中①，经历了从60年代的停滞不前到70年代的明显增长。到了70年代末期，由于受到国际信贷利率大幅度上升和第二次石油危机的冲击，巴西的外债不断增加，通货膨胀率上升，经济增长速度减缓。随后，巴西的经济始终处于低迷状态。80年代中期，巴西的国内债务几乎代替了外债，成为巴西主要的经济问题。② 随后巴西进行了大规模的财政改革，目的在于两方面，一是稳定经济，二是消除通货膨胀带来的消极影响。然而，一系列经济计划实施后未能奏效。直到1994年卡多佐就任巴西总统，并着手实施《雷亚尔计划》(Real Plan)后，巴西才真正放弃了进口替代战略，并开始实行自由贸易和面向出口的发展战略。该计划对巴西经济的复苏起到了明显的作用。③ 巴西的通货膨胀问题得到了有效的控制和缓解。可以看出，"二战"后巴西经济的发展始终在曲折中前进，但巴西人一直在努力探索合适的经济发展路线，一直在实现现代化的道路上苦苦求索。

二、巴西教育发展的主要内容与特点

"二战"后，巴西的教育改革在多个层面展开。从创建教育部到1953年教育部成为独立的部门，巴西对教育行政架构与治理不断进行优化和改进。20世纪50年代起，巴西不断扩大职业教育、中等教育和高等教育的招生规模，努力实现优质与平等的教育目标。尤其是1988年，巴西通过修改宪法，将全

---

① 中国社会科学院中国特色社会主义理论体系研究中心：《"鞋子合不合脚，自己穿着才知道"——拉美国家对发展道路的艰辛探索》，载《求是》，2016(23)。

② "Brazil-Growth with Debt, 1974-1980," 巴西国家数据网站，2018-12-12.

③ 余勇：《从巴西经济发展看"中等收入陷阱"》，载《中国对外贸易》，2013(3)。

民优质、平等入学作为公民的基本权利，这是巴西在实现优质与平等教育进程中迈出的一大步。这次修宪成为巴西教育改革与发展中的里程碑事件。90年代，巴西又推行了《全民教育计划》，进一步对教育制度做出了详细的规定，进而推动了巴西初等教育的普及化。巴西现行的教育系统在很大程度上体现了 90 年代巴西政府推动的教育改革的框架。

（一）学前教育

"二战"结束前夕，巴西开启了教育改革之路。但巴西的学前教育一直没有受到巴西政府的重视。20 世纪 70 年代以前，学前教育从未被纳入巴西的教育制度。① 巴西 1971 年的《基础教育改革法》虽然增列了有关学前教育的条款——"各级教育系统要关心 7 岁以下的儿童在托儿所、幼儿园或其他类似的机构中接受适当的教育"②，但并未提出具体措施。直到 1974 年《学前教育计划》的颁布，巴西的学前教育才在巴西政府的推动下真正启动。该计划不仅提出巴西政府要干预学前正规教育，而且要求把儿童的营养、卫生、保健等问题一揽子予以解决。次年，巴西政府明确规定，4~6 岁为儿童的学前教育阶段。为强化管理，巴西教育部在基础教育司专门设立了学前教育处，负责制订学前教育计划和组织学前教育工作。

从 1975 年到 1979 年，巴西联邦政府为学前教育提供了大量经费，总计达 1000 万克鲁塞罗，基本解决了资金问题，推动了巴西学前教育的长足发展。据统计，1979 年，巴西学前教育机构已有 19800 余所，教师有 5.2 万人，约有 120 万名儿童进入了学前教育机构。③ 10 年之后，即到 1989 年巴西学前儿童的入学总量进一步增加。其中，0~6 岁儿童约为 2311 万，托儿所人数比例达到了 2.8%，幼儿园人数比例占 14.6%，两者合起来占比达到了

① 万秀兰：《巴西教育战略研究》，36 页，杭州，浙江教育出版社，2014。
② 史国珍、黄志成：《巴西学前教育的发展》，载《外国教育资料》，1996(6)。
③ 黄志成：《巴西教育》，94 页，长春，吉林教育出版社，2000。

17.4%。① 进入 90 年代,巴西的学前儿童入学注册数量继续增加。1994 年,在巴西 990 万名 4~6 岁儿童中,48%在学龄前学校注册,相较于 1985 年增长了 11.4%。② 1998 年,巴西教育部发布了三卷本的《全国幼儿教育课程指南》(National Curriculum Guidelines for Early Childhood Education)。该指南依据 1996 年颁布的《教育指南和基础法案》(Lei de Diretrizes e Bases da Educação)编制而成,旨在对巴西以往幼儿教育的目标、内容和教学指导方针进行反思,并为 0~6 岁儿童的教师提供教学目标、教学内容和教学指导等方面的若干项准则。③

(二)初等教育

"二战"后,特别是 20 世纪 60 年代以后,巴西的初等教育发展迅速。巴西政府加大了对初等教育的投资,使得各类基础学校的数量增幅明显。1971 年之前,巴西的教育分为三个层次:初等教育(4 年,与义务教育年限一样);中等教育(第一阶段为 4 年,第二阶段为 3~4 年);高等教育。④ 中等教育学校又分为三类学校:普通中学、技术学校和师范学校。

1971 年,巴西颁布的《基础教育改革法》,对巴西的初等教育和中等教育进行了重大改革,主要体现在以下三个方面⑤。

1. 延长了义务教育年限

将巴西以前宪法规定的 4 年免费义务教育延长至 8 年,年限较改革之前增加了一倍,对提高全体巴西人的教育水平具有深刻的意义,也是巴西社会经济发展对教育提出的新要求。

---

① 黄志成:《巴西教育》,98 页,长春,吉林教育出版社,2000。
② 万秀兰:《巴西教育战略研究》,37 页,杭州,浙江教育出版社,2014。
③ SVS Santos, Early Childhood Education's Curriculum-Considerations from Children's Experiences, Educação em Revista, 1996(34).
④ 黄志成:《巴西教育》,125 页,长春,吉林教育出版社,2000。
⑤ 黄志成、郑太年、徐辉富:《巴西初等教育的改革》,载《外国教育资料》,1997(2)。

2. 改革了基础教育的结构

巴西教育制度结构的变动是新法令最大的表现。法令规定：把原来的初等教育(小学 4 年)与原来的中等教育的第一阶段(初中 4 年)统合在一起，成为 8 年一贯制，称为"第一级教育"；将原来的中等教育的第二阶段(高中 3~4 年)，称为"第二级教育"。

3. 实施了新的课程体系

根据 1971 年的法令，巴西统一了全国 8 年制的必修核心课程。核心课程由三部分组成：(1)交际与表达课程，以葡萄牙语为主要科目；(2)社会科学课程，包括历史、地理、巴西社会政治组织等；(3)自然科学课程，包括数学、物理、生物等。

巴西新课程体系最显著的特点之一就是强调技术教育。比如，规定在 5 年级和 6 年级，学生要了解和熟悉 4 种职业技术领域(工业、商业、农业和家政教育)。7 年级和 8 年级的学生可以选择最适合自己的职业技术领域进行学习。巴西初等教育中的技术教育主要采用"边干边学"的教学方法，让学生一边学习理论，一边参加实践，以提高学生的动手操作能力。

巴西 1971 年基础教育改革的另一个显著特征是通过制定学生评价标准来控制基础教育的质量。在标准制定之前，巴西各级各类教育主要通过严格的选拔招生制来考核学生。学生要经过层层筛选，严格的入学考试制度将大多数学生拒于学校门外。旧的教育选拔制度与巴西政府延长义务教育年限的政策显然是不相适应的。1971 年《基础教育改革法》对学生成绩评定标准进行了调整，其目的一方面是适应普及教育不断推进背景下对学生进行考核的需要，另一方面是坚持严格的质量标准。为此，巴西政府对有关基础教育领域的学生评价做出了许多新的规定。例如，1971 年法令第一章第十四条规定"质量的比例要大于数量的比例""整个学期成绩的比例要大于期终考试成绩的比例"，以兼顾教育普及和质量把控两者的平衡。

从 20 世纪 80 年代中期开始，为实施更为平等和更为有效的社会制度，巴西政府经过 18 个月的酝酿，于 1988 年颁布了新的宪法，后来还发布了《全民教育计划》，以解决初等教育资源分配不均衡等问题。《全民教育计划》的目的是通过增加初等教育的入学机会和提高初等教育质量，减少"社会欠债"和履行国家对贫穷市民的义务。长期目标包括：培养对初等教育的"一种新的社会责任感"；保证普及初等教育；消除文盲；提高初等教育的质量。为达到上述目标，巴西政府提出了具体的改革措施(见表 7-1)。

表 7-1　巴西政府《全民教育计划》的教育改革目标及措施①

目标	措施
增加入学机会	新建和改建学校；改进学校的空间分布
提高初等教育效率	废止初等学校的三学期制；规定每天不少于 4 学时的课时；制定新的升、留级政策；为学校提供课本和教学用品
提高教师地位	制订在职培训计划；为不合格教师开设学历课程；保证教师最低工资；在州立和市立学校设立结构职务
扩大经费来源并使之合法	教育经费使用权下放给市政府；确保最低限度的教育经费

（三）中等教育

从"二战"后至 20 世纪 90 年代末，巴西中等教育发展大致经历了三个阶段，即缓慢发展时期(1945—1965 年)、大改革时期(1966—1979 年)、经济危机影响下的改革大发展时期(1980—1991 年)。70 年代初期，巴西对中等教育的体制结构、课程内容等进行了重大改革，对巴西教育的后续发展产生了深远影响。②

20 世纪 60 年代末至 70 年代初，在拉美许多国家中等教育改革大潮的

---

① Plank D.N., "The Politics of Basic Education Reform in Brazil," *Comparative Education Review*, 1990(4).

② 黄志成：《拉丁美洲国家教育发展中的若干特点——历届拉美国家教育部长会议分析》，载《外国教育资料》，1994(4)。

影响下①，巴西也于1971年颁布了第5692号教育改革法，为重新确定中等教育的目标定下了基调，即中等教育既是以培养中级技术人员和熟练劳动力为目标的终结性教育，又是为高等院校输送合格新生的连续性教育。也就是说，从70年代起，巴西中等教育的目标已经朝普通教育和职业技术教育相结合的综合教育方向发展了，改变了过去大学预备教育的单一的中等教育目标。

在中等教育体制结构方面，巴西也对原有的体制进行了重大调整。首先，将义务教育年限由原来的4年延长至8年，组成了"第一级教育"（或称"初等教育"），然后将原来的"高中"称作"第二级教育"。这样一来既延长了义务教育年限，又取消了过去在5年级就过早地进行分流的做法，以此保证全体儿童都能受到8年的普通基础教育，提高国民受教育的程度。其次，废除了过去的双轨制，实施普通教育与职业技术教育相结合的体制，使中学毕业生能适应劳动力市场的需求，提升和保证毕业生的就业率。最后，根据巴西的实际情况，将非正规教育系统与正规教育系统连接了起来，形成了非正规教育与正规教育既并列又衔接的完整的教育体系。

在课程内容方面，巴西政府为达到最新确立的中等教育的双重目标——既培养学生走向劳动力市场的终结性目标，又为高等学校输送新生的连续性目标，主要从以下四个方面进行了努力。

第一，建立课程改革机制。巴西的课程改革是一种根本、复杂的工作。因此，巴西需要建立专门的法律机构和相关业务结构来促进课程改革。为统一课程的批准制度，巴西建立了联邦教育委员会、州教育委员会和学校三级课程审批机构。除了课程审批机构外，巴西还建立了一些研究机构，对教育与劳动力市场之间的关系、人力资源的需求等进行专门研究。

第二，建立三大课程模式和形式。巴西将中小学课程分为三大板块，即

----

① 黄志成：《巴西教育》，147页，长春，吉林教育出版社，2000。

公共核心课程(普通基础课程)、非核心必修课程、职业技术课程(见表 7-2)。考虑到各学科的特点以及学生认知的规律，巴西按照年级为三大板块课程建立了不同的课程模式，分为活动、学习领域、学科三个模式。

表 7-2　巴西中小学三大板块课程模式与形式①

课程名称	公共核心课程	初等教育		中等教育	非核心必修课程	职业技术课程
		活动(1~4 年级)	学习领域(5~8 年级)	学科(1~4 年级)		
具体内容	交际与表达	交际与表达	葡萄牙语	葡萄牙语、巴西文学	公民教育	多样化的职业技术课程(共 190 多种)
	社会科学	社会整体	社会科学	历史、地理、巴西社会与政治	卫生、体育	
	自然科学	自然科学常识	数学、自然科学	数学、自然科学、生物科学	艺术、宗教	

第三，建立内容递进的课程系统。为了改变长期以来普通教育和职业教育相分离的状况，巴西提出了一体化原则，要求建立内容递进的课程系统。② 该系统的特点是随着年级的升高，以公共课程为基础，由浅入深地增加职业课程，然后进入职业训练，使学生取得所学专业的中等技术证书。这种基础课融合了活动、学习领域和职业技术训练三大内容，满足了各种学校和学生的不同需求。

第四，注重职业教育基础，增加课程比例。巴西中学开设的职业技术课程通常按职业分类。按照分类，学校开设"职业教育基本证书课程"。在综合中学中，除全国统一的公共核心课程和非核心必修课程外，学生必须学习职业技术课程，并且比例有的达 1/3，有的甚至远远超过普通教育的课程。通常，职业教育分为两类：一类培养学生从事某种职业的能力，必须安排 300

---

① 黄志成：《巴西教育》，158~159 页，长春，吉林教育出版社，2000。
② 曾昭耀：《值得研究的巴西教育改革》，载《拉丁美洲研究》，1986(6)。

课时；另一类专门培养学生从事几种相关职业的能力，必须安排600学时，同时还要安排劳动实习的非正式课程。① 此外，综合中学和技术专科学校还开设有专门培养中级技术员的课程。

(四)高等教育

"二战"后，巴西高等教育的发展可分为两个时期，一是1946—1985年军人执政时期，二是20世纪80年代末以后的高等教育发展阶段。60年代，巴西大学生和知识分子运动此起彼伏。这些政治运动主要对巴西传统的高等教育体制进行抨击，批评巴西的大学实施的是精英教育，对大学的科研条件、办学方式、职能等表示了强烈不满，这使得巴西高等教育失去了信誉。1968年，巴西颁布了《高等教育改革法》，实施了全方位的改革，提出了高教机构教学与科研并重的策略。② 在改革之前，巴西科研的绝大部分是由大学之外的专门科研机构来进行的。巴西为公立大学的科研机构配置的资金少之又少。直到70年代初，巴西建立双重资金配置制度，为大学的科研工作提供了稳定的资金来源。双重资金配置制度是指分别由巴西教育部和统筹规划部为大学提供资金的制度。1968年的改革使得随后几年内巴西高等教育的需求急剧增加，公立高校已无法满足这一需求，因而私立学校趁势发展迅猛，招生数量大幅度增加。同时，1968年的改革试图仿照美国的大学模式，强调大学的职能在于科学研究与研究生培养。

为了推行现代教育模式，巴西高校改革采取了许多新的措施。专职教师和研究人员取代了传统的终身教授，所有专业都规定了两年的基础教育，并推行学分制，使得学生在课程的选择上具有更大的灵活性。学生可以选择不同院系的课程，学分修满即可申请毕业。

随着现代教育模式的确立，到了20世纪70年代，巴西的研究生教育和

---

① 黄志成：《巴西教育》，163页，长春，吉林教育出版社，2000。
② 黄志成：《巴西教育》，201页，长春，吉林教育出版社，2000。

大学的科学研究有了很大程度的发展和提高。此外，大学规定教师要具有研究生学历，使研究生教育需求激增。再加上巴西国家发展银行和其他机构为新的研究生教育课程和校内外的研究项目提供资金，以及巴西提供奖学金资助研究生和教师到其他国家攻读学位，使得巴西研究生数量在这一阶段出现了迅速上升的局面。

在1976年之前，巴西采取"自由放任"的政策，为私立高校的发展提供了宽松的政策环境。因此，巴西私立高校长期以来都是"自给自足"地生存着的，巴西政府不给予资助。从当时的现实情况看，巴西大多数私立高校的设施设备都比较落后，教学质量也不高。私立高校的这种发展状况也引起了社会的不满和批评。为加强对私立高校的管理，从1976年开始，巴西采取了"约束限制"政策，加强了对私立高校准入的控制，提高了办校标准。新申请的私立高校通常只有10%能够通过审核。

为了统一各方的利益，巴西于1985年重建了国家高等教育委员会。该委员会主要负责管理公立大学的学术科研、财务分配和评估等工作。此外，该委员会在巴西教育部体制内还设立了高等教育管理集团，负责制定重建巴西高等教育体制的路线政策，其目的是在巴西教育部内部创建一个在技术上胜任其职能的机构。

三、巴西教育发展的基本经验与存在的问题

从"二战"后到20世纪末，巴西教育的发展一路坎坷，经历了战后民主、军人执政等多个阶段，但在教育的改革与发展方面也取得了不少成就。其学前教育、初等教育、中等教育、高等教育以及成人教育等都形成了自己的体系，在一定程度上适应并推动了巴西政治与经济的发展，积累了宝贵的经验。

一是通过立法为教育的改革与发展提供法律保障。1946年巴西颁布的宪法，如第5条、第168条都对教育主体及其权责做出了相关规定。这是巴西

政府"二战"后首次从法律上赋予了联邦政府制定全国教育方针与基础法的权利。随着 1961 年巴西历史上第一部《国家教育方针与基础法》的颁布，巴西政府便走上了追求教育公平的漫长道路。1968 年，巴西在 1946 年宪法的基础上进一步规定联邦政府有权制订和实施全国教育计划。随后巴西政府在 1988 年颁布的宪法明确规定教育为国家和家庭的责任，需要社会的共同合作，并提出公共教育需要遵循民主的基本原则，此外还规定了大学享有科学、行政、财务管理等自主权。这些规定都从法律上为巴西各级教育的发展提供了相应的保障。

二是大力扫盲和提高学生的入学率。"二战"后，无论是初、中等教育还是高等教育，巴西学生的入学率都极低。同期，巴西基础教育的改革与发展始于 60 年代，这一时期中等教育的学生注册人数从 1950 年的 37 万增长到了 1960 年的近 100 万，到后来 1975 年的近 194 万。入学率也从 1960 年的 19.6%增加到 1980 年的 58.4%。[1] 为了扫除文盲，巴西一方面提高正规教育的入学率和教育效率，另一方面针对学龄期未受到任何教育的青年和成人实施扫盲教育，从组织机构、教育计划、法律基础、经费来源、师资等方面都对扫盲计划进行了保障，最终取得了较为令人满意的成果。

三是将高等教育推向国际化与市场化。早在 1920 年，巴西便建立了国内第一所综合性大学——里约热内卢大学(University of Rio de Janeiro)。该校在 1937 年进行重组后，更名为巴西大学(University of Brazil)。自 1965 年起，该校更名为里约热内卢联邦大学(Federal University of Rio de Janeiro)。[2] 此后，巴西高等教育规模增幅很大。"二战"以后，在军人执政之前，巴西的高等教育得到了较快发展。到 1964 年，巴西有 37 所大学和 564 所学院，高等教育在校生接近 15 万人。高等教育国际化是巴西教育的重要战略之一。自 20 世纪

---

① 黄志成：《巴西教育》，143~145 页，长春，吉林教育出版社，2000。

② 周世秀：《90 年代巴西教育的改革与发展》，载《拉丁美洲研究》，2000(3)。

50 年代起，巴西便开始了大学生尤其是研究生的国际流动。70 年代之后，巴西高等教育国际化进程开始走向正轨并稳步发展。[①] 一些国家的机构开始邀请巴西学者到海外进行研究性训练和交流。在随后的 10 年之间，巴西有大量的大学生接受海外培训。这些人在回国之后，为巴西的科学发展和研究生教育做出了巨大的贡献。到了信息化浪潮涌来的 90 年代，教育国际化进程明显加快，外语学习项目、合作研究、远程函授教育等国际合作方式在巴西发展迅速。巴西教育国际化的发展，离不开巴西联邦政府的支持以及各大高校的积极响应。

在取得上述经验的同时，巴西教育在 20 世纪后半期的改革与发展也遭遇了不少的挑战，存在着一些亟待解决的问题，主要表现在以下几个方面。

一是教育发展的结构不均衡。巴西的高等教育一直为巴西政府高度重视，但巴西政府对基础教育的投入严重不足。1988 年的巴西宪法规定，联邦政府每年至少要投 18% 的税收所得用于维持和发展公立教育，其中仅有 30% 用于小学教育、初中教育和扫盲教育，其余部分用于高等教育和其他教育。[②] 这样的经费分配比例造成了基础教育经费不足。基础教育领域学生的受教育权益和教师的基本待遇都受到了影响，学前教师的流失现象特别严重。此外，巴西各地区、城乡、各收入团体、各类小学之间的教育经费也存在明显的不平衡。例如，巴西东北地区初等教育经费中教育工资所占比例达到了 12%，而其他地区仅为 3%。[③] 教育投入的厚此薄彼导致巴西的教育发展在结构上出现了多方面的不平衡。在高等教育和基础教育、正规教育和继续教育、初等教育和中等教育、职业教育中的非正规教育和正规教育间，这种不平衡广泛存在。

---

① 王正青：《高等教育国际化：巴西的因应策略与存在的问题》，载《复旦教育论坛》，2008(3)。
② 柯珂：《巴西促进教育公平的政策研究》，硕士学位论文，浙江师范大学，2011。
③ 徐辉富、黄志成：《巴西初等教育经费问题研究》，载《外国教育资料》，1997(1)。

二是教育管理体制较弱。巴西联邦一级教育部门的权力一直较弱。在西方新自由主义思想的影响下，巴西教育管理体制不断向地市、学校一级下移，这严重脱离了巴西的基本国情。[①] 另外，地方行政的腐败也影响了巴西教育的发展。为了办好基础教育，巴西联邦政府以教育一揽子拨款的形式，向州、市两级政府转移支付了大量的经费，但它的使用一直缺乏有效的监督。教育一揽子拨款带来的后果是教育经费被侵占和滥用。一些贪污腐败行为对于教育管理者以及教师的工作热情、学校的基础设施条件、学生的餐饮及入学率等都有负面影响，进而阻碍了巴西促进教育公平、提高教育质量以及优化教育结构等目标的制定和落实。

三是缺乏长期的国家教育发展总体规划。巴西一直以来都未能制定长期的国家教育发展总体规划。在巴西，代表着上层社会利益的政府长期以来对教育发展的战略缺乏有效的规范，致使巴西教育行政各部门长期存在着缺乏协调的问题，各级各类教育结构也存在着失衡现象。从瓦加斯到卡多佐政府，巴西先后制定了一系列教育改革的专项计划，但均未从国家发展总体角度考虑教育宏观战略的发展，这阻碍了巴西教育全面均衡发展。

第四节 秘鲁的教育改革

秘鲁位于南美洲西部，16世纪沦为殖民地，被西班牙统治了近300年。第二次世界大战期间，秘鲁经济得到较快发展。"二战"后，秘鲁政权几度更迭，国内政治环境动荡，经济在70年代之后发展缓慢。

---

① 万秀兰：《巴西教育战略研究》，355页，杭州，浙江教育出版社，2014。

一、秘鲁教育发展的政治与经济背景

(一)秘鲁教育发展的政治背景

"二战"后至 20 世纪末,秘鲁国内政权更迭频繁,时局动荡。从 1945 年开始,秘鲁执政当局经历了多次权力更迭,直到 1975 年才由奉行比较温和的右翼政策的将军接管政权。秘鲁新政权随即宣布"还政于民",并于 1980 年举行选举,恢复文人政府。1990 年至 2000 年,日裔领导人藤森两度任总统。

20 世纪后半期,秘鲁教育发展的政治背景的特点之一就是民族主义的不断崛起。进入 50 年代,秘鲁国内更加关注社会正义和经济主权问题。60 年代,秘鲁实施了外资国有化和有限的国家干预的经济政策,大力推动土地改革。随后,秘鲁又推行国家资本主义的新模式,打破传统寡头政治和经济统治,摆脱对外围国家的依附性地位,实现政治、经济和外交的自主发展,努力探索秘鲁民族主义发展道路。

这一阶段,许多年轻军官形成了新的民族主义意识,强烈要求摆脱秘鲁的对外依附。秘鲁军政府强烈地表达了民族主义的立场:坚决维护国家主权与尊严,捍卫民族性和独立性;同时,也要承担起改良主义、民族主义和社会进步的责任。秘鲁军政府围绕两个方向进行了民族主义的改革。藤森执政期间,伴随着其具有明显独裁与专制主义政策的推行,秘鲁民族主义意识得到了进一步的强化。[1]

(二)秘鲁教育发展的经济背景

由于秘鲁政权更迭频繁,其经济政策受政治因素的影响较为显著。从 1950 年到 1962 年,秘鲁实行自由贸易,对经济几乎没有干预,外国投资较多,经济发展形势较好,年均增长率为 6% 以上。[2] 1963—1975 年,秘鲁对经

---

[1] 宋欣欣:《秘鲁民族主义的演变及其特点》,见《世界近现代史研究(第十辑)》,284~308 页,北京,社会科学文献出版社,2013。

[2] 白凤森:《列国志:秘鲁》,143~144 页,北京,社会科学文献出版社,2006。

济采取了较强的干预措施，导致公共开支不断增加。其后实施的私人和外国企业国有化等一系列激进的改革，彻底改变了秘鲁的经济和社会结构。尽管这一时期秘鲁的经济增长率保持在年均5.5%，但宏观经济政策造成对内和对外的严重失衡，成为后来秘鲁危机出现的隐患。1976年，莫拉莱斯·贝穆德斯军政府对前期激进政策进行"纠偏"，并在1978年实行严厉的财政调整。最后，军方交出政权，还政于民。尽管秘鲁新政府重新筹措了资金偿还外债并实行了财政调整，但秘鲁年通货膨胀率仍然保持在60%以上。[1]

20世纪90年代中期至20世纪末是秘鲁稳定经济和经济改革阶段。在经济全球化和各国竞争日益激烈的背景下，秘鲁修改了宪法，以根本大法的形式确定国家的经济体制。秘鲁新制定的《1993年宪法》明确规定：坚决实行建立在私人积极性基础上的市场经济体制。在完成立法程序后，秘鲁政府根据宪法确立的原则对国民经济进行了全面和彻底的改革。首先实行稳定计划，将通货膨胀率降到每月1%以下。随后进行了一系列旨在取消国家干预、实行市场经济体制的改革。改革的内容包括：重新确定国家在经济中的作用；取消国家对经济的干预；缩小国家机器的规模；确保私有制和企业自由以及企业间的自由竞争。为此，秘鲁政府大规模地推行了私有化，实行自由贸易，大幅度削减关税，同时加强对税收的专业化管理。上述改革使秘鲁1993—1998年的财政收入增加了2倍。[2]

二、秘鲁教育发展的主要内容和特点

秘鲁对教育的管理自1962年开始实行分权。行政管理分为三个层面：中央一级、地区一级及地方一级。中央一级是秘鲁教育部，其基本职责是负责技术上的、标准化的和政治性的规定。地区一级教育部门理事会是地区发展

---

① 白凤森：《列国志：秘鲁》，143~144页，北京，社会科学文献出版社，2006。
② 白凤森：《列国志：秘鲁》，143~144页，北京，社会科学文献出版社，2006。

组织的一部分，它们保持与秘鲁教育部的联系，贯彻执行涉及其权限、控制、管理教育服务的教育政策。地方一级实质上负责各项工作的实际运作，还负责管理教育服务机构和教育中心。①

(一)"二战"后秘鲁教育发展的主要内容

学制上，秘鲁采用5+3+2学制，即小学5年、初中3年、高中2年的学制。小学以下有幼儿园和托儿所，为儿童提供学前教育；学生高中毕业后可选择大学教育或非大学类高等教育，其中高等专科修业3年，大学修业4~5年。1982年，秘鲁政府颁布并实施了新的教育总法，改革了学校制度，规定新的学制为6+3+2学制，并对小学实行义务教育。②

1. 学前教育

在秘鲁，4~6岁为学前教育阶段。学前教育机构主要为幼儿园和托儿所。儿童接受这种教育是自愿的和免费的。幼儿园多数是私立小学的附设机构，设有识字和算术入门、手工、歌舞、游戏等课程，并注意保持同小学教学的衔接性。学前教育注重培养儿童良好的生活习惯，并发展他们的思维能力和体能，使儿童适应社会生活，为进入小学接受系统教育做准备。③

秘鲁学前教育的课程目标主要有以下几点：一是促进儿童的整体发展，照料儿童的饮食、健康和娱乐；二是发现并解决儿童在生理学、心理学和社会学上的问题；三是促进家庭和睦。同时，教育活动必须考虑到多种语言的使用背景和社会文化价值。④

① 陈作彬、石瑞元等：《拉丁美洲国家的教育》，165~168页，北京，人民教育出版社，1985。

② [瑞典]T. 胡森、[德]T.N. 波斯尔斯韦特：《教育大百科全书：各国(地区)教育制度》，374页，重庆，西南师范大学出版社，2011。

③ 陈作彬、石瑞元等：《拉丁美洲国家的教育》，168~169页，北京，人民教育出版社，1985。

④ [瑞典]T. 胡森、[德]T.N. 波斯尔斯韦特：《教育大百科全书：各国(地区)教育制度》，377页，重庆，西南师范大学出版社，2011。

秘鲁 1975—1989 年学前学校数由 2098 所增加至 8611 所；教师总数也由 1975 年的 4459 人，上升至 1989 年的 19751 人；1975 年学前教育注册学生为 172051 人，1985 年为 342779 人，1989 年增至 540600 人，其中私立学校学生在 3 个年份的占比分别为 27%、23%、22%。学前教师主要由女性教师担任。① 见表 7-3。

表 7-3　秘鲁学前教育发展情况一览②

年份	学校数/所	教师			学生			
		总数/人	女教师/人	女教师占比/%	总数/人	女生/人	女生占比/%	私立学校学生占比/%
1975	2098	4459	4390	98	172051	85062	49	27
1985	5268	11206	11059	99	342779	172141	50	23
1989	8611	19751	—		540600	—		22

2. 小学教育

1982 年后，秘鲁实行小学义务教育制，修业 6 年，入学年龄为 6～12 岁。③ 小学负责对部分经济困难的学生提供医疗、膳食、社会服务和助学金。原住民地区使用两种语言教学。小学有统一的教学大纲。教学大纲要求小学根据学生的能力和家庭情况，培养他们成为守行动纪律、有丰富的文化知识和勇敢的人。

小学教儿童阅读和书写，进行口头表达和数学运算的基本训练。小学设下列学科：语言、算术、历史基础知识、秘鲁地理、自然、卫生、社会调查、体育和手工。小学分日、晚两班制，城郊、农村和边远地区可根据情况而定。

---

① 曾昭耀、石瑞元、焦震衡：《战后拉丁美洲教育研究》，251 页，南昌，江西教育出版社，1994。

② 曾昭耀、石瑞元、焦震衡：《战后拉丁美洲教育研究》，251 页，南昌，江西教育出版社，1994。

③ 陈作彬、石瑞元等：《拉丁美洲国家的教育》，169 页，北京，人民教育出版社，1985。

小学要求儿童就近入学。小学规定连续两年留级的学生应转学。①

在小学教育阶段，教师可以根据学生的生理、心理成熟度等标准来制订课程计划、选择教学方法，并选取必要的教材辅助教学。课堂上，教师开展儿童游戏并提供有关表达能力的训练；鼓励学生学会自学和在集体中学习；引进新技术，增加对现有自然资源和有关科学本质的资源的利用，例如，20世纪80年代，计算机开始在私立学校中投入使用。②

1975—1985年，秘鲁小学数量从19701所增至24327所；教师总数从1975年的72641人，上升至1990年的143025人；学生数量从1975年的约284万人升至1990年的约401万；教师人均教授学生数不断下降，从1975年的39人降到1985年的35人，再降到1990年的28人。见表7-4。

表7-4　秘鲁小学教育发展情况一览③

年份	学校数/所	教师总数/人	学生			教师人均教授学生数/人
			总数/人	女生/人	女生占比/%	
1975	19701	72641	2840625	—	—	39
1985	24327	106600	3711592	1287244	48	35
1990	—	143025	4019483	—	—	28

3. 中等教育

秘鲁的中等教育机构包括普通中学、中等职业学校和中等师范学校，入学年龄大体为12岁。

秘鲁普通中学修业5年，小学毕业生均可升入中学，入学年龄为12～17岁。普通中学分两个阶段：前一阶段3年，相当于初中，开设普通基础课程；

① 陈作彬、石瑞元等：《拉丁美洲国家的教育》，169页，北京，人民教育出版社，1985。

② [瑞典]T.胡森、[德]T.N.波斯尔斯韦特：《教育大百科全书：各国(地区)教育制度》，377页，重庆，西南师范大学出版社，2011。

③ 曾昭耀、石瑞元、焦震衡：《战后拉丁美洲教育研究》，260页，南昌，江西教育出版社，1994。

后一阶段 2 年，相当于高中，是分科教育阶段，学生可根据自己的情况选择。初中开设的学科有西班牙语、历史、美术、体育、军训(男生)和家政(女生)等。从高中起分文理科。文科课程有地理(世界地理和秘鲁地理)、社会科学、政治、经济和秘鲁文化史。理科课程有生物、物理、化学、立体几何和三角。这些都是必修课程。从高中 2 年级起，每周另有两节爱国主义教育课和国防课。[①]

秘鲁中等职业学校修业 5 年，其任务是培养具有工业、商业和农业方面中等技术水平的毕业生。中等职业学校和普通中学一样，分两个阶段：第一阶段 3 年，开设普通基础课程；后一阶段 2 年，开设专业课程，专业课和普通课的学时比例为 3∶1。男校设普通机械、铸铁和焊接、冶炼、木工、电学、电子学、发动机维修等专业；女校设缝纫、刺绣、纺织、装饰工艺、商业和农业等专业，培养商业助理、店员、广告代理人、出纳、记账员、抄写员、打字员和商业秘书、农业耕作和畜牧管理人员等。除农业学校外，工业和商业学校都分日、晚两班制。[②]

20 世纪 60 年代以来，秘鲁中等职业学校发展较快。在校学生从 1964 年的 5.96 万人增加到 1980 年的 17.83 万人。农业学校在校学生从 7000 人增加到 2.75 万人；工业学校在校学生从 2.48 万人增加到 9.02 万人；商业学校在校学生从 2.78 万人增加到 6.06 万人。[③]

中等师范学校招收初中毕业生，主要任务是培养小学教师。学生修业 4 年，前 3 年学习普通课程，第 4 年学习教育专业课和进行教育实习。毕业后授予成绩及格者证书。总的来看，1961—1981 年，秘鲁中等职业学校从 261 所增至 661 所，普通中学从 779 所增至 2800 所。中等职业学校学生所占整个

①　陈作彬、石瑞元等：《拉丁美洲国家的教育》，169~171 页，北京，人民教育出版社，1985。
②　陈作彬、石瑞元等：《拉丁美洲国家的教育》，169~171 页，北京，人民教育出版社，1985。
③　陈作彬、石瑞元等：《拉丁美洲国家的教育》，171 页，北京，人民教育出版社，1985。

中等教育阶段学生的比例逐年增加。1960年，中等职业学校学生占25.7%，中等师范学校学生占9.5%，普通中学学生占64.8%。到了1975年，这三类学校学生所占比例分别为29.5%、4.8%和65.7%。中等职业学校占中等学校的比例也大大提高。

4. 高等教育

秘鲁的高等教育机构分三类，分别是高等专科学校、大学、大学研究生班或研究生院。每一所大学在自身学术、经济、标准化及管理方面都享有自主权，由高等学校委员会负责学校具体教学活动和行政事务。[①]

高等专科学校修业3年，除巩固和加深学生在中学阶段学过的文理科基础知识外，还培养和发展学生的才能和从事劳动的技能，毕业后授予成绩及格者专业证书和称号；大学修业4~5年，毕业后授予成绩及格者学术资格，即某专业的学士学位、硕士学位或其他相应职称；大学研究生班或研究生院修业1~2年，培养文科或理科以及各技术领域的高等技术人员，考核及格者可获得博士学位。高等学校设置的系科如下：会计、法学、人类医学、经济、工业工程、教育、管理、渔业、病理、民用工程、社会服务、农学、电学、电子学和机械设计、石油、测量、卫生、冶金和矿业、自然科学、社会科学、语言、数学和艺术鉴赏等。[②]

高等师范教育也逐渐得到重视，秘鲁中学教师能够由高等师范学院或大学培养。高等师范学院学制为4年，招收中学毕业生。秘鲁小学教师原由中等师范学校培养，从20世纪70年代开始，也转由大学或高等师范学院培养。[③]

---

① 陈作彬、石瑞元等：《拉丁美洲国家的教育》，171~172页，北京，人民教育出版社，1985。

② 陈作彬、石瑞元等：《拉丁美洲国家的教育》，171~172页，北京，人民教育出版社，1985。

③ 曾昭耀、石瑞元、焦震衡：《战后拉丁美洲教育研究》，334页，南昌，江西教育出版社，1994。

到 20 世纪 80 年代，秘鲁有高等学校 33 所，其中国立的有 23 所，私立的有 10 所。高等学校分布在以下地区：利马 14 所、利马省 1 所、北部地区 6 所、中部地区 3 所、卡亚俄 1 所和其他地区 8 所。全国高等学校中相当于硕士水平的系有 91 个。33 所高等学校当时进行的 451 项学术研究中，工程占 36.36%，社会科学占 19.08%，教育占 5.98%，管理占 5.32%。①

秘鲁高校的增多，带来了接受高等教育人口数量的增加。据联合国教科文组织统计，从 1975 年到 1990 年，秘鲁注册大学生和高校教师人数都处于不断增加的过程中。见表 7-5。

表 7-5　秘鲁高等院校教师和学生数②

年份	教师/人	学生/人
1975	11598	195641
1980	15816	306353
1990	58131	743569

秘鲁持有中学毕业证书的学生在通过高等学校入学考试后，须参加为期一年的预科学习才能正式进入大学。

(二)"二战"后秘鲁教育发展的措施及特点

"二战"后至 20 世纪末，在国内政权不断更替的背景下，秘鲁政府在教育改革的道路上不断摸索，取得了一定的成绩。其学前教育、初等教育、中等教育、高等教育逐步形成自己的体系，在一定程度上适应并推动了秘鲁政治与经济的发展，积累了宝贵的经验。

1. 采取多种形式的办学方针，强调教育应适应社会的发展

20 世纪 60 年代以来，随着外国技术的引进以及现代科学技术在国防、经

---

① 陈作彬、石瑞元等：《拉丁美洲国家的教育》，172 页，北京，人民教育出版社，1985。

② 曾昭耀、石瑞元、焦震衡：《战后拉丁美洲教育研究》，303 页，南昌，江西教育出版社，1994。

济以及社会生活各方面的广泛应用，秘鲁各行各业对专业技术人才的需求日益增长。为了解决科技人才与国民经济现代化发展需要的矛盾，秘鲁政府大力发展正规教育和非正规教育。正规的初等教育和中等教育实行全日制、半日制和夜校制，增加招生名额；加紧推行教育体系中各级和各种形式的校外教育；建立非正规的工业、农业、商业各类职业学校，采取夜校、训练班、电化教育等多种形式发展成人教育，提高成人的技术文化水平。1964—1983年，接受非正规教育的学生由 400 人猛增至 18.86 万人。①

1977 年，秘鲁政府发布了《图帕克·阿马鲁计划》，强调增强教育的实用性，使之与社会生产的需要结合起来；强调发展职业技术教育，认为这是增加生产的重要途径，通过发展职业技术教育可有效地规划未来的就业，从而完善和加强现行的社会结构；着重发展高等教育的第一阶段——职业教育学院，使之适应秘鲁发展的需要和生产结构的变化，并保证各种职业训练始终保持现代水平；扩大高等教育的规模和提高教育质量，要求把大学办成真正的高等学府，切实为秘鲁的进步做出贡献。

2. 延长义务教育年限，确保全民接受教育

秘鲁基础教育招收 6~15 岁的青少年。15 岁以上的青少年要接受基础职业教育。基础职业教育除继续开设基础课程外，还设有职业技能课程，这种教育是"终结性"教育。学生毕业后能适应劳动力市场的需求，可以直接服务于社会生产各部门。基础职业教育同时还面向由于各种原因而没有接受完正规基础教育的成年人，向他们传授基础知识和劳动技能。这种成人基础职业教育的办学方式比较灵活，通常根据不同地区的不同办学条件，教授适应当地情况的课程。这种教育使秘鲁的文盲数量大大减少。

由于秘鲁把学前教育和基础教育都定为免费义务教育，从而延长了义务教育年限，扩大了义务教育范围，为教育事业的发展提供了前提条件。

---

① 陈作彬、石瑞元等：《拉丁美洲国家的教育》，164 页，北京，人民教育出版社，1985。

此外，秘鲁政府提倡"人人都有权利接受教育，人人都有义务接受教育"。秘鲁政府采取以下措施：成立村社教育行政机构，下设教育发展、行政、非正规教育计划、基础教育等小组，制订适合本地区的教学计划和方案，同时各省成立文盲委员会，免费为受教育者提供教材；在印第安人居住区实行双语教学制度，以加速这些地区基础教育事业的发展。通过采取这些措施，秘鲁的文盲率从1960年的38.9%下降到1982年的19%。贝拉斯科政府还提出了"男女有平等权利和义务接受教育"的主张，要求各地区适龄儿童，不论男女都必须具有基础教育以上的文化水平，从而向实现扫盲目标迈进了一步。①

秘鲁还实行兼容并包的种族和文化政策。秘鲁1993年出台的新宪法规定，任何人都有使用自己本族语言的权利，即承认和保护秘鲁种族和文化的多样性。为此秘鲁政府恢复了一度关闭的国家双语教育理事会，规定实行跨文化教育和双语教学。

3. 重视教师队伍建设

为增强师资力量，秘鲁政府推动广大教师参与社会改革和教育改革，颁布教师和教学工作正规化所要求的教师法和其他法规，同时着力解决教师的工资待遇等问题，以解决教师的实际生活困难。秘鲁政府特别强调要加强对大学教师的培养和训练，提高教师队伍的质量，使其能全面地履行自己的义务和职责。

在具体措施上，秘鲁一是增办中、高等师范院校，扩大教师队伍；二是建立教师进修机构，制定教师轮训制度，提高在职教师的工作能力和业务水平；三是提高教师的工资福利待遇和地位，特别是给在边远地区和农村工作的教师发放困难补贴、圣诞补助和家庭补贴，还建立了"教师休假年"制度，规定凡教龄满10年者可休假1年，满5年者可休假半年，使教师有更多的时间从事研究工作、更新知识和提高业务水平。此外，秘鲁政府还改善教师的

---

① 陈作彬、石瑞元等：《拉丁美洲国家的教育》，162页，北京，人民教育出版社，1985。

住房条件，规定教师进入文娱场所享受半价优待。据统计，秘鲁全国教师从 1973 年的 16.3 万人增加到 1983 年的 20.5 万人。① 教师素质也有提高：1961 年中学毕业的教师占教师总数的 53%；小学毕业的教师占教师总数的 13%；到 1980 年，大学和师范学校毕业的教师已占教师总数的 87%，其中大学教育系毕业的就占 34%。②

4. 改革大学教育，重视高校科研发展

改革后的秘鲁大学教育分为 3 个阶段：大学专科，修业 3 年，毕业后授予专业学士学位；大学，修业 4~5 年，毕业后授予高级学士学位、硕士学位；大学研究生班或研究生院，毕业后授予博士学位。高等学校分为公立、私立和公私合立三种，都在秘鲁教育部管辖之下。高等教育的教学形式也较灵活，主要在学校研究中心授课。因地区条件不同，秘鲁还存在非正规高等学校。这类高校的设立是秘鲁政府为发展职业技术教育所采取的前所未有的措施，纠正了传统办学的死板以及与生产部门需求相脱节的弊病。同时，这也是一次协调纯学术性教育与技术教育关系的尝试，以使学生具备高级职业技术水平。

提倡教学与科研相结合，促进社会经济的发展。秘鲁政府在这方面采取的措施包括：在全国高等学校中设立 15 所高级研究机构。例如，秘鲁农业大学建立了一座现代化放射性同位素实验室，专门用于农业科学研究。利马大学建立了经济和社会研究中心。秘鲁的大学还经常举行国际性学术讨论会，交流经验。

1968 年，秘鲁政府成立全国研究委员会。该委员会负责协调和指导秘鲁 500 多个科研机构的研究工作。1973—1975 年，秘鲁学者发表有关医学、化学、物理、地理和空间科学等的科研论文 115 篇。为了使科学技术适应经济

① 陈作彬、石瑞元等：《拉丁美洲国家的教育》，161 页，北京，人民教育出版社，1985。
② 陈作彬、石瑞元等：《拉丁美洲国家的教育》，161 页，北京，人民教育出版社，1985。

发展的需要，1977年，秘鲁政府制订了科技发展工作计划，内容包括：建立全国科技体系，以便有效地促进科学技术事业的发展；鼓励发展本国技术，合理地引进外国技术；技术的转让和采用应符合本国发展利益等。为了学习其他国家的先进科学技术，秘鲁政府还广泛地与世界各国开展文化合作与科技交流。1973—1977年，秘鲁政府派出留学生2.3万人，前往联邦德国、荷兰等国学习；1978年派出60名留学生去美国、西班牙，以及27名留学生去阿根廷学习工程、经济学、农学和医学。秘鲁政府加速培养专业科技和研究人才，以满足经济发展和科研的需要。①

5. 实行分权管理体制，发展扫盲运动

秘鲁实行分权管理体制，发挥各级政府办学的积极性，克服集中管理体制中的官僚作风。秘鲁政府强调"核心化"领导下的分权管理体制，即在秘鲁教育部的统管下，在各省、市政府分别设立相应的教育管理机构，分管本地区教育，以避免中央集权的低效率、相互扯皮的官僚作风。秘鲁教育部的核心领导职能是加强各地区之间的横向交流。

秘鲁政府虽然在教育方面做了很多工作，但其文盲率仍是拉丁美洲较高的国家之一。为此，秘鲁政府于1981年发布了一项成人教育五年计划，以提高居民的文化水平。这项计划对全国文盲实施教育，免费提供教材。成人教育主要通过夜校进行，其次是电台和电视的电化教学；招收15岁以上的学员，制定了正式的教学大纲并安排专职教师教学。秘鲁政府把扫除文盲作为普及初等教育的目标之一。为了推广扫盲运动，秘鲁各省成立了扫盲委员会，执行秘鲁教育部制订的成人教育计划。为了更好地扫盲，秘鲁各省同各村社签订了合同。这项工作还得到电台和电视广播公司的大力支持。

1981—1982年，秘鲁扫盲27.3万人，1983年扫盲21万人。参加扫盲工作的有6000人（包括中小学教师和中学生等），其中有1000人是志愿者，他

---

① 陈作彬、石瑞元等：《拉丁美洲国家的教育》，165页，北京，人民教育出版社，1985。

们在 7690 个村社机构开展扫盲运动。① 总的来说,尽管秘鲁花了大量人力、物力,也取得了相当大的扫盲成绩,但由于人口的不断增长和新文盲的不断产生,文盲率一直不能大幅度下降。

三、秘鲁教育改革与发展的主要经验及存在的问题

(一)主要经验

自"二战"结束之后,秘鲁历届政府都把教育置于较为重要的地位。② 秘鲁政府认为,发展教育有利于提高国民素质,为维持国家政局稳定奠定坚实的基础;同时,推动各级各类教育的发展,有利于培养和储备各类人才,以满足秘鲁发展对人才的需要。

1. 高度重视教育事业的发展

秘鲁历届政府及其领导人均投入大量人力、物力以推动教育事业的发展。普及义务教育,以扫除文盲;创办预备学校,以使教育适应社会的需要;扩充高等教育规模,以提高国民素质;发展职业技术教育,以培养专业技术人才;规范师范教育,以提升教育质量。秘鲁政府始终努力地推动各级各类教育的发展,为秘鲁现代化的发展培养各式各类人才。

2. 教育改革中渗透着多元包容的教育理念

秘鲁政府强调教育普及化,从延长义务教育年限,到大力推广扫盲运动,以及在印第安人居住区实行双语教学制度,都体现着秘鲁教育改革中兼容并包的教育理念。义务教育年限的延长保障了秘鲁学龄儿童接受教育的权利,扫盲运动的大力开展使得秘鲁普通民众能够享有接受教育的机会,跨文化双语教学的开展使得印第安原住民能够得到更多的学习机会,秘鲁种族和文化的多样性得以保存。

---

① 陈作彬、石瑞元等:《拉丁美洲国家的教育》,173 页,北京,人民教育出版社,1985。
② 陈作彬、石瑞元等:《拉丁美洲国家的教育》,162~163 页,北京,人民教育出版社,1985。

3. 将非正规教育作为教育的重要补充

秘鲁政府"二战"后充分发挥非正规教育在普及基础教育中的作用，使其成为教育系统不可或缺的重要组成部分。秘鲁于 1977 年颁布的《图帕克·阿马鲁计划》指出，"发展非正规教育，加紧推行教育体系中各级和各种形式的校外教育"。通过正规教育和非正规教育两种形式，尽可能使所有秘鲁公民都能享受到更多的教育资源和教育服务。非正规教育的发展为秘鲁各行业输送了大量人才，为秘鲁经济发展贡献了重要力量。

(二) 存在的问题

1. 辍学率和留级率较高

有关数据表明，20 世纪后期，秘鲁学生的辍学率有所增加，49%的学生不能读完小学，35%的学生不能读完中学。因家庭经济状况窘迫，许多学生不能专心学习。22%的 15 岁以上的学生一边工作一边读书，挣钱贴补家用。联合国拉美经委会关于拉美各国家庭调查结果的报告显示，1999 年秘鲁 15～19 岁青年总的辍学率在城市地区为 16%，在农村地区为 45%，且 50%～60%的辍学发生在中学阶段。此外，秘鲁学生的留级率也居高不下，小学中有52.9%的学生有留级一年的经历，中学有 53.8%的学生留级。①

2. 国民整体受教育程度偏低

尽管秘鲁初等教育是免费和强制的义务教育，但秘鲁国民整体受教育程度仍不尽如人意。到 2000 年，秘鲁仍有 8%的人口没有接受过任何教育，有30.8%的人口达到初等教育水平，有 42%的人口完成中等教育，只有 19.2%的人口才有机会获得高等教育。② 此外，尽管扫盲运动的开展成功扫除了大量文盲，但人口基数的不断增长使得秘鲁全国范围内的文盲率仍然很高。贫困人口中的文盲比例尤为突出。到 2000 年，秘鲁生活在贫困线以下的 15 岁以

① 白凤森：《列国志：秘鲁》，277 页，北京，社会科学文献出版社，2006。
② 白凤森：《列国志：秘鲁》，276 页，北京，社会科学文献出版社，2006。

上的人口中，有 18.5% 是文盲。根据 1993 年秘鲁人口普查，在阿普里马克、万卡韦利卡和阿亚库乔这几个农村人口居多的省份，文盲率都超过 30%，而在利马和卡亚俄则不到 5%。①

3. 教育发展不平衡

秘鲁教育状况存在着两个不平衡。一是地区不平衡。大城市接受教育的人口比例很高，基本普及了义务教育。而在经济欠发达的边远地区以及农村地区，文盲比例很高，大多数学生只念到 2~4 年级。这些地区学校校舍奇缺，设备异常简陋。印第安人不会说西班牙语，形成语言障碍。二是男女受教育比例不平衡，妇女文盲比例明显高于男性。上述现象的存在不仅与秘鲁社会文化以及人们对教育认识的偏差有关，而且在很大程度上受到了秘鲁经济与社会发展的限制。

4. 教育投资停滞不前

秘鲁教育投资受经济危机影响严重。1980 年，秘鲁人均国民生产总值是 938 美元，受经济危机影响，到 1990 年已经下降到 674 美元，只相当于 1960 年的水平。1970 年，秘鲁教育投入占国内生产总值的 3.1%；80 年代经济危机期间，秘鲁政府减少了教育投入，限制了教育的发展；90 年代因经济形势严峻，教育经费再次削减，减少到占国内生产总值的 1.9%，使教育处于更加窘迫的地位。1993 年起秘鲁实行的市场经济改革将教育定位于"有利可图的投资"，这无疑又直接冲击了教育事业，使教育资金进一步减少。②

5. 政权更迭导致教育政策的连贯性不足

十年树木，百年树人。尽管秘鲁历届政府都宣称重视教育并且也做了一些实际努力，但教育的发展往往受经济形势和经济体制的制约及影响。秘鲁的一系列政策，包括教育政策，随着政治家的政治理念甚至是政治需要而发

---

① 白凤森：《列国志：秘鲁》，276 页，北京，社会科学文献出版社，2006。
② 白凤森：《列国志：秘鲁》，275 页，北京，社会科学文献出版社，2006。

生变化。频繁的政权更迭使秘鲁的教育基本政策从制定到贯彻执行都产生了脱节的问题。① 秘鲁的教育事业虽然在漫长的历史过程中得到一定发展，但它的公共教育系统仍然没有达到政府对其的期望。不过，秘鲁政府针对其国情（如教师待遇低下和群众文盲比例高）所开展的教师队伍改革、扫盲运动，还是收到了较为显著的成效的，这一点是值得肯定的。

第五节　保罗·弗莱雷的教育思想

保罗·弗莱雷（Paulo Freire，1921—1997）是巴西的教育家和哲学家，同时也是 20 世纪批判教育学教育理论和实践方面最有影响的作家之一。他关注社会现实问题，重视教育在被压迫者的斗争中所起的作用，致力于改善被压迫人民的生活条件。正是他的不懈努力，将生活经验融入他的教育思想，形成了其富有特色的教育思想和实践——批判性教育学、批判性识字、对话性教育学和实践性学习等。同时他的教育思想对普及教育、参与式行动研究和变革性学习理论的发展也产生了重要影响。

一、弗莱雷的生平和实践活动

弗莱雷 1921 年出生于巴西东北部累西腓市的一个信仰天主教的宪兵家庭，其父亲在 30 年代的经济萧条中去世。从此弗莱雷不得不自食其力，维持自己的学业，并在经济上帮助家庭。青少年时期，弗莱雷经历了社会的政治动荡和经济苦难，也目睹了社会的诸多不公，这为他社会批判意识的形成埋下了伏笔。

1943—1947 年，弗莱雷在累西腓大学法学院学习法律，而后还学习了哲

---

① 白凤森：《列国志：秘鲁》，275 页，北京，社会科学文献出版社，2006。

学（专注于现象学）、语言学和语言心理学。其间，他曾在累西腓大学兼职讲授教育学，他对教育改革问题的关注就是从这一时期开始的。这一时期，弗莱雷还参与了社会工业服务社和天主教教徒的活动。例如，他曾在巴西东北地区与累西腓的文盲农民和工人一起工作，积累了不少的成人扫盲教育经验。弗莱雷的博士毕业论文——《教育与巴西现状》也与对教育问题的探讨直接有关。大多数传记都说弗莱雷在1959年成功地为他自己的博士毕业论文做了辩护，但学者海因茨-彼德·热拉特（Heinz-Peter Gerhardt）说弗莱雷的论文没有得到大学委员会的审核通过。热拉特认为"委员会的决定是合乎逻辑的"，因为弗莱雷指责巴西的大学拒绝进行"推动巴西社会走向民主"的改革。[1] 当然，弗莱雷最后获得了博士学位，并留在了大学继续工作。工作时期，他阅读了大量的天主教左翼作家的作品，广泛涉猎了当时社会上流行的各种政治思潮，并继续参与社会工业服务社和天主教教徒的活动，丰富其自身社会经验，也使其思维和行动方式更加系统化。1960年，当时的累西腓市市长发动了旨在创造文化民主化环境的大众文化运动。弗莱雷积极参加，并担任成人教育项目协调员。

巴西1964年发生的军事政变推翻了旧政权，弗莱雷因其在旧政府扫盲计划中工作过而两次受到新的军事政权方的监禁。1964—1980年，弗莱雷先后在玻利维亚、智利、美国和瑞士流亡，时间长达16年。在智利的四年半中，弗莱雷主要关注和从事农民成人教育工作，并撰写了他的第一本教育著作——《教育：自由的实践》。

为了对北美文化"进行实验"，了解第三世界（少数民族聚居区和贫民窟）群体在第一世界中的生活情况，弗莱雷于1969年前往美国，担任哈佛大学发

---

① Roberta Clare，"Paulo Freire，"拜欧拉大学网站，2019-01-02.

展和社会变革研究中心客座教授。① 1968 年，他最具影响力的作品《被压迫者教育学》以葡萄牙语手稿的方式诞生，1970 年英文版和西班牙文版问世。这部著作是他根据在巴西和智利的亲身经历撰写的，旨在唤起被压迫者在争取解放中的思想觉悟和创造力。1971 年在世界基督教协会（World Council of Churches）的支持下，弗莱雷在日内瓦成立了文化行动研究所（the Institute of Cultural Action），其教育实践重在使人们意识到教育学的政治层面。通过参与、组织世界基督教协会和文化行动研究所的活动，弗莱雷到过美国、澳大利亚、非洲、中东、亚洲、欧洲等许多国家和地区。出于对殖民地国家的兴趣和对当地人民的同情，弗莱雷密切关注非洲国家的解放斗争，特别是莫桑比克、安哥拉、佛得角、圣多美和普林西比及几内亚比绍等国。1975 年，在新成立的几内亚比绍政府的邀请下，弗莱雷到该国帮助组织扫盲运动。在此期间，他进行了具有创造性的教育实践研究。

1980 年，巴西正值重新民主化时期，弗莱雷结束流亡生活，回到了巴西。为"重新认识巴西"，弗莱雷参与创建了圣保罗的劳工党，并在 1980—1986 年担任成人扫盲项目的主管并领导了成人识字计划。鉴于弗莱雷卓越的教育贡献，联合国教科文组织于 1986 年授予他"教育和平奖"。1989 年，弗莱雷被任命为圣保罗市教育秘书长。在职期间，他积极开展多项教育改革，其中包括课程、师资培训、教师工会、学生会组织等的改革，不断探索学校行政管理的新模式。

1991 年，由于各种原因，弗莱雷辞去了教育秘书长的工作，但继续撰写自己的著作。1997 年 5 月 2 日，弗莱雷因心脏病去世。

弗莱雷一生著述颇丰，且聚焦教育问题。其代表作品除前面已述的两部外，还包括《自由文化行动》《发展中的教育学——几内亚比绍信札》《教育政

---

① ［摩洛哥］扎古尔·摩西：《世界著名教育思想家》第二卷，梅祖培、龙治芳等译，11 页，北京，中国对外翻译出版公司，1995。

治学》《解放教育学》《扫盲：识字与识世》《学会质疑：解放教育学》《城市教育学》《希望教育学：回望被压迫者教育学》《作为文化工作者的教师：致那些敢于教书的人的信》《自由教育学：伦理学、民主和公民胆识》等。其中，最具代表性、最有国际影响的代表著作——《被压迫者教育学》自发表以来，已被译成 20 多种文字，仅英文版就发行了 75 万册，被称为"被压迫者的教育圣经""真正革命的教育学"。

二、弗莱雷教育思想的主要内容

(一)对传统教育的批判

弗莱雷对当时巴西的教育状况十分不满。他对包括巴西教育在内的传统教育进行了深刻的反思和尖锐的批判，认为传统教育实际上是一种"驯化教育"。它禁锢了人们的思想，束缚了人们的创造性。因此，必须以解放教育的思想来批判"驯化教育"，使人们能够从现存文化和教育结构的束缚中解放出来。

灌输式教育的盛行是当时巴西教育存在的严重问题。弗莱雷在受教育过程中深受该教育的伤害，他谈道："在学习不间断的情况下，我开始相信老师是'主体'，与之相对应，我是'客体'。换言之，如果他/她是构成我的主体，而我是他/她塑造的对象，那么我将自己置于一个被动的角色，一个接受大量知识的人，这些知识由一个"知道"的"主体"转移给我。如果我以这种方式生活和理解我的教育过程，我，作为"客体"，将变成一个虚假的主体，成为复制品。"①弗莱雷在深入社会开展教育活动期间，批评了当时学校流行的灌输式教育，并把这种教育谑称为"银行储存式"教育。之所以将其称为"银行储存式"教育，是因为在弗莱雷看来，在传统的灌输式教育中，教师倾向于往容器

---

① Paulo Freire, *Pedagogy of Freedom: Ethics, Democracy, and Civic Courage*, Lanham, Rowman & Littlefield Publishers, Inc., 2000, p.9.

里灌知识，将知识灌输得越完全彻底，就越被认为是好教师；学生越是温顺地让自己被灌输，就越是好学生。教育由此变成了一种储蓄行为。在这种教育中，学生是保管人，教师是储户。教师的教学不是以交流的方式进行的，而是以发布公报的方式进行的。学生也不需要启动自己的思维，只需接受、记忆和重复存储材料即可。

弗莱雷总结了灌输式教育的种种弊端：教师教，学生被教；教师无所不知，学生一无所知；教师思考，学生被考虑；教师讲，学生听——温顺地听；教师制定纪律，学生遵守纪律；教师做出选择并将选择强加于学生，学生唯命是从；教师做出行动，学生则幻想通过教师的行动而行动；教师选择学习内容，学生(没人征求其意见)适应学习内容；教师把自己作为学生自由的对立面而建立的专业权威与知识权威混为一谈；教师总是学习过程的主体，而学生只纯粹是客体。[1] 他明确指出，在旧的教育中，教师把自己摆在学生的对立面。通过认为学生绝对无知，教师证明了自己存在的合理性。被视为异己的学生则像黑格尔辩证法中的奴隶，接受他们自己的无知以证明教师存在的合理性。[2]

正是基于对巴西传统教育的深刻反思，弗莱雷"开出"自己挽救巴西教育及巴西人民的"处方"，那就是实施解放教育，使巴西人民的意识、教学、人性都得到解放，这就构成了解放教育的三个阶段，即意识的解放、教学的解放和人性的解放。

(二)论教育即解放

作为批判教育学的代表人物，弗莱雷对教育有着自己的独特理解。他认为教育的终极目的和终极关怀应当是解放人性。在弗莱雷看来，作为有意识

---

① ［巴西］保罗·弗莱雷：《被压迫者教育学》，顾建新、赵友华、何曙荣译，25~26 页，上海，华东师范大学出版社，2001。

② 李贤智：《论弗莱雷的解放教育学说》，载《湖北大学学报(哲学社会科学版)》，2011(4)。

的存在，人是自由的，人的命运在本质上既不是先天注定的，也不应该由他人控制、摆布。人要实现自我，就要让自己的自由本性得以充分发挥。教育在本质上就是一个人性解放的过程。人的一些优良道德品行，诸如谦虚、爱、果敢、智慧、快乐、自信等，都应当被充分解放出来。而人性的解放离不开教育，教育在解放人性的过程中有着极为重要的价值。正是通过教育，人认识自己、自然和社会，人性才得以解放。

弗莱雷指出，人是可以通过接受教育改变命运的，这里的"改变命运"指的是人们通过学习知识开阔视野，加深对事物的认识及提升对生活的理解，最终获得美好生活的过程。"教育，作为一种自由的体验，是一种认知活动，是对现实的批判方法。"①也就是说，教育解放人性的路径主要在于它能培养人的主体意识和批判性思维，使人们在认清现实的基础上，参与到改造世界的活动中。

弗莱雷对"教育即人性的解放"这一命题从两个方面做了解释。一方面，他强调人性教育与道德教育的密切关系，认为人性教育在本质上就是道德的养成，教学与人的道德养成须臾不可分离——"如果我们认真考虑做人的意义，教学内容就不能脱离学习者的道德而形成"②。另一方面，他强调自由体验的价值和意义，认为人性教育在过程上是自由的体验。由此，弗莱雷对教育的实践和行动予以高度的肯定，要求教师应当尽可能地为学习者的这种自由体验创造良好的环境。同时他还强调解放教育者不会操纵学生，也不会完全地自由放任学生，不否定教师在教育中承担的指导性责任。这种指导性并不是"你必须做到这一点"的强制性立场，而是指导学生对一些对象进行认真

---

① Paulo Freire, *The Politics of Education*, London, Macmillan, 1985.p.44.

② Paulo Freire, *Pedagogy of Freedom：Ethics, Democracy, and Civic Courage*, Lanham, Rowman & Littlefield Publishers, Inc., 2000, p.19.

研究的态度。① 也就是说，教师除了要具备种种优良的品质外，还要在教学过程中懂得如何去调动学生的内在动力，让学生掌握学习的方法以及认识社会的方法，从而使他们获得内在的自由体验。

"教育即解放"在内涵上包含三个方面的内容：一是意识的解放，二是教学的解放，三是人性的解放。当然，前两个方面的解放归根到底在于实现人性的解放。首先，意识的解放意味着要经历从"单向无转移意识"到"幼稚地转移意识"，再到"批判性转移意识"的过程。在这一过程中，被压迫者可以实现从不敢批判、不会批判到善于批判的意识转变。

教学的解放，在弗莱雷看来，也是实现被压迫者意识的解放或转化的关键所在，而给予人们(或学生)"希望"是教学必须企及的目标，因为"希望"是解放教育不可或缺的重要组成部分，是一种积极的力量，是民主教育的摇篮，而真正的民主教育是将"希望"种植在人们心中，最终引导人类走向自由的教育。这意味着教学内容的选择和教育活动的设计都要以民主的方式进行，使教学内容与地区的、国家的现实相一致，让教材与生活经验和现实结合起来，让识字和识世结合起来。

(三)论教育即政治

强调教育的政治性，是弗莱雷的教育思想中最重要也最有影响力的观点。在弗莱雷看来，从来不存在中立的教育，教育总是与政治具有密切关系的。一切教育活动都具有政治含义，而一切政治活动也都具有教育性。否定教育过程的政治性如同否定政治活动的教育性一样，都是不可能的。教育是统治阶级意识形态再造的手段。正是教育具有的这种高度政治化的特点，使得即便是在现代化程度很高的当今社会，统治阶级依然也要利用教育，努力使之为其统治服务。教育的政治性特点，使得教育具有为不同政治服务而产生的

① Paulo Freire & Ira Shor, *A Pedagogy for Liberation: Dialogues on Transforming Education*, Massachusetts, Bergin & Garvey Publishers, Inc., 1987, p.171.

不同效果。它既可以被当作驯化个体的工具，使人们积极或被动地接受现实生活，也可以被当作人性解放的利器，为人们积极把握知识和社会之间的辩证关系提供帮助。基于这样的认识，弗莱雷指出，教育家尤其是那些宣称民主的教育家，必须使其民主思想与教育实践活动协调一致。教育家必须清楚地知道赞成什么和反对什么，赞成谁的理论和反对谁的主张，即他们必须明白他们代表谁的利益。弗莱雷还指出，有时候教师会天真地以为自己是在政治的真空中进行教学的，或者以为关上教室的门就可以阻隔外部影响对教室的渗入。这些想法不仅是错误的，而且是不切实际的。相反，他认为教师必须认识到教育的政治角色以及教育如何再现主流利益和意识形态的问题。教师不仅是教育工作者，而且是政治家。弗莱雷在进行扫盲教育实践的过程中，还提到教学应该变得更加政治化，政治应该变得更具教育性，并需要认识到，学校之外的政治的所有方面代表了一种特定类型的教育学，其中知识总是与权力联系在一起的。[1] 因此，任何教育工作者都不得不面对权力问题，都必须看清教育再现主流利益和意识形态的实际状况，从而让受教育者能够形成社会责任感，发掘自己的潜能，参与到社会转型的革命中。

(四)论教育即批判

所谓教育即批判，是指弗莱雷重视教育的批判功能，强调教育的目的尤其是成人教育的目的主要是培养人的批判意识。在弗莱雷看来，所谓批判意识指的是人是知识的主体，而不是被动的受体，人对于形成他生活于其中的社会文化现实及其改变现实的能力具有深刻意识。弗莱雷坚信教育理论应当是建立在这样一种坚定的信念之上的——人类能够对其自身及环境持批判的态度。弗莱雷认为，应使世界充满人道主义精神，而不是维持使人民遭受压迫的现状。他明确主张创造一个更好的世界，关注人类的发展和解放。因此，

---

① Paulo Freire & Donaldo Macedo, *Literacy: Reading the Word & the World*, London, Taylor & Francis e-Library, 2005, p.24.

他将教育视为使个体获得真实的人所具有的自我肯定态度的手段。他指出，统治者和被统治者都以不同的方式被囚禁于现存的社会结构之中，两者都需要解放。但是，由于长期受殖民者及巴西国内统治者的文化及政治统治，包括巴西在内的第三世界国家的人民处于倦怠状态。弗莱雷回想起在智利流亡时，土地改革背景之下的言论权利是由农民自己创造的。他们在识字的过程中，会在树干上刻下"文字"，有时候也会在道路上写下"文字"。① 处在第三世界的被压迫的人民通过识字教育的作用追求自己的权利。因此，只有教育，才可能使人对自身及生活现实有正确的认识，才可能使人重新发现自我，并投身于改变现实的斗争中。

（五）论教育即合作

弗莱雷高度重视合作在人性解放中的作用。所谓合作，在弗莱雷看来，是指要打破不同主体间的他者现象，改变主体的"我"总是将他人视为纯粹的"他"的主体性思维惯性，通过互为主体的相互认同和互动重塑人际关系，并在这种新型关系中实现人的发展。"合作只有通过交流才能实现，对话作为基本的交流，必须成为任何合作的基础。"② 弗莱雷指出，解放的途径是合作、团结、组织以及文化合成。合作的本质则是对话、交流。团结不仅是指领导者和民众的力量凝聚，而且包括民众内部的力量凝聚，这是对抗外部压迫和奴役的有效路径。同样，在教育领域，合作与团结也体现在各个层面，既可体现在教师与学生的和谐、平等交流中，也可体现在学生之间、家校之间以及学校管理者与教师之间的充分沟通与交流中。教育机构只有将学生、教师、家庭和学校等多方的力量团结起来，使其齐心协力，共同指向学生的发展，才能产生良好的教育效果。所谓组织，就是"领导和民众进行真正的对话，共

① Paulo Freire, *Pedagogy of the City*, New York, Continuum, 1993, p.17.
② ［巴西］保罗·弗莱雷：《被压迫者教育学》，顾建新、赵友华、何曙荣译，139 页，上海，华东师范大学出版社，2014。

同来揭示现实"的过程。① 不过,按照弗莱雷的理解,组织不同于压迫,但也不是放纵,它需要领导和纪律来保证解放活动顺利进行。在上述所有解放活动中,文化起着纽带作用,而所谓"文化合成"强调的是各种异质文化之间的对话、理解和包容。"文化合成"能够将人们团结、组织起来,以达到解放的目的。

(六)论教育即对话

教育即对话是弗莱雷教育思想的重要命题之一。在他看来,教育具有对话的特性,对话式教学在其教育思想中占有重要的地位。弗莱雷指出,有人性地活着,就意味着命名世界、改造世界。因此,弗莱雷强调指出:"对话是人与人之间的接触,以世界为中介,旨在命名世界。"在他看来,对话是人的生存方式,是人的一项基本权利,是人"获取作为人的意义的途径";对话是命名世界的人之间的接触,不允许出现一些人代表另一些人命名世界的情况;对话是一种创造性行为,不应成为一个人控制另一个人的狡猾手段;对话又是师生之间民主关系的标志,是民主教学的关键;对话的目的是对现实进行不断改造,是实现人的人性化。

弗莱雷由此主张,对话式教学是一切教育活动中最为有效的方法。他强调指出:"没有了对话,就没有了交流;没有了交流,也就没有了真正的教育。"他进一步指出,对话是唯一能够解决教师与学生这对矛盾的教育情境。只有在对话的过程中,教师和学生才能把他们的认知行为引向作为他们的中介的对象。他认为教师与学生不是主动与被动的关系,而是相互交流、相互学习的关系,教师只是一个发挥引导作用的角色。他说:"我并不否认教育者的指导作用及其在教学中扮演的必要的角色。但是,我不是那种把我所学习的对象灌输给学生的教育者。我对研究对象非常感兴趣,他们激发了我的好

---

① [巴西]保罗·弗莱雷:《被压迫者教育学》,顾建新、赵友华、何曙荣译,15页,上海,华东师范大学出版社,2014。

奇心。我把这种热情带给学生。然后，我们可以一起进行对学习对象的探讨。"① 在对话式教学中，课程内容建立在学生已有经验的基础之上，教学须激发学生的批判意识和创造性，学习便是一种创造性活动。弗莱雷高度重视对话的作用，但他也清醒地认识到，由于几个世纪以来人们及师生处于统治者的文化压制的沉默状态，因此对话作为一种与灌输式教育相反的教育方式，是不会自然而然地产生的。对话只能发生在愿意并能够命名世界的人之间，并且对话不是少数人的特权，而是人人都享有的权利。概言之，对话的展开，不是一件轻而易举的事情，而需要一定的条件。对话建立的条件包括多个方面，如主体的平等、爱的倾注、态度谦虚、对人的信任、充满希望、具有批判性思维等。

（七）论师生关系

弗莱雷认为在传统教育中，师生关系是以教师的讲解、学生的接受为特征的。讲解就是教师引导学生机械式地记忆所讲解的内容。讲解把学生当成"容器"，而后使学生变成可由教师"灌输"的"存储器"，使教育变成一种储蓄行为。弗莱雷对传统教育中师生关系的认识和总结，来自他个人的教育经历。作为深受其害的体验者，他强烈反对教师将自己视为知识拥有者而向学生灌输知识。弗莱雷认为，在灌输式教育中，学生所储存的知识会麻醉人的批判精神，造成人类的"驯化"，并使文化入侵成为可能。② 他认为灌输式教育就相当于殖民化的过程，因为殖民者总是认为自己的文化才是正确而有价值的文化，而被殖民的文化则是劣等的，需要殖民文化才能实现自身的改善。这种灌输式方法是一种对待学生的暴力方式，不仅抑制了学生的创造力，而且实际上将学生视为事物而不是人。为此，他主张教师要基于学习者当前的兴

① Paulo Freire & Ira Shor, *A Pedagogy for Liberation: Dialogues on Transforming Education*, Massachusetts, Bergin & Garvey Publishers, Inc., 1987, p.101.

② Paulo Freire, *Education for Critical Consciousness*, New York, Continuum, 2005, p.113.

趣和经验来组织教学，而教育组织者要促进教师与学生的互动，使教师和学生都成为教育过程的主体。在教学过程中，教师始终需要采取谦虚开放的态度，友善对待学生。同时，教师应鼓励学生提出自己的不同见解并进行教学反思，以形成宽容和民主的教学氛围。

三、弗莱雷教育思想的影响

弗莱雷是20世纪著名的教育思想家之一。他进行了许多重要的理论创新，阐明了教育与解放、教育与政治之间的关系，肯定了建立平等的师生关系和促进社会转型的重要意义。这些教育思想一方面促进教育与现实的结合，推动教育实践不断发展；另一方面也为教育改革手段不断更新奠定了基础。同时，弗莱雷对储蓄性教育方式和教育作为文化入侵外延概念的批判，深刻揭示了现代教育发展中很容易被忽略的层面，具有重要的警示意义。

弗莱雷一生中，有许多著作闻名于世，最具代表性的作品是《被压迫者教育学》。在其教育工作中，他提出的成人扫盲的有效教学方法以及促进教育解放和被压迫者意识觉醒的思想，都产生了很深刻的影响。弗莱雷通过这些理论与实践的结合，希望打破被压迫者传统固有的格局而开辟全新的道路。他认为人通过世界这个中介教育彼此，使处在社会边缘的人能够得到改变，进而批判性和创造性地改造世界，这对社会未来的发展做出了很大的贡献。波士顿马萨诸塞大学教授马纳尔多·马塞多(Donaldo Macedo)在《被压迫者教育学》发表30周年之际对这本书的评价是："超越了它自己及其作者的时代。弗莱雷没有实现他进入21世纪的愿望，即他满心期望这个世纪会带来'一个完满、少些丑陋、多些正义的世界'。尽管他没有与我们携手跨越21世纪的门槛，但是他那智慧的话语，他那富有洞察力而深刻的见解，他那为了表白而去谴责的勇气，他那敢于去爱并去谈论爱而不惧怕被称为'非科学，或是反科学'的勇气，他谦逊的品质，以及他身上所散发的人性，这一切都使他变得不朽——成为一股使我们将历史当作可能性来理解的永存的力量。"①弗莱雷的整个生命历程在 20 世纪。但他的教育思想带我们跨入了 21 世纪。它可以让人们更好地解读世界，并激励人们去寻求人性，追求可持续发展的长远意义。

弗莱雷的教育思想在不同时期饱受争议。他在累西腓工作期间，主要从事的是在天主教影响下的基层活动，开展了许多相关课程改革和师范教育工作计划，提出学习小组、行动小组等活动方法，对当时工人的觉醒起了很大的推动作用，但有人却质疑他。他大胆提出在大学内外开展政治活动是巴西向民主社会转变的重要途径，这与他的同事的观点是背道而驰的，因为当时巴西的大学体制还是传统的、依附于国家的制度，可以说弗莱雷的教育思想是不受重视的，但是对于时代的发展进程来说，其思想特点具有一定的先进性，对追求民主的国家有着借鉴意义。

弗莱雷积极参加拉丁美洲的教育活动，检验其教育制度的可行性，丰富其理论基础和方法论。同时，他还在美国、瑞士和尼加拉瓜等地区进一步试验和发展他自己的理论。弗莱雷的教育思想糅合了许多哲学和社会科学的思想，包括认识论、存在主义、人格主义、马克思主义、黑格尔主义和基督教思想等。在其后来归国后，他还将自己的教育哲学思想和实践经验输入巴西，并使之适应巴西的社会经济环境。弗莱雷的教育思想有不少是通过其亲身经历和实践产生的，也是他在与殖民化压迫下形成的机构中的人一起工作的过程中提出的。他强调通过反思和行动培养一个人对社会现实的批判意识，其教学方法不仅适用于学校和学龄儿童，也适用于成人。弗莱雷因此被视为成人教育思想领域的重要代表人物。

弗莱雷的教育思想具有广泛的国际影响，被认为是教育理论史上"第三次革命"的开创者和实施者。联合国教科文组织曾在 1994—1995 年《教育展望》的特刊上，把弗莱雷列为从孔子、亚里士多德到当代教育家的 100 位具有国

---

① Paulo Freire, *Pedagogy of the Oppressed*, Continuum, New York, 2000, p.26.

际影响的教育家之一，且是当时在世的教育家之一。弗莱雷的批判教育学思想给世界留下了宝贵的教育财富，激励着人们从一种政治和文化批判的视角去看待教育。尽管人们对弗莱雷的教育思想有着不同的评价，但他的教育思想和实践的影响将是持久而有力的，并不会因人类迈入21世纪而消弭。

第八章

20 世纪后半期教育民主化的发展

　　教育民主化是 20 世纪后半期大多数国家教育改革与发展的主旋律之一。基于对战争的反思，科技、经济和民主的发展以及民族解放运动的兴起使得现代教育在重建的基础上进入了一个新的发展时期。西方发达国家在现代教育基本精神的道路上继续实践资产阶级性质的教育的民主化，民族解放后的发展中国家则在现代教育基本原则的基础上进行教育的民族化再造和包括无产阶级教育民主化在内的教育民主化，这两种思潮共同形成了"二战"后世界教育民主化的基本路向。而这一历史带来的基本经验教训仍是确定教育与政治的关系的限度，在承认阶级性质的基础和前提下保持教育的相对独立性，让教育符合自身的规律。

第一节 "二战"后教育民主化的背景

　　20 世纪 50 年代以来，世界各国的教育进入了一个新阶段，这次变化的主要推动力是科学技术的进步。"二战"后，世界各国都把主要精力投入到发展本国的经济和技术上，有力地促进了社会生产的现代化，强烈地刺激了教育的发展。20 世纪 60 年代以来，人们呼吁教育要有更多的人文关怀与人本主义情怀，也使得现当代的教育改革向着更加多元的方向发展。

一、20 世纪后半期的政治与经济格局

第二次世界大战后，世界政治格局发生了巨变，世界上形成了以苏联为首的社会主义和以美国为首的资本主义两大阵营；与此同时，亚洲和非洲的民族解放独立运动风起云涌，出现了一个由新兴民族国家组成的第三世界。"二战"后，和平与发展成了时代的两大主题。美苏之间的对峙虽然持续了很长一段时间，大小局部战争也时有发生，但没有酿成另一场世界性战争。20 世纪 60 年代以后，随着西欧各国和日本经济的恢复与发展，资本主义阵营出现了分化。至 20 世纪 80 年代，美国、西欧和日本形成了三足鼎立之势。自 20 世纪 50 年代中期起，社会主义阵营出现了新的矛盾和斗争。特别是 20 世纪 80 年代后期，东欧各国社会政治与经济制度发生了改变。1991 年苏联的解体使"二战"后形成的以美苏对峙为特征的世界格局彻底瓦解，世界多极化和经济全球化的发展趋势进一步加强。

在世界政治领域发生轰轰烈烈变革的同时，科学技术领域也进行了一场静悄悄的革命。这场革命就是始于 20 世纪四五十年代的第三次科技革命，也称新技术革命。新技术革命以核能的利用、电子计算机的发明和空间技术的发展为主要标志，是一场世界性的、全方位的科技革命，其规模和影响远远超过以往的蒸汽革命和电力革命，这场革命将人类带入了一个科学技术的新时代。正如《学会生存——教育世界的今天和明天》一书指出的："科学与技术从未象(像)现在这样突出地显示出它们的威力和潜在力。在这个'二十世纪的后半期'，知识正以惊人的速度向前跃进。……同样值得注意的是，科学发现

与大规模地应用这种发现之间的时间间距也正在逐渐缩短。"①在新技术革命的推动下，以微电子、激光、光导纤维、海洋工程、宇宙航行、生物技术、机器人、新材料、新能源为主导的新兴工业技术蓬勃发展起来。

到20世纪后半期，科学技术成为第一生产力，科学技术的进步是提高劳动生产率和加快整个经济增长的原动力。新技术革命使整个经济结构特别是产业结构发生了重大变化。由于科学技术的迅速发展和生产力转化的速度日益加快，世界各国的有识之士越来越认识到一个国家的经济发展以及综合国力的强弱在很大程度上取决于科技进步。有鉴于此，许多国家对科技事业进行高投入和大力扶持。如美国为实现1961年提出的"阿波罗计划"，耗资200多亿美元，动员了400多万人。诸多公司和企业也加入了科技发展事业，尤其是一些大公司(包括跨国公司)，无不设立自己的科研智囊团，开发、研制新的技术和产品，以保持它们在各自生产领域中的技术领先地位。可以说，以宇宙科学、生物科学的开发和应用为标志的第三次工业革命带动了现代科技和经济的迅猛发展。特别是进入"变化时代"的70年代后，以信息产业为中心的"后工业社会"更是初显身姿。现代科技向社会生活的各个领域广泛渗透，带动了全社会的变革。与此同时，科学发明和技术发现由潜在生产力转化为直接生产力的周期明显缩短。这一切都促使科学技术、生产、教育日益结合为一个完整的统一体，使教育变革与社会变革形成广泛的联系。

二、20世纪后半期欧美思想文化的变迁

第二次世界大战之后，新技术革命的发展不仅带来了物质世界的现代化，而且造就了一代全新的社会思想文化。为了适应科学技术的飞速发展，西方社会也开始了对现代化、现代思维、现代行为与现代生活方式的探索。首先

---

① 联合国教科文组织国际教育发展委员会：《学会生存——教育世界的今天和明天》，126~127页，上海，上海译文出版社，1979。

是观念和思维方式的现代化，主张要重视价值观、法制观、信息观和人才观；在思维方式方面重视系统性、精确性、敏捷性、创造性和预测性，并以此与传统思维方式相区别。其次是人的行为方式的现代化。现代人在社会实践活动中所采取的形式、方法和程序，普遍应具有自主性、创造性、高效性以及竞争与协作的精神，主张要将参与竞争、迎接挑战、争取合作三者协调起来。最后是人的生活方式的现代化。科学技术的发展要求人们具有更高的道德水平和更加文明的生活方式，即要求人们在物质生活日益丰富的前提下过更加充实的精神生活，用新的道德标准来对待现代人的生活。

但无论是观念和思维方式的现代化、行为方式的现代化还是生活方式的现代化，关键是要实现人的现代化，而如何实现人的现代化、如何使人成为健全的人，在"二战"后的西方世界里存在思想认识上的分歧。

一方面，由于"二战"后，世界上出现了以苏联和美国为首的两大阵营，国际局势进入以经济实力、科技水平竞争和意识形态对抗为主的冷战时期，以技术至上主义为主导的科学主义思维占据了主导地位。1957年苏联第一颗人造地球卫星上天后，美国政坛极为震惊，深感自己在科技竞争中落后于苏联，改革教育的呼声高涨。为改变劣势，美国联邦政府颁布了《国防教育法》，增拨大量教育经费，加强普通学校的自然科学、数学和现代外语（"新三艺"）的教学；大力加强"天才教育"；设立国防研究奖学金，鼓励研究生参加科研项目。"因为在宇宙空间的竞赛和军事竞赛这两方面主要都依赖先进的技术，所以科学就受到了最大的重视。此外，人们对于科学的兴趣也由原先把它作为普通教育的一部分转为培养有才能的科学研究人员和科学技术人员。"[1]后来，美国国会又讨论并修订了《国防教育法》，目的是应付来自日本、德国等国家在科技贸易方面以及苏联在空间技术、战略武器等方面的新挑战。可以

---

① ［美］罗伯特·梅逊：《西方当代教育理论》，陆有铨译，143页，北京，文化教育出版社，1984。

说，在"二战"后短暂的十年间，科学尤其是自然科学对社会生活的全面渗透不仅使得科学技术突飞猛进，经济发展呈现出持续增长的势头，发展和改革成为世界性潮流，而且使得西方世界的生活水平得到普遍提高。

但另一方面，虽然这一时期资本主义社会科学技术和国民经济得到迅速发展，但失业、犯罪、吸毒、精神疾病和道德堕落等社会问题仍然十分严重。这使得强调精神生活价值的存在主义哲学和对精神生活进行经验描述的现象学方法论开始在西方的学术界流行。它们认为，仅凭财富与繁荣以及技术进步还不足以解决人类社会的根本问题，也不可能给人类带来真正的幸福；这一切不安的根源在于人缺乏对自身内在价值的认识，人类应由对"外部空间"的开拓转向对"内部空间"的探索。此外，20世纪50—60年代的国际军备竞赛、核战争威胁使人们的心理产生了巨大压力。这一时期美国社会反主流文化运动的兴起、对教育改革的呼吁、人类潜能运动的发展，以及青年人对现实生活的不满等现象也促使社会各界开始重视人的尊严和社会问题。因此，作为对高技术社会使个性、人格和人性泯灭的一种反叛，人文主义成了这一阶段西方所谓"时代精神"的必然产物。

还有一个方面是，自20世纪60年代中期起，西方社会在度过了战后十多年富裕安逸的平静生活后，经济危机的征兆再次露头，失业者重新出现在街头。各种社会动荡迭起，人们战后的乐观情绪一扫而光，人们开始怀疑物质生产和科学技术进步的目的性，财富、地位、权力等资本主义传统价值观发生了动摇。20世纪60年代后期，西方世界还发生了令人震撼的大学生运动。这场突如其来的席卷西方各国的学生运动风暴，虽然是由反对越南战争、反对传统教育制度等引发的，但运动本身带有十分鲜明的反对现代文明的色彩。学生运动的狂飙掠到之处，原有的社会伦理道德、行为准则、生活态度和生活内容，甚至行为举止和基本价值观都受到强烈的冲击与批判。经济迅速发展时期与繁荣时期形成的进步主义理论和功能主义理论，对这种不断激

化的矛盾也难以做出解释。随着资本主义国家经济的衰退，这些国家的学校
教育质量也开始迅速下滑。一方面表现为入学率锐减，辍学率上升，学业成
绩不佳，校园暴力事件不断；另一方面表现为各种教育改革收效甚微，社会
不平等现象有所加剧。这种情况引起了人们对资本主义社会学校教育的深刻
反思。许多持激进主义观点的教育学者指出，在当代资本主义社会企图通过
教育实现社会公平和平等，只不过是一些自由派教育家的理想而已。种族隔
离、性别歧视和满足少数语族人们的需要成了20世纪70年代之后乃至今天
西方社会所面临的主要问题和挑战。正如S.鲍尔斯和H.金蒂斯指出的："向
贫困开战的令人失望的成果，以及在比较广泛的意义上说，美国长期存在的
贫困和不公正，已经使自由派社会政策名誉扫地。"①因此，多元文化主义开
始抬头，它们围绕着阶级、种族、性别等问题展开独立的探索。它们鼓励关
注集体而非个体，认为人类不应把个人成就看成人生的最终目标，而应将集
体福祉作为人类的追求目标，所以个人的自我实现不应成为衡量社会进步和
经济发展的标尺。它们倡导"平等"和"承认"，认为政府的职责在于确保社会
的公正和公民的平等。当某些社会群体因受歧视和排挤而无法享受平等机会
时，政府必须干涉，让所有社会成员尤其是弱势群体都充分享受平等权利。
它们主张"多元"和"差异"，提出"差异政治"(politics of difference)一说，要求
承认文化差异性的存在，并平等对待这些差异。

第二节　教育民主化的发展及其主要模式

　　第二次世界大战后的政治格局、科技发展以及与之相关的社会经济、文

---

① ［美]S.鲍尔斯、[美]H.金蒂斯：《美国：经济生活与教育改革》，王佩雄等译，7页，上海，上海教育出版社，1990。

化、生活方式等方面的变化，深刻地影响了世界各国的教育。它们不但推动各国教育事业的空前发展和教育改革的进程，而且促使各种新的教育思想或思潮竞相涌出，教育民主化的进程进入了快车道。

一、"二战"后各主要国家所面临的教育问题

"二战"后，世界许多国家都面临着教育重建问题。不论是受战争破坏的国家，还是战后取得民族独立和解放的国家，都在国家重建过程中对旧的教育制度进行了积极的改造。大多数国家从根本上抛弃了战前的教育结构。人们认为战前的教育太拘泥于书本知识，太抽象和学究式；战后的教育要更注重公民、社会和道德方面的功能。W·F·康内尔指出："第二次世界大战以后，起初，有一个坚定的重新表述时期，把 20 年代和 30 年代出现的种种思想纳入种种新结构之中，以应付本世纪中叶的迫切要求。这是一个策划的年代，在这个年代里，世界不发达地区迅速形成了民族意识，并寻求把教育当作发展社会合作和经济实力的一个工具。这个时期的第二阶段，无论是发达国家还是不发达国家，都具有继续扩张和广泛设计的特点，以重建学校课程，力图与存在于科学、技术和社会组织中的革命性变化相适应。"①

经过一段时期的教育重建工作之后，从 20 世纪 50 年代末开始，许多国家都相继进行了教育改革，形成了一场世界性的教育改革浪潮。1957 年苏联第一颗人造地球卫星升天，震惊美国。为了取得国际科技和军事竞争的领先地位，美国首先掀起了以课程改革为中心，以提高科学教育质量、加快培养科技人才为目标的教育改革运动。这一改革运动很快在世界许多国家产生了强烈反响，并发展成为 20 世纪 60 年代世界性的教育改革和扩展运动。就世界范围而言，从 1960 年到 1968 年，入学总人数从 3.25 亿左右上升到 4.6 亿，

---

① [澳]W·F·康内尔：《二十世纪世界教育史》，张法琨、方能达、李乐天等译，9 页，北京，人民教育出版社，1990。

增加了40%以上，平均每年增加4.5%。教师人数从1260万增加到1820万，增加了44%以上，平均每年增加4.7%。全世界的公共教育开支从544亿美元增加到1316亿美元。各国政府平均支出的教育经费从1960年占世界平均国民生产总值的3.02%增加到1968年的4.24%。①

　　然而，这种繁荣的背后也潜伏着危机。教材难度的普遍加大导致学生负担过重，挫伤了部分学生的学习积极性和信心，受到社会舆论的谴责。改革强调学科的结构性、系统性和理论性，而忽视日常生活能力的培养，导致教育与社会生活脱节。"教育内容和教育方法几乎在全世界都受到指责。教育内容受到批评，因为它不符合个人的需要，因为它阻碍了科学进步和社会发展，或者因为它和当前的问题脱了节。教育方法受到批评，因为它们忽视了教育过程的复杂性，不是通过科学研究进行学习，也没有充分地对思想和态度的训练作出指导。"②20世纪50年代和60年代的经验证明，在许多国家(无论是发达国家还是发展中国家)，尽管在现有教育体制中各方面数量都有所增长，质量也有所提高，但仅仅依靠数量和质量的变化仍然不能符合教育民主化这一目标，也不能满足各类居民的教育需求。进入70年代以后，一些国家在总结前十年教育改革成败经验的基础上将教育改革的重点转向学校体制和教学方法。1972年，联合国教科文组织国际教育发展委员会发表了题为《学会生存——教育世界的今天和明天》的报告，论述了世界教育面临的主要挑战与倾向，提出了实现教育革新的一些策略和途径以及实施终身教育的思想。这标志着教育改革进入了一个新的阶段。

　　从20世纪80年代初开始，美、苏、日、英、法、德等国先后开展了新一轮的教育改革。这次改革普遍涉及教育观念、教育体制以及学校内部的许

―――――――――

　　① 联合国教科文组织国际教育发展委员会：《学会生存——教育世界的今天和明天》，65~74页，上海，上海译文出版社，1979。

　　② 联合国教科文组织国际教育发展委员会：《学会生存——教育世界的今天和明天》，97~98页，上海，上海译文出版社，1979。

多具体问题，是一次更为广泛的、整体性的教育改革。美国在 1983 年公布的《国家在危急中：教育改革势在必行》报告中声称："目前，美国社会的教育基础受到日益增长的庸庸碌碌的潮流的腐蚀，它威胁着整个国家和人民的未来。上一代还难以想象的情况开始出现了——其他国家在赶超我们教育上的成就。"①报告认为要想维持和增强美国在世界市场上的竞争力，就必须致力于改革教育制度。苏联在 1984 年颁布的《苏联普通学校和职业学校改革的基本方针》中指出："学校改革的目的也在于消除和克服在学校工作中积累下来的不良现象、严重缺点和疏漏。需要完善教育结构，从根本上提高普通教育、劳动和职业训练的质量，更广泛地采取积极的方式和方法，使用技术教学手段，有目的地贯彻教学与教育统一的原则，保持家庭、学校和社会之间的密切联系。"②随后，苏联颁布了一系列重要文件，展开了大规模的教育改革。日本、法国、英国、德国等许多国家也纷纷对本国的教育制度进行了大刀阔斧的改革，正如有的学者所指出的："世界范围的教育改革呼声如此之高，浪潮如此之涌，持续推进的劲头如此之强，是史无前例的。"③

　　20 世纪中后期，教育思想与思潮的变迁与上述教育改革实践以及新时期的教育新要求密切相关。由于心理学的发展以及心理学研究在教育上的广泛应用，欧美形成了一些主要反映和应用心理学研究成果的教育思想流派，包括行为主义教育思想和新行为主义教育思想、结构主义教育思想和人本主义教育思想等。20 世纪 50 年代以前，以华生为代表的早期行为主义者应用专门的心理测量来研究、分析儿童的心理和行为特征，并将学校视为行为主义主张的实验园地，由此产生的教育理论与实践对不少国家和地区的教育思想产

① National Commission on Excellence in Education，A Nation at Risk：The Imperative for Educational Reform，1983，pp.5-6.

② 吕达、周满生：《当代外国教育改革著名文献（苏联—俄罗斯卷）》，5 页，北京，人民教育出版社，2004。

③ 李玢：《世界教育改革走向》，5 页，北京，中国社会科学出版社。1997。

生了很大影响。新行为主义是行为主义的发展。新行为主义教育思想以新行为主义心理学为基础，通过探讨学习理论、教学方法和技术问题，以及推行程序教学和教学机器，来推动教育理论的科学化和教学手段的现代化。结构主义教育思想以认知心理学为理论基础，探讨教育过程和学科结构，强调认知能力的发展，提倡"发现法"和儿童早期教育。结构主义教育思想适应了现代社会发展和变革的需要，不但成为 60 年代美国课程改革运动的指导思想，而且对西欧乃至世界其他国家的课程改革产生了较大影响。人本主义教育思想以人本主义心理学为理论基础，同时继承了西方人文主义教育的某些传统，主张教育应培养心理健康、自我实现和富有创造性的人，这一思想对当代美国公共教育理论与实践产生了广泛影响。

在 20 世纪中后期的欧美教育思想中，也有一些教育思想流派是将某种哲学观点应用于教育领域而产生的，如存在主义教育思想就属于这种类型。存在主义教育思想以存在主义哲学为理论基础，强调个人的自我实现，重视品格教育和主张个人的自由选择，这一教育思想对 20 世纪 60 年代西方国家的青年教育产生了较大影响。

20 世纪中后期还兴起了社会批判论、再生产论、非学校化论、抵制论、教育经济化和终身教育等教育思想。社会批判论、再生产论和抵制论都试图运用马克思主义的某些观点和方法，分析当代资本主义社会学校教育与政治、经济之间的关系，并试图探讨改革教育甚至变革社会的策略，这类教育思想具有一定的理论深度和批判性。非学校化论通过对美国学校的批评和否定，激发人们探索教育改革的新途径，为教育理论研究开拓了新的视野，并为美国公共教育的发展指明了方向。教育经济化思想着重研究教育与经济增长的关系，认为教育具有提高生产力和培养经济发展所需人才的功能。它在一定程度上揭示了现代教育和经济发展关系的某些规律，从而既使经济理论出现了重大进展，也给教育领域带来了深刻变化。终身教育思想的出现标志着世界性教育改革迈入了一个崭新的教育天地。它强调终身学习，重视教育的整体性，提倡构建学习化社会。这一系列教育思潮的出现不仅推动了 20 世纪后半期教育民主化的发展，也为这一时期人们反思教育民主化运动奠定了重要的思想基础。

二、教育民主化发展的基本模式

教育民主化是 20 世纪后半期世界教育改革与发展的主旋律之一。从抽象意义上看，教育民主化体现了现代教育的本质特征：平等、合作和共同参与；要求实现入学机会均等与学习过程民主化。但在第二次世界大战之后，各国所面临的具体历史基础不同、社会问题不同、教育需要不同，导致各国在实现教育民主化的道路上有着不同的抉择。整体而言，西方发达国家在现代教育基本精神的道路上继续实践着资产阶级性质的教育民主化，民族解放后的发展中国家则在现代教育基本原则的基础上进行教育民族化再造和包括无产阶级教育民主化在内的教育民主化。这两种思潮共同形成了"二战"后世界教育民主化的基本路向，这两条基本路向又可细分为各具某些特点的四类基本教育模式。

(一)西欧模式

第二次世界大战结束初期，许多国家的当务之急是恢复受到战争破坏的经济，重建社会生活秩序。各国的教育也随之进入了一个重建时期，要彻底清除法西斯主义教育，建立教育行政机构，恢复教育的物质条件等。此外，教育民主化也成为战后教育重建的重要组成部分，"教育是一项人权""教育面前人人平等"等教育观念也随着新时期而推进。总的说来，西欧教育民主化改革的重点集中于重新设计国家教育体制、大力发展高等教育、发展职业技术教育等方面。加斯东·米亚拉雷(G. Mialaret)等人总结道："当时，教育改革计划因国而异。但总的来说，有关教育改革的讨论和建议，涉及的目标与原则多少还是相似的：使传统的学校系统能招收数量更多的孩子入学并受到为期更长的教育；更认真地考察儿童的能力，推迟筛选和专业化；在学校教育阶段和后学校教育阶段，增加技术教育、商业教育和职业教育课程；使高等教育的入学更加方便，增加大学课程的数量；提高大多数教学人员的职业资格和能力；最后，消除经济障碍以确保人人都有学习机会。"①

1. 重新调整学制，建立国家教育体制

1944年，英国《巴特勒教育法》(Butler Education Act)的中心内容就在于调整领导体制以及谋求初等教育与中等教育的衔接。法案要求所有英国人都应接受中等教育，将义务教育年龄延长到15岁。法案还规定：废止教育署，改设教育部，加强国家对教育的控制和领导；废除双轨制，重建10年制义务教育系统，将法定的公共教育体系分为初等教育(5~11岁)、中等教育(11~18岁)和继续教育(为离校青少年而设)三个连续的阶段；将中等教育机构分为文法学校、技术中学和现代中学三种不同属性的学校；儿童11岁后参加国家规定的考试，进行分流；将教会学校纳入国家教育体制，并规定在所有公、私立学校中进行宗教教育。

1947年，法国发布了《郎之万-瓦隆方案》，批评了法国教育与现实生活、科学脱节，以及教育方法因循守旧等弊病，认为法国必须实施"完整的教育改革"，以实现培养现代生产者和公民的教育目标。方案建议实行6~18岁的义务教育制，即6~11岁为基础教育阶段，是幼儿教育的继续；12~15岁为方向指导阶段，在该阶段教师根据对学生的系统观察结果，对其发展方向予以指导；16~18岁为按发展方向进行分别教育的阶段。同时，方案还规定高等教育分为两年预科阶段、两年硕士阶段和最后的国家学位阶段。《郎之万-瓦隆方案》突出了"民主""正义""平等"与"多样化"等原则，对教育改革具有积极

---

① [法]加斯东·米亚拉雷、[法]让·维亚尔：《世界教育史(1945年至今)》，张人杰等译，3页，上海，上海译文出版社，1991。

的指导意义，但由于当时法国社会局势尚未稳定，因此这一方案未能推行。1959 年，戴高乐政府在《郎之万-瓦隆方案》的基础上重新制定了教育改革方案，规定：实施 10 年制义务教育（由 14 岁延长到 16 岁）；义务教育的最后三年可在各种类型的职业技术学校或工商企业办的艺徒学校中完成；普通中等教育学校的长期课程为 7 年，中学 1、2 年级为观察和指导期，学生毕业时参加学士学位考试，学位会考通过者可直接升入大学。

1949 年，联邦德国制定了《基本法》，确立了联邦德国教育事业由各州自行管理的分权原则。各州也相应地成立了教育文化部负责本州的教育行政管理工作，但某些全国性的教育问题，则由各州教育文化部部长常设会议共同磋商。1964 年，联邦德国各州州长在汉堡签署了《联邦共和国各州之间统一学校制度的修正协定》（简称《汉堡协定》，Hamburg Agreement），基本上形成了"二战"后联邦德国统一的学校教育制度。在初等教育方面，学校仍采用魏玛共和时期的 4 年制基础学校，这是所有年满 6 岁的联邦德国儿童都必须进入的国民初级学校，是义务教育的第一阶段。儿童此后进入相当于初中 1、2 年级的观察和指导期，经过指导和选择，再进入较高的中等学校。在中等教育方面，学生通过对主要中学、实科中学和完全中学三种学校类型的选择，分别接受不同的教育。主要中学开始进行一些职业教育，其毕业生只能升入初级职业学校学习。实科中学学习年限为 6 年，学习程度略高于主要中学，但低于完全中学，因而又被称为中间学校，主要培养工商业人士、政府和企业的职员。完全中学招生非常严格，并且学费高昂，学习过程的淘汰率也较高，但其毕业生一般都可以升入大学。

2. 大力发展高等教育

早在《巴特勒教育法》中，英国就规定要设立大学生奖学金，帮助有才华的学生进入大学或其他高等教育机构。1963 年，英国高等教育委员会发表《罗宾斯报告》，提议大力发展高等教育事业，提高中学生升入高等院校的比例；

提高工科学院的地位，使之升格为大学或大学学院；把高级工艺学院升格为有学位授予权的工科大学；把培养教师的学校改为能授予学位的教育学院……这些建议大部分被政府采纳，大大促进了英国高等教育的发展。同年，英国建立了广播大学，并于1971年定名为开放大学。广播大学利用广播、电视、函授和面授方式，为大众提供本科和研究生水平的高等教育，实现高等教育的民主化与大众化，对世界教育产生了重大影响。

"二战"后，法国高等教育的改革也集中于民主化与现代化，强调打破人文学科在大学中的统治地位，加强科学技术教育，重视教育教学过程中理论与实践的结合。但到20世纪60年代，法国仍然有一半左右的学生不能进入正规的中学学习，远未实现中等教育的普及。1968年，法国在中等教育和高等教育方面积极推进改革，在中学阶段实行能力分组，把法语、数学和现代外国语能力相近的学生分为一组，把社会科学能力相近的学生分为一组，对科学、艺术、手工等方面能力相近的学生实行混合分组。能力分组使学生之间更容易建立学习伙伴关系，易于教学活动的开展。学生学习兴趣增强，改革取得一定的成效。1968年5月，法国爆发了大规模的学生运动。同年11月，法国议会通过了《高等教育方向指导法》，明确了法国高等教育的任务是"发展与传播知识，促进科学研究和培养人"，指出大学的办学原则是自治、多学科和民主参与，同时还特别强调大学要适应工业和技术革命的要求，向国家输送社会和经济发展所需人才，并指出要为大学教师的教学和研究活动创造必需的"独立"和"从容"的条件，为学生提供定向就业和选择理想职业的条件。20世纪80年代，法国社会党开始执政，并进行了一系列改革。此次改革涉及面广，内容多，方法灵活。针对法国中小学淘汰率高的问题，法国政府采取了一些措施，但没有达到预期的效果。80年代中期，法国先后对中小学的教学大纲和师范教育进行了改革。根据新的教学大纲，法国中小学增设了新的课程，并增添了适应现代社会和科技发展的新内容，将师范专科学校的学制由 3 年变为 4 年，并规定了教师取得教师资格后的服务年限。1984 年 1 月法国颁布的《高等教育法》推动了法国新一轮的高等教育改革。该法案明确了公共高等教育的任务有四个方面：进行起始教育和继续教育；从事科学技术研究，促进研究成果的利用；传播文化和科学技术信息；加强国际合作。法国这次高等教育改革的一个特色就是力图通过改革减少社会的不平等（包括男女的不平等）现象，使更多有意愿和有能力的人能接受高等教育。

3. 发展职业技术教育

1957 年苏联人造地球卫星发射成功，使英国人受到了巨大的震撼。1959 年的《克劳瑟报告》（Crowther Report）就是在这样的背景下出台的。该报告主要针对 15～18 岁青少年的教育问题，认为英国"需要比今天更坚固的教育基础"，于是提出了几点教育改革的建议：一是将离校年龄延长至 16 岁。这一建议是从个人和国家两个角度来考虑的。从个人角度来看，受教育是公民的一项基本权利；从国家角度来看，教育是国家投资的极其重要的一部分。二是推行部分时间制的技术教育，在此基础上，还可采取分散时间的连续性间断方式来对青年人进行技术教育，这一建议主要是基于英国当时的技术教育过于零散、投资大、收效小的状况而提出的。

20 世纪 70 年代以后，法国更加明确了教育民主化改革的大方向，即既要保持传统教育制度的连贯性，又要积极开发人力资源，为法国工业和科技的发展服务，特别要注重职业技术教育，为 21 世纪造就法国人才。1971 年，法国议会通过了《职业教育方向法》等四部性质相同的法律。这些法律对加强职业技术教育并提高其地位、推动第一阶段中学结构改革、扩大教育机会，都起了重要作用。法律把职业技术教育规定为义务教育的组成部分，明确了普通中学承担普通教育和职业训练的双重任务，要求从初中第三学年到高中第一学年开设大量职业技术选修课，在义务教育的最后三年加强职业技术教育。于是，大批学生从初中第三学年起转入职业预备班、学徒预备班或职业能力证书班。1975年法国的"哈比改革"强调了职业技术教育要与普通教育相结合。它在职业技术教育方面规定：在初中5、6年级的教学计划中加强实验科学和技术教育，让学生学会使用工具和简单的机器，掌握常用材料及其性能和简单的制作方法，强调学科之间的联系及学科与实际生活的联系；初中3、4年级必须开设具有职业技术教育特点的课程供学生选修。

职业教育在德国受到高度重视，在整个教育体系中占有较重要的地位。联邦德国实施职业教育的学校有职业学校、职业专科学校、职业补习学校、专科高中、专科学校和职业完全中学等。这些职业技术学校之间差异很大。从学生所能获得的学校结业证书或职业结业证书来看，这些职业技术学校主要有三种不同的形式：一是进行双元制职业教育、可使学生结业考试合格的职业技术学校，如职业学校；二是进行与职业有关的普通教育、可使学生获得中等教育结业证书的职业技术学校，如职业专科学校和专科学校；三是进行与职业有关的普通教育、可使学生获得升入高等专科学校或高等学校资格的职业技术学校，如专科高中和职业完全中学。

（二）美国模式

在第二次世界大战之后，美国的教育民主化进程开始与国家安全、美苏争霸与意识形态斗争紧密地联系起来。苏联成功发射人造地球卫星给美国带来了强大的冲击。美国各式各样的报道，几乎众口一词地把矛头对准了美国的公共学校教育，抨击学校肤浅的课程、破败的校舍、短缺的师资等。与此同时，批评家们对苏联的学校教育更是推崇备至，反复把美国那种漫无目的的课程与苏联严谨、科学的学校课程做对比。冷战中的科技竞争和军备竞赛使美国政府和企业产生了让学校培养更多的科学家和工程师的要求。"人造地球卫星事件"让美国人更加清醒地认识到科学技术是美国军事力量和国家安全所依靠的基础，而教育则是从根本上提高科技水平的关键。美国举国上下的目光重新投向了教育，最突出的表现是强化国家课程改革与促进教育机会均等改革。

1. 国家课程改革

1958 年，美国颁布了《国防教育法》。该法写道：本法的目的是加强国防并鼓励和资助相关教育方案的扩充与改进，以满足国家的迫切需要。《国防教育法》在总则中明确指出，国家的安全需要充分地开发全国男女青年的脑力资源和技术技能。紧急状况要求提供更多且更适当的教育机会。本国的国防有赖于掌握由复杂的科学原理发展起来的现代技术，也有赖于发现和发展新原理、新技术和新知识。[①] 因此，要加强自然科学、数学、现代外语和其他重要科目的教学，美国联邦政府为此提供财政援助；要加强天才教育，鼓励有才能的中学生升入高等教育机构研修，从中培养拔尖人才。1958 年，美国《国防教育法》颁布后，美国国家科学基金会(National Science Foundation，NSF)设立了专项资金，用于资助物理科学教育委员会(Physical Science Study Committee，PSSC)开展课程改革研究。20 世纪 60 年代初，物理科学教育委员会推出了新编物理教材第一版。以此为标志，美国课程改革运动全面展开。物理科学教育委员会的课程改革方案为其他学科的课程改革提供了先例和示范，而后又有化学、生物、社会科学等学科的课程相继进行了改革。

2. 促进教育机会均等改革

1958 年的美国《国防教育法》就曾提出：要保证所有有能力的学生不因缺乏财力而失去学习机会，为大学生和研究生提供奖学金和贷款；对公共学校或其他法律授权许可的学校(包括初级学院和技术学院)的学生进行甄别，以便资助那些经鉴定证明具有杰出才能的学生；要积极发展职业技术教育，培养大批高级技术人才；要求各地区设立职业技术教育领导机构，对更多的年轻人进行职业技能训练；要为低收入家庭的儿童提供必要援助，对于在地方教育机关学区内就读的处境不利儿童，地方教育机关应为其提供特殊的教育

---

① 瞿葆奎：《教育学文集·美国教育改革》，117 页，北京，人民教育出版社，1990。

服务和安排(如双学籍、教育广播和电视、流动教育服务和设备等),以使该类儿童同样能够享受到美国提供的设备和材料的援助。

种族歧视与贫困问题是 20 世纪 50—60 年代美国社会面临的最大挑战。这些问题是美国大城市里埋着的"社会炸药",若得不到解决,将危及美国社会的稳定。因此,教育平等就成为美国教育改革的主要目标之一。20 世纪 60 年代的美国围绕种族、贫困等问题展开的立法活动异常活跃,先后出台了一系列法案,其中很多涉及教育问题,如《经济机会法》(Economic Opportunity Act,1964)。《经济机会法》共有 6 条主要内容,其中第一条和第二条都是有关教育和培训的条款。法案实施第一年划拨的 962 亿美元中就有 727 亿美元被指定用于第一条内容和第二条内容,这两项的支出占了整个法案经费支出的 2/3 以上。因此,从某种意义上说,它可以称得上是一部名副其实的教育立法。《初等与中等教育法》(Elementary and Secondary Education Act,1965)、《高等教育法》(Higher Education Act,1965)等法律的颁布实施,也使得黑人和少数族裔的教育状况得到了明显的改进。

(三)苏联模式

作为冷战的直接结果,欧洲被分裂为以美国为首的北大西洋公约(简称"北约")国家集团和以苏联为首的华沙公约(简称"华约")国家集团。波兰、捷克斯洛伐克、匈牙利、保加利亚、罗马尼亚和德意志民主共和国(简称"民主德国")等东欧国家在当时既是"华约"国家,也是社会主义国家。因此,这些国家在教育发展上有相似之处,苏联的教育民主化改革对这些国家也都有较大影响。

1. 延长教育年限,普及免费义务教育

1949 年,苏联做出了普及 7 年制义务教育的决定,其他加盟共和国也做出了相应的决定。到 1952 年,苏联基本完成了普及 7 年制义务教育的任务。苏联普通中等教育学校数从 1951—1952 学年度的 17445 所增至 1954—1955 学年度的 26863 所，全苏在普通中等教育学校学习的学生也从 1951—1952 学年度的 1017.1 万人增至 1512.9 万人。[①]

1944 年，波兰建立人民共和国后，也效法苏联实行教育机构国有化，规定国民教育的基本原则是基础教育的普及性、各级学校教育的民主性和统一性。1949 年、1956 年，波兰先后颁布了《扫盲法》和《义务教育法》。波兰义务教育的年限最初是 7 年，后来逐步提高到 8 年、10 年。波兰在义务教育阶段实施文化基础教育，为学生升入高一级学校做准备。波兰的现行教育制度是以其《宪法》和 1986 年《国民教育法》为依据确立的，形成了从幼儿园到大学的统一的国民教育体制。

民主德国建立后，其教育发展进入了"向社会主义学校过渡时期"。这一时期民主德国的教育主要是进行社会主义学校建设。由于民主德国建立不久，缺少这方面的经验，因此借鉴苏联的教育改革经验就成为其教育改革的重要举措。在学习苏联教育经验的基础上，民主德国建立了国民教育部，对全国教育事业实行集中统一领导，将原来的 8 年制基础教育学校改造为 11 年一贯制的中间学校，后又把中间学校改为 10 年制的普通综合技术中学。

匈牙利的教育民主化进程也是从对国民教育的改造开始的。1951 年，匈牙利颁布了《义务教育法》，建立了 8 年制的普通基础学校，实施义务教育，这为更多的匈牙利国民提供了接受基础教育的机会。1959 年，匈牙利为适应社会主义建设的需要，专门成立了学校改革委员会来负责教育改革。次年，该委员会便制定了教育改革基本原则。1961 年，匈牙利颁布《国民教育制度法》，普及 10 年制义务教育。1973 年，匈牙利颁布《教育制度法》，用法律的形式对义务教育做了明确规定：儿童 6 岁必须到小学入学，义务教育年限为 8 年；到 1985 年，匈牙利 94%～96% 的适龄儿童都要接受 8 年制义务教育。小

[①] 吴式颖：《俄国教育史——从教育现代化视角所作的考察》，341 页，北京，人民教育出版社，2006。

学毕业生无须经过考试即可进入中学学习。可供学生选择的中学类型包括普通中学、中等专业学校、技工学校和中等职业学校等。普通中学学制为4年,学生毕业后升入高等学校或就业,毕业生约占高校生源的70%。除普通中学外,其他几类中等学校比较注重技能培养和职业训练。匈牙利的高等学校分为大学与学院两个层次,学院的学制为3年,大学的学制为4~6年。一些高等研究所也实施高等教育。同时,匈牙利教师培养方面的改革也很有成效。中小学教师乃至幼儿园教师都在高等学校里接受过良好教育,学前教育阶段和义务教育阶段1~8年级的教师主要由师范学院来培养:2年制师范学院培养幼儿园教师,3年制师范学院培养1~4年级教师,4年制师范学院培养5~8年级教师。中学教师一般毕业于5年制大学。这从根本上提高了匈牙利的学校教育教学水平。

2. 大力发展职业教育

人造地球卫星的成功发射给苏联教育注入了一针"兴奋剂"。1958年,苏联曾进行了一次重要的教育改革,这次改革的目的是解决中学毕业生升学与就业的矛盾。苏联最高苏维埃主席团于1958年12月发布了《关于加强学校同生活的联系和进一步发展苏联国民教育制度的法律》,要求教学应密切与劳动相联系,可选择邻近的企业、集体农庄或国营农场、校办教学工厂等地方开展教学;需要大力发展职业技术教育,应在城市和农村普遍设立职业技术学校,为结束8年义务教育后直接就业的青年提供职业技术教育。中等专业教育要广泛发展夜校和函授教学,通过教学与生产劳动相结合的方式培养中级专家。但此次改革仅持续了4~5年。20世纪80年代以后,苏联继续对普通教育和职业教育进行了改革。1984年4月,苏共中央全会、最高苏维埃通过了《改革普通教育学校和职业学校的基本方针》,改进普通教育学校的劳动教育、劳动教学和职业指导工作,加强教学的综合技术方向性和实践方向性,普及职业教育。

在苏联的影响下，波兰实施中等职业教育的学校包括技工学校、中等专业学校等。除了全日制的职业学校外，高校通过举办夜大、函授教育等开展职业培训十分普遍，既招收未接受过高等教育的青年入学，也为受过高等教育而需要继续接受在职培训的人员提供学习机会。民主德国借鉴了苏联将教学与生产劳动相结合的方法，重视对接受中等教育的学生的职业指导，利用各种职业学校开展职业培训。

(四)亚非拉美诸国的民族化、现代化模式

在"二战"之后，民族主义成为亚非拉美各国的主导意识形态。这些国家将民族主义与帝国主义相对立，以工业化为经济和社会发展的基本模式，努力提高民众文化水平和本体社群的地位。传统的寡头政治价值被抛弃，社会公正与处境不利的阶层联系起来。例如，"二战"前后，一些非洲民族主义者严厉批评殖民主义教育，并提出了发展非洲教育的基本主张。他们要求实施大众教育，增加非洲人受教育的机会，要求殖民政府增加对非洲人教育的投入；使学校课程非洲化，强调学习非洲的历史、人种史和当地语言等；使西方式教育适应非洲社会的需要，培养青年一代的民族归属感，灌输非洲的价值观，培养民族自信心等。[①] 在推进教育民主化的进程中，亚非拉美各国寻求民族独立、民族解放的主要政策抓手如下。

1. 重视学前教育

随着各国工业的发展，学前教育得到了各国的普遍重视。1948 年，智利政府将学前教育纳入公立小学教育系统，为 6 岁以下儿童提供早期教育。20 世纪 60 年代之后，许多国家纷纷在教育法案中确立学前教育的重要位置。墨西哥和阿根廷则分别实行 1 年和 2 年的义务学前教育。加勒比地区英语国家

---

① 李建忠：《战后非洲教育研究》，44~45 页，南昌，江西教育出版社，1996。

尤为重视学前教育，大部分国家宣布对 5 岁儿童实行义务教育。①

2. 延长义务教育年限

从 20 世纪 50 年代末开始，各国为了适应新的形势，先后进行了学制改革，扩大义务教育的范围，提前入学年龄，延长义务教育年限。例如，巴西于 1961 年发布的《教育方针与基础法》规定，对 7~15 岁儿童实行 8 年免费义务教育。玻利维亚 1961 年的教育改革将 6 年的义务教育延长到 8 年。1970年，阿根廷将义务教育年限从 6 年延长至 7 年，将小学入学年龄提前至 5 岁。1954 年，韩国开始实施 6 年义务教育；到了 20 世纪 60 年代，韩国 6 年义务教育已经实现，初中人数的增长也随之而至。印度为接受前 10 年学校教育的所有学生都提供基础宽泛的普通教育，该阶段的课程是一致的，所有科目都是必修的。印度初小阶段的教育包括语言教育、环境教育、数学教育、劳动实践、艺术教育、卫生教育及体育。高小阶段的课程内容在巩固初小阶段学习成果的基础上进一步深化。

3. 积极发展职业教育

20 世纪 60 年代以后，各国经济得到迅速发展，社会经济结构发生重大变革，现代科学技术得到广泛运用。社会生产力的发展对亚非拉美各国人员素质提出了更高的要求。在这种情况下，许多国家重视中等教育同职业教育的结合，并着力发展职业技术学校。以墨西哥为例，1970 年其职业技术学校只有 276 所，1978 年增至 1436 所，到 1984 年已有 3700 多所。

4. 多样化发展高等教育

在亚非拉美国家，从 20 世纪 50 年代后半期开始，高等教育机构迅速增加，大学生人数急剧上升。大学的结构及学习课程也相应进行了现代化改革，新学科及交叉学科大量进入学生视野。各个国家的一些主要改革措施包括：

---

① 曾昭耀、石瑞元、焦震衡：《战后拉丁美洲教育研究》，235、240 页，南昌，江西教育出版社，1994。

第一，在旧大学中增设自然科学专业，同时创建大批综合性理工科大学和单科专业学院，积极培养国家建设所急需的技术人才；第二，扩大大学教学范围，增加招生名额，通过举办夜校等方式进行灵活多样的办学形式改革；第三，加强研究生培养，发展尖端科学。

以印度为例，早在 1948 年，独立后的印度就成立了大学教育委员会，制定了高等教育发展的基本方针。其内容包括：大学前教育应达到 12 年，学位课程为 3 年；大学应通过改善服务条件增强教学的吸引力；专业教育应与实践密切结合；建立中央拨款委员会；学术界继续使用英语等。这样，在 1951—1956 年的第一个五年计划期间，印度政府投入了 15 亿卢比，用于建立新的高等学校及对当时的教育机构进行扩充和改造。① 为了逐步实现教育机会均等，印度鼓励大学为社会上的贫困阶层建立专门的辅导和训练中心，要求大学拨款委员会和各大学相应的计划包括发展表列种姓和表列部落的专门性计划，这推动了印度高等教育的大众化。

这一时期，各国的教育民主化改革虽取得了较大的进展，但实际上，它并非一帆风顺的。这既有教育规划中理想化的成分，也有现实中的困难；既有各国原先的教育基础、物质条件、师资条件的制约，也有"二战"后风起云涌的改革运动的推进、调整、制约等。虽然各种模式之间不乏相似的措施，但实施的条件及其所能到达的程度也是千差万别的。例如，法国《郎之万-瓦隆方案》因为实施成本高昂而被国民议会所否决。特别是随着"二战"后出生儿童入学高峰的到来，财政及教师不足的问题更为凸显，教育质量难以得到保障。一些教育学和比较社会学方面的专家认为，尽管受教育机会增加了很多，但还谈不上入学平等，在学校系统中始终表现出地区、社会、性别和人种上的不平等。此外，随着教育民主化改革的发展，一些保守势力也表示出了对教育改革的不满，他们担心改革后的教育质量会降低、民族性会丧失等，因

---

① 贺国庆、王保星、朱文富等：《外国高等教育史》，699 页，北京，人民教育出版社，2003。

此引发了诸多对战后教育民主化趋势的不同讨论。

第三节　关于教育民主化的讨论

在总结各国教育民主化的基本模式之后，我们不难发现，在各种模式推动教育民主化的进程中，各国都在强化政府在学校教育中的角色。在一些国家中，教育与政治、教育与国家的矛盾关系开始日益加剧。其中，最核心的争论在于对"国家知识"和"教育选择权"的讨论。

一、"国家知识"的合法性

在"二战"后推动教育民主化的进程中，面对知识民主化问题，各西方主要国家相继选择了实施"国家课程"为"统一知识""统一学制"的重要政策举措。在美苏剑拔弩张的冷战岁月里，竞争的加剧、社会经济和科技的迅猛发展，使教育早已成为国家机器上的一个齿轮，其运作必然要服从和服务于国家利益和社会整体发展的需要。

"二战"后，西方主要国家在科学主义的影响下，开始在学校课程中强调"核心的""事实性的"和"学科的"知识，认为"在课程中存在着'公共序列'（common sequence）——至少是在诸如数学、科学以及历史和地理的基本事实方面"，这些知识"与性教育是不同的，是不会也不应该引起争论的"，因此，这些知识就是所有的学生都应该也都必须掌握的。这便构成了公共学校课程教学中的所谓"民主文化"。① 许多人认为，"公共序列囊括了一切内容，打破了世代、社会团体和阶级的鸿沟；它也许不是所有人的第一位文化，但由于

① E.D.Hirsch, Jr., *The Schools We Need and Why We Don't Have Them*, New York, Doubleday, 1996, p.37.

它跨越了家庭、社区和地域的限制，因此它必然是所有人的第二位的、存在于每个人现实生活中的文化知识"①。因此，要改变公共学校中学生大面积学业不精的现象，缩小优势儿童与劣势儿童之间的差距，就要寻找知识中的"公共序列"，寻求"价值中立的"知识，寻找"构成一切社会的文化资本中的共同部分"。② 例如，1981 年，科尔曼（James S. Coleman）对美国公立学校和私立学校的调查发现，在私立学校中，各类学生的学业成就要普遍好于公立学校。这是因为在私立学校中，无论学生的家庭背景如何，教师都严格地按照学术标准来要求每一个学生，在课堂中讲授的也是"共同"的学术类课程，这就大大减少了来自家庭的"智力资本"对学生学业的影响，也就是使得处于劣势地位的儿童与处于优势地位的儿童站在同样的学业起跑线上。③

对"什么知识最有价值"的讨论，掩盖了另一个更为重要的问题，即"谁的知识最有价值"。一群具有激进主义思想和批判精神的学者、教师认为当时的学校中存在着诸多问题，例如"过于官僚化的本质，课程缺乏多样性，与社区生活、需求和文化脱节"等，而且解决方法也是有问题的。他们质疑学校中的"课程政治"，他们提出了"谁来选择它（课程）""它是如何被组织起来的""它是如何被传授的""它是如何被评价的""谁才应该来提问和回答这些问题""谁受益"等一系列问题。一言以蔽之，在学校中到底是"谁的知识最有价值"？他们振臂高呼："教育与文化、政治有着很密切的联系。课程从来都不仅仅是知识的不偏不倚的汇集，正如全国教科书里以及课堂中所显现的情形。它总是一种选择性传统的一部分，是某人的选择结果，是某个集团对合法性知识的

---

① E.D.Hirsch, Jr., *Cultural Literacy: What Every American Needs to Know*, Boston, Houghton Mifflin Company, 1987, pp.19-20.

② E.D.Hirsch, Jr., *The Schools We Need and Why We Don't Have Them*, New York, Doubleday, 1996, p.20.

③ Diane Ravitch, "The Coleman Reports and American Education," in *Social Theory and Social Policy: Essays in Honor of James S.Coleman*, eds.Aage B.Sørensen & Seymour Spilerman, Westport, Conn., Praeger, 1993, pp.129-141.

简介。它产生于文化、政治、经济的冲突和妥协中，正是这些冲突和妥协使一个民族有机地团结在一起或四分五裂。"①

让我们从品味美国山景高中(Mountain View High School，MVHS)②的一些小故事开始③……

故事一：

1997年春，在美国西南部的一所城市中，11所综合高中里有5所学校的毕业生们要求在毕业典礼时身着具有传统文化特征的本民族服饰，而拒绝头顶学帽、身穿学袍。学生的要求被驳回，随即学生以及亲属、部族首领和草根组织针对这一决定向学区教育委员会提起了上诉。

在一次会议上，一名毕业生代表学生讲话："我们中间很少有人能在毕业时身穿能够使我们与众不同的传统服装。"他说，"我们中的许多人都是其家庭中第一个即将从高中毕业的成员，对于我们的文化而言这是一项巨大的成就。然而，学帽、学袍、领带和正装、皮鞋却代表了白人的文化。"

而学区的发言人则拒绝了学生的要求："这是一个法律上的两难选择。如果你允许一个人在毕业典礼上身穿传统服饰，你就不得不允许所有人都这样。当太多的民族和宗教群体以他们自己的方式进行表达，毕业的意义就变得盘根错节、十分复杂……公共教育是为所有人服务的。一旦我们允许一个宗教或文化群体在毕业典礼上表达他们自己的意愿，那么将会产生一些法律后果。"

---

① Michael Apple, *Cultural Politics and Education*, New York, Teacher College Press, 1996, p.22.

② 山景高中是一所位于美国西南部的城市高中，在山景高中里占统治地位的文化族群包括白种人和拉美人。

③ Glenabah Martinez, "'In My History Classes They Always Turn Things Around, the Opposite Way': Indigenous Youth Opposition to Cultural Domination in a Urban High School," in *The Subaltern Speak: Curriculum, Power, and Educational Struggles*, eds.Michael W.Apple & Kristen L.Buras, New York, Routledge, 2006, pp.121-140.

故事二：

大卫(David)是山景高中 11 年级的一名学生，是印第安纳瓦霍(Navaho)人。当谈及"美国历史"(U. S. History)这门课时(美国的公立中学通常要求学生在 11 年级学习这门课程)，大卫对比了美国历史课上传授的观点和美国原住民课程提供的视角。

大卫："在我的历史课上，他们总是歪曲事实，总是试图美化白人和西班牙人，使他们看起来比美国原住民好……历史书中尽是一些如此表达的文章。而在我们的美国原住民课程上，我们了解的是历史的事实。"

访谈者："这会使你有何感受呢？"

大卫："这使我发'疯'，并且让我有种冲动：跑到历史课堂的前面，告诉他们(白人和西班牙人)我所知道的东西完全不是这么回事……但我不想让自己看起来像个傻瓜。因为那样做的话，他们可能会把我踢出教室……"

故事三：

埃德温(Edwin)是一名来自印第安普韦布洛族(Pueblo)的中学生。在面对英语文学课与历史课的课程标准时，他表现出十分积极的反抗行为，并建立了一种否定式的阅读方式。

访谈者："你认为老师们是否意识到你作为原住民的认同感对你意味着什么？"

埃德温："有些老师没有意识到，但我让他们意识到了，比如我的英语老师、历史老师，我将会让他们知道我是谁，以及我很看重自己的文化。"

访谈者："你是怎样做的？仅仅是告诉他们吗？"

埃德温："就像我的英语老师……她让我写命题作文，有时我会不赞同她给的题目。比如，有一次她让我们写关于《奥德赛》(Odyssey)以及奥德修斯(Odysseus)如何行军……如何征服不同的国家，并且要我们试着写出这个传说对文明社会的价值。我不赞同写这些东西。我说：'他(奥德修斯)对我来说没有任何价值。作为美国原住民，我对此完全不赞同。看看吧，白人对美国原住民的所作所为与奥德修斯在传说中的表现并没有什么不同。他到处行军打仗，用武力征服民众，但从未表现出怜悯之心。他心中只有他自己，他对他所屠杀的人是谁毫不在乎。'关于这个题目我陈述了一些论点，一些我的感受。或许是因为对我的自作聪明产生了一些想法，或许是因为其他什么的，她(我的英语老师)在我的整篇作文中画了许多问号，好像在问我为什么会有这些想法。我首先想到的是，照他们的说法，'这是一个英雄故事'。但以我自己的观点看，这个故事却和白人对我们的所作所为如出一辙。"

发生在山景高中的小故事告诉我们：进入实践层面的所谓"民主的知识"，并不是各种族共有、共享、互相尊重的文化，而是以具有排他性的"白人盎格鲁-撒克逊新教徒"(WASP)文化为主导的"国家知识"。

具有激进主义思想和批判精神的学者对主流课程改革政策的批判，是从批判其教育政策的"核心"概念开始的，即是从揭露他们对"民主文化"的扭曲开始的。他们批判地继承了后结构主义、后现代主义、女性主义、后殖民主义，以及英国伯明翰文化研究学派的诸多理论与思想方法，"强调国家权力和共同意识内的意识形态趋势以及来自于底层的文化运动权力——不能忽视社会行动的经济背景"①。

一方面，通过"使这些抽象的概念具体化"②，来歪曲关于"民主文化""共享文化"的议题。正如雷蒙德·威廉姆斯(Raymond Williams)所指出的那样："这绝不意味着简单的认同，当然更不是指一个一致的社会。它关涉所有人对意义的共享。这些人有时作为个体而行动，有时作为群体而行动，这一过程

---

① [美]阿普尔：《国家与知识政治》，黄忠敬、刘世清、王琴译，44 页，上海，华东师范大学出版社，2006。

② Michael Apple, *Cultural Politics and Education*, New York, Teacher College Press, 1996, p.39.

没有特定目的。它在任何时候也不能被认为已经得以实现、完成。在这一共享的过程中，唯一绝对的是始终保持确定的沟通渠道和沟通制度，以便所有人都有可能为之贡献力量，而且在得到帮助的情况下去有所贡献。"①事实上，"民主文化"要求的是，为人们创造必要的条件去参与意义和价值的建构及重建；"民主文化"要求的是一个民主过程，在这个过程中所有人都可以对什么是重要的问题进行深思，而不仅仅是那些充当"西方传统"卫道士的知识分子才能思考这个问题。② 因此，在谈及"民主文化"的时候，人们强调的不应该是一些"一致性"或者"同质性"的内容，而应该强调对"差异性""异质性"的认识、认可和尊重，即所谓"民主文化"应该是"在意义和价值的建构中，一个自由、众人奉献与共同参与的过程"③，而不是学科的、逻辑严密的"核心知识"。

另一方面，西方教育政策文本通过"对低级的、粗糙的、庸俗的、堕落的、奴性的享乐的否定，即对自然享乐的否定，有意把文化建构为一个神圣的领域，它暗含了对某些人群优越性的认同。这些人沉醉于世俗人无法涉足的高尚的、纯洁的、无私的、不求回报的、高贵的情趣之中"④，而且这些"文化预设了某些经济和社会状况……因而，必定与不同阶级和不同阶级成分的个性(惯习)特征交融在一起"⑤。"因此，文化的形式和内容实际上在发挥阶级标定的作用。"⑥这样的一个文化体系一旦与西方社会的权力相结合，便使得这种被"认定的"文化具有唯一的合法性，所谓"民主文化"也就不再是"共同的""共享的""多样性的"文化了，而成了西方"资产阶级的"文化。

既然西方社会的"官方知识"的逻辑起点——"民主文化"已经被扭曲了，

---

① Raymond Williams, *Resources of Hope*, New York, Verso, 1989, pp.37-38.
② Raymond Williams, *Resources of Hope*, New York, Verso, 1989, pp.35-36.
③ Raymond Williams, *Resources of Hope*, New York, Verso, 1989, p.39.
④ Pierre Bourdieu, *Distinction*, Cambridge, M.A., Harvard University Press, 1984, p.7.
⑤ Pierre Bourdieu, *Distinction*, Cambridge, M.A., Harvard University Press, 1984, pp.5-6.
⑥ Pierre Bourdieu, *Distinction*, Cambridge, M.A., Harvard University Press, 1984, p.2.

那么西方社会的"官方知识"的主张也就是"一个错误"①。一方面,西方社会的"官方知识"不仅仅包括课程内容标准的设立,而且包括教科书的编写、审定与出版,包括全国考试制度的确立,包括教师教育的内容与教学法的变革。换言之,"有价值的、高效的官方知识要求建立许多新的社会和知识的配套机制。例如,教师教育的内容及教学法就必须与学校课程的内容和教学方法紧密联系起来。考试的内容和教学方法也必须跟课程和教师教育的内容和教学法相联系",但是,"这些联系现在并不存在"。② 因此,如果"官方知识仅仅被设计、组织为一种开发、传播和使用新的考试及教材的技术过程,这项事业终难逃失败的厄运"③。另一方面,西方社会的"官方知识"实际上成了"对知识进行政治控制的机制"④。建立在有着强烈的阶级标定意味的西方"民主文化"基础上的"官方知识",在本质上就是一种"单一文化"的课程。"这个课程把意识形态中的'我们'中心化,经常只是简单提及有色人种、女性和'他者'的'贡献',或者创造一种错误的平等逻辑,说'我们都是移民'。以上种种就是它处理多样性的方式,强调维护现存等级制度的官方知识,复兴传统'西方'标准和价值,回归'纪律严明'教学法,如此等等。"⑤

西方社会的"官方知识"的批评者们借用葛兰西(Antonio Gramsci)的新马克思主义理论指出,"对一个社会知识的保存和生产部门的控制,是增强一个

① Marshall S. Smith, Jennifer O'Day & David K. Cohen, "National Curriculum, American Style: What Might It Look Like?" *American Educator*, 1990(4).

② Marshall S. Smith, Jennifer O'Day & David K. Cohen, "National Curriculum, American Style: What Might It Look Like?" *American Educator*, 1990(4).

③ Marshall S. Smith, Jennifer O'Day & David K. Cohen, "National Curriculum, American Style: What Might It Look Like?" *American Educator*, 1990(4).

④ Richard Johnson, "A New Road to Serfdom?" in Education Group II (eds.), *Education Limited*, London, Unwin Hyman, 1991, p.82.

⑤ Richard Johnson, "Ten Theses on a Monday Morning," in Education Group II (eds.), *Education Limited*, London, Unwin Hyman, 1991, p.319.

群体或阶级对另一个弱势群体或阶级进行意识形态统治的关键性因素"①。以"核心知识"为根本的西方"民主文化"以及以此为基础的"全国课程"，将进一步加剧西方社会现有的和广泛蔓延的阶级、种族和性别的差别。西方"民主文化"仅仅是为那些符合保守主义价值观的，有政治、经济和文化支付能力的阶级服务的，而"全国课程"也将成为西方教育中"种族隔离""阶级分化"和"性别歧视"的"一种更加文雅的说法"②。

二、对"教育选择权"的讨论

追寻教育形态的多样化、多元化，推动"可选择"的入学方案，是战后各主要国家实现教育民主化的又一个遭到质疑的核心措施。从抽象意义上来说，"选择"既是市场经济所奉行的基本原则，也是民主社会的一个根本保障。20世纪50年代，弗里德曼（M·Friedman）在古典经济学的基础之上诠释了"自由选择"（free to choose），并主张实行"学券制"，将学券"付给那些送孩子到公认的质量合格的学校读书的父母"。③ 这为20世纪80年代之后西方教育领域中的"选择"奠定了理论基础。后来，西方教育中的"选择"机制也为20世纪60—70年代的平权运动家和浪漫主义、激进主义教育家，例如乔纳森·科泽尔（Jonathan Kozol）等人所用。他们提出了"替代性学校"（alternative school）等方案，用于对抗由"布朗案"引发的种族隔离、黑权运动和教育中的不公正现象，增强社区对学校的控制与管理④；科尔曼也曾提出过"控制性选择"（con-

----

① ［美］阿普尔：《意识形态与课程》，黄忠敬译，65页，上海，华东师范大学出版社，2001。
② Andy Green，"The Peculiarities of English Education," in *Education Limited*, eds. Education Group Ⅱ，London，Unwin Hyman，1991，p.30.
③ ［美］埃尔查南·科恩：《教育券与学校选择》，刘笑飞等译，5页，北京，北京师范大学出版社，2008。
④ Christopher Jencks，"Education Vouchers：Giving Parents Money to Pay for Schooling," *New Republic*，1970(4)，pp.19-21. 到了20世纪八九十年代，"替代性学校"也为保守主义的传统派所利用，成了私立学校的一种形式。

trolled choice)的方案,并将其定义为"贫穷的少数族裔可以通过选择学校逃离那些地处市中心的贫民窟学校,从而使这些学校最终摆脱种族隔离主义文化的阴影"①。到了20世纪80年代中后期,"选择"再次经历了一个从抽象到具体的再定义与再阐释的过程。在这个时期,西方社会的所谓"选择",笼统地从本质上说,就是在学校的各个利益集团之中进行权力的再分配。学校的弊端源于西方社会的政府对教育事务的"集权"与"垄断",因此,要改革教育、重建学校,就要进行"放权"(devolution)、"分权"(decentralization)与再"授权"(empowerment)。在这个权力的再分配过程中,一系列改革措施,诸如校本管理(school-based management)、教师授权(teacher empowerment)、学券制(voucher)、私有化(privatization)、家长参与(parental involvement)和择校(school choice)等纷纷出现。

让我们从倾听美国中西部的工业城市——密尔沃基(Milwaukee)的一个非裔美国人家庭的故事开始②。

这个故事发生在1996年,当时在密尔沃基的非裔黑人聚居的社区中发生了一场家长选择运动,许多黑人家长都通过这场运动将子女送进了非隔离的私立学校。这是一场看似授权家长、实现一定意义上"民主选择学校"的教育运动,但是当我们真正进入这些非裔美国人家庭时,我们就感受到了"'踏破铁鞋无觅处'的市场化选择"与"在他到达之前我们已经锁上并闩牢的门"之间的"秘密"。

劳拉·福德姆(Laura Fordham,化名)是居住在密尔沃基的非裔美国人中的一员,她通过家长选择运动将她的女儿送进了当地的一所私立学校。

---

① Michael W. Apple & Kristen L. Buras, *The Subaltern Speak: Curriculum, Power, and Educational Struggles*, New York, Routledge, 2006, p.13.

② Thomas Charles Pedroni, "Strange Bedfellows in the Milwaukee Parental Choice Debate: Participation among the Dispossessed in Conservative Educational Reform," PhD dissertation, University of Wisconsin-Madison, 2003.

对于福德姆女士来说，她之所以选择用教育券把孩子送进这所学校是因为这所学校离孩子父亲的家很近。在密尔沃基，这是一个很重要的因素。因为学校巴士的出现，市中心很多与该学校毗邻的公立学校都被撤销了。这不仅给孩子们每天的交通出行带来巨大不便，而且使得家长对公立学校的参与变得非常困难。对很多没有车的家庭来说就尤为困难。因此，这给人一种感觉，似乎公立学校和它们所服务的社区离得太远。

正像福德姆女士所说的，"如果她（指女儿）要回公立学校上学的话，她得坐好长时间的公共汽车，得从城市的这头坐到城市的那头。我不想让她每天都这样奔波。最重要的是，孩子有慢性哮喘的毛病，这么坐车根本就不可能"。头一年福德姆女士还是努力尝试把孩子送到公立学校过的，但是这样的决定很难继续坚持。"头一年我的确这么做了……每天17.5英里（1英里≈1.6千米）。结果她的病更严重了，现在我的丈夫也病了，她不得不转校，因为我没时间每天都接送她了，也负担不起。"

福德姆女士怀念起过去，"那时学校比现在好多了，至少公立学校是这样的……你可以走几条街便到学校，一路上还可以碰见自己的邻居"。如今，在密尔沃基，家长们及其捍卫者往往要求附近的接受私有教育券的学校再次扮演起过去公立学校所扮演的角色。"这很重要，因为我们发现私立学校比公立学校离家长们和孩子们更近……而且你负担得起。"福德姆女士说。

福德姆女士的故事告诉我们：与"选择"直接相关的不是儿童的兴趣与爱好，不是学校的属性与质量，而是家长在时间和金钱上的支付能力。

杰夫·惠迪（Geoff Whitty）曾一针见血地指出："目前越来越多的社会事务领域都以消费者的权利而不是公民权的概念为基础，这种趋向会导致国家公共教育系统的转向，使之成为市场中竞相争夺顾客的单个学校。尽管这看起来好像是对冷漠的、过于官僚化的福利国家供给的回应，但它同样会导致相关的教育重大决策从公共领域转向私人领域，这可能会潜在地为社会正义带来巨大的不良后果。在一个已经存在等级分化的社会，原子化的个人决策看起来会为每个人提供平等的机会，事实上却挤压了那些最为无助的人们为摆脱自身的困境而进行集体性斗争的空间。如吉鲁和麦克莱伦所指出的：'竞争、流动、获得信息的途径、与官僚机构打交道、为孩子提供足够的健康和食物保障，这些并不是每个家庭都能平等拥有的资源。'因此，教育重大决策由公共领域向私人领域的转换，破坏了那些处于弱势地位的人们及群体为自身利益而斗争的基础，由此而潜在地强化了他们的弱势地位。"①

杜威曾这样写道："智力方法的充分和自由运用存在一个客观前提，即在一个这样的社会里，畏惧社会试验的阶级利益都被统统废除了。这一点与每一种社会和政治哲学及其活动是不相协调的，也与所有认可社会中阶级组织存在及其阶级利益合法性的经济制度是不相协调的。"②无论杜威的分析是形式上的，还是具有实质意义的，他都告诉我们，由于在智力方法的运用中存在着阶级利益的偏好，因此，运用批判性反思阐释、分析"一个这样的社会"生产、传承、接受"智力方法"的过程就具有格外重要的意义。当然，运用批判性反思来研究外国教育史，并不意味着一味地否定教育民主化的价值。葛兰西所谓"理智上的悲观主义"和"意愿上的乐观主义"态度就是要告诉我们，学校教育既可以成为宣传反动力量的舞台，也能成为释放进步力量的地方。这是因为，学校教育毕竟是"民主政治教育开始的地方"，毕竟是"一个新的社会秩序的教育"开始的地方。威廉姆斯也曾强调，"因为旧原则与实践的缺陷而拒绝新原则与实践是荒谬的，因为正是这些缺陷使得变革变得必要"③。这正说明了在进行批判性反思的同时保持辩证思维的必要性。我们既要认可在

---

① Michael Apple, *Cultural Politics and Education*, New York, Teacher College Press, 1996, pp.92-93。

② Michael Apple, *Cultural Politics and Education*, New York, Teacher College Press, 1996, p.vii.

③ Geoff Whitty, Sally Power & David Halpin, *Devolution and Choice in Education：The School, The State and The Market*, Philadelphia, Open University Press, 1998, p.141.

第二次世界大战之后，各国在教育民主化过程中的诸多尝试与成就，但也不能忽视其中存在的种种问题，尤其是其资产阶级性质所必然带来的阶级矛盾与冲突反映在教育领域实践中的问题。

第九章

20 世纪后半期教育科学化的演进

　　科学技术不仅是社会发展的第一推动力，而且是推动教育变革与发展的最为重要的因素之一。它既是一种知识体系，也是人类探索世界的认识活动和改造世界的手段、方法与技能体系。"教育科学化"在概念上可能存在各种不同的解释。本章所指的教育科学化描述的是科学技术影响教育并使教育理论和教育实践发生变化的过程。科学技术从它产生之日起便对教育发挥着影响力。随着历史的推进，这种影响总的趋势是不断加深变广的。可以说，20世纪后半期，科学技术对教育的影响比以往任何一个历史时期都更为广泛和深远，教育科学化也因而成为 20 世纪后半期全球范围内教育改革与发展的重要走向。作为科学技术影响教育的历程，教育科学化关涉教育的多个方面，包括教育的理念、内容、管理、手段、研究方法、学科建设本身等。因而教育科学化可进一步细化为教育理念科学化、教育内容科学化、教育管理科学化、教育手段科学化、教育研究方法科学化、教育学科建设科学化等不同层面。本章侧重从教育内容、教育手段和教育研究方法三个层面探讨 20 世纪后半期教育科学化的状况。

第一节 20世纪后半期教育科学化的时代背景

在20世纪后半期教育科学化快速推进之前，西方国家的教育科学化已经历了较长的发展过程。自17世纪科学大发展以来，不少哲学家、科学家和教育家都对教育科学化发展做出了积极贡献。培根曾确立一切正确的科学知识必须起源于经验这一原则，强调实用科学的重要意义，创立了以实验—归纳法为基础的科学方法论。夸美纽斯提出了"教育的自然适应性"原则，要求教育依循教育的自然法则，关注儿童的身心特点，并基本上据此建立了一套新颖的教育和教学的理论与方法。康德认为教育学应成为一种科学，并成为一门学科。裴斯泰洛齐则明确指出，教育必须提高到科学的水平，教育科学应该起源于并建立在对人类天性最深入的认识的基础上，并首次发出"教育心理学化"的号召。可以说，在西方教育的历史上，裴斯泰洛齐是第一个明确提出"教育科学化"理念的教育家。随后，赫尔巴特进一步推动教育学朝科学化的方向发展，直接提出了教育学应当成为科学的思想。他认为在目标上教育学要依据伦理学，在方法上教育学要依据心理学。他据此首次建构了其完整的教育理论体系，因而曾被尊称为"科学的教育学之父"。当然，这些教育先驱当时关于教育学应成为科学的理念还缺乏真正的科学基础。

20世纪前后，欧美兴起的儿童研究、学校调查和教育实验研究三大运动，都试图应用自然科学的研究成果以及实验研究的方法，对儿童的身心发展规律以及教育科学化进行更直接、更具体的研究，并提出了许多有关教育科学化的新观点和新建议。同时，随着科学技术的快速进步以及工业革命的发展，在许多教育家和有识之士的倡导与推动下，自然科学不断被纳入学校课程，自然科学的方法和手段也在教学中日益得到重视。

20世纪后半期的教育科学化历程既是培根之后经验科学影响教育的继续，

也是对19世纪末20世纪上半期欧美教育科学运动的传承。同时，在新的历史条件下，随着人们对科学技术发展认识的不断深入，人们开始从更为全面和综合的视角去看待科学技术的发展，更为积极且审慎、合理地处理教育与科学技术的关系。与20世纪上半叶教育科学化的强劲势头相比，20世纪下半叶教育科学化出现了新的特征。这种变化是由20世纪下半叶特定的政治、经济和文化背景所决定的。

一、"二战"后世界政治格局的深刻变化

世界政治格局是指世界上各个国家或地区政治力量的对比以及政治利益的划分情况，包括主权国家、国家集团和国际组织等多种行为主体在国际舞台上以某种方式和规则组成一定的结构。第二次世界大战的结束虽然整体上将世界带入了和平状态，但由于意识形态和政治制度的不同，战争结束后，世界政治格局发生了变化，迅速分化为以美国为主导的资本主义阵营和以苏联为主导的社会主义阵营。这两大阵营的相互敌视、相互角逐和相互竞争直接带来了中西方的对立，导致了国防科技等军备竞赛。20世纪90年代，苏联解体后，美国一跃成为全球唯一的超级大国。不过，由于美欧关系出现变化，俄罗斯开始复苏，中国经过20多年的高速发展变得日益强大，一种新的政治力量抗衡在形成之中。尽管如此，从大格局看，20世纪下半叶后半期意识形态方面的角逐相比前半期是趋缓的，但经济和人才的竞争一直都十分激烈。从某种角度看，可以说，20世纪下半叶前期两大阵营意识形态的竞争在20世纪后半期更多地表现为国与国之间的军事、经济和人才的竞争。这些竞争成为推动世界各国进行包括教育科学化在内的教育改革的国际环境。

二、科学技术的发展更为迅猛并出现了新特点

第二次世界大战期间，新科技革命启动，这次科技革命又称为第三次科

技革命。新的科技革命是现代科学向高新技术转化的产物，是以物理学革命为先导的科学革命与技术革命相结合的结果，主要表现为 20 世纪 40—50 年代核能的利用、电子计算机的发明和空间技术的发展。这是一场世纪性的、全方位的科技革命。从信息、能源到材料，几乎每个科学技术领域都发生了深刻的变革。知识、信息开始成为重要的战略资源，高新技术层出不穷，科学技术物化进程加速，军事技术向民用转移，新兴技术成果向生产转移的进程加快；技术进步与国际竞争正在改变整个经济结构和竞争格局，一国经济走向全球经济，经济、科技活动国际化趋势的发展异常迅速。

以美国为例，早在"二战"期间，美国就拥有了多种先进的科技，拥有了原子弹、雷达、青霉素、计算机，制造了成百上千种新型军事武器。战争结束后，美国建立了大量的科研机构，军事科技的成就被迅速引入民用科技的发展轨道。据统计，1953 年至 1973 年，在美国 250 项重大的科技成果中，属于发明、创新及重大改进的项目占 92 %；20 世纪 70—80 年代，美国在空间、生物工程、计算机软件等高技术发展中的创造性成果，在世界上占据优势。[1] 20 世纪 70 年代以后，科学技术进一步发展。一方面，科学技术内部的分化更加精细；另一方面，科学技术之间进一步交叉综合。高度分化和高度综合并举且以高度综合为主的整体化趋势是当代科技发展的基本特征之一。[2] 科学技术的上述发展特点直接影响了 20 世纪后半期世界各国科学教育的理念、内容和方法的改革。

三、大多数国家对科学技术的发展予以高度重视

20 世纪后半期，世界经济增长速度加快，人类的物质生活条件也比以往

---

[1] 沈红：《美、日、中高等教育在科学技术引进与创新中的作用》，载《比较教育研究》，1993 (1)。

[2] 李太平：《科学教育与人文教育——历史考察·理论探讨·实践探索》，51 页，北京，人民出版社，2010。

有了较大的改善。科学技术成为推动生产力发展的主要因素,成为经济发展和社会进步的重要条件。鉴于科学技术的巨大效用和迅猛发展的现实,发达国家都在"二战"后对科学技术的发展予以高度重视,实施了大力支持科技发展的政策。

"二战"中及战后不久的美国就采取了多项措施以推动科学技术的发展。一是向外国的优秀科技人才敞开国门,鼓励科技移民,给予较高的政治和经济待遇,使其为美国的科学技术服务。二是加强基础科学的研究,建立国家科学基金会,不断增加研究经费投入。美国1953年的基础研究经费为4.4亿美元,1968年达到145亿美元。① 三是推行产学研结合。20世纪60—70年代,美国大力发展高科技,以科学园的形式把产业、科技和高教界紧密地联系起来。以上三项举措解决了美国科技创新所需的人、财和项目问题,使创新成为推动科技发展的根本手段。

重视科学技术的发展是"二战"后的趋势。除美国和欧洲外,其他地区的国家,如日本也同样十分重视科学技术。日本是战败国,"二战"结束后,在美国的占领和影响下,组建了新的政府,融入了资本主义阵营。它虽然不具有美国那样强大的科技创新能力,但在赶超科技发展世界先进水平方面采取了有力措施。其科技发展基本策略是在消化、吸收和改良外国技术的基础上进行自主研究与开发。1955—1970年,通过技术引进,日本"几乎吸收了世界各国用了半个世纪开发的全部技术";1950—1975年,日本引进了25700项技术,平均每年近千项。② 60年代末期,日本确立了"以自主开发为主,科技立国"的新战略。当然,这种自主开发大多也是在外国研究的基础上进行的,可

---

① 沈红:《美、日、中高等教育在科学技术引进与创新中的作用》,载《比较教育研究》,1993 (1)。

② 沈红:《美、日、中高等教育在科学技术引进与创新中的作用》,载《比较教育研究》,1993 (1)。

有效缩短新产品问世的时间。① 日本在 1976—1983 年，共引进技术 16721 项，平均每年引进 2000 余项。② 世界各主要国家对科学技术的发展予以高度重视，为教育科学化的发展提供了良好的政策和物质环境。

四、"二战"后人文主义思潮的崛起

人文主义思潮在人类历史上源远流长。它是一种基于人的立场并以人为本看待人类社会及其所处世界的思维方式和思想体系。大凡在人类社会面临生存与灭亡的历史时刻，这种思潮最容易获得发展。第二次世界大战将全世界拖入了灾难，给人类以毁灭性的打击。第一次世界大战同样也是在科学发展十分迅速的 20 世纪上半叶爆发的，这就使得人们不得不对科学的发展到底能给人类带来什么进行根本的反思，因而人们普遍地对科学表示怀疑，对科学的发展是不是一定会带来社会的安定和发展感到疑惑。这种情绪很快反映到哲学思想上来，促成了存在主义思潮的广泛传播，对战后人文主义思潮的兴起与发展产生了重要影响。人文主义重视生命、存在、命运、人性、自由、自发性等主题价值追求，试图重新找回人的价值，注重对非理性世界的探讨。其标志之一就是伽达默尔哲学解释学的产生。在伽达默尔（Hans-Georg Gadamer）那里，知识不再被简单地看作一个意义证实的过程，他更为强调认识中的文化与历史传统因素的影响作用，并且将意义解释为一个不断生成的过程。

20 世纪下半叶，除存在主义和伽达默尔的解释学外，后现代主义哲学和新马克思主义思潮的崛起也是战后人文主义思潮发展的一个重要方面。福柯（Michel Foucault）对现代性概念的界定强调以主体性为核心的理性主义；哈贝马斯（Jürgen Habermas）提出的主体性概念，突出了人的个体主义、批判的权

---

① 梁战平：《各国科技要览》，23 页，北京，科学技术文献出版社，1987 。
② 沈红：《美、日、中高等教育在科学技术引进与创新中的作用》，载《比较教育研究》，1993 (1)。

利和行为自由。

后现代主义对现代性的批判主要集中于对启蒙精神和元叙事的批判，在认识论上推动了实证科学的认识模式向以语言游戏为类比的知识模式的转变。试图转变科学主义的思维方式，反对本质主义与对普遍性的追求，重视对象的差别、多样性是 20 世纪后半期人文主义认识论上的根本特征。

如果说以上是人文主义者在哲学层面对科学的反思结果的话，那么，在社会现实层面，科学发展的负面效应也使得更多的民众从以往的敬拜科学转向怀疑科学，对科学发展开始持审慎的态度。如 20 世纪 70 年代前后，全球范围内出现了环境危机，这一危机也被认为是科学发展带来的，是科学高速发展的后遗症。人们普遍认为科学是一把双刃剑，既能造福人类，又会给人类带来灾难。人文主义思潮在这一背景下又得到了进一步的强化。

五、科学哲学的发展及实证科学方法论受到挑战

实证主义是反映以牛顿为代表的经典自然科学认识论和方法论的哲学体系。实证主义认为科学乃在于研究现象间的确定性关系。科学所揭示的知识是确定性知识，是可以被重复检验的。其背后的基本逻辑是归纳逻辑，即确定性是可以在人类经验的意义上被证实或证明的。实证主义在后期不再那么强调证实或证明，而是走向了逻辑实证主义，关注语言和逻辑问题。同时，波普(K. R. Popper)的证伪主义也在一定程度上否定了归纳逻辑。但总的来说，逻辑实证主义和波普的证伪主义还是实证主义路线的发展与延续。

当人类进入 20 世纪后，系统论、控制论、信息论的问世，尤其是 20 世纪 70 年代相继兴起的耗散结构理论、协同论、超循环理论、突变论、混沌学、分形理论等复杂科学，为人类开启了一个真实而多彩的世界，揭示出"复杂性和非线性是物质、生命和人类社会的进化中的显著特征"，成为"我们重

新考察科学的目的、方法、认识论、世界观的一个杠杆"。①

在科学发展的新时代里，科学家和思想家们开始意识到"确定性的终结"问题，人们也不再相信宇宙是由确定性、决定论的定律所支配的。海森堡（Heisenberg）的测不准原理、普利高津（Ilya Prigogine）的耗散结构理论的"不平衡是有序之源"学说、混沌学的保守的不可积系统中的内在随机性等现代科学发现，证明偶然性、随机性不仅大量存在于自然界和人类社会之中，而且其在系统的进化中的作用越来越大，有时甚至起支配作用。正如比利时物理化学家普利高津曾宣布的："人类正处在一个转折点上，正处于一种新理性的开端。在这种新理性中，科学不再等同于确定性，概率不再等同于无知。"②由于自然科学本身出现了上述变化，这就需要新的哲学来反映和概括这种新的变化。20世纪60年代出现的科学哲学体现的就是这种科学发展的新趋势，并对传统的实证主义哲学提出了挑战。

科学哲学以库恩（T. S. Kuhn）、费耶阿本德（P. Feyerabend）等人为代表。库恩提出了科学范式理论，认为科学知识并不像实证主义所强调的是确证的知识，而不过是科学家集团在特定的历史条件下对自然现象所持有的一种共同认识。费耶阿本德则更进一步否定了科学知识的确定性，认为科学知识的发现"怎么都行"。后现代科学观正是在上述背景下出现的。后现代科学观是后现代主义看待科学地位和作用的一种反映。科学哲学的科学观注重以人为中心，关注科学的文化背景，关注人创造科学知识的过程，要求凸显科学的人文内涵。同时，它坚持多元有机整体观或多元动态整体观，强调事实与价值的统一、决定论与非决定论的统一、精确性与非精确性的统一、必然与偶然的统一等。在后现代科学观的影响下，人们注重把科学、技术与人文、道

---

① ［德］克劳斯·迈因策尔：《复杂性中的思维：物质、精神和人类的复杂动力学》，曾国屏译，Ⅰ页，北京，中央编译出版社，2000。

② ［比利时］伊利亚·普利高津、［比利时］伊莎贝尔·斯唐热：《确定性的终结——时间、混沌与新自然法则》，湛敏译，5页，上海，上海科技教育出版社，1998。

德放在同等重要的地位加以发展，在科学与教育的关系上更加突出培养学生的科学人道主义精神和应用科技的社会责任感。①

第二节　20 世纪后半期教育科学和科学教育的发展

到 20 世纪中叶，"二战"后苏联和美国冷战的爆发，由科学技术突飞猛进引起的第三次科技革命的发生，政治、经济和人才等方面竞争的加剧，以及教育领域外部和内部面临的压力与挑战的日渐加大，都强烈要求教育进一步科学化，以推进教育理论和实践更符合客观的有关规律，推进教育结构和制度更臻于合理和完善，推进教育教学的方法更加可操作和有效，推进教育更加人性化和现代化。科学技术的发展以及许多新兴科学理论，特别是各种心理学的发展，为教育科学化提供了新的条件和基础。因此，在许多国家对教育的高度重视和广大教育界人士的努力下，教育科学化取得了重大的新进展。

其一，几乎所有教育学科都在许多新颖的哲学观、心理学和有关科学的影响和启迪下，特别是在"教育心理学化"理念的引导下，对已有的各种教育观点和理论进行了深入的反思和新的探讨，既在现代科学的基础上，对各种正确的见解和论述进行了整合，又提出了许多新的教育思想和理论，或构建了新的教育学科，从而在减少或消除教育学科中存在的各种缺乏科学根据的论断或片面化、绝对化、机械化等非科学的论述上，达成了更科学的共识。例如，教育家们在关于人的发展条件的问题上长期争论不休，后来则普遍强调既要反对遗传因素决定论，也要否定环境决定论，而应将二者有机统一起

---

① 李太平：《科学教育与人文教育——历史考察·理论探讨·实践探索》，16 页，北京，人民出版社，2010。

来论述，并更重视主体的能动作用。在所谓传统的教学理论和现代的教学理论的关系问题上，教育家们一直存在分歧和争议。通过科学的讨论和实践的检验，一些既承续上述两种教学观中的积极成分，又扬弃其中主要缺陷，且更适合现代社会和人自身发展要求的教育理论，尤其是诸多新的教学理论，已日趋受到世界教育界的认同和欢迎。在关于培养学生个性和社会性的问题上，尽管教育家们基于不同的现实和视角，对此也有争议，但至今比较一致的认识是，既要尊重学生个性的发展，又必须将学生培养为适应现代社会的良好公民，二者不可偏废。在关于人文教育和实科教育的关系问题上，尽管在不同的历史条件下，教育家们也曾经发生激烈的争论，但随着现代社会的发展，教育家们普遍强调，虽然科技教育日益重要，但也绝不可淡视人文教育。信息化社会教育理论、终身教育理论等，则为现代教育科学的发展开辟了新的领域。总之，许多重要的教育教学理论经过大家的科学探讨，相互取长补短，进行新的科学整合和创建，都提升到了新的科学水平。

其二，大力加强科学教育，使科学技术成为教育事业中的基本要素，强化科技核心课程，广泛运用现代化教育技术手段。科学技术日益被认为是提高教育质量和实现教育现代化的重要条件，被视为学校教学改革的重要方面。

科学技术的发展与教育的关系是随着历史的发展而变化的。在近代科学没有出现时，科学技术对教育的影响十分有限而且是缓慢的。随着近代科学的兴起，科学以及以科学理论为基础的技术对教育的影响急剧加快，并随着科学技术的进步与发展、现代学校制度的建立和义务教育年限的不断延长，影响愈发深入而广泛。科学技术与教育的关系是互动的。教育作为人类社会实践活动的一部分，一方面要适应科学技术发展带来的变化，另一方面又可通过自己特有的方式促进科学技术的发展，是科学技术进步的基本条件。如造就科学家、科技人才，培养公民的科学素养等，这些都要靠教育来完成。同时，教育在科学技术的继承、发展乃至创新中也扮演着重要的角色。科学技术的发展也为上述教育乃至所有教育提供了物质技术的支撑。甚至科学的精神本身对教育制度建构和人才培养都有重要的精神和情怀的熏陶作用。在这种状况下,20 世纪后半期教育科学化的一个明显的特征就是科学教育不仅得到了广泛的重视,而且形成了与 20 世纪中叶之前不同的发展特点。

一、科学教育在世界各国教育改革中的地位不断提高

20 世纪中后期的科学技术在承继了以往研究的基础上继续发展,且取得了重大突破。如物质基本结构、规范场、宇宙大爆炸、DNA 双螺旋结构、板块构造学说以及系统论、控制论、信息论等理论的创建,使人类的视野进一步拓展到更为宇观、宏观和微观的领域,成为人类文明进步的巨大推动力。尤其是 60 年代出现的新的交叉科学——突变论、协同论和耗散结构理论,不仅沟通了数量较多的自然科学学科,而且在方法论上沟通了自然科学与社会科学,向人们提供了定量、精确和较优的认识世界的方法,对人类社会产生了深刻的影响。

科学技术在 20 世纪下半叶的快速发展极大地推动了人类社会的发展。第二次世界大战后,经过 50 年代的恢复休整,西方主要国家的生产与经济在 60 年代进入了快速发展通道,工业发展也进入了高峰期。由于经济的高速发展,特别是第三次科技革命的兴起,西方各国对各方面、各层次人才的需求急剧上升,标准也不断提高。显然,战前的传统学校已无法满足上述人才培养的需要。尤其是在提高学生在数学、科学和技术方面的水平,为企业输送合格人才方面,各国都面临巨大的改革压力。同时,国际激烈的科学技术竞争以及国内失业率的持续上涨,也引起了西方各主要国家政府、家长和教育工作者的重视。科学教育被当作一项新兴的内容成为西方教育改革的重要组成部分。科学教育也成了西方各国的热门话题。

1958 年美国的《国防教育法》就是为培养高质量的人才尤其是国防尖端科

技人才而提出的。该法强化了普通学校自然科学、数学和外语等一系列与国防工作密切相关的学科的学习，把外语、数学、自然科学和技术教育并列为核心课程。1985年，美国科学促进会联合美国科学院、联邦教育部等12个机构，启动了一项面向21世纪、致力于科学知识普及的中小学课程改革工程。当年恰逢哈雷彗星临近地球，这项改革计划的目的便是使美国的儿童能适应2061年哈雷彗星再次临近地球的那个时期科学技术和社会生活的急剧变化，所以这项计划又取名"2061计划"。"2061计划"，强调要设计不同的课程模式，研究实施课程改革所需的条件、手段和策略，以更好地推进科学教育改革。其他国家也有类似的强化科学和技术教育的政策出台，这些都反映了20世纪后半期科学教育在世界各国教育改革中的地位不断提高的趋势。

二、20世纪后半期科学教育的几种主要课程

在"二战"后形成的冷战格局下，美国和苏联两大阵营间的军事竞争和科技竞争日趋激烈。在1957年苏联人造地球卫星上天后，美国随即将自己军事科技落后的原因归于教育，认为正是美国教育的失败导致了美国军事科技的落后。为此，在苏联人造地球卫星上天而触发的美国首轮教育大改革中，美国政府率先改革了科学教育课程，开展了科学教育课程现代化运动。这次科学教育课程现代化运动成效卓著，产生了十多种至今仍有影响的实验性科学教育课程。西方其他主要国家纷纷跟进。一些比较有代表性的课程项目研究于这一时期在世界各国纷纷展开，如美国的"小学科学研究"（ESS）、"改进科学课程研究"（SCIS）和"科学：过程的研究"（SAPA），以及英国的"科学5-13"、"苏格兰综合科学课程"、"牛津初等科学"（OPSP）及"纳菲尔德初等科学"（NPSP）。其中，SAPA课程、SCIS课程、ESS课程是当时美国主要的三种实验性小学课程。这些新课程以布鲁纳的学科结构理论为基础，其学科知识结构具有相当的科学性，但由于多方面的原因，很多新课程在教育实践中

未能得以成功实施。①

20世纪70—90年代，HPS教育理念的提出，又催生了英国、美国、以色列、新西兰、澳大利亚、加拿大、德国的HPS教育科学课程的改革。20世纪后半期，西方国家几种主要的科学课程情况如下。

(一)SAPA课程

该课程由美国科学促进会的科学教育委员会开发，是完整的初等学校科学教育课程(供幼儿园至6年级的学生学习)，注重科学方法训练。其基本假设是：(1)科学是一种智力活动；(2)探索知识带来乐趣；(3)看到自然世界和生命世界的奥秘让儿童兴奋；(4)学习科学家解决问题的方法可以使儿童得到智慧；(5)科学教育的主要目的在于激发儿童的欢乐感、兴奋感和科学的理智感。②

SAPA课程的主要目标是培养儿童从事科学研究的过程技能，即进行科学方法的训练。SAPA课程是根据美国心理学家加涅的学习理论编写的，强调目标教学和目标的递进性。当时的美国大约有9%的学区使用这一课程。③

(二)STS课程

这一时期科学教育的价值取向主要基于STS(Science, Technology, and Society)教育，其共同特点是：(1)强调儿童动手在实验中寻找答案，取代由教师提供现成的答案让他们接受；(2)实验课程均以探究为科学的过程；(3)给儿童提供理解学科结构的机会；(4)实验课程均有助于儿童拓宽对环境的理解；(5)通过科学教育改革儿童的行为。④

西方科学教育界对STS教育的关注始于对传统科学教育，即以科学知识

---

① 张红霞、郁波：《国际小学科学课程改革的历史与现状》，载《比较教育研究》，2003(8)。

② 丁邦平：《国际小学科学教育的发展趋势——兼谈我国小学自然课的若干问题》，载《教育研究与实验》，1998(3)。

③ 王世存、王后雄：《国际科学教育发展：路径、问题与对策》，载《教育科学研究》，2011(10)。

④ 王世存、王后雄：《国际科学教育发展：路径、问题与对策》，载《教育科学研究》，2011(10)。

传授为主要内容、以讲授为主要方法的教育方式的批判。亚格尔(R. E. Yager)曾对传统科学教育的弊端做过抨击，并认为 STS 教育是对传统科学教育所存在的问题(科学知识应用率低、学生学习兴趣低、学生科学素养低、学生创造性技能低等)的一种回应。① 随后，STS 教育的影响扩大，并逐渐被纳入英国、加拿大、澳大利亚等国的科学教育体系。HPS 教育和 STS 教育作为科学教育的两种范式，都是综合性的教育。两者都从科学教育重视实证知识的传播转向对科学本质的理解。HPS 教育重视科学教育的人文性，STS 教育强调科学教育的社会性——把科学教育和当时的技术发展与社会生活等紧密结合。

(三)HPS 课程

20 世纪 80 年代，以美国为首的西方国家兴起了 HPS 教育。该理念要求把科学史、科学哲学和科学社会学(History, Philosophy and Sociology of Science)的有关内容引入中小学科学教育，以期促进学生对科学本质的理解，培养他们的科学精神和创新能力。HPS 教育强调要在社会与文化背景中理解科学与科学本质。就其价值而言，澳大利亚的科学教育学者迈克尔·马修斯(Michael R. Matthews)认为"HPS 教育可以人化科学，使科学能够与公众的个人、道德、文化、政治指向相连"②。在此基础上，马丁·孟克(Martin Monk)、乔纳森·奥斯本(Jonathan Osborne)等人经过研究，得出了"HPS 教育在提高公众对科学教育的满意度和端正公众对科学的态度问题上，取得了连续性进步"的结论。③ 许多国家如英国、美国、以色列、新西兰、澳大利亚、加拿大、德国等以该理念为指导，开始了科学教育的改革。

---

① Robert E. Yager, *Science/Technology/Society as Reform in Science Education*, New York, State University of New York Press, 1996, p.8.

② Michael R. Matthews, *Science Teaching—The Role of History and Philosophy of Science*, New York, Routledge Press, 1994, p.7.

③ Martin Monk, Jonathan Osborne, "Placing the History and Philosophy of Science on the Curriculum: A Model for the Development of Pedagogy," *Science Education*, 1997(81).

(四)STEM 教育和 STEAM 教育

自苏联人造地球卫星成功发射后，加之本土 STEM 职业人才的极度缺乏，美国密切关注 STEM 人才的培养。在此背景下，美国开始了关于人才培养模式的新探索，STEM 教育应运而生。起初，美国国家科学基金会用"SMET"作为科学(Science)、数学(Mathematics)、工程(Engineering)和技术(Technology)四门学科的缩写，后改为"STEM"。[①] STEAM 教育模式是将"Art"(艺术)添加到 STEM 教育模式中而形成的一种综合性教育模式。有关 STEM 课程的实施、评价、推广、教师培训的研究也在科学教育领域如火如荼地展开。STEM 教育模式在培养复合型、创新型人才上取得的瞩目成就，使得美国将其作为一项国家战略，也使得德国、日本等国为之瞩目并纷纷效仿，使它们开始了立足于本国国情的 STEM 教育模式的尝试。STEM 教育有明显的职业倾向和浓厚的实用色彩。在科学教育创新实践的过程中，以美国为首的发达国家在当时始终走在前列。

HPS 教育、STS 教育、STEM 教育、STEAM 教育等，都是基于建构主义理论的观点构建的教育模型，都属于综合课程的教育，都对教师的水平提出了较高的要求，都取得了一些效果，同样也饱受争议。作为科学教育创新实践过程中对传统教育理论与教育实践的创造性、创新性和时代性的发展，这些教育模式、方法和观念正在更深的层次上、更广的范围内引发人们对包括教学观念、教学方式、教学手段、学生学习方式、教师地位、学生地位、师生关系等在内的传统教育的思考，并使人们不断做出科学教育的探索。

这些新的基础科学教育改革方案与传统的科学教育相比，在教学目的、教学内容和教学方法上都存在许多本质的区别。有些专家认为，这标志着延续了几个世纪的传统科学教育即将终结，一个拥有新结构的科学教育正在诞生。

大多数教师认为科学就是一个知识体，科学教育的目的就是把这些知识

---

① Zollman, A., "Is STEM Misspelled?" *School Science and Mathematics*, 2011(5), pp. 197-198.

传授给学生，使学生能了解生活中的物理和生物世界。然而，新的教育观认为，在基础教育阶段，除了传授基本的科学知识外，科学教育应将科学能力的培养作为第一位的任务。此外，基础科学教育还应对青少年的科学素质、科学态度、科学意识的培养起积极的作用。

三、西方主要国家的科学教育标准

20世纪后半期，科学教育在世界各国的发展不断走向规范化。在20世纪的最后十年，发达国家为提高科学教育的质量，纷纷制定了全国统一的科学课程标准。例如，英国于1991年年初率先大范围推行《国家科学课程（英格兰和威尔士地区）》①；澳大利亚于1994年制定了《科学：澳大利亚学校课程纲要》；美国于1995年出台了《国家科学教育标准》。美国《国家科学教育标准》由美国国家科学院、美国国家工程院和美国国家医学院等机构共同制定，文本长达600多页，是美国科学家参与教育改革的重要举措。标准认为，科学教育最重要的目的是培养学生从事科学技术和医学事业的意识，同时学校科学教育要达到以下几个目标：一是让学生使用科学原则和科学过程做出个人决定；二是让学生感知和体味对自然世界的了解及其带来的满足感；三是提高学生从事经济生产的能力；四是让学生在智力方面参加关于科学技术问题的公开讨论和辩论。标准认为，美国学校的科学教育必须是全体学生的教育，要确保所有人都能获得科学教育的机会，并为获得教育的人确定他们应该达到的理解科学的水平和具有的应用科学知识解决问题的能力。此外，加拿大于1997年颁发了科学教育标准——《科学学习结果的共同框架》。

尽管上述标准被冠以不同的名称予以表述，但从其内容和背景来看，它们基本具有以下三个功能：关于教学质量的最低要求的规定；关于教学目标的表述；作为教育改革的一面旗帜团结改革者。其中，美国、加拿大两国的

---

① DES, Science in the National Curriculum, London, Her Majesty's Stationery Office, 1989.

科学标准针对从幼儿园到 12 年级的整个基础教育阶段，而英国和澳大利亚的科学标准则主要指向义务教育阶段。

纵观四国科学教育的内容标准(见表9-1)，可以发现，科学教育的内涵在不断拓展。除了传统学科(主要是物质科学、生命科学和地球/空间科学)之外，它还涉及科学史、科学哲学、科学社会学，甚至技术学和社会科学等多个学科领域，这正是前文所指出的 20 世纪后半期科学发展和科学观的变化在学校科学教育内容上的深刻变化。从共同性上看，突出"科学探究"几乎是所有科学教育标准的一个共同特征。但如何在一定的科学教育标准中界定科学教育的范围，各国做法略有不同。美国和加拿大都注重科学与社会、科学与技术的关系，也都把科学教育的重点置于自然科学范围内。美国突出科学探究能力的培养，加拿大则更注重以科学、技术、社会和环境问题为科学教育的出发点和归宿。英国和澳大利亚则把科学教育定位于传统的学科中，同时也都强调对学生的科学探究方法和能力的培养。①

表 9-1　英、澳、美、加四国科学教育标准中的科学内容②

英国 (1991 年)	澳大利亚 (1994 年)	美国(NRC) (1995 年)	加拿大 (1997 年)
●科学研究 ●生命和生物过程 ●物质及其属性 ●物理过程	●地球及其他 ●能量与变化 ●生物与生命 ●自然物质和人造物质 ●科学地工作	●统一的科学概念和过程 ●作为探究的科学 ●物质科学 ●生命科学 ●地球与空间 ●科学与技术 ●科学的个人和社会视野 ●科学的历史与本质	●科学·技术·社会·环境(STSE) ●技能 ●知识 ●态度

①　魏冰:《关于西方四国的国家科学教育标准的比较研究》，载《上海师范大学学报(哲学社会科学·教育版)》，2001(10)。
②　魏冰:《关于西方四国的国家科学教育标准的比较研究》，载《上海师范大学学报(哲学社会科学·教育版)》，2001(10)。

四、20 世纪后半期国际科学教育的发展轨迹

20 世纪后半期，国际科学教育经历了一个独特的发展过程。它既继承了 20 世纪上半期及以往的科学教育的传统，又在 20 世纪下半叶新的科技和经济发展的条件下，对科学教育进行了重新打造，赋予其新的内容和特质。20 世纪后半期，国际科学教育的发展轨迹呈现出以下几个方面的特征。

(一)从注重知识转向注重能力和素养

掌握学科知识结构是 20 世纪 50—70 年代国际课程改革的重要取向。学科知识结构被认为是各类学科教育的重点和核心内容。科学教育也不例外，同样将学生学习的重点放在对学科知识结构的把握上。但 70 年代以来，各国意识到，正是科学教育过于注重学科本身的逻辑顺序和学术思维训练，忽略了学生的心理程序和特点，导致科学教育内容过深、难度过大，使学生厌学成为较为普遍的现象，科学教育也因之而流于形式。此外，过于注重学科本身的知识结构，以知识本身为教育的中心，导致学生将科学知识当作终极目标和独立价值来追求，忽略了组织知识的更为根本的目标——为生活和社会实践服务。为此，西方发达国家在 80 年代纷纷对原有的以学科知识结构为重心的科学教育体系进行了改革，大力推行以能力和素养的形成为目标的科学教育制度，实现了从重视掌握学科知识结构到重视形成能力和素养的转型。例如，英国的《教育改革法》(1988 年)就明确宣布：形成有好奇心、尊重事实、愿意承认不确定性、批判地思考、有坚持性、有创造性和力图有所发现、思想开放、对生命和非生命环境的敏感、善于与人合作等素养，应当成为科学教育改革的重要目标。[①] 1985 年，世界各地的科学教育工作者在巴基斯坦伊斯兰堡召集了科学课程研制会议。这次会议充分讨论了科学素养问题，指

---

① 李太平：《科学教育与人文教育——历史考察·理论探讨·实践探索》，49 页，北京，人民教育出版社，2010。

出学生科学素养的养成是科学教育的重要目标，并确定了科学素养的六个特征：一是理解科学的性质、科学知识与技术的性质；二是运用科学知识、技能对自然界进行调查，并解决问题和做出有见解的决定；三是能够理解科学技术的主要概念及原则；四是理解全球社会、经济和生态系统的相互依存性；五是具有科学的态度，并对科学技术持正面态度；六是对科学技术职业感兴趣，具有终身学习的习惯。

(二)从独立学科转向综合性知识体系

学科的分化和综合趋势也同样体现在科学教育课程上，并在不同的历史时段表现出不同的特征。20世纪50年代末的课程现代化运动推动了科学课程设置方式的重大变革，打破了按经典自然科学机构设置学校科学课程的传统。以学科设置为主体的模式转向多学科、多类型课程混合设置的模式，综合型、跨学科型科学课程开始进入学校课程设置机构。尤其是从20世纪70年代开始，科学技术本身在进一步高度分化的同时也表现出高度综合的趋势。同时，在科技迅猛发展的背景下，人类也面临着许多不同于以往的新问题，如环境问题、人口问题、资源问题等，这些问题与科学技术的快速发展有关，而且这些问题的解决，需要科学技术的进一步发展以及综合运用，需要多学科的参与和合作。这意味着在新的历史条件下，原有的各自独立的科学课程无法满足时代和社会发展的新需要，无法综合性地容纳不同学科领域的新知识和新技术。解决这一问题，仅仅依靠原有分科课程框架下的知识补充和细节调整是远远不够的，而需要对科学教育知识体系的重新构建。为此，20世纪后半期，国际科学教育在知识内容的学习上，出现了从对各独立学科的学习转向对综合性知识的学习的趋势。尤其是在70年代之后，世界各国的科学教育都注重整合科学知识，强化课程内容的综合性。[1]

---

① 陈光军：《国际科学教育发展趋势及其对我国科学教育的启示》，载《中小学教师培训》，2015(9)。

（三）从精英教育转向大众教育

科学教育是以科学精英人才的培养为主，还是以大众科学素养的形成为主，不仅与科学技术发展本身产生的社会需求相关，而且与人们对科学技术的认识和教育发展的水平相关，并在不同的时代表现出不同的取向和特征。20世纪以来，随着中等教育的普及，国际上发达国家的基础教育逐渐从精英教育走向了大众教育。20世纪50—70年代，在美苏冷战的背景下，国际科学教育的重点还在于造就科技精英。然而，从80年代起，尤其是苏联解体之后，国际科学教育出现了从注重科学精英人才的培养到注重所有人科学素养的养成的变化。之所以发生了这一转变，主要是因为从80年代开始，科学技术的应用水平不断提高，它对人类生产与生活的渗透更加广泛了，科学技术已经成为当代社会公民生产与生活中不可缺失的要素。生活在当代社会的人处于科技环境之中，不掌握一定程度的科学知识和技能是无法适应现代社会生产与生活的要求的。因此，从80年代开始，西方发达国家科学教育的主要目的不再局限于培养科学家，而是培养有科学素养的公民。科学更多地被看作改善个人和社会生活的工具。这意味着科学教育不仅要满足国家和社会对科技人才的需要，而且要满足各层次学生适应未来现代生活的需要。正因如此，"2061计划"就曾指出，"科学教育应该是适合所有学生发展的，无论他们所处的环境或他们的职业理想如何"。使所有学生在离开学校时都能够熟悉自然界，了解一些重要的科学概念和原则，具备用科学的思维方式思考问题的能力，能够利用科学知识和方法来考虑个人与社会问题，这是"2061计划"报告的夙愿。[1]

（四）突出学生的体验与探究

在20世纪60年代的课程改革中，学科知识结构成为推动包括科学教育

_____

[1]　陈光军：《国际科学教育发展趋势及其对我国科学教育的启示》，载《中小学教师培训》，2015(9)。

在内的各门课程改革的关键词。但由于学科知识结构课程改革过于看重学科知识本身，使得学生所学的书本内容常常与学生的生活经验脱钩，导致抽象概念超出了学生所经历的世界范围。美国科学院负责人曾批评说，这些课程"也许已经变成了没有星星的天文学，没有花朵的植物，没有山脉、谷地的地质学"①。这些知识不仅难以理解，而且脱离实际。学生也因此失去了进一步探索科学的愿望。然而，从心理的年龄机制看，处于基础教育阶段的学生对周围世界本来是具有强烈的好奇心理和积极的探究欲望的。在70年代之后的科学教育改革中，西方发达国家更加注重学生的主动参与和探究过程。② 美国、德国等许多国家在基础学校的科学教育中，尤其是在小学的科学教育中，要求学校根据科学教育的内容，指导学生进行实验、操作、制作等实际活动，让学生在手脑并用中获得科学知识和技能，培养科学精神和态度，形成科学的价值观。西方发达国家这一时期都在这一方面进行了很多探索。英国中学开设的"科学技术与社会"课程，就非常注重科学与生活的联系，并从中培养学生的科学探索兴趣。例如，通过了解塑料工业、微电子工业的发展过程，让学生研讨科学发现、科技发明、工业生产和社会生活的关系，激发学生追求科学的热情；通过分析科学技术发展的若干要素(如市场的需求、科学知识的准备、资金的投入等)，让学生理解科学研究应当研究什么和如何进行。③ 美国充分利用各种科学教育中心(植物保护区、天象厅等)开展科学教育；法国小学开设的科学教育中的"启发活动"课注重学生的科学动手能力的培养；德国小学的编织课均以学生的动手体验为主……总之，这一阶段的科学教育更加重视让学生亲自动手实验，强调学生动手去"做"，而不仅仅是用耳朵去"听"，或者用眼睛去"看"。让学生在操作探究中体验科学发现和应用的过程

---

① 关松林：《国外科学教育及其启示》，载《辽宁教育学院学报》，1995(6)。

② 陈光军：《国际科学教育发展趋势及其对我国科学教育的启示》，载《中小学教师培训》，2015(9)。

③ 商继宗：《国外是怎样加强科学教育的》，载《中国教育报》，1995-06-27。

并体会学习科学的乐趣是这一阶段科学教育的重要目标之一。①

（五）注重科学教育与人文教育的融通

科学在 19 世纪曾受到人们的膜拜，但 20 世纪上半期的两次世界大战以及后半期出现的能源和生态危机，使人们对科学的看法产生了变化。加之前文已述的科学观的变化，20 世纪后半期科学教育出现了与人文教育相互融通的局面。重视科学与生活的联系，强调科学技术和社会的相互作用是 20 世纪后半期科学教育的另一个重要特点。学生参与科学活动已经不是简单的个人行为，而是通过群体活动发展个性并向社会化转变的行为。由此，科学教育的内容也越来越被要求应来源于社会并贴近于生活，科学、技术、社会间的互相联系日益受到重视。这一时期世界主要发达国家的科学教育课程十分重视科学技术在社会生产、生活中的应用，注重将中小学科学教育的内容与当前社会的发展与生产密切结合起来。科学教育课程不仅重视科学的知识和技术层面，而且关注科学技术与社会的各种关系以及这种关系对社会的影响。科学知识的内容在面向社会和职业的同时，应注意给学生足够的空间，让他们充分表达和论证他们自己对问题的看法。② 1989 年，联合国教科文组织在北京召开了"面向 21 世纪教育国际研讨会"。会议报告指出"科学现在已被认为是一种对人性的追求"，强调所有学生都要接受科学教育，要求在科学课程中把科学作为一种探求，作为发现世界的一种令人激动的方式，而不是将关注点放在一组知识上；主张科学课程应让学生有机会考虑科学技术革新带来的社会、经济和生态影响，引导学生正确理解各种生物之间的相互依赖关系，使学生认识科学中的人性追求。③

---

① 张克裘：《国外小学科学教育浅析和借鉴》，载《外国中小学教育》，1997(3)。
② 陈光军：《国际科学教育发展趋势及其对我国科学教育的启示》，载《中小学教师培训》，2015(9)。
③ ［伊朗］S. 拉塞克、［罗马尼亚］G. 维迪努：《从现在到 2000 年教育内容发展的全球展望》，马胜利、高毅、丛莉等译，85 页，北京，教育科学出版社，1992。

第三节 20世纪后半期教育技术的运用

与20世纪中叶之前相比，20世纪后半期科学技术的发展出现了明显的加快势头。从技术属性上看，大体可以说，20世纪后半期教育技术的发展是一个以数字技术代替电子技术的过程。在20世纪后半叶的50年中，前半期主要经历了机器教学与程序教学的开展、微格教学技术的使用、电视网络的使用与升级；后半期则突进到以计算机、网络和智能机器为代表的信息化和数字化时代。当然这些技术的运用在不少时段是并存的，本节只是做了趋势性的大致分类。

一、机器教学与程序教学的开展

机器教学最早出现于美国。20世纪20年代和30年代初，俄亥俄州立大学心理学家普莱西(S. Pressey)就设计过好几种自动教学机，并开展教学实验。然而，由于设计出现问题和客观条件不成熟，普莱西的自动教学机在教育中的影响并不大。50年代中期，美国心理学家斯金纳(B. F. Skinner)发起了新的程序教学运动，提出了新行为主义学习理论。他在1954年发表的《学习的科学和教学的艺术》一文中，根据自己的操作性条件反射和积极强化的理论重新设计了教学机器，从而使美国50年代至60年代初的程序教学运动达到高潮，后来发展成为不用教学机器只用程序课本的"程序教学"。再之后，他的理论被应用于电子计算机，开启了计算机辅助教学(CAI)。

二、微格教学技术的使用

微格教学(microteaching)是一种利用现代化教学技术手段来培训师范生和

在职教师的系统方法。微格教学自 1963 年被提出后，很快被推广到世界各地。20 世纪 70 年代末，微格教学已逐步被一些国家作为培训教师教学技能、技巧的一种有效方法。英国 90% 以上的教师培训院校开设了微格教学课程，一般将其安排在大学四年级。学生经过 210 学时的学习后再到中学实习。澳大利亚悉尼大学教育系总结外校经验，于 1972—1976 年由国家投资开发这门课程，编写了《悉尼基本教学技能》五册教材，在世界上引起强烈反响。澳大利亚 80% 的师资培训机构以及英国、印尼、泰国、加拿大、美国的一些师范院校都采用了这套教材。1979 年，联合国教科文组织组织亚太地区的日本、泰国等八个国家和地区研究微格教学，探索提高教师素质的途径。我国在 80 年代初开始引进这种教学方法。

美国斯坦福大学的科研工作者经过反复实验，让师范生自己选择教学内容，缩短教学时间，并用摄像机记录教学过程，以便课后对整个过程进行更细致的观察和研究。1963 年，斯坦福大学的科研工作者开始用这种方法训练师范生的教学技能，于是产生了微格教学——培训教师教学技能的方法。微格教学强调技能的分析示范、实践反馈、客观评价等环节。

三、电视网络的使用与升级

20 世纪 60 年代，大型计算机被迅速应用于发达国家的国防、工业及太空计划项目中。美国伊利诺伊大学于 20 世纪 60 年代在计算机上实施了程序逻辑自动化教学，用以支持课程实施。这是较早的大型计算机在教育中应用的案例。60 年代以来，美国许多大学开始建立教学电视网，进行大学后研究生层次的继续教育。佛罗里达大学、科罗拉多州立大学和斯坦福大学分别于 1964 年、1967 年和 1968 年建立了各自的教学电视网。斯坦福大学教学电视网在 1995 年发展成为斯坦福大学专业教育发展中心，为教育、企业和政府机构提供各种类型的教育课程节目服务，包括卫星、光缆、双向交互录像会议系统、多媒体和计算机网络等教育技术基础设施。1984 年，建于科罗拉多州的美国国家技术大学已发展成为有 47 所美国理工科大学加盟的远程教育联合体，应用卫星电视网向全美 1076 个公司接收点提供大学后工程技术和经济管理硕士研究生课程。此外，美国西部 17 个州的州政府筹办了西部州长虚拟大学，宾夕法尼亚州立大学也在 1998 年推出了其名为"世界校园"的虚拟大学课程。①

四、计算机技术在教育中的应用

计算机早期用于军事和大规模计算，随后才进入商业及教育领域，并大致经历了从大型机系统、微型计算机、计算机辅助及基于计算机的学习和教学、交互式仿真四个阶段。②

20 世纪 40 年代，宾夕法尼亚大学的科技人员发明了人类历史上第一个具有实际意义的高速数字计算机，但体积庞大，占地约 1800 平方英尺(1 英尺 ≈ 0.3 米)。1947 年，美国贝尔实验室的科研人员发明了集成电路，使得更小的计算机拥有了更高的处理能力。

微型计算机由大型计算机发展而来。教育中计算机的最初使用形式包括计算机辅助和基于计算机的学习。20 世纪 80 年代，持续迅速发展的微处理器使微型计算机取代了迷你电脑，对教育有直接的影响。③

在互联网广泛应用的 20 世纪 90 年代，微型计算机的影响急剧增加。仿真领域引入计算机后，主要将其应用于空中交通管制员、经济规划师、医务人员、飞行员等的培训。它可以创设高度逼真的训练环境，在教育和培训中广为应用。而基于游戏的学习和游戏化是 21 世纪的技术，也是对交互式仿真

① 丁兴富：《教育技术和远程教育发展的新时期——世界远程教育发展历史追溯和展望(6)》，载《天津电大学报》，2002(3)。
② [美]J.Michael Spector、任友群：《教育技术的历史》，载《电化教育研究》，2016(2)。
③ [美]J.Michael Spector、任友群：《教育技术的历史》，载《电化教育研究》，2016(2)。

技术的扩展。

五、互联网技术将人类推向了学习型社会

互联网是基于计算机技术和通信技术发展起来的，其概念形成于 20 世纪 60 年代。到 20 世纪末，互联网及与其相关的技术在教育技术中的使用和影响已经超越了之前的所有成果。信息时代从此到来，教育上的信息和通信技术、数字资源库、分布式远程系统、学习管理系统迅速建立起来。[1]

(一)信息和通信技术

"信息和通信技术"(ICT)是 20 世纪 80 年代被提出的，泛指视听、通话、广播、电视、计算机和网络技术的综合，在 90 年代的英国被广泛使用，现已为世界各地广泛使用。

(二)数字资源库

互联网与信息和通信技术的发展促进了数字资源库的建立，用于支持教育、娱乐及工作效率的提升。美国教育资源信息中心(ERIC)成立于 1966 年，代表了互联网上免费向学者和研究人员开放的大型教育资源数据库。当时教育数字资源的其他范例还有美国评估、标准及学生测试研究中心(CRESST)和有效教育策略资料中心(WWC)。

(三)分布式远程系统

随着互联网的发展，将远程学习课程与互联网相结合的"数字化学习"(e-learning)课程开始崛起。"远程"指学生和辅导者/教师/培训人员在空间、时间及语言和文化上的分离。"分布式"指专业知识和信息可以分散于多个不同的地方，可能分布于学生或学生群体中，也可能包括面对面的交互(如在混合课程或混合式教学中)。许多分布式远程系统都已广泛支持同步(如发生在电话会议和聊天室的同时性活动)和异步(如邮件和论坛)教学。

---

① 　[美]J. Michael Spector、任友群:《教育技术的历史》，载《电化教育研究》，2016(2)。

(四)学习管理系统

远程管理和分布式课程满足了教师在资源访问、分级练习与活动、跟踪学生进度、为学生提供反馈、为个人和小组提供互动的方法等方面的需求。在提升教师的工作效率和方便学习者方面,在线系统具备以上所有功能是非常必要的。1983年,麻省理工学院发起了雅典娜计划(Project Athena),以开发新的基于计算机的学习工具。20世纪90年代,许多大学及从事教育技术和远程学习的公司开发了很多系统。这些系统已不断发展为支持平板电脑及其他手持设备的系统。①

以互联网为代表的数字传播媒介以01数字信号取代了模拟电信号,用开放的互联网代替了封闭的电视网络,这是关于电子传播媒介的一场革命,其意义不亚于印刷机对手工抄写的革新。它使人类的学习发生了根本性变革。作为书写载体,互联网就是一张覆盖在地球表面的"大纸",让能够访问互联网的人都可以在这张"网"上浏览、写作、交流,为个人化的表达和发布提供了前所未有的机会。②

六、其他先进技术的运用

随着技术发展与更新速度的不断加快,技术对教育的影响不断广泛而深远。一些在20世纪后期发端和发展的新技术,已经预示了它们在21世纪的光明前景。作为向21世纪技术发展的过渡,20世纪后期较为活跃的几项新技术,已经展示了它们必将深刻影响人类21世纪教育的潜质:一是智能系统,二是代理技术,三是大数据。

智能系统是计算机技术进一步发展的结果。随着计算机的出现,认知科学家开始探索如何让电脑执行以前一直被人执行的任务。随后这些活动分化

---

① [美]J. Michael Spector、任友群:《教育技术的历史》,载《电化教育研究》,2016(2)。
② 郭文革:《教育的"技术"发展史》,载《北京大学教育评论》,2011(3)。

为人工智能(Artificial Intelligence，AI)这一领域。人工智能对 21 世纪世界教育的影响是如何估算都不为过的。20 世纪后期，这一技术的发展还处于初始阶段。例如，20 世纪 80 年代人工智能的探索与发展，在教育领域催生出了"智能导师系统"(Intelligent Tutoring Systems)，其目的就是在特定的学习任务中，以智能机器取代人类教师。典型的"智能导师系统"具有知识领域模型、特定学生模型及选择和发送一个适当任务的机制。"智能导师系统在一些既定的任务中较为成功，如常见错误或误解的问题库能引导选择合适的反馈或下一个任务，也能够建立知识模型。可能是由于设计和发展本身很复杂，一些非良构的问题解决活动在基于规则的系统中不容易解决。"①但随着人工智能技术的不断成熟，其对人类未来教育的影响则是不可限量的。

此外，另一种重要技术——代理技术在未来教育中的应用也将十分广泛。"教学代理"也是一种人工智能系统，"其目的是帮助在学习环境中努力参与各种学习活动的学习者"②。软件代理于 20 世纪 70 年代出现。直到 20 世纪 90 年代，随着社会模拟(Social Simulation)概念的提出和使用，人们开始使用代理技术来模拟与理解社交网络，智能代理才最终进入教育领域。教学和变革代理是一项有前景的技术，支持学习者在动机、意志、情感控制以及复杂和具有挑战性的学习任务方面的发展。③

大数据也是一项对教育的未来发展具有重大影响的技术。随着计算机的广泛使用和互联网技术的发展，数据的更大规模的收集和共享已经成为现实，大数据集、数据驱动和循证决策在 20 世纪 80—90 年代已为许多领域所采用。④ 在教育中，大数据具有广泛的用途，既可以用于收集学习者的信息，也可以用于对个人、小组、机构工作状况和项目进展情况的分析，还可以用于

① ［美］J. Michael Spector、任友群、《教育技术的历史》，载《电化教育研究》，2016(2)。
② ［美］J. Michael Spector、任友群、《教育技术的历史》，载《电化教育研究》，2016(2)。
③ ［美］J. Michael Spector、任友群、《教育技术的历史》，载《电化教育研究》，2016(2)。
④ ［美］J. Michael Spector、任友群：《教育技术的历史》，载《电化教育研究》，2016(2)。

教学设计人员、教师和智能系统,以便使用绩效数据集向相关的学习者和学习任务推荐合适的活动和资源,并进行学习分析。①

第四节 20世纪后半期的教育研究方法

教育研究的方法多种多样。近代以来,受自然科学方法论的影响,教育研究方法走上了追求科学化的道路。由自然科学的发展带来的教育研究方法的变化,正如前文所述,自培根肇始。到19世纪末,西方的教育研究已形成了以实证化为标志的"教育科学运动"。实证化的定量研究在20世纪前30年盛行起来,教育实验、教育统计、教育测量、教育调查的方法都在技术上得到了较大的发展。定量研究成为这一时期教育研究方法的主流。②

然而,20世纪后半期,尤其是从20世纪60年代到70年代后期,由于前文已经展示的背景和原因,西方国家对科学性质的认识发生了变化。人们科学观的变化以及对教育不同于自然科学的种种特点的认识的不断深化,导致教育科学认识论发生了重要转向,并由此带来教育研究方法的相应变化。教育作为一种人际现象存在着与自然界不同的一些特点受到了人们的关注,并由此展开了人们对传统实证主义范式的质疑和批判。

首先,实证主义注重教育研究的"技术化"和"精密控制"的研究取向受到了批判。因为教育是一种人际活动,具有许多不可控制的因素,这些因素的相互作用会对教育研究的结果产生直接的影响,而实证研究在结果的解释上常常是忽略这些影响因素的。也就是说,教育现象是复杂的人际现象,实证方法无法揭示和说明其全部。其次,"价值中立"是实证研究的重要主张。按

---

① [美]J. Michael Spector、任友群:《教育技术的历史》,载《电化教育研究》,2016(2)。

② 郭芬云:《西方自然科学发展对教育研究方法论的影响》,载《山西大学学报(哲学社会科学版)》,2003(2)。

此主张，研究者自身的情绪或价值判断等主观的东西都必须被排除在研究过程之外。然而，研究者作为生活世界中活生生的人，面对复杂的教育教学活动时是无法不进行价值选择的；教育作为一种有目的、有意义的活动，也需要具有一定价值观和意识取向的研究者去选择其意义。最后，实证研究注重变量控制，要求确定自变量与因变量之间的关系。然而，教育不仅是一种复杂的人际现象，而且整体和部分的关系常常是不可分割的，故将其各部分割裂开来进行孤立的研究，难以反映教育现象的本质。

基于上述质疑和批判，人们意识到，教育不仅需要实证方法，更需要突出人文性和社会性。20 世纪下半叶以来，各种基于对人的研究的学科受到了教育界的广泛关注。诸如人类学、现象学、精神科学等一类学科受到青睐，其相应的研究方法也对教育研究产生了重要影响。同时，人们也认识到，实证研究并非一无所用，它对解决特定的问题尤其是事实发现层面的问题具有自己特定的价值。任何单一的研究范式都不足以解决教育研究中的所有问题。在这一背景下，从 20 世纪 60 年代特别是 80 年代中期开始，西方教育研究取向出现了新特点。

一、实证取向的研究与人文取向的研究走向结合

从 20 世纪 60 年代开始，西方教育研究方法论的基础已悄然发生了变化，由过去的以物理学、化学为代表的经典自然科学逐渐过渡到了以人类学、诠释学为代表的社会人文科学。以社会人文科学为基础的教育研究受到了人们的广泛重视，原居于教育研究从属位置的"边缘"研究范式也由弱转强。质性研究、人种志研究、行动研究、叙事研究等，都成为教育研究的重要方法。同时，实证研究方法也依然在自己的范围内发挥着作用。教育研究中出现了在采用实证取向的研究方法的同时，也容纳以社会人文科学为取向的教育研

究方法的态势，形成了西方教育研究方法的多元化格局。[1] 从总体趋势上看，社会人文研究范式在教育研究中的地位不断提高，实验研究不再像20世纪中叶之前那样被定于一尊，而是开始寻找适合自己的研究边界和地位。科学研究范式以追求精确性、客观性、逻辑的严密性等为基本特征；社会人文研究范式主要通过思辨、直觉、体验等方式来追问人生的意义，从而不断提高人的生命境界，具有个体性、主观性和不确定性等特点。[2] 20世纪下半叶，西方不少颇为流行的教育研究理念和方法都可归于人本主义研究范式之下，如教育人种志研究注重揭示社区、学校、课堂、班组等一类中小规模团体活动及个体活动"质"的方面，以参与性观察、深度访谈、三角互证法等方法为主要手段，在方法论上表现出典型的现象学、自然主义和有机整体观的特征。[3] 因此，从20世纪后半期西方教育研究的大格局角度看，我们可以将之理解为实证取向的科学研究开始寻求与人文取向研究的结合。

二、定量研究与定性研究兼容

包括教育实验、教育统计、教育测量、教育调查等在内的教育方法在20世纪上半期得到了充分发展，是20世纪上半期教育研究的主流方法。20世纪后半期，尽管定量研究方法遭到了种种非议，被认为在很多方面不适用于复杂和价值关涉的教育研究，但定量研究并没有退出历史舞台。在教育的某些领域和某些问题上，它的应用性依然很强。如美国历史上的"八年研究"(Eight-Year Study)、《科尔曼报告》(Coleman Report)所关涉的研究，都是定量研究的典型案例。20世纪80—90年代，美国建立了有关学生学业成绩的评价制度，在很大程度上就是量化研究即教育统计和教育测量的新发展。与此同

---

① 洪明：《西方教育研究取向新进展》，载《教育研究》，2000(10)。
② 洪明：《西方教育研究取向新进展》，载《教育研究》，2000(10)。
③ 洪明：《西方教育研究方法论的重要转向——教育人种志研究初探》，载《福建师范大学学报》，1999(Z1)。

时，前文已述的多种基于人文主义取向的定性研究方法也在 20 世纪后半期被欧美国家广泛采用。相比较而言，20 世纪后半期定性研究的发展势头更猛些。以比较教育研究为例，西方学者的一项调查表明：1979 年声称自己基本采用或倾向于采用定性研究方法从事教育研究的教育研究人员约占被调查人数的 55%，而到 1988 年这一比例已上升到了 77%。[1] 定性研究具有推理性、抽象性和主观性的特点；定量研究则注重准确性与直观性。随着定量研究的进一步发展以及定性研究的成熟，两种研究范式已经各自形成了一套富有特色的方法体系，为研究人员在研究中彼此借鉴与合作提供了现实基础。两者在教育研究中开始并行不悖，甚至相互补充。例如，美国教育研究院主持的大型研究，除使用定量研究方法进行教育统计外，也采用一些价值关涉的定性研究方法对定量研究进行补充，以解决美国教育研究中容易出现的忽略少数民族群体利益的问题。

三、教育研究与信息技术的联系日益密切

信息技术的突飞猛进，使得综合运用多学科的方法和知识，特别是将自然科学、技术科学和社会科学的知识紧密融合在一起成为可能。这一方面为教育研究走向综合化提供了技术条件，另一方面也使教育研究在手段上不断走向信息化，在技术上不断走向工具化。

教育研究与信息技术的联系日益密切的主要表现为教育研究手段的日益信息化。研究手段的信息化是指在现代化思维方式的指导下，运用以信息获取和信息加工为核心的概念及范畴工具，运用基于信息技术的信息收集、存储、加工和处理的方法论工具的总和。信息技术影响教育研究方法的一个重要体现是将物化技术工具化，也就是通过研究开发出多种多样的信息化科研工具，然后促进信息技术在教育研究中的应用，并期望这些工具的使用与推

---

① 徐辉、余凯：《略论美国比较教育中的后现代范式特征》，载《教育研究》，1998(3)。

广能够在方便性、简易性、高效性和准确性等方面为信息时代的教育研究带来更强的生命活力。

早在1968年,美国斯坦福大学尼尔(H. Nie)等三位大学生就针对社会学研究领域常用的数学统计分析方法,如集中量数和差异量数、相关分析、回归分析、方差分析、卡方检验、t检验和非参数检验等,开发并制作成通过菜单方式即可使用全部统计方法的方便易学的软件工具。自此,统计软件在教育研究中的使用逐步流行,教育研究使用软件进行分析的情况越来越多。例如,社会科学统计软件包(Statistical Package for the Social Science, SPSS)已经成为包括教育在内的社会科学研究的重要工具。SPSS软件在为社会学研究、教育学研究等领域服务的过程中,也在进行自身的快速发展。例如,多元统计技术,如多元回归分析、聚类分析、判别分析、主成分分析和因子分析等在SPSS软件中也都能通过非常简单高效的操作完成。① 基于信息技术的另外一些教育研究方法与技术工具,例如S-T分析法、德尔斐(Delphi)方法、弗兰德斯(Flanders)方法等统计分析工具也被越来越广泛地加以运用。②

总之,信息技术的发展和应用,为人们提供了广阔的认知空间、丰富多彩的信息资源和多样化的认知途径,创设了优越的环境和开放的创造空间。信息技术的迅猛发展及其在教育领域中的广泛应用,使得新的教育研究技术及新的技术工具不断涌现。它改变了教育研究方法的体系结构,打破了地域的限制,提供了丰富的教育资源和研究对象,大大提高了教育研究的科学性。这也是20世纪下半叶教育科学研究的一大新景观。

四、多因素和综合性研究方法受到重视

由于严格意义上的实验在教育领域很难得到真正的实施,坚持科学研究

---

① 王陆:《信息技术对教育研究方法的影响》,载《当代教师教育》,2008(2)。
② 王陆:《信息技术对教育研究方法的影响》,载《当代教师教育》,2008(2)。

方向的研究者们不再像早期实证主义者那样要求对教育实验进行自然科学意义上的严格的变量控制。例如，20世纪60年代由坎贝尔(B. T. Campbell)和斯坦尼(T. C. Stanley)率先提出的准实验(quasi-experimentation)的概念和设计方法，一方面恪守了实证主义的方法论原则，坚持揭示教育现象间的因果联系；另一方面又试图兼顾教育现象不同于自然现象的特殊性质，强调研究真实自然条件下的教育对象，一般不设控制组或设不相等的控制组，甚至不进行专门的测量设计，常使用学校常规活动所获得的数据(如考试成绩等)。从严格的实证主义立场出发，准实验研究结果的可靠性和效度都大大降低。西方近几十年发展起来的适合复杂教育情境的其他多因素实验设计、统计分析也反映了类似的研究理念的变化。多因素实验设计通常包含两个以上的自变量，注重考查交互作用(效应)，即自变量之间的相互关系。但这种设计较为复杂，要求较高，被试选择及安排较烦琐，交互作用的解释也较难。

整体论、系统观并不是来自某一单一学科的方法论原则，而是自然科学、社会人文科学、横断科学及综合科学发展到当今时代形成的共识，并在上述所有学科领域普遍表现出来。如自然科学领域的以分形和混沌理论为主干的"非线性科学"，社会人文科学领域的现象学、诠释学、人类学、人种学，横断科学领域的系统论、控制论、信息论及在此基础上兴起的自组织理论、耗散结构理论、协同论、突变论等，都表现了共同的方法论倾向，展现了整体、系统思想方法的风采和魅力。

值得一提的是，20世纪六七十年代发展起来的生态学及其方法论，以其整体论和系统分析进一步加强了这一趋势。生态学追求综合、联系、平衡的思想方法，把研究对象作为一个有边界、有范围、有层次，各因子在功能上协调一致的生态系统来研究，对教育研究产生了重要影响。整体论、系统观是西方各个学科领域普遍表现出来的共同的方法论原则，也是西方当代各种取向的教育研究共同寻求的思想方法。

五、教育研究主体由单一转向多元并走向合作

自实证主义哲学对西方社会产生广泛影响之后，研究被看作只有接受了科学研究方法训练的人才能做的事，这就使得教育研究具有较高的门槛，让人们认为只有掌握了实证的方法，才有资格从事研究。因此，20 世纪 50 年代之前，教育研究者不仅数量相对较少，而且构成比较单一，通常只有单一化的社会身份。当时由教育行业内部的人研究教育的情况较多，且教育内部的研究者通常也由接受过严格训练的人构成。在这种情况下，教育研究不仅不倾向于让其他研究领域的专业研究人员涉入，而且甚至把教育实践一线的教育工作者排斥在外。然而，到 20 世纪后半叶，教育研究者已不再局限于教育领域之内，有其他社会身份的人也开始涉足教育领域进行相应的教育研究与思考。以美国为例，20 世纪 50 年代，影响教育改革的很多核心人物并非教育界人士。例如，里弗科为海军上将，科南特为化学家，布鲁纳为数学家等。20 世纪 80 年代，上述状况越发明显。以从事教育哲学研究的群体而论，80 年代以前，美国教育哲学学会主要由专业会员构成，其中非专业会员只占很小的比例。但是，80 年代以后，研究成员拓展到妇女研究、人文研究、政策研究、商业研究、法学研究、艺术研究、文化研究等广泛领域。其中正式会员与非正式会员的比例也发生了逆转，非正式会员在其中的作用越来越大。[1]此外，教育实践一线的教师积极投身于教育研究，教育研究主体呈现出草根的色彩，教育一线教师参与其中的"教育行动研究"风靡英美诸多国家即是明证。随着科学研究课题的复杂性、综合性越发彰显，不同研究主体之间的合作也日益普遍。

教育科学化是一个历史的进程，也是一个历史的概念。从广义上看，自有人类社会便有了教育，科学技术也以其早期的方式与教育并存，两者具有千丝万缕的联系，但这种联系还是相对疏远的。科学技术对教育的影响不大，

---

[1] 邵燕楠：《中美教育哲学研究人员之比较》，载《宁波大学学报(教育科学版)》，2006(4)。

教育也需要关注科学技术。科学技术对教育形成较大影响应是自16世纪培根的影响开始的，表现为来自自然科学的理念、方法和技术开始对教育产生明显的影响，促使教育的发展产生了偏向自然科学路径的变化。从夸美纽斯要求教育遵循自然，到裴斯泰洛齐提出教育要心理学化，直至赫尔巴特提出要建立科学的教育学，上述种种努力都是教育科学化的早期进程，表现为在教育理念和方法上寻求教育科学化。19世纪末20世纪初至20世纪50年代的欧美教育革新运动，则把教育科学化推向了高潮，使自然科学对教育的影响达到了顶峰。这一阶段的教育科学化不仅仅体现在教育理念和方法上，而且进一步扩展到教育研究的方法上，教育实验、教育统计、教育测量、教育调查等一度成为教育研究推崇和采用的方法。20世纪后半期，"二战"后人文主义思潮的崛起以及科学哲学对实证主义哲学的批判，导致实证主义意义上的科学理念受到削弱。人们更倾向于在科学的领地里打上人文之光，科学和人文的融合趋势加强，原本只在德国流行的注重以人文精神观照科学的精神科学学派的理论重新得到重视。这促进教育科学化向着与人文融合的方向发展，使教育科学化迈进了一个新时代。

第十章

20 世纪后半期教育国际化的崛起

　　教育国际化早已有之，其历史渊源可以追溯到古希腊和古埃及的教育。那时跨国的"游教"和"游学"之风相当盛行，只不过这种国际交流是在当时已知的非常狭小的范围内进行的。古代的教育之所以自萌芽时代起就有了这种国际性，是因为当时人们公认的知识具有普遍性。中世纪的学校追求的也是这种普遍性。中世纪时，语言、文学、哲学等人文学科是知识的基础，知识是全球性的。正是基于这种观念，拜占庭学者在博洛尼亚和佛罗伦萨受到欢迎，来自欧洲各地的学者在巴黎、牛津和剑桥仿佛生活在自己的家园一样。欧洲不同国家的大学都采用拉丁语教学，开设的课程也大体相同，授予的文凭也能被相互承认。16 世纪上半叶这种状况开始变化。由于欧洲的宗教改革运动，各地的新教教派兴起，种种宗教樊篱破坏了知识普遍性的观念。例如，英国宣布圣公会为国教，牛津大学、剑桥大学的教师和学生都必须宣誓忠于国教，并且民族国家的边界进一步加固了这种樊篱。

　　近代以来随着资本主义在全球范围内的发展，国与国之间教育交流的频率和幅度大大增加。17 世纪捷克教育学家夸美纽斯倡议建立的"泛智学院"（Pansophic College）召集世界各国学者、贤士共同传授知识，目的在于增进"国际理解"，并在 17 世纪提出了"人类的每一个成员都毫无例外地享有教育的权利"①的口号。19 世纪 50 年代到 20 世纪初，世界范围内的国际会议和活动日渐增多，国与国之间的交流越发频繁。仅 20 世纪头 10 年，世界范围内"通过全球的观点解决人类利益的普遍问题的各类机构"②就召开了 250 多场会议。1893 年芝加哥召开的哥伦比亚世界博览会教育展（The World's Congress of Education of the Columbian Exposition of 1893）吸引了英国、法国、德国等 27 个国家的教育学者参加。"这是世界各国的教育体系第一次有组织、有意识地通过国际合作构建起了国际、国家以及本地之间的联系。"③国与国之间的交流让人们逐渐摆脱了"民族思维"的狭隘视野，逐渐超越传统的民族观而形成"国际思维"的新观念。与国际会议相伴而行的教育实践是国际学校的建立。1867 年，世界上第一所国际学校创建，随后阿博茨霍尔姆和比代尔学校建成，之后瑞士日内瓦依可林特国际学校、日本横滨国际学校、德国奥尔登瓦什国际学校、法国切维诺尔学院等相继成立。这些国际学校的共同特点是"创立一种新的国际教育形式和国际课程，建立起不同文化背景下个人和群体间的同情与理解，将学生交流作为增进跨文化理解的手段，将学生的个人民族主义思想培养成以国际主义为第二性的思维模式。这种建立在国际思维平台上的一代人所具有的特征将会是兄弟般的理解和互助"④。这一时期，1920 年成立的国际联盟、20 世纪 20 年代成立的国际教育局、1923 年成立的世界教育协会联盟等国际机构都在推动国际理解。国际会议、国际学校、国际组织等相继举办或成立，其目标是通过国际理解和国际合作培养具有"世界思维"的学

---

① 王涛：《二战前的国际教育——教育国际化的起源与发展》，载《外国教育研究》，2008（11）。

② M.H.La Fontaine, *Papers on Inter-racial Problems Communicated to the First Universal Races Congress Held at the University of London*, London, P.S.King & Son, 1911, p.243.

③ 王涛：《二战前的国际教育——教育国际化的起源与发展》，载《外国教育研究》，2008（11）。

④ WFEA, *Official Programme of the World Federation of Education Associations Third Biennial Conference*, Geneva, Tufts University Archives of the World Peace Foundation, 1929, p.94.

生，这成为 20 世纪后期教育国际化发展的核心观念。正如托马斯(A. Thomas)在 1923 年世界教育大会上指出的，"一个人必须了解世界，知道这个世界正在发生着什么，知道如何用和世界相关的语言解释世界。因此，今天的孩子们必须掌握世界的观点，把握对世界的理解，而这些观点和理解又都必须有赖于我们在座的学校教师"①。全面、制度化的教育国际交流则是"二战"以后伴随着联合国教科文组织等国际组织的出现才正式形成的。"二战"之后联合国教科文组织及其他国际教育组织的成立为教育国际化在组织上提供了保证。②

"二战"以后，尤其是东西方冷战状态结束以后，各国普遍开始意识到新的国际化时代的到来。在这个时代，国际竞争从军事对峙转向了经济发展，以及经济全球化时代带来的技术、知识、人才的竞争。以往各国所面对的能源问题、环境问题、安全问题、人口问题、发展问题等逐渐成为国际性问题。在以信息技术为基础的新技术革命的推动下，知识的传播越来越不受国界的限制，知识日益国际化，各国的发展日益依赖知识和信息技术的广泛应用。越来越多的学生意识到，要想在未来的就业市场上获得成功，就必须具有国际知识和经验。20 世纪 80 年代后期的经济全球化浪潮，生产要素在全球范围内的流动，国际分工水平的提高以及国际贸易的迅速发展，给不同国家带来了不同形式、不同程度的影响，致使各国政治、经济、文化和教育等领域相继发生变化，这一变化是 19 世纪以后世界各国在人类历史上的又一重大变革。在这样的背景下，学校教育以新的观念和姿态朝着全球范围的国际化方向发展。从某种意义上说，从 20 世纪 80 年代后期开始，人类社会正在逐步

---

① A. Thomas, "Report of Committee on Foreign Relations," Addresses and Proceedings of the 61st Annual Meeting at San Francisco, Washington D.C., National Education Association, 1923.

② 吴明海：《20 世纪教育的历程与走向纵论》，载《北京科技大学学报(社会科学版)》，2000 (2)。

迈入经济全球化时代。

第一节　教育国际化崛起的背景

"二战"使欧洲经济遭到严重破坏，大量人才外流。为谋求共同发展，欧洲各国开始走向一体化。冷战结束后世界经济呈现全球化趋势，国际金融和跨国公司的发展又加快了经济全球化的速度。在这样的背景下，教育国际化开始崛起。

一、政治与经济驱动

与以往各个历史时期相比，"二战"后政治格局的改变和经济因素或经济利益的驱动成为影响欧美国家和地区教育国际化的主要因素。从高等教育国际化的历史演变来看，自近代大学产生到第一次世界大战期间，模仿欧洲大学模式实现本国高等教育现代化是大多数"后发外生型"国家高等教育国际化的主要推动力。"二战"后至70年代前后，不同意识形态之间的冲突加剧，特别是共产主义、资本主义等属于政治范畴的各种因素成为影响各国教育国际化的主要力量。以苏联和美国为首的东西方两大阵营主要从保卫国家安全、维护本国政治制度出发，对欧洲和第三世界发展中国家或地区提供无偿技术援助、免费招收留学生等，推动了当时世界高等教育国际化的发展。例如，1946年，美国制订的"富布赖特计划"（Fulbright Plan），通过教学、思想交流、协力解决共同面对的问题增进美国和其他国家之间的相互了解。50年代初期，亚洲和东欧社会主义国家向苏联派遣大量留学生、进修生，我国从第三世界国家招收免费留学生、派遣技术专家等，都说明了这一点。

从20世纪80年代初期开始，尤其是苏联和东欧各国社会主义体制瓦解以后，发展经济取代了冷战期间政治对立和意识形态方面的冲突，而第三次科技革命特别是经济全球化进一步推动了教育国际化进程。加强国际的人员交流、实现课程国际化、培养国际型人才，进而提高国际竞争能力等，逐渐主导了各国教育国际化的发展。如欧盟各国于 20 世纪 80 年代开始实施的"伊拉斯谟计划"(Erasmus Programme)、1995 年批准的"苏格拉底计划"(Socrates Programme)以及 1999 年发表的《博洛尼亚宣言》(Bologna Declaration)等无不着眼于建立欧洲统一的经济框架，"通过欧洲各国间的人员交流，以及课程、学分、文凭和学术资格等相互承认等，建立相互开放的高等教育体制，促进欧盟劳动力市场的形成，增加欧洲各国在全球经济竞争中的实力"①。不少国家和地区通过大量招收全额自费留学生、开设海外分校、国外合作办学、跨国网络教学等手段增加国家财政收入。自 1979 年英国首先改变留学生政策，以营利为目的对外国留学生实施全额收费以后，从 80 年代开始，英联邦的澳大利亚、新西兰和加拿大等国也纷纷采取同样的措施。此后，"美国、德国、法国、荷兰、新加坡和马来西亚等，也相继改变了以往政府对外国留学生实行全额资助或优惠的收费政策，将留学教育和教育服务等商品化，谋取商业利润"②。我国政府也在 1989 年开始制定招收外国自费来华留学学生的有关政策，改变以往由政府提供全面资助的留学教育政策，对来华留学生实行收费政策。

值得注意的是，在这一过程中，影响发达国家与发展中国家教育国际化的动因存在着较大的差异。例如，与欧美发达国家在教育国际化过程中过分追求经济效益或商业利润相比，大多数第三世界或发展中国家更强调通过教育国际化进一步提高本国的教学和研究水平，实现国家整体经济实力的提高。

---

① Hans de Wit, "European Internationalization Programs," *International Higher Education*, 1996(4), pp.5-6.

② Hans de Wit, *A Historical, Comparative, and Conceptual Analysis*, Westport, Green-wood Press, 2002.

虽然影响发达国家和发展中国家教育国际化的因素并非完全一致，但与以往相比，经济因素在推动各国教育国际化的发展过程中发挥着越来越重要的作用。

二、全球教育竞争

19世纪至20世纪的第二次世界大战期间，法国和德国的大学模式主导世界高等教育的发展，世界各国留学生多集中在欧洲学习。20世纪80年代以后，由于西方许多国家实行大学法人化或民营化改革，减少对高等教育的政府投资，致使高等院校在获得较大自主权的同时，也面临着办学经费拮据的困境。90年代后，大多数西方发达国家的高等教育正迈向普及化阶段，而"少子化"现象的出现导致许多院校特别是私立院校出现了办学危机。与此同时，大多数发展中国家和地区政府财力有限，高等教育机构质量不高，因此，到欧美发达国家留学、开展和发达国家之间的国际合作办学成为满足社会对高等教育要求的有效手段之一。

在上述背景下，为增加办学经费和院校收入，发达国家改变了以往对于高等教育国际化的援助政策，在全球范围内展开了激烈的竞争。就地域而言，这一竞争多集中在亚太地区两类国家和地区：一类是高等教育处于快速发展阶段的国家，如中国、越南、马来西亚和印度尼西亚；另一类是重视学历而自身高等教育办学水平相对较低的国家，如韩国等。参与竞争的主要包括美国、英国、加拿大、澳大利亚、法国、德国、荷兰、挪威以及日本、新加坡等高等教育基本进入大众化阶段的国家和地区。随着高等教育国际化内容的扩展和侧重点的变化，20世纪80年代后期到90年代初，各国集中争夺留学生生源，通过招收全额自费留学生以增加院校收入；90年代中期以后，生源的全球争夺日趋激烈。有的国家还抢占其他国家的国内教育市场，通过合作办学、设立海外分校、提供远程教育等展开教育竞争。这种竞争不仅表现为不同区域国家之间的竞争，如美国与欧盟国家、澳大利亚等之间的竞争，还表现为同一区域不同国家之间的竞争，如欧盟的英国、法国、德国和荷兰等国之间的竞争，甚至同一国家同一地区的不同院校之间也存在激烈的竞争。例如，英国、美国和澳大利亚等国内的不同院校，争先恐后在亚太地区特别是中国和马来西亚招收留学生，开展跨国教育服务项目。

在这一竞争过程中，不少国家和地区对外开放国内教育市场，允许境外院校办学，致使本地生源流往发达国家。以学生交流为例，1960年全世界留学生数量约24.5万人，60年代末期全世界留学生的数量将近50万人，1980年已上升至100万人以上，80年代末全世界留学生、研究生和进修人员的数量共达120万人，而到1995年已经达到了130万人。① 20世纪70年代之前亚太地区大多数国家和地区高级人才的培养方式主要是前往欧美发达国家留学，这些国家和地区基本上属于单纯的留学生派出国和地区。其中，输出留学生人数最多的前10位国家和地区都属于东亚和东南亚。80年代之后，由于本国或本地区高等教育质量的不断提高和经济利益的驱动，以往属于留学派出国的澳大利亚和新西兰逐渐成为亚太地区最大的留学生接收国之一，特别是从20世纪80年代中期开始，亚太地区的留学生大量流往澳大利亚。据统计，澳大利亚的留学生从1987年的7131人上升到2000年的188277人②。日本、新加坡等国家和地区在大量输出留学生前往欧美国家和澳大利亚等发达国家的同时，也努力开拓海外市场，逐渐接收较大规模的留学生。作为世界上最大的留学生派出国，我国也积极接收来华留学人员。90年代以来我国留学教育得到快速发展。1991年外国留学生数量首次突破万人，2000年来华留学生已达52150人，比1999年增长了16.6%，其中长期性留学生达到35671人，比

---

① 陈学飞、雷静：《国际化——90年代国际高等教育发展的一大趋势》，载《有色金属高教研究》，1999(4)。

② 郑确辉：《高等教育国际化及我国高等教育管理改革》，载《山东科技大学学报(社会科学版)》，2005(1)。

1999年提高了22%；接收外国留学生的高校数也由80年代末的不到百所增加到2000年的364所。①美国在20世纪90年代接收了大量来自世界各地的留学生。"1990—1991学年，在美国学习的各国留学生达407529人，占美国高校在校学生总数的2.9%，占同年世界留学生总数的35%。"②

可以看出，至少在留学教育方面，高等教育国际化的竞争不仅表现为发达国家之间的竞争，还表现为发达国家与发展中国家之间的竞争。发生在20世纪90年代世界范围内的社会、政治、经济、文化、科技等领域的重要革新与变化无不影响着各国教育改革。政治民主化、经济市场化、人类活动国际化、社会信息化，科学技术日益发挥在经济增长与发展中的作用，以及传统的"一切为了经济增长"向"社会经济协调的可持续发展"模式的变化，都影响着90年代各国教育指导思想的制定，使各国教育改革更加注重对外开放，越发具有国际性。

三、人力资本转型

20世纪80年代世界政治格局的变化带来了需要各国共同解决的世界性问题，人类面临的能源问题、环境问题、安全问题、人口问题、发展问题等越来越具有共通性。正如S.拉塞克（S. Laseque）等人所说："今天，有识之士都认为世界是一个命运相连的共同体。人们越来越认识到，在各处困扰人类的重大问题具有整体性和全球性。"③在共同的政治和经济主题下，传承各国文明的教育面临的问题和挑战也更多地具有国际特点。这些问题与挑战为教育提供了国际的沟通空间。为迎接21世纪的挑战，"二战"后世界各国纷纷调整

① 刘继安：《来华留学生教育有喜有忧》，载《中国教育报》，2001-04-26。

② K.H.Hanson & J.W.Meyerson，"International Challenges to American Colleges and Universities，" *American Council on Education*，1995，p.20.

③ ［伊朗］S.拉塞克、［罗马尼亚］G.维迪努：《从现在到2000年教育内容发展的全球展望》，马胜利、高毅、丛莉等译，9页，北京，教育科学出版社，1992。

培养目标，提出造就适应新世界需要的合格人才。伴随着经济全球化进程的日益加快，培养具有"全球视野、本土行动"能力的人才日益受到世界各国的关注。经济全球化已导致各国政府加强国际教育，加强学生的文化整合，拓宽学生的国际视野。教育国际化成为经济全球化背景下各国教育发展的一大趋势。这一趋势于20世纪六七十年代在发达国家即已出现。它旨在开展国际理解教育，加强外语教学，增加国际教育交流，培养国际型人才。进入80年代以来，随着各国的依存关系不断加深，世界进一步迈入国际化社会，中小学教育国际化的世界潮流也进一步发展。

日本自20世纪80年代以来高度关注教育国际化，其第三次教育改革将国际理解的原则作为基本原则之一。临时教育审议会关于教育改革的四次咨询报告都强调了教育国际化的重要性。日本从小学起就开始进行"国际理解教育"，内容有"理解发展中国家""参与开发教育""异国文化教育"以及"和平教育"等。1992年实施的日本小学新教学大纲强调要引导学生加强国际的相互理解，初步了解异国文化中的语言、国际礼节、国际知识和教养，为学生在信息化、国际化的进程中形成有选择地活用、处理信息的能力，为学生成为"面向世界的日本人""国际上赢得信赖的人"打好素质基础。从有利于广泛开展国际交往出发，日本初中、高中均重新研讨了英语教学模式，改革了教学内容和方法，将教学重点放在了对国际通用语言的掌握上。此外，日本还通过创办中小学性质的国际学校，以促进日本中小学教育国际化的发展。

韩国从"二战"后到1961年处于教育的起步阶段，着重以扫盲和普及初等教育为教改重点，为经济起飞准备充足的人力资本。从60年代初至70年代中期，韩国走向人力资源密集增长和经济起飞发展阶段，为扩充中等教育和高等教育，对教育结构进行改革，将职业技术教育作为教改重点。从70年代中期起，韩国经济由劳动密集型向技术密集型过渡，经济进入腾飞期。韩国教育改革审议会在1987年针对教育如何促进经济发展提出十大教改措施，

1988 年拟订"21 世纪的教改方案"，到 90 年代初提出要用"教育国际化和国际化教育"的双重眼光对十大教改措施进行具体的落实和执行。①

尽管各国在预测未来社会和反思现行教育制度的基础上，对"合格人才"的概念表述和培养侧重点的理解各不相同，但重视全面提高受教育者的素质，使受教育者具备作为国家公民所应有的基本素质是世界各国的共同目标和教育改革的共同驱动因素。

第二节　国际教育组织的建立和政策推进

"二战"后，在现代化理论和人力资本理论的影响下，发展中国家积极借鉴、学习西方发达国家的好的教育政策，希望通过教育的发展来促进国家民族经济的繁荣。20 世纪 50 年代以来，在国际主义的合作氛围和"发展即经济增长"的理论指点下，发达国家的中等教育、高等教育和培训政策被国际组织、各种基金会广泛采用。到了 70 年代，国际教育政策的关注点开始转变到小学教育以及服务于青年和成人的非正规教育上。从全球角度看，这个时期的国际教育政策转变是推动战后世界教育大发展尤其是欠发达国家教育发展的重要因素。这也说明，跨国教育的交流与合作是发展中国家和欠发达国家教育走向现代化的重要战略选择。

如前所述，20 世纪 70 年代之前，由于教育国际化主要受政治、外交或国防政策的影响，国家或政府实际上成为实施教育国际化的主体。例如，19 世纪中期以后，俄国、日本等国家学习和引进西方教育模式，建立高等教育制度的过程便是直接在国家主导下有计划、有目的地进行的。实际上，直到 20 世纪 70 年代，无论是在发达国家还是在发展中国家，有关教育国际化的各种

---

① 张谦：《韩国的教育改革及其启示》，载《外国教育研究》，1997(4)。

活动,如留学教育等,基本上都是由国家直接拨款资助的,属于国家对外交流政策的一个组成部分。可以说,这一时期是"国家·政府主导型"的教育国际化。

20世纪80年代,学校逐渐成为推进教育国际化的主体,教育国际化的各种活动主要集中在高等教育领域展开。高等教育国际化开始向"政府·院校合作型"特别是"院校主导型"转变。高等学校成为实施教育国际化的主体,主要表现在以下几个方面。

首先,经济全球化为高等教育国际化扫除了许多政治上的障碍,为不同国家和地区高等教育的交流与合作开辟了广阔的空间。大多数高校都把国际化纳入自己的重要发展战略中,各个高等学校开始根据自身特点制定学校国际化发展战略,将国际化贯穿于整个办学过程中。其次,随着高等学校自主权的不断扩大和市场竞争机制的引入,高等学校通过大量招收全额自费留学生和跨国合作办学等手段自筹经费来增加收入。据统计,1993年,外国留学生的学费对美国经济的贡献是68亿美元(比1992年增加10%,是1986年的2倍)。1994—1995年度为70亿美元。更为重要的是,据美国商业部的数据,外国留学生每年在美的消费增加5亿美元。1993年,除了68亿美元的学费收入外,美国政府估计外国留学生在美国城市及大学花费了38亿美元。因此,外国留学生对美国整个产值、美国人的收入及就业做出了巨大的贡献。事实上,美国高等院校已成为美国第五大从海外获取利益的主体。① 最后,国际化成为高等学校提高教育研究质量和国际竞争力的重要手段。"后发外生型"国家通过派出和引进人才、实现课程国际化以及与境外合作办学等途径,期望本国大学跻身世界著名大学行列,通过质量提升增强学校的国际影响力。在一些已经实现高等教育大众化的发达国家,由于国内高等教育需求逐渐减少,私立学校通过开展跨国教育服务扩散国际竞争力,如在海外直接投资办学,

---

① 夏亚峰:《美国的留学生教育现状及其比较研究》,载《比较教育研究》,1997(4)。

与国外院校或企业联合办学，实行院校之间学分、文凭和学位等的相互承认和互换等。

一、国际教育组织的建立

由于经济全球化不断深入，和各国教育交流不断密切，"二战"后出现了不少区域性和全球性的合作组织。

（一）区域性教育组织

为加强欧洲各国之间的联系，1957 年 3 月，西欧六国在罗马签署了《罗马条约》(Treaty of Rome)，在世界上开创了区域经济一体化的新型国际关系。从区域内经贸合作政策、共同对外贸易与发展政策的形成，共同外交安全合作政策的建立，教育及训练计划的推动，直至高等教育体制的整合，以经济贸易和政治合作为动机的欧洲一体化进程显示了区域整合的深化。欧盟教育国际化发展也是该区域政治、经济和文化与教育之间不断互动的一个进程。

20 世纪 50—60 年代，欧洲教育国际化主要是指教育对外国学生开放。70年代，随着欧洲经济共同体(简称"欧共体")的建立和共同市场的建设，欧洲各国开始关注人力资源的开发。1973 年，欧共体建立了负责科学和教育事务的教育、研究与科学总务委员会；1974 年，欧共体成员国的教育部部长确立了"教育行动计划"；1976 年，欧共体正式启动了第一个教育行动方案(Action Programme in the Field of Education)。该行动方案实施"联合学习项目""短期访学"与教育行政管理人员项目，加强了当时 9 个成员国的高等教育机构的共同研究与学术交流。20 世纪 80 年代，欧共体开始对各国学生开放，学生流动的范围扩大到西欧、中欧和东欧等非欧共同体成员国和欧洲以外的其他国家，欧洲教育国际化进入向前飞跃的发展时期。较典型的是 1987 年"欧共体促进大学生流动计划"(European Community Action Scheme for the Mobility of University Student)，即"伊拉斯谟计划"的实施，以及"林瓜语言计划"(Lingua Pro-

gramme)、"夸美纽斯项目"(Comenius Programme)等 8 个有关教育的计划或项目的实施。20 世纪 90 年代,《欧洲联盟条约》(或称《马斯特里赫特条约》)签订, 欧盟职权范围扩大, 欧盟对教育有了合法管理权限。1995 年, 欧盟议会与欧盟理事会提出创建"欧洲教育合作区"的"苏格拉底计划", 强化大学发展中的"欧洲维度"。随着经济全球化日益发展, 高等教育欧洲化逐渐走向体系和结构一体化的发展阶段, 重点强调研究与开发、教师和学生的流动、课程开发以及网络建设, 其标志性发展事件是 1999 年欧洲 29 个国家在意大利博洛尼亚签订的关于建设欧洲高等教育区(European Higher Education Area)的《博洛尼亚宣言》以及由此有序推进的博洛尼亚进程。宣言的目标是"消除欧洲内国家之间学生流动的障碍; 提高欧洲高等教育在全世界范围内的吸引力; 确定欧洲范围内的高等教育系统的共同框架, 并在这个框架之内建立本科和研究生两个阶段的高等教育结构"。

区域一体化推动经济全球化。20 世纪 90 年代以后, 全球各地区语言、历史、文化之间的联系, 以及推进区域内高等教育的国际交流与合作也都服务于各国政治与经济利益。这种区域内不同国家高等教育机构的国际交流, 体现的是国家外交的地缘政治关系。1991 年通过的《欧洲联盟条约》和 1993 年欧洲共同体委员会发表的《教育的欧洲维度》(European Dimension in Education)等引入了"欧洲维度", 赋予了欧洲公民新的权利, 促进了欧洲教育领域的区域合作。1992 年 7 月, 美国召开亚太地区经济合作教育部部长会议, 就建立区域性教育合作、交换教育改革方案与信息、改善教育品质进行讨论。欧洲与拉丁美洲及加勒比海地区教育合作、中国—东盟教育合作、北美自由贸易区教育合作、非洲各国的教育合作都是区域教育合作的不同形式。教育的区域间合作主要围绕加强人员交流展开, 探讨与本区域相关的语言、文化、地理、历史等问题, 以增进区域内的相互了解, 寻求有效的方法, 解决区域内共同的教育问题。从《索邦宣言》(Sorbonne Declaration)、《博洛尼亚宣言》、《布拉格公报》(Prague Communique)、《柏林公报》(Berlin Communique)、柏根公报(Bergen Communique)到《伦敦公报》(London Communique),博洛尼亚进程的政策目标得到逐步推进与深化。1999年6月,《博洛尼亚宣言》提出到2010年在教育国际化方面要达到以下目标:"建立欧洲各国间可以相互承认的学位、各国形成由本科和研究生两级层次构成的教育制度、建立学分互换制度以及促进欧洲各国间高等教育的进一步交流与合作、实现相对统一的欧洲区域(European dimension)的高等教育制度。"①欧洲高等教育区建设目标的实现,将有效地推进欧洲教育一体化的发展。它为区域教育合作与交流树立了范本。

20世纪80年代以来,尤其是在20世纪90年代经济全球化发展加快的背景下,从跨区域院校合作走向国际化战略联盟合作,成为高等院校教育国际化的发展方向。美国在这一阶段加快了国际合作步伐,创新发展了由政府、国内与国际组织、大学机构组成的合作模式。

1. 欧盟与美国的合作

"伊拉斯谟计划"颁布以后,美国联邦政府认为必须加强与欧盟的国际合作。1990年11月22日,欧盟会员国与美国签署了《跨大西洋宣言》(Transatlantic Declaration),提出双方要加强高等教育领域的合作,使高等教育与职业培训领域成为跨大西洋日程表的一部分。该宣言的目标是:促进欧盟和美国之间的相互理解,扩展语言、文化和组织的知识;提高跨大西洋学生的流动质量,包括促进相互理解及学分的互认和转移;鼓励企业在高等教育和职业培训发展方面相互交流;提升高等教育机构、职业教育机构或培训机构、专业组织、事业单位、商业单位及其他相关社团的伙伴关系等;发展联合课程。学分、学位的互认与学生、教师和管理人员的流动是该宣言的重点。欧盟会员国与美国在1994年发表的《马德里宣言》(Madrid Declaration)重申了高等教

---

① 黄福涛:《"全球化"时代的高等教育国际化——历史与比较的视角》,载《北京大学教育评论》,2003(2)。

育与职业教育交流对发展双方政治合作的重要性。

2. 北美自由贸易的区域合作

1994 年，加拿大、墨西哥和美国签订《北美自由贸易协定》(North American Free Trade Agreement)，要求加强高等教育的三边合作。协定指出，为加快三国高等教育国际化进程，必须加强教育国际合作，拓展北美高等教育空间。为此，要鼓励各主体的信息交流，为学生和教师流动提供便利，以促进人员的流动。

3. 院校之间的国际科研合作

美国高等院校重视与国外学术组织、科研机构、国际企业进行项目合作与开发。自 20 世纪 80 年代起，美国高等院校开始与海外院校或其他科研机构建立交流和合作关系，送学生到培养留学生的单位学习，共同培养人才。如约翰·霍普金斯大学与我国南京大学在南京设立了中美文化研究中心(The Johns Hopkins University-Nanjing University Center for Chinese and American Studies)，负责招收具有硕士学位的中美学生。进入 90 年代，美国高等院校开始关注全球共同的教育问题并开展国际合作。1993 年，美国宾夕法尼亚大学发起六国教育研究项目(Six-Nation Education Research Project)，包括美国、中国、日本、新加坡、瑞士和德国，旨在对各国共同感兴趣的教育专题进行研究合作。可以看出，一系列促进高等教育国际合作的系统性策略，推动了教育国际化进程，形成了高等教育的区域合力。

(二)高校战略联盟

除政府间国际组织外，许多大学因持有共同价值观和发展愿景而跨越国界组建"大学联盟"，这些以高校为单位的联盟也有力推进了高等教育国际化的步伐。1982 年成立的海外研习大学联盟(University Studies Abroad Consortium, USAC)，由美国 31 所本土大学和 25 个国家的 37 所高等院校组成，可谓全球性跨文化教育的大学合作组织。欧洲陆续建立了许多大学联合体，包括欧洲创新大学联盟(ECIU)、欧洲管理学院联合体(CEMS)以及由英国帝国理工学院、荷兰代尔夫特理工大学、瑞士苏黎世应用科技大学和德国亚琛应用技术大学4所欧洲理工科大学组成的IDEA联盟。20世纪80年代以来,从"伊拉斯谟计划"区域性院校合作到1991年"亚太地区大学交流机构"(UMAP)的成立,全球大学的合作越来越密切,先后成立了如下跨区域合作组织(见表10-1)。

表10-1 20世纪90年代全球主要的大学合作组织

大学组织	成立时间与成员	宗旨与主要活动
东亚研究型大学协会(AEARU)	1996年1月 中国、日本、韩国等国家和地区的若干所大学	加强东亚地区研究型大学间的合作与交流;加强师生交流;发展通用课程;推动资源、信息和设施共享;开展项目合作与学术研究。
21世纪大学协会(U21)	1997年3月 欧洲、北美和东亚(包括东南亚和大洋洲)的若干所研究型大学	促进学校间师生的学术交流,为成员学校提供各方面的质量检验标准,塑造高质量教育的国际品牌;开展成员之间的国际协作与企业化创业活动。
环太平洋大学联盟(APRU)	1997年6月 由美国加利福尼亚州4所大学的校长发起	为太平洋地区综合研究型大学的校长建立的相互交流、协同发展的平台。设有校长年会、高级主管人员会议、博士研究生大会、研讨会。

除此之外,覆盖剑桥大学、耶鲁大学、新加坡国立大学等大学的国际研究型大学联盟(International Association for Research Univerisities),采取跨地域合作模式共享优质高等教育资源。"由72个国家和地区的320所大学组成的塔乐礼网络(Talloires Network),其宗旨在于加强国际高等教育的社会责任,同时为提升组织内部成员的国际化水平而分享各自的学术资源。"①这些高校

---

① Robin Middlehurst, "Perspectives on Global University Networks," *International Higher Education*, 2015(1).

战略联盟跨越了民族国家的界限，加速了高等教育资源在全球的流动，加深了全球各国师生的相互理解，不但有力促进了世界各国高等教育的交流与合作，更因其具有明确的目标和宗旨而有效弥补了国际组织的政策漏洞，促使高等教育国际化向更高阶段发展。

(三)非政府教育组织

区域经济一体化的加强驱动高等教育表现出更强的流动性和互动性。许多以国家为单位的区域性非政府性学会、专业联合会纷纷成立。这些非政府组织积极推动高等教育领域的沟通和交流，加快了高等教育国际化进程。例如，美国高等教育国际化的发展与美国教育理事会所起的作用是分不开的。成立于 1918 年的美国教育理事会(American Council on Education，ACE)，是美国高等教育的大型非官方组织，是全美主要的、独立的、非营利性的协调高等教育的机构，代表院校利益就教育发展问题向政府提出政策性建议。20世纪 60 年代，美国教育理事会就为促进《国际教育法》的通过而开展活动。20世纪 80 年代，非政府机构、组织和基金会继续在美国教育国际化进程中发挥主要作用，有 1600 所美国各类大学、学院和全国性或地区性的教育协会加入美国教育理事会，该理事会成为高教协会和各成员院校的中心。美国教育理事会的职能是指导、帮助和鼓励教育领域的调查研究、研究方法设计等。美国教育理事会还专门设立了国际教育关系部，负责与国际教育委员会的合作，支持形成国际教育政策，研究院校国际问题，与海外各种有关机构与协会分享研究成果。90 年代以后，美国教育理事会成立了国际促进中心(Centre for International Initiatives)，向大学会员提供强化校园国际化服务，举办拓展全球视野的教育论坛，鼓励与发展中的高等教育机构建立伙伴关系。美国教育理事会还与国际教育与文化交流联盟(AIECE)合作，向美国政府倡议关注国际教育的重要性。

二、教育国际化的政策推进

（一）国际教育政策制定中的政府行为

20 世纪 90 年代以后，各国政府在国际教育政策制定中的作用越来越明显。美国联邦政府自 90 年代起开始从全球经济竞争的角度思考教育国际化的发展，再次将国际教育纳入国家发展战略，美国国际教育合作与交流进入一个新的发展阶段。1991 年美国联邦政府颁布《国家安全教育法》，设立了一项总额高达 1.5 亿美元的基金，其中 500 万用于第一年的项目，包括海外学术研究费用、合作研究和奖学金计划，其余纳入基金，每年 1200 万的利息用于海外项目的发展。①这些拨款用来鼓励大学本科生与研究生到发展中国家留学，学习外语和研究外国情况。《国家安全教育法》的颁布与修订，进一步扩大了美国联邦政府对于涉及教育国际化的计划与项目的管理权限。1991 年出台的《美国 2000 年教育战略》（America 2000：An Education Strategy）指出了美国学生的知识与能力与国际竞争需要存在的差距。在课程设置方面，该文件"将英语、数学、自然科学、历史和地理五门学科确定为核心科目，并要求制定这五个科目的'世界级'课程标准"②。1992 年，布什签署了《高等教育法修正案》（Higher Education Amendment Act），允许美国国防部支持海外学习计划及海外研究中心。1993 年，美国国会通过了参议员霍林斯（E. Hollings）提出的扩大教育和文化交流议案，使得 1993 年的文化交流项目金额超过 2.23 亿美元，比上一年增长了 15%。③ 1998 年的《索邦宣言》是建设和谐欧洲高等教育体系的联合宣言。此宣言提出欧洲国家需联合致力于增强欧洲高等教育的影响力，旨在建立一个开放的欧洲高等教育区。1999 年的《博洛尼亚宣言》提出了建设欧洲高等教育区的目标。与英国、澳大利亚等国相比，20 世纪 90 年代末期，

---

①　张丽：《美国教育国际化对政府与大学关系演进的影响》，载《大学（研究版）》，2016(11)。

②　Department of Education, Washington D.C., *America 2000：An Education Strategy*, 1991, p.13.

③　张丽：《美国教育国际化对政府与大学关系演进的影响》，载《大学（研究版）》，2016(11)。

美国的高等教育市场份额较多。美国国际教育工作者协会、美国国际教育协会、美国国际教育与文化交流联盟、美国教育考试服务中心等组织机构要求美国政府加强国际教育服务,提供必要的政策计划。1999年11月,美国国际教育工作者协会向美国政府提出以下政策建议:"①加强赴美留学生的招生宣传,扩大生源,以期达到世界留学生总数的40%,给予签证、税收和就业等政策优惠;②鼓励美国学生出国留学以了解世界,特别是到西欧以外的国家留学,希望到2010年有10%的美国学生到国外修学分,到2050年达到50%,并鼓励把出国学习纳入大学教育计划;③要求到2015年美国大学生必须精通一门外语,且了解世界某一国家或地区的情况,使中小学生能掌握一门外语,并了解该国国情;促进公民和学者交流,让世界了解美国的社会和文化,也让美国了解世界,接触世界各国英才,充实美国的教学内容;④阐明美国关于国际教育的国家利益,制定相应政策,充分调动和利用全国公民、公司、团体及各州政府等一切可能的资源,支持和鼓励国际教育。这些政府机构的政策建议直接推动了联邦政府对国际教育政策的进一步管理。"①

(二)国际教育政策体系的建立

各级政府在教育国际化进程中扮演着重要角色,这一点在美国尤为突出。"二战"后,为扩大全球势力范围,美国政府将教育纳入国家外交政策内容,利用政策杠杆推行教育国际化,把教育特别是高等教育当作对外援助和渗透的重要力量。1946年,美国国会通过了《富布赖特法》,标志着美国联邦政府对美国国际教育的正式介入。该法案直接影响了这个时期美国的教育国际化进程。《对外援助法》《1961年教育与文化相互交流法》和《国际教育法》等一系列涉及教育国际合作与交流的重要法案推动美国高校参与国际教育,见表

---

① NAFSA, "Association of International Educators, The Alliance for International Educational and Cultural Exchange: Toward and Internation," *Education Policy for the United*, November 22, 1999.

10-2。

表 10-2　20 世纪 40—70 年代美国关于国际教育的法案

年份	法案	主要内容
1946 年	《富布赖特法》（Ful-bright Act）	规定美国的海外剩余财产用于资助美国师生的国际交流，使美国人了解世界，使来自世界各国的学生和学者知道美国的情况。
1948 年	《信息与教育交流法》（Smith-Mundt Act）	将文化、教育交流纳入美国政府对外交流、合作与援助议程，旨在促进美国对其他国家的了解，增进美国民众和其他国家民众的相互了解。
1958 年	《国防教育法》（National Defense Education Act）	美国的安全需要充分地发展美国男女青年的智力和技术技能；从法律和经济方面支持高等院校的课程国际化。该法案成为引导美国教育的发展服务于其世界战略目标的重要教育法案。
1961 年	《1961 年教育与文化相互交流法》（Mutual Education and Cultural Exchange Act of 1961）	（对《富布赖特法》的修订）授权美国联邦政府资助国际问题研究和交流计划；通过教育和文化交流，加强和改进美国的国际关系；授权美国国务院掌管教育交流基金。
1961 年	《对外援助法》（Foreign Assistance Act）	设立国际发展署专门负责监督美国海外援助和私人投资；把大学作为对外援助与渗透的重要力量，为一些不发达的国家提供教育和人才援助。
1961 年	《和平队法》（Peace Crops Act）	组织由专业技能志愿者参加的"和平队"到国外尤其是发展中国家服务，帮助当地民众发展农业、改善教育卫生、促进经济发展，以促进国际和平，促进当地民众和美国民众的相互了解。
1966 年	《国际教育法》（International Education Act）	规定国际教育的实施途径、财政资助、管理权限、咨询机构等，强调美国联邦政府在国际教育实施与管理中的责任；授权在美国大学建立高级国际研究中心；增加对国际研究计划的资助额度等。

20 世纪 70 年代末，由于"福利国家"政策的推行，美国的国家主义日趋浓厚，联邦政府的职能和权力全面扩张，政府对教育的干预不断加强。在教育方面，美国政府完善了服务国家利益的国际教育政策体系，涉及国际教育管理、资助与实施策略（见表 10-3）。从国际教育政策体系中可以看出，美国

联邦政府发挥着领导美国国际教育交流计划、宣传美国国家层面国际教育政策、支持和管理美国国际教育的功能，教育的"准中央集权化"逐渐增强。随着国际政治与经济的发展，美国联邦政府在教育国际化中的作用逐步扩大化，参与也逐步系统与深入。美国联邦政府还通过立法、制定政策与资金支持进行宏观指导和调控，在具体的教育国际化管理中，主要通过国会授权给不同部门实施。战后美国联邦政府关于国际教育的每一部法案实质上都是管理与拨款法案。上述法案大多通过拨款资助教育合作与交流。美国联邦政府通过资助实现对美国国际教育的管理。例如，《1961年教育与文化相互交流法》使"富布赖特计划"获得了国会的拨款资助。

表 10-3　美国联邦政府国际教育政策体系①

国际教育政策	国际教育政策的主要内容
国际教育管理	制订美国海外国际教育交流计划；制订美国国内国际教育研究计划；协调各种海内外国际教育计划；制定奖学金标准、获奖资格以及管理计划；制定国际教育的美国国家政策与计划。
国际教育资助	资助海外国际教育交流计划；资助外语教学与区域研究中心；资助国际研究与本科美国国际教育；提供本科生与研究生学术奖学金；鼓励地方与私立部门投身国际教育。
国际教育实施策略	制订多种形式的对外国际教育交流计划；将教育国际化纳入本科生与研究生学位计划；建立本科生与研究生海外学习与实习制度；开展留学生教育与美国公民国际交流活动。

　　美国拥有丰富的文化教育资源，在国际文化交流中占据优势地位，吸引了不少发达国家和发展中国家的学者前来留学、交流。发展文化交流，是冷战时期美国对外文化战略的重要特点，教育文化交流成为美国政府在国际政治方面的一种政策工具。美国的"富布赖特计划"是一个庞大的全球性对外教

---

① 李爱萍：《美国国际教育：历史、理论与政策》，193～237 页，昆明，云南大学出版社，2005。

育、文化交流项目，每年所能利用的资金近2亿美元。冷战时期，"富布赖特计划"就提出了奖学金的重点应放在青年身上，主要用于人文学科方面，同时提出外国留学生在美国机构学习时，应加深对西方民主制度的认识，这种学习应从属于美国外交政策的总目的。①美国通过国际文化交流项目和基金会、非政府组织等民间组织，以合作研究、资助研究、文化交流等方式传播美国的文化和价值观，也是其进行文化渗透、贯彻其国家战略的重要工具。

"二战"后，尤其是20世纪80年代，国际教育在全球范围内无论在速度还是在广度上较以往都在向前发展。国际理解教育、全球教育都属于国际教育范畴，国际教育有了新的内涵和内容。在高度市场化背景下的美国，当私人资本和教育传统相结合，教育市场化更加突出，市场竞争扩大了教育规模，教育私有化和教育产业化使美国教育成为当时较大的、较具吸引力的国际教育市场。事实上，国际教育领域逐渐成为多个国家力量、多种意识形态、多种文化形式的国际竞争领地，也是世界各国贯彻其国家战略的重要领域。

第三节 教育国际交流的内容与形式

不但教育合作组织机构趋于国际化，工商管理硕士(Master of Business Administration，MBA)、公共管理硕士(Master of Public Administration，MPA)等也朝国际标准化和统一化方向发展。托福考试(Test of English as a Foreign Language，TOEFL)和美国研究生入学考试(Graduate Record Examination，GRE)成绩成为许多国家的学生申请就读美国高校的入学成绩。经济学、管理学、医学、工学和语言学等领域制定全球统一的入学标准、实施统一的课程模式、颁发统一的资格证书已在多国成为现实。

---

① 周淼：《美国大学的实质及功能》，载《红旗文稿》，2014(20)。

一、课程国际化

课程国际化，是将国际的或跨文化的内容引入教学、研究、社会服务，其目的是培养变化不断加剧、联系日益紧密的未来世界所需要的人才。"课程国际化始终是教育国际化的一个重要维度。"①目前许多学校都将提供国际化课程作为自己学校的一个目标，甚至希望能够有 10% 的学生可以有海外学习的经历。从学校层次来看，一般意义上的课程国际化包括开设外语、与国外有关或冠之以国际、世界等名称的科目等。

自近代国家产生以来，欧洲各国大学的课程相互影响，课程体系、课程内容向"后发外生型"国家和地区传播与移植是早期课程国际化的典型形式。第一次世界大战之后，欧美等国在反省中开始致力于教学内容的改革，消除教科书中尚武的观点，增加有助于国际相互理解与亲善的内容，国际区域研究也受到重视。1920 年随着国际联盟的成立，美国的国际教育成为学术研究的对象，大学本科专业的国际研究或外语教学开始了相关探索。20 世纪 30 年代，美国高校开设了"俄国研究"课程，这是美国高校将国别区域研究作为学科教学内容的开端。20 世纪 40 年代，美国高校当时的国别区域研究数量少，外语训练也不够。20 世纪 50—60 年代，美国部分院校开设了一些国际化课程，如"国际教育课程""跨文化研究"和"地域研究"等。这些课程大多由政府或军方出资开设，数量有限而且在当时高校的课程体系中占较小的比例。20 世纪 60 年代，在民间基金会的支持下，美国高校语言与区域研究的课程发展很快。"据美国教育和国际事务局的统计，1967—1968 学年，在抽样调查的美国 1311 所高校中，有 118 所设立了 405 项语言与区域研究计划。其中，拉美研究占 30%，亚洲研究占 28%，苏联与东欧研究占 18%，非洲撒哈拉周边国

---

① Bachelor of Business Administration，加拿大蒙特利尔高等商学院网站，2012-06-22.

家研究占 8%，中东和北非研究占 6%。"①美国一些高校从教学管理制度上确立了国际课程的地位，为大一新生开设国别或国际课程，以便学生在二年级期末选择专业方向时能考虑国际专业。例如，斯坦福大学规定每个学生可修习一门亚洲或非洲文明课程以代替西方文明课程，密歇根大学则要求所有学生都要修习一门非西方的基础课程方可毕业。高校教师在教学中注意加强课程的国际化，给现存课程增添跨文化和国际领域内容，在介绍课程时重点突出欧洲或非西方区域。加拿大维多利亚大学的课程改进研讨会（Intergrated Curriculum/Course Design Institute）"致力于使参加者积极融入课程的学习成效、学习策略和学习评估的全过程并使之协调整合"②。加拿大多伦多大学的"全教育国际研究方案"（IIGE）、美国加利福尼亚大学的"教育环境中社会与文化多元课程"（Social Diversity in Educational Settings）、美国科罗拉多大学丹佛分校的"国际关系教学中心方案"（Center for Teaching International Relations）、美国内布拉斯加大学的"全球教育中心方案"（Global Education Center）等课程内容都涉及传播跨文化知识与经验，建立国际视野，关注全球议题，培养文化间互相尊重、理解、沟通、欣赏的能力。还有学校新增了有关国际问题的课程和研究，如当代国际关系和世界事务、世界文明与非西方国家，以及都市化、人口增长、疾病、环境污染、社会不平等、民族和种族冲突等世界性问题方面的课程和研究。

20 世纪 80 年代后期，继美国之后，欧盟和日本的院校开始大量开设国际理解、文化比较和海外研修等课程。20 世纪 90 年代是各国高等教育课程国际化大发展时期，不仅国际化课程的数量和比例迅速增加，而且课程国际化成为实施学校课程结构改革、提高学校教学质量、实现国际型人才培养目标的

---

① Lee C. Deighton, *The Encyclopaedia of Education*, *Crowel-Collier Educational Corporation*, New York, The Macmillan Company & the Free Press, 1971, p.10.

② 张媛、冯雷鸣、张涛：《创新课程体系建设 培养国际化人才——加拿大高校课程国际化的实践与启示》，载《长春理工大学学报（社会科学版）》，2013(8)。

主要手段。从1995年欧盟开始实施的"苏格拉底计划"和1999年发表的《博洛尼亚宣言》中不难看出，在形成相对统一的欧洲高等教育市场体制的过程中，进行英语教学、开设广泛多样的国际化课程、鼓励学生和教师出国学习与授课，以及建立相互认可的学分和学位制度变得越来越重要。不仅发达国家如此，许多发展中国家更是将课程国际化作为实现学校转型发展、错位发展、建设世界一流大学和培养国际型人才的重要途径。

总之，随着经济全球化进程的加速，各国将国际教育有计划地通过单一设置方式或融入式纳入中小学和大学的课程之中，如国际关系课程的设置、融入人类发展议题的科学课程改革的开展。各国更加重视学生在全球社会中的生活与贡献，以及在全球经济中工作所需的知识和技能的培养。例如，英国一所小学的学生利用电子邮件和视频会议，通过网络与南非的学校一起设计未来的学校，以此加强对来自不同贫富水平和文化背景学生的了解。全球教育，如关于国际争议话题的辩论、对全球历史的研究、地方与全球的合作以及跨文化经验等，成为评估教学、师资培训与学生成长的指标。与以往不同的是，教育国际化不仅表现为外在的人员流动，而且开始涉及高等教育的内部层次——课程。课程国际化从以往教育国际化的边缘逐步走向核心，成为各国提高高等教育质量、实现教育国际化的主要手段。

二、国际教育合作

17世纪以后，基督教在世界各地举办各种层次的教会学校可以说是跨国教育的雏形。工业革命之后，西方国家在海外殖民地创办的各类高等院校和海外分校也是跨国教育的早期形式。伴随着经济全球化的不断加速和信息技术的突飞猛进，国际学校的人员交流更加频繁，教育国际化的内容日趋丰富，跨国教育形式和手段逐渐多样化。早期的教育国际化主要表现为外在的不同国家和地区间的人员交流。除举办或参加国际会议、开展国际合作研究等活动外，留学教育构成教育国际化的核心内容，跨国、跨地区的人员流动是实现教育国际化目标的主要手段。但跨国教育获得真正的大发展是在 20 世纪 80 年代以后，特别是亚太地区的发展方兴未艾。亚太地区跨国教育的主要形式和手段包括以下几类：(1)设立海外分校。如澳大利亚莫纳什大学在南非和马来西亚直接设立分校，为本地学生提供教育服务。(2)合作办学。在马来西亚 400 所私立高校中，2/3 左右采取与国外对口学校合作办学的形式，以提高教育质量，获得社会认可。我国的"中外合作办学项目"大致属于这一类。(3)不同国家院校之间学分互换。如泰国的苏拉那瑞工业大学与加拿大的 4 所大学组成高校集团，实行课程、学分相通。师生按协议流动，取得的文凭和学位能被泰、加两国承认。(4)网络或远程教学。通过电子邮件、网络、卫星传送以及可视电话等手段，实现跨国界、跨地区的教学。成立于 1993 年的由全球 270 多所大学和学院参加的全球网络学院已提供 1 万余门课程，每天有 1.1 万余人次访问该学院。

发达国家向发展中国家和地区提供教育技术援助，除资金支持外，主要派遣专家和技术人员进行海外帮扶、合作研究；发展中国家主要学习和移植发达国家好的教育制度与教育经验，直接派遣留学生或专家、学者到国外短期访学或从事研究。发达国家和发展中国家越来越意识到教育国际交流与合作对本国教育发展的意义，纷纷制定各种战略和策略以促进本国的学校向国际化的方向发展。以策略为例，主要有四类：一是开展与科研有关的活动。例如，开展国际问题研究或设立国际问题研究中心；把国际观点和国际问题研究与现有的研究中心和研究项目相结合；增加与国际同行的协作；按照学科或专门领域建立信息网；通过国际网络传播研究成果和分享知识；参加国际研究与开发项目；加强研究人员和研究机构与跨国公司的合作等。二是开展与教育有关的活动，如推动课程的国际化、外语学习、学生与教师的国际交流、学分和学位的互认、国际性的暑期教育计划等。三是开展技术援助及国际教育合作，主要指发达国家和国际组织对发展中国家的技术与教育进行援助，包括提供人员培训、教育咨询、图书和设备等。四是开展课外活动与服务，主要指为国际学生和学者安排各种活动及提供各种服务。

三、国际教育交流

(一)教育机构跨国交流

在经济全球化带来的政府角色转变和市场多元化的背景下，出现了商业信息技术与媒体公司、联合大学、专业协会、国际联合企业、出版社等"新型教育提供者"。知识密集程度比较高的公司，如《华盛顿邮报》旗下的卡普兰、阿波罗集团、职业教育公司、桂冠教育公司都参与了全球跨地区的教育活动。在英联邦国家，一些高等教育机构同电信公司、软件公司、企业供给者、专业团体、私立院校、国际私立办学机构、私立虚拟高等教育机构等教育提供者开展形式多样的国际合作。"贴近教育"公司扮演着澳大利亚与新西兰的大学的经纪人角色，利用布莱克博德公司和英帕特公司的教育学习平台与教育管理系统的支持，为中学后教育提供英语培训、远程教育技术服务。印度主要的软件和信息技术公司，同澳大利亚的堪培拉大学、新西兰的奥克兰大学、英国的桑德兰大学和美国的新罕布什尔大学建立联系，使该公司的毕业生能够在这些院校学习并获得学分。

(二)跨国教育项目流动

当代跨国教育多是发达国家有实力的教育机构或大学的海外办学，如海外连锁办学、建分校、合作办学和实施网络教育等。目前，跨国教育主要通过"特许""孪生""双联""联合"等方式开展学分互换和虚拟(远程)学习(见表10-4)。20世纪90年代以来，通过对高等教育流动中经济与人力资本回报的研究，发达国家将跨国教育纳入经济全球化战略之中，各国将系统的教育国际化作为国家计划的重要内容。

经合组织教育分析家斯特凡·文森特–兰克林(S. Vincent-Lancrin)考察了经合组织几个国家的跨国教育后，提出了互相理解、技术移民、创收以及能力建设四条主要的跨国高等教育原则，反映的是深切的国家利益。跨国教育输出国，如英国、澳大利亚与新西兰等，都制定了鼓励发展国际教育服务贸易的政策措施，不仅积极吸引海外学生到本国留学，而且纷纷在海外建立合作办学机构，成立跨国学校、跨国教育集团。这种发展理念强调以经济收益为主导，突出竞争，将高等教育看作商品。

表 10-4 跨国教育项目流动的几种类型①

类型	现象	说明
特许	在特许协议下以互相同意为条件，当地高等学校从某个教育提供国取得特许权以后就可以授予该国大学的学位。	教学、管理、评价及质量保证按特许协议进行。
孪生	在不同国家的高等教育机构之间，为提供联合项目设立孪生协议。	在两所大学里，学生学习的课程基本一样，用相同的教材，参加相同的考试。
双联(合作学位)	引进国外大学的品牌学位课程，采纳合作学校的教学方法和考试标准，接受合作学校的质量监督。	学生在国内学习一至两年后到国外的合作学校继续完成学业，毕业时可获得国外合作学校的学位证书。
联合/学分互换	联合课程是指不同国家的两所或多所大学合作开发学习项目、互相承认学分的课程。联合体中一个学校的学分可以转到另一个国家的学校，学生可以跨国继续学习。	与孪生协议相比，这个项目不是联合发展和联合承认的。

① Jane Knight, "Crossborder Education: Programs and Providers on the Move," *CBIE Millennium Research*, 2005(10).

续表

类型	现象	说明
虚拟(远程)学习	由教育提供者通过网络空间的虚拟大学把学习资源发送给学生,使学习不再受时间和空间的限制。	从集中授课转向分布式学习。

(三)学生国际流动

从"二战"后到20世纪80年代末,人员的跨境流动是这一时期教育国际化的核心,其主要推进方式是师生的出国交流。有资料显示,从1960年至1980年,全世界留学生的年平均增长率为20%。据统计,1983年我国自费出国留学的仅有1000余人,到了1986年增加到一万多人,增长了10倍,到1987年骤然突破了10万人大关。20世纪90年代初中期以后,自费留学人员就逐渐成为我国出国留学群体的主要成分。① 90年代之后,随着各国教育改革的推进和交流范围的扩大,教育国际化的推进方式呈现多元化趋势,人们通过多种途径参与到教育国际化的进程之中。

与此相适应,20世纪80年代之前的教育国际化研究也多集中在留学教育方面。"自1990年以来,澳大利亚人和一些访问学者就高等教育国际化的各个方面发表了大量文献,尤其是关于澳大利亚发展的文献。"②从墨尔本大学开始,有许多澳大利亚大学直接加入了招收亚洲学生的行列,如莫纳什大学和新南威尔士大学在20世纪60年代纷纷采取教育国际化政策,把目标对准了攻读本地学位的亚洲人。这一队伍随着澳大利亚教育部和一些私立学校的加入而扩大了。越来越多的亚洲学生在澳大利亚的中等学校注册,以便能顺利进入高等院校。20世纪60年代中期,澳大利亚政府官方认可亚洲学生的计

---

① 张慧:《我国留学人员累计已达519万!盘点出国留学50年大数据》,搜狐网,2018-05-09。

② Grant Harman,"Internationalization of Australian Higher Education:A Critical Review of Literature and Research," *Internationalizing Higher Education*,2005(16).

划扩大。1969年，澳大利亚各大学副校长组成"澳大利亚-亚洲大学合作计划"
（Australian-Asian Universities Cooperation Scheme）委员会，协助印度尼西亚、
菲律宾和泰国等国家大学开展教学及研究，旨在提高邻近发展中国家高校的
教学、研究和管理能力。

　　20世纪70年代以来，澳政府修正了对海外留学生的政策，极大推动了澳
大利亚高等教育的国际化进程。1974年，由惠特拉姆领导的劳工党政府把教
育看作"促进平等的伟大工具"。1974年之后，澳政府重新评估了留学生项目
的目标和效果，要求外国学生总数不得超过10000人。此后，海外赴澳大利
亚学习的留学生人数迅速增长，而且留学生的结构得到了相应的调整。为遏
制人们为移民澳大利亚而留学，1979年，澳政府制定了"海外学生收费办法"
（Overseas Student Charge），由海外学生办公室向外国学生收取全额1/3的学
费。新政策包括以下几项重要内容：（1）取消海外留学生总数10000名的限
制，并根据外事关系的密切程度向未建交的国家提供留学生配额。（2）规定
1979年以后的海外留学生需缴纳占培养成本1/3的签证费，并从1982年开始
逐年增加。（3）要求所有海外留学生在澳大利亚完成学业后至少回国工作两年
后方可申请移民澳大利亚。① 但是，澳政府为外国学生部分或全部减免学费且
外国学生能受到政府资助的政策依然存在，仍然是其外交政策的重点。由于
招收外国学生并不能获得额外经费，因此澳大利亚很多大学并不热衷于招收
外国学生。

　　20世纪80年代以后，随着欧盟对欧洲高等教育的干预和欧洲国家之间大
型教育交流计划的推出，欧洲学生的流动更加频繁。数据显示，欧洲"20世
纪90年代中期毕业的那一代人中，有10%都曾在国外学习一段时间或接受完

---

① 荣军、李岩：《澳大利亚跨国高等教育发展探析》，载《教育探索》，2012(1)。

整的高等教育"①。在 1995 年欧盟吸引最多外国学生的前 10 个国家中,除法国的欧洲留学生占总留学生数的比例仅为 21%以外,英国、德国、荷兰三国略低于 50%,其他 6 国则远超过 50%,最高的奥地利则高达 74%。② 到 1999 年,"欧洲国家出国留学的大学生中,有 82%的学生都在经合组织成员国中的欧洲国家留学"③。可见,欧洲高等教育一体化对学生的流动起到了积极作用,各国高等教育系统的逐渐融合与相互认可也为学生流动扫除了障碍。

第四节　教育国际化的现实问题与改革深化

"二战"后尤其是 20 世纪 60 年代以来,由于世界各国的政治意愿、教育民主权利的发展,以及人力资本理论和现代化理论的影响,世界教育迎来了发展的黄金年代。教育被认为是促进经济发展的法宝,是欠发达国家向现代化国家转变、实现工业化的关键因素。但许多国家的实践表明,教育的发展并未引起现代化理论家们预言的经济大增长。与此同时,由于全球经济的发展,发达国家跨国公司的发展带来了全球竞争、技术革新与市场服务的国际转移,它们对新的管理性与技术性的国际人才的需求增加。进入 20 世纪 70 年代,随着石油危机引发的世界经济危机的结束以及冷战的逐步降温,一些国家的教育开始出现新的时代危机。过快的教育增长导致其与经济发展不一致、不平衡;单一的经济发展、自然资源的过度消耗,导致战后世界人口大

---

① 孙珂:《欧洲高等教育一体化进程中的学生流动研究》,硕士学位论文,河北师范大学,2009。

② 孙珂:《欧洲高等教育一体化进程中的学生流动研究》,硕士学位论文,河北师范大学,2009。

③ Indicators on Internationalisation and Trade of Post-secondary Education,经济合作与发展组织网站,2002.

规模扩张、环境污染不断加剧，世界性的教育问题凸显。

一、教育国际化的现实问题

(一)单向度的现代教育移植与依赖

"二战"期间和战后，由于人力资本理论的传播和新的科技革命的影响，教育被当作现代化发展的重要工具，各国教育的开放程度和规模增加。由于教育发展资源和社会经济发展能力的差异，发展中国家纷纷学习发达国家的教育模式，教育掀起新一轮的开放热潮。韩国、印度尼西亚、印度都通过颁发教育法令学习西方，形成了以"输入型"为主的教育发展模式。这种国际教育战略的全球传播，形成了以发达国家向发展中国家输出为主的教育开放与交流模式，单一的借鉴、移植与依赖直接导致了单向度的教育国际化发展格局。这种格局缺乏教育对话与互动的交流模式，忽视了不同国家民族文化教育的发展作用，脱离本国教育实际，在某种程度上加深了输入国家教育与社会的不协调，出现了新的殖民化现象。高等教育国际化引发的国家间"人、财、物"和"知识、文化、价值"等领域的差异问题，实际上在国家之间增加了新的不平衡，并且有可能在全球产生新的利害冲突。[①]

(二)发展中国家的人才流失

20世纪后半期，从学生的流向来看，世界各国留学生将发达国家作为主要留学目的地。统计显示，"1995年世界上接收外国留学生最多的10个国家分别是美国、英国、德国、法国、俄罗斯、日本、澳大利亚、比利时、加拿大和奥地利。这10个国家共接收外国留学生120万人，占当年世界各国接收的外国留学生总数的77%。而出国留学生最多的国家则集中在亚洲、欧洲和阿拉伯地区。仅亚洲国家和地区(除阿拉伯国家)当年的出国留学生就有48万

---

① ［日］金子元久：《高等教育的社会经济学》，刘文君编译，267页，北京，北京大学出版社，2007。

人，去向主要是美国和欧洲"①。而发展中国家能够吸引到的留学生人数与比例则微乎其微。以我国为例，自1950年我国接收第一批来自东欧国家的33名留学生起至1999年，我国近400所高等学校共累计接收了来自160多个国家的367000多人次各类留学生，占世界留学市场的份额很小。②人才的这种单向流动带来的是发达国家资金和人才的双丰收，以及发展中国家资金和人才的双重流失，这种"马太效应"也不利于教育国际化的进一步发展。尽管许多发展中国家作为人才输出国已经注意到人员的国际流动正在造成本国高端人才的迅速流失，并且已经采取措施予以应对，但从现实来看，这些措施在短期内仍然无法改变人才向科研实力一流的发达国家集聚的趋势。③

(三)国际主义与民族主义的张力

20世纪是国际主义的世纪。1920年1月成立的国际联盟和1945年10月成立的联合国是两次世界大战后成立的两个国际组织。领导人物认为，人类的生存依赖国家在经济全球化中协同工作和生活的能力。④ 20世纪同时也是民族主义的世纪。到1964年1月1日，联合国有113个成员国。独立的国家有的曾经是英国的殖民地，有的是非洲民族主义的产物或国际联盟、联合国的托管地。这些国家为保证领土的完整性，都建立了正式的教育结构以教化本国人民。"早在1965年，就有迹象表明了民族主义占据优势而国际主义消(削)弱了……由于到了1965年，全世界还有40%的人口为半文盲，5亿儿童中还有一半没有上学的机会，因此比较富庶的国家开始计划为那些人民提供

---

① 邵巍:《世纪初年话留学》，辽宁基础教育教研网，2001-05-24.

② 胡志平:《大力发展来华留学生教育提高我国高校国际交流水平》，载《中国高教研究》，2000(3)。

③ 张伟、段世飞:《二战后世界高等教育国际化变迁趋势及困境探析》，载《山东高等教育》，2019(2)。

④ [美]S.E.佛罗斯特:《西方教育的历史和哲学基础》，吴元训等译，597页，北京，华夏出版社，1987。

教育。"①这种现象被解释为文化侵略和教育削弱，一些学校领导害怕国际主义的教育会削减人民对国家的忠诚和保护国家思想、价值的决心。被殖民的欠发达国家在独立后通过建立教育结构教化本国人民，但在经济全球化进程中，发达国家的教育无不影响着欠发达国家。允许发达国家为本国人民提供教育还是维持本国的教育状态是欠发达国家面对的教育难题。欠发达国家普遍感受到随着教育国际化进程的加快，本土文化不断受到外来强势文化的冲击，英语成为主要语言，本土文化失去特性。教育历来都是文化渗透的工具②，国际化侵蚀着国家的文化认同，文化交融并没有创造出新形式的文化，而只是促使文化趋同，其结果就是西化。

二、教育国际化走向深化

20世纪90年代以后，教育国际化的内容逐步增加，不仅包括传统的人员交流，还包括课程国际化、跨国教育、建立区域性和全球性组织与机构，更重要的是教育国际化已逐渐上升到区域范围内不同国家间的合作与交流，在某些领域这种合作甚至扩大到全球范围。与封闭性相对，后现代主义强调多元化和不同声音之间的对话，认为教育应该更具有差异性、多元性。"通过高等教育的途径来促进世界各国文化与精神的交流，达到世界人民的相互理解，是高等教育国际化的实质所在，也是今天的高等教育国际化的应有走向。"③

早在1945年，联合国教科文组织就指出，教育应在不同文化和种族之间促进人们的相互理解，依靠教育领域的国际合作促进和平，这被界定为联合

---

① [美]S.E.佛罗斯特：《西方教育的历史和哲学基础》，吴元训等译，597页，北京，华夏出版社，1987。

② [加拿大]简·奈特：《激流中的高等教育：国际化变革与发展》，刘东风、陈巧云译，204页，北京，北京大学出版社，2011。

③ 李雪飞：《走向理解：高等教育国际化的思索与归途》，载《现代教育科学》，2006(2)。

国教科文组织的伦理使命。① 在 1994 年第 44 届国际教育大会上，"为了相互理解和宽容的教育"成为大会的主题之一。通过教育来促进世界各国文化与精神的交流，实现世界人民的相互理解，是教育国际化的实质，也是未来教育国际化的深化方向。现代世界的诸种矛盾有其深厚的历史原因，我们的社会在历史的矛盾与新的冲突中生存和发展。面对种族主义与民族歧视、发展中国家与发达国家的矛盾等问题，各国都试图通过政治谈判、经济贸易往来等途径进行缓解。教育是文化交流的重要形式，所以世界各国都认为教育应该担当起作为人类的头脑和社会的智力良心的职责，让人们在教育国际化的进程中全面了解世界各国的历史与文化，以达到各国人民彼此理解、尊重和宽容的目的。"帮助在文化多元化和多样性的环境中理解、体现、保护、增强、促进、传播民族文化和地区文化以及国际文化和历史文化。"②教育国际化应该让世界上不同民族、不同信仰、不同文化背景下的学生双向互动，彼此依存，学会理解与包容。

(一)全球教育从单一竞争走向竞争性合作

从工业革命开始，现代国家的教育国际化体现的是民族国家的利益，利用教育进行文化输出是一种以国家政治外交为基本目标的教育国际化发展模式。20 世纪 80 年代以来，各个国家通过国与国之间的教育联系，推进高等教育的交流与合作。国际交流范围与广度的增加与各国教育在经济全球化中服务国家民族的责任形成了教育张力，带来了教育竞争。这种竞争主要集中在争夺留学生生源上。在此背景下，各国高校在合作中竞争，在竞争中合作，体现竞争与合作的互补性，寻求二者之间的平衡。经济全球化并没有取代传统的社会冲突和合作的路线，而是在重新描绘它们。学校之间的区域性联盟

① 《教育——财富蕴藏其中》，联合国教科文组织总部中文科译，285 页，北京，教育科学出版社，1996。

② 赵中建：《全球教育发展的研究热点——90 年代来自联合国教科文组织的报告》，415 页，北京，教育科学出版社，1999。

与地区教育的一体化得到进一步创新发展，合作的趋向进一步超越竞争的态势，具有相同文化的区域间教育文化的交流与合作日益丰富。教育国际化的发展模式在相互合作又彼此竞争的矛盾中不断推演。

(二)从教育援助走向全面的国际教育服务贸易

"二战"后，社会主义和资本主义两大阵营不同意识形态之间的冲突加剧。由政治因素带来的教育国际化形式通常为发达国家援助发展中国家，如免收学费，资助发展中国家与发达国家合作研究，这种形式推动了当时教育国际化的发展。20 世纪末期，世界贸易组织的《服务贸易总协定》(General Agreement on Trade in Services)被视为高等教育国际化走向竞争取向的推手，使知识、智力资本成为商品。国际教育从卖方市场转换为买方市场，给国际高等教育带来了新挑战。各国围绕生源市场争夺国际学生，学校间的竞争日趋激烈。由于经济利益的驱动，各国教育机构结成战略伙伴关系，教育国际化从文化交流与合作转向经济利益的竞争。部分发达国家出于提高经济竞争能力、扩大政治文化影响的需要，采取多种方式吸引发展中国家学生，扩大留学生境外消费，增加本国高校海外商业，争夺全球中等教育和高等教育海外市场，教育国际交流越来越服务于经济利益和教育贸易发展。

(三)从松散的人员国际流动到关注国际教育质量

少数学生的"游学"和少数教师的"游教"是比较松散的人员国际流动，突出一种学历主义与"留洋镀金"的取向。从初期学生、教师个人的"游学""游教"之风到更加关注留学和教育教学交流的质量，是教育国际化不断深化的必然结果。经济全球化带动知识与技术的升值，社会结构变化和生产模式转型使得人们扩大了国际视野、扩充了国际知识，人力资本的社会回报和个人收益让人们在国际比较中对教育产生了新的需求，人们对优质国际教育资源的需求日益强烈。从如何提高教育质量的政策对话，到教育质量的决定因素研究，再到国际教育质量标准的制定，无不反映了以质量为本的国际教育发展要求。以美国为例,1983 年 4 月美国国家教育优异委员会(National Commission on Excellence in Education)发表的《国家在危急中:教育改革势在必行》(A Nation at Risk:The Imperative for Educational Reform)报告,主题就是提高教育质量。报告指出:"美国在教育上正面临着严峻的危险,这些缺陷和消极影响已严重地威胁到美国整个国家和人民的未来,因此改革教育势在必行。"①在这个报告的影响下,"高质量教育"运动为改进学校教育质量提供了契机,"公众对教育改革的支持比过去任何时间都显得积极"②。

(四)从单向教育流动走向全球教育的双向互动

从 20 世纪中叶以来,人类开始面临更多的世界性问题。加之信息、资本与技术全球流动的加速,各国、各民族的命运被纳入一个整体之中。人类需要通过教育逐步摆脱利己主义意识,在全球建立起团结互助、缩小差异的理念,培育共同价值,加强不同文化的理解。在这样的背景下,教育国际化从单一的输入与输出,开始走向输入与输出兼有的全球教育的双向互动。各国通过开设全球教育课程、区域教育一体化创新发展、建立区域院校联盟、开展区域课程项目合作,突出区域教育力量的优势互补,从而改变了全球教育战略环境,形成了新的教育全球力量格局。正如西蒙·马金森(Simon Marginson)所言:"在新兴国家中,能力的发展,尤其是研究能力,有可能改变全球不对称模式和单向的变化。"③更多的国家开始自觉探讨教育走向世界的发展战略,强化从教育本质规律角度来探讨教育的跨国交流与合作,显示出理性的教育借鉴与教育民族创新的发展态势,教育的依存与互动更加紧密与频繁。

"任何一种文化都不是绝缘体,任何国家的学校都是混血儿。"④"二战"以

---

① 滕大春:《外国教育通史》第六卷,112-113 页,济南,山东教育出版社,1994。

② 滕大春:《外国教育通史》第六卷,114 页,济南,山东教育出版社,1994。

③ [澳]西蒙·马金森:《全球知识经济中的高等教育》,石卫林译,载《北京大学教育评价》,2008(3)。

④ 转引自滕大春:《外国教育通史》第六卷,633 页,济南,山东教育出版社,1994。

后，教育的闭关自守和孤军奋战皆为时代所不许，越出国门和面向世界乃时势所需。各国互相学习又携手共进既可扩展教育眼界，又可取长补短，省却自行探索所走的弯路，因而能以最经济的人力、物力获得最多、最快、最优质的进步。"二战"后的国际组织推动了各国的教育交流与合作，使教育国际化更加全面、多样和深入。在"二战"后的半个多世纪里，伴随着知识社会的到来和经济全球化的发展，各个国家、民族之间的交往日益频繁，相互理解、相互沟通成为一种潮流，这是"二战"后教育国际化所担负的历史使命。

参考文献

一、中文文献

艾仁贵：《以色列多元社会的由来、特征及困境》，载《世界民族》，2015(3)。

安双宏：《印度教育战略研究》，杭州，浙江教育出版社，2014。

安双宏：《印度中小学阶段的英才教育》，载《中小学管理》，2010(5)。

安双宏、李娜、王占军等：《印度教育公平战略及其实施成效研究》，杭州，浙江大学出版社，2015。

白凤森：《列国志：秘鲁》，北京，社会科学文献出版社，2006。

毕昆鹏：《阿拉伯文化复兴的旗手——塔哈·侯赛因》，博士学位论文，上海外国语大学，2008。

蔡德贵、仲跻昆：《阿拉伯近现代哲学》，济南，山东人民出版社，1996。

柴旭东：《南非的大学教育》，载《外国高等教育资料》，1995(2)。

陈光春：《韩国教育民主化历程的概述》，载《外国中小学教育》，2003(9)。

陈光军：《国际科学教育发展趋势及其对我国科学教育的启示》，载《中小学教师培训》，2015(9)。

陈海燕、黄玲俐、杨豪杰：《独立后非洲各国教育改革历程及其存在的问题》，载《全球教育展望》，2007(3)。

陈腾华：《为了一个民族的中兴：以色列教育概览》，上海，华东师范大学出版社，2005。

陈晓律、王成、陆艳等：《马来西亚》，成都，四川人民出版社，2000。

陈学飞、雷静：《国际化——90年代国际高等教育发展的一大趋势》，载《有色金属高教研究》，1999(4)。

陈作彬、石瑞元等：《拉丁美洲国家的教育》，北京，人民教育出版社，1985。

邓存瑞：《菲律宾、泰国高等教育发展的启示——发展中国家高等教育的发展必须与经济发展相适应》，载《外国教育研究》，1990(1)。

邓明言：《哈拉雷会议：非洲教育发展的历史转折》，载《比较教育研究》，1992(1)。

邓志军：《澳大利亚行业协会参与职业教育的主要举措》，载《职教通讯》，2010(8)。

丁邦平：《非洲各国课程多样化思潮述评》，载《比较教育研究》，1996(4)。

丁邦平：《国际小学科学教育的发展趋势——兼谈我国小学自然课的若干问题》，载《教育研究与实验》，1998(3)。

丁兴富：《教育技术和远程教育发展的新时期——世界远程教育发展历史追溯和展望(6)》，载《天津电大学报》，2002(3)。

丁越：《韩国现代化发展及对中国的借鉴意义》，硕士学位论文，南京大学，2017。

董经胜：《试析巴西1964年政变的军队内部原因》，载《拉丁美洲研究》，1990(3)。

杜钢：《战后发展中国家教育现代化的比较研究——共性、个性与失误分析》，载《比较教育研究》，2000(S1)。

杜悦：《工会与国家的政治进程：巴西实例研究》，硕士学位论文，中国社会科学院，2008。

冯怀信：《塔哈·侯赛因教育思想述评》，载《阿拉伯世界》，1997(4)。

冯怡：《韩国教育的经验启示》，载《农村经济与科技》，2017(4)。

冯增俊、陈时见、项贤明：《当代比较教育学》，北京，人民教育出版社，2008。

高桂霞：《澳大利亚普通高中职业教育实施的研究》，硕士学位论文，辽宁师范大学，2015。

葛佶：《简明非洲百科全书》，北京，中国社会科学出版社，2000。

顾建新：《国际援助非洲教育发展及对我国的启示》，载《西亚非洲》，2008(3)。

顾建新、牛长松、王琳璞：《南非高等教育研究》，北京，中国社会科学出版社，2010。

关松林：《国外科学教育及其启示》，载《辽宁教育学院学报》，1995(6)。

郭定平：《韩国政治转型研究》，北京，中国社会科学出版社，2000。

郭芬云：《西方自然科学发展对教育研究方法论的影响》，载《山西大学学报(哲学社会科学版)》，2003(2)。

郭文革：《教育的"技术"发展史》，载《北京大学教育评论》，2011(3)。

郭小晶：《新南非学前教育政策研究》，硕士学位论文，浙江师范大学，2016。

国家教委教育发展与政策研究中心：《七十国教育发展概况(1981—1984)》，天津，天津教育出版社，1986。

国家教育发展研究中心、中国联合国教科文组织全国委员会：《三十五国教育发展(1986—1988)》，北京，人民教育出版社，1990。

国家教育委员会与政策研究中心：《当代国际高等教育改革的趋向》，北京，高等教育出版社，1988。

贺国庆、王保星、朱文富等：《外国高等教育史》，北京，人民教育出版社，2003。

洪明：《西方教育研究方法论的重要转向——教育人种志研究初探》，载《福建师范大学学报》，1999(Z1)。

洪明：《西方教育研究取向新进展》，载《教育研究》，2000(10)。

胡建华：《日本私立大学的发展特点及其启示》，载《教育研究》，2001(8)。

胡志平：《大力发展来华留学生教育提高我国高校国际交流水平》，载《中国高教研究》，2000(3)。

黄德祥：《南非高等教育的发展与特色》，载《教育资料集刊第四十四辑》，2009(44)。

黄福涛：《"全球化"时代的高等教育国际化——历史与比较的视角》，载《北京大学教育评论》，2003(2)。

黄汉坤：《泰国高校泰籍汉语教师及汉语教学现状》，载《暨南大学华文学院学报》，2005(3)。

黄建如：《20世纪90年代以来新加坡高等教育的改革与发展》，载《南洋问题研究》，2010(1)。

黄建如：《新加坡高等教育大众化评析》，载《高等教育研究》，2001(2)。

黄骞：《多元文化主义与澳大利亚民族认同》，硕士学位论文，华东师范大学，2008。

黄志成：《巴西教育》，长春，吉林教育出版社，2000。

黄志成：《促进拉美教育发展的若干因素分析》，载《外国教育资料》，1995(3)。

黄志成：《拉丁美洲国家教育发展中的若干特点——历届拉美国家教育部长会议分

析》，载《外国教育资料》，1994（4）。

黄志成、郑太年、徐辉富：《巴西初等教育的改革》，载《外国教育资料》，1997（2）。

李诚钧、徐少君：《埃及教育世俗化的历史考察》，载《浙江师范大学学报（社会科学版）》，2009（6）。

建捷：《日本发表〈面向 21 世纪我国教育的发展方向〉咨询报告》，载《外国教育资料》，1997（2）。

江白潮：《论泰国华侨社会非实际存在》，载《南亚东南亚研究》，1990（1）。

姜沛民：《日本终身教育的发展及其对我们的启示》，载《成人高教学刊》，1998（1）。

《教育——财富蕴藏其中》，联合国教科文组织总部中文科译，北京，教育科学出版社，1996。

柯珂：《巴西促进教育公平的政策研究》，硕士学位论文，浙江师范大学，2011。

蓝秀华、卢锦珍：《泰国开放大学的质量保障及对我国的启示》，载《成人教育》，2014（1）。

李爱萍：《美国国际教育：历史、理论与政策》，昆明，云南大学出版社，2005。

李玢：《世界教育改革走向》，北京，中国社会科学出版社。1997。

李嘉琦：《韩国教育与经济发展的关系研究》，载《吉林省教育学院学报》，2016（8）。

李建忠：《战后非洲教育研究》，南昌，江西教育出版社，1996。

李珉廷：《韩国幼儿教育研究》，硕士学位论文，南京师范大学，2015。

李乾正、陈克勤：《当今埃及教育概览》，郑州，河南教育出版社，1994。

李水山：《韩国教育的重大改革进程与效益评价》，载《职业技术教育》，2003（31）。

李太平：《科学教育与人文教育——历史考察·理论探讨·实践探索》，北京，人民出版社，2010。

李文英：《战后日本振兴偏僻地区教育的措施及其启示》，载《教育研究》，2004（12）。

李贤智：《论弗莱雷的解放教育学说》，载《湖北大学学报（哲学社会科学版）》，2011（4）。

李雪飞：《走向理解：高等教育国际化的思索与归途》，载《现代教育科学》，2006（2）。

李意：《重温塔哈·侯赛因的教育思想》，载《阿拉伯世界》，2003（3）。

联合国教科文组织国际教育发展委员会：《学会生存——教育世界的今天和明天》，上海，上海译文出版社，1979。

梁秉赋：《儒家伦理与新加坡公民道德教育：提供一个文化的镇基之物》，载《北京日报》，2014-11-13。

梁源灵：《泰国的中小学教育》，载《东南亚纵横》，1994(3)。

梁战平：《各国科技要览》，北京，科学技术文献出版社，1987。

梁忠义：《战后日本教育研究》，南昌，江西教育出版社，1993。

林志鹤：《泰国教育剖析及几点启示》，载《东南亚研究资料》，1986(1)。

刘继安：《来华留学生教育有喜有忧》，载《中国教育报》，2001-04-26。

刘文龙：《墨西哥通史》，上海，上海社会科学院出版社，2014。

刘艳：《后殖民时代非洲教育改革模式研究》，杭州，浙江人民出版社，2014。

刘艳华：《印度 20 世纪 50 年代以来的义务教育普及与保障情况》，载《经济研究参考》，2005(46)。

刘有发：《从"白澳政策"到"多元文化政策"——浅谈澳大利亚国策的演变》，载《江西财经大学学报》，2009(5)。

陆素菊：《日本高等专门学校的制度沿革与基本特征》，载《全球教育展望》，2009(6)。

陆兴发、斯日古楞：《拉丁美洲教育改革与发展展望》，载《外国中小学教育》，2001(6)。

吕达、周满生：《当代外国教育改革著名文献(苏联—俄罗斯卷)》，北京，人民教育出版社，2004。

吕可红：《日本高等专门学校的回顾与展望》，载《外国教育研究》，2003(12)。

吕文妙：《日本大学改革发展的动向探析》，载《国家教育行政学院学报》，2009(5)。

罗毅：《南非教育的改革与发展》，载《西亚非洲》，2007(9)。

彭海民、黄志成：《墨西哥基础教育发展的目标与策略》，载《外国教育资料》，1998(6)。

彭树智：《世界史·当代卷》，北京，高等教育出版社，2006。

朴钟锦：《韩国政治经济与外交》，北京，知识产权出版社，2014。

奇永花：《韩国终身教育的发展与实务运作》，载《成人教育》，2009(3)。

瞿葆奎:《教育学文集·美国教育改革》,北京,人民教育出版社,1990。

瞿葆奎:《教育学文集·日本教育改革》,北京,人民教育出版社,1991。

瞿葆奎:《印度、埃及、巴西教育改革》,北京,人民教育出版社,1991。

曲恒昌:《印度普及义务教育的目标期限为何一再推延》,载《比较教育研究》,1994(4)。

荣军、李岩:《澳大利亚跨国高等教育发展探析》,载《教育探索》,2012(1)。

商继宗:《国外是怎样加强科学教育的》,载《中国教育报》,1995-06-27。

邵燕楠:《中美教育哲学研究人员之比较》,载《宁波大学学报(教育科学版)》,2006(4)。

沈红:《美、日、中高等教育在科学技术引进与创新中的作用》,载《比较教育研究》,1993(1)。

沈永兴、张秋生、高国荣:《澳大利亚》,北京,社会科学文献出版社,2014。

石淑琴:《李光耀的毕生挑战:新加坡双语之路》,载《文史天地》,2015(6)。

史国珍、黄志成:《巴西学前教育的发展》,载《外国教育资料》,1996(6)。

世界银行政策研究:《撒哈拉以南的非洲教育政策——调整、复兴和扩充》,朱文武、皮维、张屹译,杭州,浙江大学出版社,2008。

舒运国:《试析 20 世纪非洲经济的两次转型》,载《史学集刊》,2015(4)。

宋欣欣:《秘鲁民族主义的演变及其特点》,见《世界近现代史研究(第十辑)》,北京,社会科学文献出版社,2013。

孙二丽、郑立:《论以色列教育的主体形式及其特点》,载《科学·经济·社会》,2015(4)。

孙珂:《欧洲高等教育一体化进程中的学生流动研究》,硕士学位论文,河北师范大学,2009。

滕大春:《外国教育通史》第六卷,济南,山东教育出版社,1994。

滕星:《多元文化教育——全球多元文化社会的政策与实践》,北京,民族出版社,2010。

田腾飞、何茜:《南非高中课程改革的目标、内容及特色》,载《比较教育研究》,2011(5)。

田以麟:《今日韩国教育》,广州,广东教育出版社,1996。

万秀兰:《巴西教育战略研究》,杭州,浙江教育出版社,2014。

万秀兰:《非洲教育区域化发展战略及其对中非教育合作的政策意义》,载《比较教育研究》,2013(6)。

汪丞、方彤:《日本教师"定期流动制"对我国区域内师资均衡发展的启示》,载《中国教育学刊》,2005(4)。

汪诗明:《澳大利亚种族和解进程中的焦点问题》,载《人民论坛·学术前沿》,2016(19)。

王大龙:《新加坡教育的特色》,载《教育研究》,1996(6)。

王海利:《埃及通史》,上海,上海社会科学院出版社,2014。

王留栓:《拉美四国高等教育评估概述》,载《拉丁美洲研究》,1998(4)。

王留栓:《亚非拉十国高等教育》,上海,学林出版社,2001。

王陆:《信息技术对教育研究方法的影响》,载《当代教师教育》,2008(2)。

王世存、王后雄:《国际科学教育发展:路径、问题与对策》,载《教育科学研究》,2011(10)。

王素:《埃及 90 年代的教育改革》,载《外国教育研究》,1997(6)。

王素、袁桂林:《埃及教育》,长春,吉林教育出版社,2000。

王涛:《二战前的国际教育——教育国际化的起源与发展》,载《外国教育研究》,2008(11)。

王铁铮:《从犹太复国主义到后犹太复国主义》,载《世界历史》,2012(2)。

王益谦:《印度的第九个五年计划(1997~2002)》,载《南亚研究季刊》,1999(2)。

王英:《从依附走向合作:基于英联邦框架下的非洲高等教育历史演变研究》,硕士学位论文,浙江师范大学,2017。

王兆璟、王春梅:《西方民族主义教育思想研究》,北京,民族出版社,2006。

王正青:《高等教育国际化:巴西的因应策略与存在的问题》,载《复旦教育论坛》,2008(3)。

魏冰:《关于西方四国的国家科学教育标准的比较研究》,载《上海师范大学学报(哲学社会科学·教育版)》,2001(10)。

邬志辉、安晓敏：《拉丁美洲教育公平指标的发展及启示》，载《外国教育研究》，2007(12)。

吴金光：《澳大利亚多元文化主义的启示》，载《广西民族学院学报(哲学社会科学版)》，2001(6)。

吴明海：《20世纪教育的历程与走向纵论》，载《北京科技大学学报(社会科学版)》，2000(2)。

吴式颖：《俄国教育史——从教育现代化视角所作的考察》，北京，人民教育出版社，2006。

吴式颖、任钟印：《外国教育思想通史》第十卷，长沙，湖南教育出版社，2002。

吴文侃、杨汉清：《比较教育学》，北京，人民教育出版社，1999。

夏亚峰：《美国的留学生教育现状及其比较研究》，载《比较教育研究》，1997(4)。

向蓓莉：《甘地教育思想述评》，载《纪念〈教育史研究〉创刊二十周年论文集(16)——外国教育思想史与人物研究》，2009。

辛欣：《韩国科技发展战略述要》，载《当代韩国》，1997(1)。

胥珍珍：《印度普及义务教育的现状及改革策略》，载《外国中小学教育》，1997(1)。

徐辉富、黄志成：《巴西初等教育经费问题研究》，载《外国教育资料》，1997(1)。

徐辉、万秀兰：《全球化背景中的非洲高等教育本土化》，载《比较教育研究》，2007(12)。

徐辉、余凯：《略论美国比较教育中的后现代范式特征》，载《教育研究》，1998(3)。

严平：《日本研究生教育改革新动向：以〈第二次研究生教育发展纲要〉为中心》，载《学位与研究生教育》，2013(6)。

阎凤桥等：《在全球化和知识经济背景下，印度高等教育对经济增长的贡献》，载《北大教育经济研究(电子季刊)》，2008(1)。

颜廷：《移入与回流：澳大利亚香港移民迁移趋势的转向与启示》，载《华侨华人历史研究》，2017(4)。

杨洪贵：《澳大利亚多元文化主义研究》，成都，西南交通大学出版社，2007

杨立华：《南非的"黑人家园"政策》，载《西亚非洲》，1981(6)。

杨思帆：《处境不利儿童教育补偿政策与实践——美国、印度、中国三国的比较研究》，南昌，江西人民出版社，2016。

　　杨思帆：《当代高校与高技术产业的联结研究：印度案例》，北京，科学出版社，2014。

　　杨思帆、梅仪新：《印度：全体学生可享免费午餐》，载《中国教育报（国际教育版）》，2011-06-07。

　　易红郡、王晨曦：《印度高等教育发展中的问题、对策及启示》，载《清华大学教育研究》，2002(5)。

　　余逸群：《泰国的职业技术教育》，载《国外社会科学》，1994(9)。

　　余勇：《从巴西经济发展看"中等收入陷阱"》，载《中国对外贸易》，2013(3)。

　　袁振国：《对峙与融合——20世纪的教育改革》，济南，山东教育出版社，1995。

　　曾昭耀：《值得研究的巴西教育改革》，载《拉丁美洲研究》，1986(6)。

　　曾昭耀、石瑞元、焦震衡：《战后拉丁美洲教育研究》，南昌，江西教育出版社，1994。

　　张秉民：《近代伊斯兰思潮》，银川，宁夏人民出版社，1998。

　　张红霞、郁波：《国际小学科学课程改革的历史与现状》，载《比较教育研究》，2003(8)。

　　张红颖：《对全球化挑战下拉美教育改革与发展的审视》，载《拉丁美洲研究》，2015(1)。

　　张建新：《21世纪初东盟高等教育》，昆明，云南人民出版社，2010。

　　张克裘：《国外小学科学教育浅析和借鉴》，载《外国中小学教育》，1997(3)。

　　张丽：《美国教育国际化对政府与大学关系演进的影响》，载《大学（研究版）》，2016(11)。

　　张玲：《略论拉丁美洲的法学教育》，硕士学位论文，华东政法大学，2007。

　　张谦：《韩国的教育改革及其启示》，载《外国教育研究》，1997(4)。

　　张倩红：《论以色列教育的特点》，载《西北大学学报（哲学社会科学版）》，2000(1)。

　　张青仁：《墨西哥印第安人教育政策的变迁》，载《拉丁美洲研究》，2014(5)。

　　张荣苏、张秋生：《20世纪后期美国与澳大利亚移民政策差异性的政治理论分析》，载《华侨华人历史研究》，2014(2)。

张铁道、王凯、戴婧晶等：《国外英才教育考察报告》，载《基础教育参考》，2008(9)。

张伟、段世飞：《二战后世界高等教育国际化变迁趋势及困境探析》，载《山东高等教育》，2019(2)。

张莹莹：《新加坡人口变动及其成因分析》，载《人口与经济》，2013(3)。

张玉婷：《国际社会对非洲教育援助发展态势分析》，载《比较教育研究》，2016(4)。

张媛、冯雷鸣、张涛：《创新课程体系建设 培养国际化人才——加拿大高校课程国际化的实践与启示》，载《长春理工大学学报(社会科学版)》，2013(8)。

赵守辉：《泰国发展高等教育的经验》，载《外国教育资料》，2000(5)。

赵中建：《全球教育发展的研究热点——90 年代来自联合国教科文组织的报告》，北京，教育科学出版社，1999。

郑良树：《马来西亚华文教育发展简史》，北京，外语教学与研究出版社，2007。

郑确辉：《高等教育国际化及我国高等教育管理改革》，载《山东科技大学学报(社会科学版)》，2005(1)。

郑信军、岑国桢：《家庭处境不利儿童的社会性发展研究述评》，载《心理科学》，2006(3)。

郑已东：《埃及社会转型期的政治合法性研究》，博士学位论文，上海外国语大学，2014。

中国社会科学院中国特色社会主义理论体系研究中心：《"鞋子合不合脚，自己穿着才知道"——拉美国家对发展道路的艰辛探索》，载《求是》，2016(23)。

周淼：《美国大学的实质及功能》，载《红旗文稿》，2014(20)。

周南京：《战后海外华文教育的兴衰》，载《华侨华人历史研究》，1989(1)。

周世秀：《90 年代巴西教育的改革与发展》，载《拉丁美洲研究》，2000(3)。

周志发：《新自由主义的实质："新殖民理论"——兼论非洲"结构调整计划"》，载《学术界》，2015(12)。

朱灏：《韩国经济的复苏及其启示》，载《亚太经济》，2007(5)。

庄兆声：《马来西亚基础教育》，广州，广东教育出版社，2004。

邹宏如、敖洁、李铁明：《印度科技人才培养及其启示》，载《贵州大学学报(社会科学版)》，2006(4)。

[澳]W·F·康内尔:《二十世纪世界教育史》,张法琨、方能达、李乐天等译,北京,人民教育出版社,1990。

[澳]斯图亚特·麦金泰尔:《澳大利亚史》,潘兴明译,上海,东方出版中心,2009。

[澳]西蒙·马金森:《全球知识经济中的高等教育》,石卫林译,载《北京大学教育评价》,2008(3)。

[巴西]保罗·弗莱雷:《被压迫者教育学》,顾建新、赵友华、何曙荣译,上海,华东师范大学出版社,2014。

[比利时]伊利亚·普利高津、[比利时]伊莎贝尔·斯唐热:《确定性的终结——时间、混沌与新自然法则》,湛敏译,上海,上海科技教育出版社,1998。

[德]克劳斯·迈因策尔:《复杂性中的思维:物质、精神和人类的复杂动力学》,曾国屏译,北京,中央编译出版社,2000。

[法]加斯东·米亚拉雷、[法]让·维亚尔:《世界教育史(1945年至今)》,张人杰等译,上海,上海译文出版社,1991。

[加拿大]简·奈特:《激流中的高等教育:国际化变革与发展》,刘东风、陈巧云译,北京,北京大学出版社,2011。

[加纳]奎西·克瓦·普拉:《非洲民族:该民族的国家》,姜德顺译,北京,民族出版社,2014。

[加纳]乔治·B.N.阿耶提:《解放后的非洲:非洲未来发展的蓝图》,周蕾蕾译,北京,民主与建设出版社,2015。

[美]M·A·吉奥-加加:《撒哈拉非洲国家的教育、贫困和发展》,楼世洲、於荣译校,杭州,浙江大学出版社,2011。

[美]S.E.佛罗斯特:《西方教育的历史和哲学基础》,吴元训等译,北京,华夏出版社,1987。

[美]S.鲍尔斯、[美]H.金蒂斯:《美国:经济生活与教育改革》,王佩雄等译,上海,上海教育出版社,1990。

[美]阿普尔:《国家与知识政治》,黄忠敬、刘世清、王琴译,上海,华东师范大学出版社,2006。

[美]阿普尔:《意识形态与课程》,黄忠敬译,上海,华东师范大学出版社,2001。

[美]埃尔查南·科恩：《教育券与学校选择》，刘笑飞等译，北京，北京师范大学出版社，2008。

[美]丹条·特弗拉、[加拿大]简·奈特：《非洲高等教育国际化》，万秀兰、孙志远等译，杭州，浙江大学出版社，2013。

[美]霍华德·弗·克莱因：《墨西哥现代史》，天津外国语学院、天津师范学院《墨西哥现代史》翻译组译，天津，天津人民出版社，1978。

[美]罗伯特·梅逊：《西方当代教育理论》，陆有铨译，北京，文化教育出版社，1984。

[摩洛哥]扎古尔·摩西：《世界著名教育思想家》第二卷，梅祖培、龙治芳等译，北京，中国对外翻译出版公司，1995。

[日]安达拓二：《文部科学省对学校选择制的现状调查》，载《现代教育科学》，2005(6)。

[日]大桥精夫：《战后日本教育思想》，东京，明治图书出版株式会社，1990。

[日]大田尧：《战后日本教育史》，王智新译，北京，教育科学出版社，1993。

[日]冈本义辉：《马来西亚的教育制度》，载《南洋资料译丛》，2013(1)。

[日]金子元久：《高等教育的社会经济学》，刘文君编译，北京，北京大学出版社，2007。

[日]堀尾辉久：《当代日本教育思想》，太原，山西教育出版社，1994。

[日]五十岚显、[日]伊崎晓生：《战后教育的历史》，东京，青木书店，1978。

[瑞典]T. 胡森、[德]T. N. 波斯尔斯韦特：《教育大百科全书：各国(地区)教育制度》，重庆，西南师范大学出版社，2011。

[伊朗]S. 拉塞克、[罗马尼亚]G. 维迪努：《从现在到2000年教育内容发展的全球展望》，马胜利、高毅、丛莉等译，北京，教育科学出版社，1992。

[印度]巴萨特·库马尔·拉尔：《印度现代哲学》，朱明忠、姜敏译，北京，商务印书馆，1991。

[印度]贾瓦哈拉尔·尼赫鲁：《印度的发现》，齐文译，北京，世界知识社，1956。

[英]黛安·K. 莫齐：《东盟国家政治》，季国兴等译，北京，中国社会科学出版社，1990。

[英]理查德·雷德：《现代非洲史》，王毅、王梦译，上海，上海人民出版社，2014。

二、外文文献

Abdel Fattah Galal，"The Quarterly Review of Comparative Education，" *International Bureau of Education*，vol. XXIII，1993.

Adam Jamrozik，Cathy Boland & Robert Urqhart，*Social Change and Cultural Transformation in Australia*，Melbourne，Cambridge University Press，1995.

Adam Jamrozik，*Social Change and Cultural Transformation in Australia*，Cambs，Cambridge University Press，1995.

African Center for Economic Transformation，*2014 African Transformation Report：Growth with Depth*，Accra and Washington D. C. ，2017.

Akbar S. Ahmad & Hastings Donnan，*Islam，Globalization and Postmodernity*，London and New York，The Free Press，1994.

Alan Richards，*Higher Education in Egypt*，Washington，The World Bank，1992.

Alastair Davidson，*From Subject to Citizen：Australian Citizenship in the Twentieth Century*，New York，Cambridge University Press，1997.

Andy Green，"The Peculiarities of English Education，" in *Education Limited*，eds. Education Group II，London，Unwin Hyman，1991.

Anthony H. Richmond，*Immigration and the Ethnic Conflict*，Hampshire England，Macmillan Press，1998.

A. Thomas，"Report of Committee on Foreign Relations，" *Addresses and Proceedings of the 61st Annual Meeting at San Francisco*，Washington D. C. ，National Education Association，1923.

Australia Committee on Australian Universities，"Report of the Committee on Australian Universities，"Canberra，Australian Capital Territory：Government Printer，1957.

Australian Committee on Technical and Further Education（ACOTAFE），*TAFE in Australia：Report on Needs in Technical and Further Education，Kangan Report*，Canberra，

Australian Capital Territory: Government Printer, 1973.

Australian Education Council, *Studies of Society and Environment—A Curriculum Profile for Australia Schools*, Canberra, Curriculum Corporation, 1994.

Bajaj & Kapil, "Schools of HOPE," *Business Today*, 2008(17).

Castles, S., *Ethnicity and Globalization: From Migrant Worker to Transnational Citizen*, London, SAGE Publication, 2000.

Chitrangada Singh, *National Policy on Education*, New Delhi, Dominant Publishers and Distributors, 2005.

Christopher Jencks, "Education Vouchers: Giving Parents Money to Pay for Schooling," *New Republic*, 1970(4).

Committee on the Future of Tertiary Education in Australia, "Tertiary Education in Australia," Canberra, Australian Capital Territory: Government Printer, 1964.

Commonwealth of Australia, "A New Agenda for Multicultural Australia," Canberra, Australian Capital Territory: Government Printer, 1999.

Commonwealth of Australia, "Multicultural Australia: United In Diversity," Canberra, Commonwealth of Australia, 2003.

Craig Campbell & Helen Proctor, *A History of Australian Schooling*, Sydney, Allen & Unwin, 2014.

David Bennett, *Multicultural States: Rethinking Difference and Identity*, London, Routledge, 1998.

David Lowe, Australia's Colombo Plans, "Old and New: International Students as Foreign Relations," *International Journal of Cultural Policy*, 2015(12).

Davis, R. Hunt, "Apartheid no More: Case Studies of Southern African Universities in the Process of Transformation by Reitumetse Obakeng Mabokela; Kimberly Lenease King," *International Journal of African Historical Studies*, 2001.

Department of Education, Washington D. C., *America 2000: An Education Strategy*, 1991.

Department of Education, *White Paper*, Government of South Africa, Clause,

2001.

DES, *Science in the National Curriculum*, London, Her Majesty's Stationery Office, 1989.

Diane Ravitch, "The Coleman Reports and American Education," in *Social Theory and Social Policy: Essays in Honor of James S. Coleman*, eds. Aage B. Sφrensen &Seymour Spilerman, Westport, Conn. , Praeger, 1993.

D. Winkler, "Educating the Poor in Latin America and the Caribbean: Examples of Compensatory Education,"Paper Presented at the Conference on Education, Poverty and Inequality in the Americas, Cambrige, MA, June.

E. D. Hirsch, Jr. , *Cultural Literacy: What Every American Needs to Know*, Boston, Houghton Mifflin Company, 1987.

E. D. Hirsch, Jr. , *The Schools We Need and Why We Don't Have Them*, New York, Doubleday, 1996.

Geoff Whitty, Sally Power & David Halpin, *Devolution and Choice in Education: The School, The State and The Market*, Philadelphia, Open University Press, 1998.

Glenabah Martinez, "'In My History Classes They Always Turn Things Around, the Opposite Way': Indigenous Youth Opposition to Cultural Domination in a Urban High School," in *The Subaltern Speak: Curriculum, Power, and Educational Struggles*, Eds. Michael W. Apple, Kristen L. Buras, New York, Routledge, 2006.

Grant Harman, "Internationalization of Australian Higher Education: A Critical Review of Literature and Research,"*Internationalizing Higher Education*, 2005(16).

Hans de Wit, *A Historical, Comparative, and Conceptual Analysis*, Westport, Greenwood Press, 2002.

Hans de Wit, "European Internationalization Programs,"*International Higher Education*, 1996(4).

Horrell, M. , Gordon, L. & Cooper, C. , et al. , *A Survey of Race Relations in South Africa*, Cambridge University, 1975.

Iar M. Lapidus, *A History of Islamic Societies*, New York, The Cambridge Press,

1988.

James Jupp, *The Challenge of Diversity Policy Options for a Multicultural Australia*, Canberra, Australian Government Publishing Service, 1993.

Jane Knight, "Crossborder Education: Programs and Providers on the Move," *CBIE Millennium Research*, 2005(10).

J. C. Aggarwal, *Education Policy in India: 1992 and Review 2000 and 2005*, Delhi, Shipra Publications, 2009.

J. C. Aggarwal, *Theory and Principles of Education*, New Delhi, Vikas Publishing House Pvt. Ltd., 1981.

J. D. Sethi, *The Crisis and Collapse of Higher Education in India*, New Delhi, Vikas Publishing House Pvt. Ltd., 1983.

Jeremy Seekings, "Making an Informed Investment: Improving the Value of Public Expenditure in Primary and Secondary Schooling in South Africa," Report for the Parliament of South Africa, 2001.

Joan Geralyn DeJaeghere, "Citizenship and Citizenship Education in Australia: New Meanings in an Era of Globalization," PhD diss., University of Minnesota, 2002.

Joan Holt, "Learning to Live Together: Discovering Democracy in Australia," *Prospects*, 2001(3).

John Aitchison, "Struggle and Compromise: A History of South African Adult Education from 1960 to 2001," *Journal of Education*, 2003(29).

John J. Donohue & John L. Esposito, *Islam in Transition*, New York, Oxford University Press, 1982.

Judith A. Cochran, "Israel: Divided by Religion and Education," *Digest of Middle East Studie*, 2017(1).

Judith Cochran, *Education in Egypt*, London, Routledge, 2013.

K. H. Hanson & J. W. Meyerson, "International Challenges to American Colleges and Universities," *American Council on Education*, 1995.

Lee C. Deighton, *The Encyclopaedia of Education*, *Crowel-Collier Educational Corpo-*

ration, New York, The Macmillan Company & the Free Press, 1971.

Marginson, S. , *Educating Australia: Government, Economy and Citizen since 1960*, Cambridge, Cambridge University Press, 1997.

Marshall S. Smith, Jennifer O' Day & David K. Cohen, " National Curriculum, American Style: What Might It Look Like?" *American Educator*, 1990(4).

Martin Monk & Jonathan Osborne, "Placing the History and Philosophy of Science on the Curriculum: A Model for the Development of Pedagogy," *Science Education*, 1997 (81).

M. H. La Fontaine, *Papers on Inter-racial Problems Communicated to the First Universal Races Congress Held at the University of London*, London, P. S. King & Son, 1911.

Michael R. Matthews, *Science Teaching—The Role of History and Philosophy of Science*, New York, Routledge Press, 1994.

Michael Apple, *Cultural Politics and Education*, New York, Teacher College Press, 1996.

Michael W. Apple & Kristen L. Buras, *The Subaltern Speak: Curriculum, Power, and Educational Struggles*, New York, Routledge, 2006.

M. Giri, "Centre-State Relations in Higher Education," New Delhi, Northern Book Centre, 1992.

Mok Soon Sang, Pendidikan Di Malaysia, Kuala Lumpur, Utusan Publication, 1993.

NAFSA, "Association of International Educators, The Alliance for International Educational and Cultural Exchange: Toward and Internation," *Education Policy for the United*, 1999.

National Multicultural Advisory Council, "Multicultural Australia for a New Century: Towards Inclusiveness,"Canberra, Commonwealth of Australia, 1999.

N. V. Varghese, " DPEP: Logic and Logistics,"*Journal of Educational Planning and Administration*, 1994 (4).

Paulo Freire & Donaldo Macedo, *Literacy: Reading the Word & the World*, London,

Taylor & Francis e-Library, 2005.

Paulo Freire & Ira Shor, *A Pedagogy for Liberation: Dialogues on Transforming Education*, Massachusetts, Bergin & Garvey Publishers, Inc., 1987.

Paulo Freire, *Education for Critical Consciousness*, New York, Continuum, 2005.

Paulo Freire, *Pedagogy of Freedom: Ethics, Democracy, and Civic Courage*, Lanham, Rowman & Littlefield Publishers, Inc., 2000.

Paulo Freire, *Pedagogy of the City*, New York, Continuum, 1993.

Paulo Freire, *Pedagogy of the Oppressed*, Continuum, New York, 2000.

Paulo Freire, *The Politics of Education*, London, Macmillan, 1985.

Pechenkina E., Kowal E. & Paradies Y., "Indigenous Australian Students' Participation Rates in Higher Education: Exploring the Role of Universities," *Australian Journal of Indigenous Education*, 2011(1).

Pierre Bourdieu, *Distinction*, Cambridge, M. A., Harvard University Press, 1984.

Plank D. N., "The Politics of Basic Education Reform in Brazil," *Comparative Education Review*, 1990(4).

Raymond Williams, *Resources of Hope*, New York, Verso, 1989.

Richard Johnson, "A New Road to Serfdom?" in *Education Limited*, eds. Education Group II, London, Unwin Hyman, 1991.

Richard Johnson, "Ten Theses on a Monday Morning," in *Education Limited*, eds. Education Group II, London, Unwin Hyman, 1991.

R. L. Bhatia & B. N. Ahuja, *School Organisation and Management*, New Delhi, Surjeet Publications, 2005.

Robert E. Yager, *Science / Technology / Society as Reform in Science Education*, New York, State University of New York Press, 1996.

R. Govinda, "Education for all in India: Assessing Progress towards Dakar Goals," Paris, UNESCO, 2008.

Robin Middlehurst, "Perspectives on Global University Networks," *International Higher Education*, 2015(1).

Sanjay Paswan & Paramanshi Jaideva, *Encyclopaedia of Dalits in India*, New Delhi, Kalpaz Publications, 2002.

S. Geoffrey, *The Politics of Identity in Australia*, New York, Cambridge University Press, 1997.

S. H. Rudolph & L. I. Rudolph, *Education and Politics in India*, Massachusetts, Harvard University Press, 1972.

SVS Santos, Early Childhood Education's Curriculum-Considerations from Children's Experiences, Educação em Revista, 1996(34).

S. Marks & S. Trapido, *The Politics of Race, Class, and Nationalism in Twentieth-Century South Africa*, London, Longman, 1987.

Tanmoy Bhattacharya, "Re-examining Issue of Inclusion in Education," *Economic & Political Weekly*, 2010(16).

Thomas Charles Pedroni, "Strange Bedfellows in the Milwaukee Parental Choice Debate: Participation among the Dispossessed in Conservative Educational Reform," PhD dissertation, University of Wisconsin-Madison, 2003.

UGC, "UGC Act Upto December 1986," New Delhi, 1998.

UNDP, "Human Development Report 2005," New York, UNDP, 2005.

UNESCO, *Learning to Be: The World of Education Today and Tomorrow*, London, 1972.

WFEA, *Official Programme of the World Federation of Education Associations Third Biennial Conference*, Geneva, Tufts University Archives of the World Peace Foundation, 1929.

Zamrus Bin A., Rahman & Mokelas Bin Ahmad, *Globalization and Living Together: The Challenges for Educational Content in Asia*, UNSECO, 2000.

Zollman, A., "Is STEM Misspelled?" *School Science and Mathematics*, 2011(5).

五十嵐顕、伊崎晓生:《戦後教育の歴史》,東京,青木書店,1978。

日本国民教育研究所:《改訂・近現代日本教育史》,東京,草土文化,1989。

大橋精夫:《戦後日本教育思想》,東京,明治図書出版株式会社,1990。